DR. MARIO HERGER

Was wir vom
Innovationsweltmeister
lernen und mit unseren
Stärken verbinden können

PLASSEN
VERLAG

Copyright der deutschen Ausgabe 2016:
© Börsenmedien AG, Kulmbach

Coverfotos & Innenteilfotos: Getty Images, iStock
Covergestaltung: Holger Schiffelholz
Layout und Satz: Sabrina Slopek
Herstellung: Daniela Freitag
Lektorat: Karla Seedorf
Druck: GGP Media GmbH, Pößneck

ISBN 978-3-86470-354-6

Alle Rechte der Verbreitung, auch die des auszugsweisen Nachdrucks,
der fotomechanischen Wiedergabe und der Verwertung durch Datenbanken
oder ähnliche Einrichtungen vorbehalten.

Bibliografische Information der Deutschen Nationalbibliothek:
Die Deutsche Nationalbibliothek verzeichnet diese Publikation in der
Deutschen Nationalbibliografie; detaillierte bibliografische Daten
sind im Internet über <http://dnb.d-nb.de> abrufbar.

Postfach 1449 • 95305 Kulmbach
Tel: +49 9221 9051-0 • Fax: +49 9221 9051-4444
E-Mail: buecher@boersenmedien.de
www.plassen.de
www.facebook.com/plassenverlag

Für Sebastian, Gabriel und Darian.

Inhalt

Einleitung 9
    Warum dieses Buch? 12
    Wie das Buch gegliedert ist 17

1. Warum das Silicon Valley wichtig ist für Europa 21
    Von Weltverbesserern und Sendungsbewusstsein .. 24
    Innovation 33

2. Die Ursprünge 47
    Am Anfang stand Kalifornien 51
    Die Grundbausteine 53
    Der Beginn 55
    Der Boom 58

3. Das Ökosystem 63
    Start-ups und Gründer 68
    Venture-Kapital 75
    Akzeleratoren und Inkubatoren 89
    Universitäten 94
    Industrien 106
    Militär und Weltraum 108

4. Das Verhaltenssystem 115
    Einstellung und Vertrauen 119
    Die Wahl der Worte 174
    Denken und Handeln 180

Innovation 240
  Einrichtungen und Unternehmen 268
  Außensicht 286
  Spielen mit und innerhalb von Regeln 290
  Werkzeuge 301
  Systemprobleme 313

5. Ausgewählte Trends 329
  Automobilindustrie 331
  Fintech 340
  Internet of Things 341
  Raumfahrt 342
  Bildung und Ausbildung 342
  Interfaces 344
  Bausektor 345
  Transport 346

6. Die Rolle Europas 349
  Innovationszivilisation 353
  Europäer im Silicon Valley 355
  Politik und Gesellschaft 389

Nachwort 393

Anhang 399
  Liste der Interviewten 400

Einleitung

Stellen Sie sich vor, es ist das Jahr 2006. Sie haben eine Million Euro als Investmentkapital zur Verfügung und suchen nach einem vielversprechenden Start-up. Sie kommen in Kontakt mit einem jungen Gründer und der pitcht ihnen seine Idee. „Ich habe eine Plattform, über die sich die Mitglieder Textbotschaften in der Länge von 140 Zeichen senden können. Investieren Sie doch darin!"

Ihre erste Reaktion darauf wäre sicherlich: „Was für eine dämliche Idee!" Im besten Fall würde diese Start-up-Idee die Abende mit Freunden um eine nette Anekdote bereichern, wenn über den Stand der Start-up-Szene geplaudert wird. So würden die meisten von uns reagieren – nicht aber die Leute im Silicon Valley. Dort konnte dieser junge Gründer eine ganze Menge Geld einsammeln. Sehr viel Geld sogar.

Sie werden gleich erraten haben, um welches Start-up es sich dabei handelt: Twitter. Und diese vermeintlich so dumme Idee hat sich nicht nur als tragfähige Technologie für ein öffentlich gelistetes Unternehmen mit einem aktuellen Börsenwert von 20 Milliarden Dollar erwiesen, sondern übt auch Einfluss auf Gesellschaft und Politik aus, nicht zuletzt zu sehen am Arabischen Frühling.

Warum aber reagieren die Investoren im Silicon Valley so ganz anders als in Deutschland, Österreich oder der Schweiz? Und was macht Start-up-Gründer dort so mutig, solche Ideen öffentlich vorzubringen und zu erwarten, dass sie ernsthaft diskutiert werden?

Wie sich herausstellt, liegen wir mit unserer Einschätzung, was eine gute oder miese Idee ist, ziemlich oft daneben. Eine Idee selbst kostet nichts. Jemand muss mit ihr etwas machen und sie umsetzen. Nur dann beginnt sie, wertvoll zu werden. Ideen werden besser, indem man sie mit anderen diskutiert und verwirklicht. Ideen werden nicht aufgebraucht, sondern wachsen und werden optimiert, wenn man sie mit anderen teilt. Wenn man sie mit anderen bespricht, stößt man auf immer neue Fragestellungen und Ideen.

An Ideen mangelt es normalerweise gar nicht, aber am zweiten Teil, nämlich der Umsetzung. Wie Ideen entstehen und wie sie umgesetzt werden, erweist sich als delikater Prozess, der an vielen Stellen die falsche Richtung einschlagen kann. Wenn aber alles gut geht, kann das zu Innovationen führen, die den Lauf der Dinge und unsere Sicht auf die Welt für immer verändern.

Warum dieses Buch?

Eine Weltregion, die sich geografisch auf einen sehr kleinen Raum konzentriert, hat sich in den letzten Jahrzehnten als besonders erfolgreich in der Generierung und Umsetzung innovativer Ideen hervorgetan. Das Silicon Valley ist aber weniger ein geografisch begrenzter Raum als ein Mindset, eine Mentalität, eine Geisteshaltung zum Leben und zu den Dingen, die vom Optimismus, vom Glauben an die Problemlösekraft der Menschen und vom Glauben an das Gute in ihnen lebt.

Dieses Buch handelt davon – vom Silicon-Valley-Mindset.

Von Unternehmen aus dem Silicon Valley geschaffene Produkte, Dienstleistungen und Plattformen beeinflussen die ganze Welt. Viele Innovationen haben zweifelsohne positive Auswirkungen für viele, andere haben die Existenzgrundlagen alteingesessener Industrien vernichtet und neue Industriezweige etabliert.

Wie machen die Menschen und Unternehmen aus dem Silicon Valley das? Was sind die geheimen Zutaten, wie lautet die magische Formel? Ist das einfach großes Glück oder steckt mehr dahinter? Und wenn ja, was genau? Ist das übertragbar? Kann das gelernt werden?

Die üblichen Berichte über das Silicon Valley verzerren das öffentliche Bild. Artikel und Bücher werden zumeist von Nichtansässigen geschrieben, die für kurze Zeit hierher kommen, manchmal für mehrere Monate mitsamt Familie. In den seltensten Fällen arbeiten sie selbst in einem der Sektoren, meist sind sie außenstehende Beobachter. Kaum einer von ihnen hat je selbst unternehmerische Erfahrung gesammelt. Um das Buch zu verkaufen oder den Berichten zu vielen Klicks zu verhelfen, behilft man sich mit großen Namen, die man interviewt. So vermittelt man den Daheimgebliebenen, dass nur Ausnahmepersönlichkeiten wie Steve Jobs, Elon Musk oder Mark Zuckerberg Erfolg haben und dass das für die Normalsterblichen in Europa somit ohnehin nicht replizierbar ist. Aber diese Herangehensweise kratzt nur an der Oberfläche, erfasst das Wesen des Erfolges verständlicherweise nur unzureichend und bietet keine Lösung für Europa und europäische Gründer, außer dem Ruf nach staatlichen Eingriffen und Regulierungen, um sich vor den Giganten aus dem mächtigsten Tal der Welt zu schützen.

In einer Studie, in der Teilnehmer entweder zehn Eigenschaften eines Superhelden oder zehn Eigenschaften von Superman benennen sollten, meldeten sich diejenigen, die Eigenschaften der Superhelden beschrieben, danach beinahe doppelt so häufig für freiwillige Aufgaben als die, die Superman selbst beschrieben. Drei Monate später nahmen die Teilnehmer der ersten Gruppe sogar viermal häufiger an freiwilligen Aktivitäten teil.[1] Das lässt sich damit erklären, dass wir, wenn wir an die Eigenschaften von Superhelden denken, solche wählen, mit denen wir uns selbst identifizieren können. Bei Superman gelingt uns das nicht. Wenn Medien nun über diese Überflieger, diese Overachiever, aus dem Silicon Valley berichten, dann fällt es uns schwer, daraus Lehren zu ziehen und uns mit ihnen zu identifizieren.

Sich vor allem auf die Erfolgsstorys und Ausnahmepersönlichkeiten zu konzentrieren genügt nicht, weil selbst die erfolgreichsten unter den Gründern nie geradlinig Erfolg hatten, sondern deren Wege mit vielen Umwegen und Misserfolgen gepflastert waren und sind. Elon Musk war bereits zweimal fast pleite, einmal davon mit Tesla, in das er nochmals sein letztes Geld steckte. Und wenn der vierte Raketenstart bei SpaceX ebenso gescheitert wäre wie die drei zuvor, gäbe es SpaceX heute nicht mehr.[2]

Entrepreneuren fällt es schwer, mit Nicht-Entrepreneuren von ihren ständigen Kämpfen und Zweifeln zu sprechen, weil sie immer diese Klappt-schon-Mentalität vorzeigen müssen. Bei jedem Gespräch mit potenziellen Kunden muss ein Start-up vorgeben, mehr zu haben oder zu können, als es tatsächlich heute liefern kann. Produktentwicklung und Lernen findet statt, sobald ein Kunde gewonnen wurde, weil oft dann erst die notwendigen finanziellen Mittel dafür da sind. Das ist vielen unerfahrenen Entrepreneuren unangenehm und nagt an ihrem Selbstvertrauen. Man fühlt sich als Schwindler, der noch nicht erwischt worden ist.

Das ist auch als Hochstapler-Syndrom (Impostor-Syndrom) bekannt, die Erfordernis, ständig eine optimistische Einstellung auszustrahlen, um Mitarbeiter, Kunden und Investoren bei Laune zu halten, auch wenn es drunter und drüber geht.

Ich wohne seit 2001 im Silicon Valley. Ich bin in Österreich aufgewachsen, habe ein Ingenieurs- und ein Wirtschaftsstudium absolviert und kenne somit beide Welten: die europäische und die spezielle kalifornische Kultur im Silicon Valley. Als selbstständiger Entrepreneur und durch meine Arbeit vor Ort habe ich einen unkonventionelleren und intimeren Zugang zum Silicon Valley als kurzfristige Besucher. Ich kann mich mit Start-up-Gründern und Kreativen in einer vertrauteren Form austauschen, als Outsider das können. Das sich mir dadurch bietende Bild ergibt ein intimes und realistisches Porträt der Menschen im Silicon Valley. Auf den folgenden Seiten werde ich viele Unternehmer vorstellen, unter anderem ein Vater-Tochter-Gespann mit einem Start-up für Kinder, eine junge Entrepreneurin, die Volks- und Mittelschülern durch ihre Plattform hilft, Geld für Schulprojekte aufzutreiben, Start-ups aus Deutschland und Österreich, die mit großen Hoffnungen auf den Durchbruch herkommen, oder den deutschen Mitarbeiter einer Online-Lernplattform, der einen Satz sagte, den er sich in Deutschland nie zu sagen traute: Die Arbeit macht ihm Spaß.

Es brauchte mehrere Jahre, bis ich zum ersten Mal verstand, wo ich hier gelandet war. Als ich 2001 ins Valley kam, war ich der typische Klischee-Europäer, der auf die Naivität und geringe intellektuelle Kapazität der Amerikaner herabsah. Zugleich war ich aber auch beeindruckt von der Hilfsbereitschaft, den Wertvorstellungen und Leistungen, für die Amerikaner bekannt sind. Trotzdem benahm ich mich wie ein Arschloch. Nie zufrieden, immer negativ, Europa als überlegen ansehend. Bis eine Kollegin mir eines Tages an den Kopf warf: „Mario, du gehörst nicht hierher." Ich war empört. Wie konnte sie das sagen? Was wusste sie denn schon – sie hatte nicht mal ein Doktortitel wie ich!

Doch dieser eine Satz veranlasste mich nachzudenken und meine Handlungen genauer zu beobachten. Und das ließ mich erkennen, mit welchen Einstellungen Amerikaner aufwachsen und wie sie diese in Verhalten umsetzen. Heute bin ich der Ex-Kollegin dafür ewig dankbar. Deshalb kann ich mitfühlen, wenn ich Europäer hier treffe, die mit derselben Einstellung herkommen und sich damit die Möglichkeit versagen, ihre Stärken mit der Mentalität des Silicon Valley zu verbinden.

Als Silicon-Valley-Neubürger und Neuankömmling durchläuft man vier Phasen:

Phase 1: Oh mein Gott, alle sind so super, nur ich selbst bin ein Arsch.

Phase 2: Naja, nicht alle sind super, es gibt auch Ärsche hier.

Phase 3: Alles im Arsch, ich werde hier nie etwas schaffen.

Phase 4: Egal ob alles im Arsch ist, ich werd's trotzdem schaffen!

Meine drei Söhne wurden hier geboren, gehen hier zur Schule und wachsen in diesem Umfeld auf. Ich selbst durchlief einen Veränderungsprozess vom besserwisserischen Wiener, dem Formalitäten eingebläut worden waren, zum Evangelisten dieser hier praktizierten Kultur. Gleichzeitig bin ich aber Europäer, dem europäische Werte wichtig sind und dem das Wohl seines Heimatlands und Heimatkontinents am Herzen liegt.

Das möge berücksichtigt werden, wenn ich in diesem Buch vielleicht manchmal zu forsch vorgehe und Europa vielleicht zu schlecht aussehen lasse. Ich bin jedenfalls zu der Überzeugung gelangt, dass man Dinge manchmal sehr direkt ansprechen muss, um die gebotene

Dringlichkeit vor Augen zu führen, anstatt durch übervorsichtige Floskeln das Gegenüber zu sehr einzulullen und in trügerischer Sicherheit zu wiegen. Manchmal kann es wirkungsvoller sein, etwas nicht durch die Blume zu sagen.

Nicht alles in Silicon Valley ist durchwegs positiv oder unkritisch zu sehen und nicht jeder hier verkörpert die Silicon-Valley-Mentalität. Diese Erkenntnis ist weder neu noch fehlt es an Menschen, die genüsslich darauf hinweisen und sich mit ihrer kritischen Stimme wenn nicht ihren Lebensunterhalt verdienen, so doch ihren Status als Intellektueller erarbeiten. Europäer gefallen sich darin, zuerst mal auf die Risiken, Gefahren und das Übel hinzuweisen, ohne eigene Vorschläge zu machen. Das ist nicht das Ziel dieses Buches. Ob man mit kritischer oder positiv eingestellter Sichtweise als intelligenter wahrgenommen wird, werden wir noch in einem späteren Kapitel untersuchen. Mein aus dem Silicon Valley gelernter Ansatz besteht darin, zuerst mal das Gute im Menschen und die positiven Möglichkeiten neuer Technologien und Methoden zu sehen. Zu den Problemen kommt man noch früh genug.

Weil Status und Formalitäten, die auf einen Rang hinweisen, Innovation behindern können, werde ich in diesem Buch konsequent das verfolgen, was ich bereits seit Jahren bei Kontakten mit Europäern mache: Ich duze jedermann und -frau ohne Ansehen von Rang und Status. Das hat nichts mit Respektlosigkeit zu tun, sondern erlaubt, den Status quo hinterfragen zu dürfen, egal ob mein Gesprächspartner eine Vorstandsvorsitzende, ein Minister oder eine Professorin ist. Was zählt, sind nicht vergangene Leistungen, sondern was wir hier und jetzt gemeinsam für die Menschheit tun können.

Auf diese Weise gewöhne ich dich gleich Schritt für Schritt an die Silicon-Valley-Mentalität und zeige dir auf, wie du selbst diese übernehmen kannst.

Was ich auch von Anfang an klarstellen möchte, ist, dass wir in Europa ganz tolle Sachen machen. Unsere Ausbildungssysteme zählen zu den besten der Welt, unsere Technologien sind großartig, deutsches, österreichisches und schweizerisches Ingenieurwesen sind Weltspitze. Unsere Länder zählen zu den sichersten und schönsten. Wir haben die besten Sozialsysteme und wir leben in einem Komfort und einer Friedenszeit, die noch vor Jahrzehnten undenkbar waren. Unsere politischen Systeme funktionieren, Kunst und Kultur blühen. Nicht alles ist rosig, aber im Vergleich zu anderen Weltregionen geht es uns gut und wir können zu Recht stolz darauf sein. Es muss aber nicht immer so bleiben und Änderungen sind die einzige Konstante im Leben. Deshalb müssen wir aufgeschlossen und neugierig bleiben und hilfreiche Ideen aus anderen Regionen übernehmen beziehungsweise für uns anpassen, um uns für die Zukunft vorzubereiten und unseren Kindern und Kindeskindern ein erfülltes Leben zu ermöglichen.

Dieses Buch soll dich nicht dazu verleiten, dein Land, deine Kultur, deine Gesellschaft verteidigen zu müssen und mir zu sagen, dass die Leute dort auch toll sind. Ich bin da ganz deiner Meinung. Immerhin bin ich selbst Österreicher und wir sind schon perfekt auf die Welt gekommen. Mit meinem Buch will ich dir aufschlüsseln, was ich in den vergangenen Jahren im Silicon Valley von den Leuten dort gelernt habe, und dich einladen, dir das genauer anzusehen und für dich zu entscheiden, was du davon übernehmen könntest. Verbunden mit deinen eigenen Stärken, den Stärken deiner Kultur, deiner Gesellschaft, deiner Fähigkeiten kannst du das Beste aus zwei Welten nehmen und dich dort verbessern, wo du selber meinst, dass es nicht rundläuft.

Wie das Buch gegliedert ist

Dieses Buch ist in gewisser Weise chronologisch aufgebaut. Zuerst erläutere ich dir meine Motivation für dieses Buch und warum das Silicon Valley so wichtig für Europa ist und wir uns damit beschäftigen müssen. Dann sehen wir uns an, was denn das Silicon Valley eigentlich ist und wie es entstanden ist. Was waren die geschichtlichen Wendepunkte, die zu diesem Phänomen führten? Im umfangreichsten Kapitel untersuchen wir eine ganze Reihe scheinbar kleiner Dinge, die Menschen im Silicon Valley machen, die Mentalität, die sie dazu bringt, neuen Ideen gegenüber aufgeschlossen zu sein, und warum manches, das so verrückt klingt, dort Chancen hat durchzukommen und erfolgreich zu werden. Dann werfen wir einen Blick darauf, was Europa heute im Silicon Valley macht, um zu lernen, um Geschäfte zu machen und um am Puls der Zeit zu bleiben. Wir fragen, was europäische Gesellschaften und die Politik übernehmen können, um ganz Europa innovativer und für die Zukunft gerüstet zu machen. Des Weiteren stelle ich Werkzeuge vor, die als Best Practices von Silicon-Valley-Unternehmen erfunden und angewandt werden, um innovativer und kreativer zu arbeiten.

Alle Kapitel sind gespickt mit Interviews, die ich mit fast zwei Dutzend im Silicon Valley lebenden Menschen geführt habe. Die meisten Interviewten sind aus dem deutschsprachigen Raum. Den Interviewten stellte ich dabei immer dieselben fünf Fragen. Woher kommst du? Was ist dein Werdegang? Wie und warum bist du ins Silicon Valley gekommen? Was sind die deiner Meinung nach größten Unterschiede zu Europa? Was kann das Silicon Valley von Europa lernen? Jeder der Interviewten hatte seine eigenen Erfahrungen, aber zusammengenommen ergibt sich doch ein klares Bild. Manche Unterschiede wurden von allen genannt und jeder hatte seine persönlichen Schnurren zu erzählen. In den Porträts versuchte ich, die Sprache und Geschichte der Interviewten möglichst unverfälscht zusammenzufassen.

Ich hoffe, dass da einiges für dich drin ist und du es nachvollziehen und für dich übernehmen kannst.

Fußnoten

[1] Leif D. Nelson, Michael I. Norton: From Student to Superhero: Situational Primes Shape Future Helping, in: Journal of Experimental Social Psychology 41 (2005), S. 423–430

[2] http://www.bloomberg.com/graphics/2015-elon-musk-spacex/

1

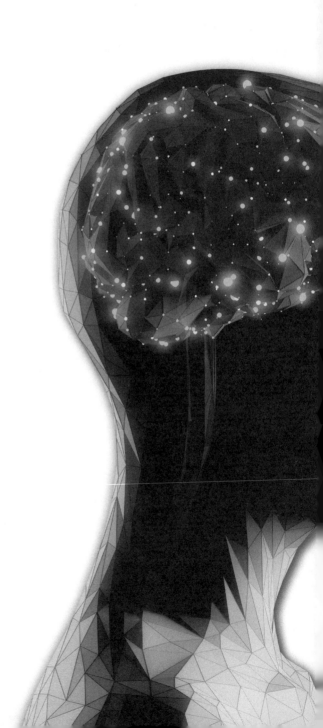

Warum das Silicon Valley wichtig ist für Europa

1

L ebten wir mit der Technologie von vor 100 Jahren, dann wäre ein Drittel meiner Leser gar nicht am Leben. Sie hätten das Alter gar nicht erreicht. Impfungen, medizinische Methoden, Sicherheitsstandards am Arbeitsplatz und andere technologische Fortschritte waren weder erfunden, geschweige denn in dem Ausmaß verbreitet gewesen, wie wir sie heute als selbstverständlich hinnehmen. So manch einer von euch wäre physisch nicht in der Lage, dieses Buch zu lesen, weil er oder sie an Sehbeeinträchtigungen oder anderen das physische Wohlbefinden beeinträchtigenden Krankheiten leiden würde. Die Wahrscheinlichkeit, dass ich dieses Werk hätte schreiben können, wäre verschwindend gering gewesen. Ich hätte mein jetziges Alter damals nicht erreicht, und selbst wenn, dann wäre ich vermutlich weder nach Kalifornien gekommen noch als Brückenschläger zwischen diesen Welten tätig.

Die Tatsache, dass du dieses Buch auf Papier oder einem elektronischen Gerät lesen kannst, ist einzig und allein dem unermüdlichen Fortschritt zu verdanken, dem viele unermüdlich Neugierige sich verschrieben haben. Innovation, die als Ergebnis von Entdeckungen und Erfindungen der Menschheit zugutekommt, ist nichts Bedrohliches, sondern etwas Notwendiges und Unvermeidbares. Wenn man sie selbst nicht vorantreibt, tun es andere. Anfang des 21. Jahrhunderts sticht vor allem eine Weltregion hervor, in der Innovation zu blühen scheint. Eine Innovation, die nicht lokal beschränkt ist, sondern gerade durch die dort hervorgebrachten Technologien und Methoden andere

Teile der Welt überflutet und inspiriert. Ignoriert man das vorsätzlich, bedeutet das häufig das Aus für regionale Industriezweige und Betriebe. Deshalb ist es wichtig, vom Silicon Valley zu lernen.

Reid Hoffman, LinkedIn-CEO und einer der bekanntesten Investoren im Silicon Valley, zitiert aus einer Entwicklungsstudie der Vereinten Nationen, die zum Schluss kommt, dass die Weltwirtschaft in den nächsten 20 Jahren 600 Millionen neue Arbeitsplätze benötigt. Bestehende Unternehmen werden laut Hoffman gerade mal zehn bis 20 Millionen Arbeitsplätze schaffen können, der Rest muss von Start-ups kommen, diesen äußerst dynamischen, riskanten und innovativen Unternehmen, die oft mit nicht mehr als dem Glauben an sich selbst beginnen. Wie man Start-ups gründet, welche Rahmenbedingungen wir alle schaffen müssen, um sie erfolgreich zu machen, und wie man Innovation vorantreibt, sind Dinge, die wir lernen und lehren müssen.[1]

Von Weltverbesserern und Sendungsbewusstsein

‚Weltverbesserer', ‚Weltveränderer' und ‚Sendungsbewusstsein' sind deutsche Begriffe, die an subtiler Gemeinheit und Verachtung kaum zu überbieten sind. So nett sie klingen, werden sie nie mit dieser ursprünglichen Bedeutung der Wörter angebracht. Der gelernte Europäer wird das nie als Kompliment auffassen, sondern immer so, wie es von anderen Europäern gemeint ist: Ein Weltverbesser ist ein ahnungsloser Größenwahnsinniger, der irgendwann gehörig auf die Schnauze fallen wird. Dieses Fazit zog Stefan Quandt anlässlich einer Rede zur Verleihung des Herbert-Quandt-Medienpreises im Juni 2015.[2]

Er ist damit nicht alleine. Die meisten Artikel und Kolumnen in deutschsprachigen Medien versuchen, das wilde Biest Silicon Valley durch Worte zu zähmen. Einerseits verwendet man die Produkte ebender Firmen, die man so kritisiert, andererseits steht man fassungslos vor dem, was da passiert. Zum zynischen Weltbild des deutschen Feuilletons passen die Philosophie und die Pläne von Silicon-Valley-Firmen wie die Faust aufs Auge. Das kann doch nicht sein, dass eine Firma als Leitbild „Don't be evil" stehen hat! Internet überall hinbringen, und das noch dazu gratis, wie es Facebook mit Internet.org oder Google mit dem ballonbasierten

Loon-Projekt machen? Ein Kartendienst, der gratis bereitgestellt wird? Das kann doch nur schiefgehen! Oder doch nicht?

Mit Begriffen wie ‚Hybris', ‚Wundermänner', ‚Menschenfreunde', ‚Avantgardisten', ‚Halbgötter', ‚Superhelden' und ‚Cowboy-Masche' wird allein in den ersten Absätzen eines längeren Beitrags im *Manager Magazin* vom April 2015 verächtlich herumgeschmissen, im selben Magazin, das drei Monate später BMW als das „deutsche Apple"[3] hochlobte. Der Umkehrschluss aus diesem Artikel und Stefan Quandts Rede ist, dass die Verfasser selbst das Gegenteil davon darstellen. Sind sie somit Weltverschlechterer, Menschenfeinde, keine Wundermänner, Nachhinker sowie wahlweise Vollgötter oder keine Götter? Ganz klar wurde mir das nicht.

Die Wahrscheinlichkeit ist hoch, dass die Journalisten dieselben Services und Produkte der kritisierten Unternehmen tagtäglich für Beruf und Freizeit verwenden, und das zeigt ihr Hin- und Hergerissensein, wie sie damit umgehen sollen. Nur ja nicht positiv und unkritisch darüber schreiben, das könnte als naiv angesehen werden und den Verfassern als mangelnde Intelligenz ausgelegt werden!

Harvard-Professorin Teresa Amabile hat diese Verhaltensweise in Experimenten untersucht. Sie legte Studenten zwei Buchrezensionen vor. Eine war eher positiv formuliert, die andere kritisch. Anschließend sollten die Studenten die Intelligenz der Rezensenten einschätzen. Die Studenten bewerteten die Intelligenz des Verfassers der kritischen Rezension höher. Was die Studenten nicht wussten: Beide Buchkritiken waren von Amabile selbst verfasst worden.[4] Wer ist nun intelligenter? Ich oder ich?

In Europa kann man sich mit kritischen Aussagen ganze Karrieren aufbauen. Mit Lust hört man wohlformulierter oder einfach nur polemischer Kritik zu und ergötzt sich am Scheitern der Macher. Schadenfreude ist nicht von ungefähr ein urdeutsches Wort, das in anderen Sprachen nicht existiert. Ein Kritiker muss doch klüger sein, immerhin hat er die Risiken und Gefahren erkannt und zeigt auf, dass man nur scheitern kann! In der Theorie und im Nachhinein erweisen sich diese Hinweise oftmals als richtig. Aus der aktuellen Situation heraus ist es mit der vorhandenen Information jedoch oft schwer, die richtige Entscheidung zu treffen. Was im Nachhinein offensichtlich scheint, war es vorher eben nicht. Forscher bezeichnen das als ‚Rückschaufehler' (englisch: *hindsight bias*). Einer der Gründe, warum wir diesen Fehler machen, ist die menschliche Tendenz, uns selbst als kompetent zu sehen. Wir registrieren den Rückschaufehler normalerweise nicht als solchen und es bedarf bewusster Anstrengung, ihn zu vermeiden.

Da mehr Versuche, Ideen umzusetzen, scheitern, als dass sie gelingen, ist die Statistik auf der Seite der Kritiker. Die Frage, die sich jeder Einzelne stellen sollte, ist: Wie will ich in Erinnerung bleiben? Als jemand, der stolz darauf sein kann, etwas verhindert zu haben, oder als jemand, der etwas probiert und vielleicht geschafft hat?

Denn letztendlich zählt nicht der Kritiker. Der amerikanische Präsident Theodore Roosevelt wies 1910 in einer Rede an der Pariser Sorbonne-Universität darauf hin, dass die Ehre demjenigen zusteht, der sich in die Arena gewagt und es versucht hat:

> *Nicht der Kritiker zählt; nicht derjenige, der darauf aufmerksam macht, wie der Starke fällt oder wo der, der anpackt, es besser hätte machen können. Die Anerkennung gebührt dem, der tatsächlich in der Arena steht, dessen Gesicht staubig und verschwitzt und voller Blut ist; der sich wacker bemüht; der sich irrt, der wieder und wieder scheitert, weil es kein Bemühen ohne Fehler und Schwächen gibt; aber der sich tatsächlich bemüht, Taten zu vollbringen; der großartige Begeisterung, großartige Hingabe kennt; der seine Kraft auf eine ehrenwerte Sache verwendet; der im besten Falle am Ende den Triumph einer großen Leistung kennt und der, im schlimmsten Falle, sollte er scheitern, zumindest bei einem kühnen Versuch scheitert, sodass sein Platz nie bei den kalten und furchtsamen Seelen ist, die weder Sieg noch Niederlage kennen."*

Warten, bis jemand etwas tut, führt zu nichts. Wer die Eigeninitiative ergreift, dem weht oft ein scharfer Wind entgegen. Man erinnere sich, als SAP-Gründer Hasso Plattner 1998 das Hasso-Plattner-Institut (kurz HPI) in Potsdam gegründet hat. Der Gründer hat für die nächsten 20 Jahre mehr als 200 Millionen Euro für den Betrieb des Instituts versprochen, das die erste und nach wie vor einzige privat finanzierte universitäre Ausbildungsstätte in Deutschland ist. Was in Deutschland die Ausnahme ist, ist in den USA die Regel. Der enge Kontakt mit den Absolventen spült jährlich eine Milliarde Dollar in die Kassen der Stanford University, die damit neue Lehrstühle, Gebäude, Stipendien und Forschungseinrichtungen finanzieren kann.

Hasso Plattners Motivation für die Gründung des HPIs war seine Erkenntnis, dass das massive Wachstum seiner Firma in Deutschland an seine Grenzen gestoßen war. 1998 – im selben Jahr, als ich bei SAP in der Zentrale begann – wuchs das Unternehmen von 12.000 Mitarbeiter auf fast 20.000. Nicht nur war der Absolventenausstoß der deutschsprachigen Universitäten damit am Limit, es fehlte auch an Ausbildungsprofilen, die moderne Wirtschaftsunternehmen wie SAP angesichts des herannahenden Internetzeitalters benötigten.

Die Reaktion auf Plattners Vorstoß war von Entsetzen und Hass geprägt. Wie kann sich ein Privater nur anmaßen, die Aufgaben des Staates zu übernehmen? Der Staat weiß doch sicher besser, welche Ausbildungszweige die Wirtschaft braucht! Und das HPI werde nur schwer vermittelbare Absolventen erzeugen, weil der Lehrplan ausschließlich auf die kurzsichtigen Bedürfnisse von SAP ausgerichtet ist.

Das HPI hat inzwischen alle Kritiker Lügen gestraft. In den letzten Jahren gehörte es wiederholt zu den Top-5-Informatikausbildungsprogrammen deutschsprachiger Universitäten gemäß CHE Uni-Ranking, erhielt mehrere Preise und die Absolventen sind heiß begehrte Fachkräfte.[5]

Nur: Nach wie vor hat sich keine weitere private Institution gefunden, die sich auf diese Weise am höheren Ausbildungssystem beteiligt. Während europäische Firmen und die Bevölkerung sich bei der Lösung gesellschaftlicher Probleme vor allem auf den Staat verlassen, wird das in den USA als Aufgabe der Bürger selbst verstanden. Ein Fundraiser, eine Wohltätigkeitsveranstaltung, Spenden an eine Universität oder zu einem guten Zweck sind dort nicht nur üblich, sondern werden auch immer wieder spontan organisiert.

Hasso Plattner, der seinen Wohnsitz auch im Silicon Valley hat, ließ es nicht nur beim HPI bleiben. 2004 finanzierte er mit 35 Millionen Dollar das Hasso-Plattner-Institut für Design, besser bekannt als d.school, in Stanford. Dazu tat er sich mit David Kelley von der bekannten Designfirma IDEO zusammen, der den Lehrplan aufstellte und dort selbst als Maschinenbauprofessor tätig ist.

Dieses grundsätzliche Misstrauen ist ziemlich verständlich in einem Land, das die theoretischen Grundlagen für zwei völlig konträre, von großem Sendungsbewusstsein durchtränkte Ideologien hervorgebracht und in die Praxis umgesetzt hat – mit hinlänglich bekannten negativen Folgen für die gesamte Region und die Welt. Was erwartet man von einem Land, das zwei Weltkriege verloren hat? Da hat man sich mal etwas getraut, etwas riskiert, und zweimal massiv eins auf den Deckel gekriegt. Die Auswirkungen zeigen sich noch Generationen später.

Aufbruchsstimmung darf nur aufkommen, wenn's um Urlaub, nicht aber, wenn's um den Sinn des Lebens geht. Eine „Delle ins Universum schlagen" gilt im ehemaligen Land der Dichter und Denker und der heutigen Ingenieure als etwas Negatives. Wer will schon eine Delle im Blech?

ANDREA LO

Exemplarisch für Privatinitiativen im Silicon Valley ist das Start-up Piggybackr. Andrea Lo, eine junge, in San Francisco geborene Gründerin, startete diese Crowdfunding-Plattform für Kinder, auf der Schüler für ihre Klassenprojekte oder Sportvereine Sponsorengelder sammeln können. Wegen der strengen amerikanischen Online-Datenschutzgesetze für Kinder unter 13 Jahren, die im Children's Online Privacy Protection Act festgehalten sind, unterliegt der rechtlich abgesicherte Betrieb einer solchen Plattform einem nicht unerheblichen Aufwand. Andrea schaffte es, alle gesetzlichen Bestimmungen zu erfüllen. Ihr Piggybackr ist die einzige Crowdfunding-Plattform für Kinder und Jugendliche. Bis heute haben die jungen Benutzer bereits 1,5 Millionen Dollar an Geldern generieren können.

Dabei begann für Andrea Lo alles ganz anders. Obwohl in San Francisco geboren, war sie nie sonderlich an Computern und Technologie interessiert. Sie besuchte die Highschool in Cupertino und die Uni in Berkeley und hatte eigentlich eher an eine Karriere in einem mittelständischen oder großen Unternehmen gedacht. Ihren ersten Anstoß zu einem anderen Werdegang erhielt sie, als sie in der Highschool Gelder einsammelte, um Rollstühle für Gehbehinderte in Mexiko zu kaufen. Als sie die insgesamt sieben Rollstühle dann persönlich übergab, war sie berührt von der freudigen Reaktion der Beschenkten. Manche Bedürftigen waren von weit hergekommen und krochen auf dem Boden zum Rollstuhl. Damals kam ihr zum ersten Mal die Idee, dass sie selbst als Studentin etwas bewegen kann.

Trotzdem startete sie nach ihrem Studienabschluss zuerst einmal in einem Beraterjob – und sie hasste ihn vom ersten Tag an. Als 22-Jährige durchlebte sie eine Art Midlife-Crisis. Eine Psychologin, die für Al Gore, den ehemaligen amerikanischen Präsidentschaftskandidaten und US-Vizepräsidenten, gearbeitet hatte, empfahl Andrea, ein Start-up zu gründen und etwas zu machen, das der Welt hilft. Die Idee begann in ihr zu reifen. Der Durchbruch kam, als ihre damals elfjährige Schwester für Tiere in ihrer Schule gemeinsam 400 Dollar einsammelte. Das war eine Menge Geld für eine Elfjährige. Das Mädchen wurde dadurch viel selbstbewusster und später auch zur Klassensprecherin gewählt.

Das motivierte Andrea, an ihrer Idee konkreter zu arbeiten. Wie kann sie Acht- bis Dreizehnjährigen helfen, Spendengelder für ihre Projekte einzusammeln? Was als Idee mit Zeichnungen und einer Präsentation begann, wurde langsam zu etwas Handfestem. Weil sie kein Technikfreak war und keinerlei Programmiererfahrung hatte, musste sie sich einen Programmierer suchen. Sie fand einen Studenten im dritten Semester, der ihr dabei half. Das Projekt wuchs und sie versuchten, in ein Start-up-Akzeleratorprogramm zu kommen, was ihnen aber nicht gelang. In diesem Programm hätten sie Unterstützung von erfahrenen Mentoren erhalten. Andreas Programmierer wollte sein Studium weiterverfolgen und so war sie wieder auf der Suche nach jemand Neuem.

Sie fand einen neuen Mitgründer und es gelang ihr, als einzige Frau in das AngelPad-Akzeleratorprogramm zu kommen, das von ehemaligen Google-Mitarbeitern betrieben wird. Kaum war sie drin, verließ sie ihr Mitgründer. Sie hatte einen ersten Kunden für die erste Version ihrer Website, aber beim Aufbringen von Investmentkapital versagte sie völlig. Dafür fand sie einen neuen Mitgründer. Alles, was sie machte, fühlte sich an, als ob sie zwei Schritte vorwärts und einen zurück ging.

Was sie weitermachen ließ, waren die Ergebnisse, die ihr Start-up zeigte. Sie sah Klassen und Teams Geld einsammeln und das motivierte sie durchzuhalten. Andrea ist als einzige Gründerin des AngelPad noch aktiv, alle anderen haben ihre Start-ups aufgegeben. Entscheidend für den Erfolg ist ihrer Meinung nach, Ausdauer zu zeigen und selbst bei Rückschlägen dranzubleiben. Das unterscheidet erfolgreiche von erfolglosen Gründern. Auch empfiehlt sie, sich Mentoren zu suchen und mit ihnen über Probleme zu sprechen. Vielen Gründern falle es schwer, über Schwierigkeiten und Zweifel zu sprechen, auch weil die Leute viel lieber von Erfolgen hören wollen als von gescheiterten Unternehmungen.

Sich den Silicon-Valley-Spirit anzueignen, wird auch aus anderen Gründen immer wichtiger. Und das hat mit den Veränderungen am Arbeitsmarkt zu tun. Für 2020 wird für die USA vorhergesagt, dass bis zu 40 Prozent der werktätigen Bevölkerung nicht mehr in einem Angestelltenverhältnis, sondern entweder als Freelancer, Vertragsarbeiter oder Zeitarbeitskraft arbeiten wird.[6] In Spanien beträgt seit der Finanzkrise von 2008 die Jugendarbeitslosigkeit 50 Prozent und zwingt viele junge Menschen dazu, nach alternativen Einkunftsmöglichkeiten zu suchen. Das Problem ist symptomatisch für Europa, wie man anhand von Daten aller EU-Länder feststellen kann.[7] Die Schaffung von Arbeitsplätzen ist eine der dringlichsten Aufgaben der EU-Staaten geworden. Jugendliche (insbesondere junge Immigranten), die um die Hoffnung auf eine bessere Zukunft betrogen werden, sind besonders anfällig für radikale Ideologien. Staatliche Maßnahmen, wie man sie von früher kennt, greifen nicht mehr beziehungsweise verpuffen wirkungslos. Neue Konzepte sind gefragter denn je. Hier können wir einiges von den Innovationsweltmeistern lernen.

Was im Silicon Valley durch private Unternehmen passiert, muss in Europa mit Begriffen und durch den Staat gezähmt werden. Industrie 4.0 und Digitale Transformation sind die Schlagworte, mit denen man heute den Wandel angehen möchte. Interessant ist, dass Industrie 4.0 ein Zukunftsprojekt der deutschen Bundesregierung ist, nicht der deutschen Industrie. Das Projekt stößt zwar bei dieser auf Zustimmung, die Initiative wird jedoch den Behörden und Verbänden überlassen.[8]

Wie geht die Regierung dabei vor? Man setzt Gremien ein, plant Besprechungen und Treffen und verfasst ausführliche Berichte, Thesenpapiere und Empfehlungen. Standards sollen definiert und Normen entwickelt werden. Dabei hinkt man der Entwicklung in anderen Ländern nach, nicht zuletzt, weil so viele Interessengruppen an den Tisch gebracht werden müssen, dass es fast unmöglich wird, diese effizient zu koordinieren. Unternehmen in den USA schaffen durch Fakten einen Standard. Ein Spiegelbild der traurigen deutschen Zustände ist die Kritik von Heinrich Munz, Systemarchitekt bei KUKA Robotics, anlässlich des Industrie-4.0-Forums am Hasso-Plattner-Institut in Potsdam. Die den Standard definierende Arbeitsgemeinschaft, bei der er stellvertretender Vorsitzender ist, hatte bereits seit zwei Jahren einen solchen fertig. Da die Arbeitsgemeinschaft aber ein öffentlicher Verband ist, darf aus wettbewerbsrechtlichen Gründen der Standard nicht veröffentlicht werden noch dürfen Empfehlungen gegeben werden.[9]

Man lasse sich das auf der Zunge zergehen. Zuerst definiert man langsam einen Standard, dann darf man ihn nicht herausgeben. Gesteuert wird das Ganze nicht von der Industrie, sondern von Behörden und Verbänden. Da verwundert es nicht, dass nach mehreren Jahren an Arbeit nach wie vor keine konkreten Ergebnisse vorliegen.[10]

Und die bisher vorliegenden Ergebnisse zeigen, dass ein prinzipielles Missverständnis darin besteht, was dieser Wandel alles umfassen soll. Der Schwerpunkt besteht bislang vor allem darin, die Produktionsprozesse zu verändern, um die Industrie auf die bevorstehende flexibilisierte Produktion (Stichwort Mass Customization) vorzubereiten. Völlig ignoriert wird dabei, dass disruptive Innovation nicht nur in einem Bereich passiert, sondern oft in mehreren gleichzeitig. Nicht nur im Fertigungsprozess oder bei neuen Produktfunktionalitäten sind Anpassungen notwendig, sondern auch in anderen Bereichen – vom Geschäftsmodell über die Organisationsstruktur, von den Produktsystemen bis hin zum Kundenengagement. Initiativen wie die Digitale Transformation beziehungsweise Industrie 4.0 scheinen für Innovation das zu sein, was Malen nach Zahlen für die Malerei bedeutet.

Im Englischen gibt es dafür den Begriff analysis paralysis, damit ist eine Lähmung durch zu viel und zu langes Analysieren gemeint. Jedes untersuchte Detail bringt einerseits Erkenntnisse, wirft aber auch neue Fragen und Probleme auf, die gleichfalls untersucht werden. Und so wird fleißig weiteranalysiert, anstatt endlich zu handeln und Dinge umzusetzen.

Innovation

> *Wir haben Notfallpläne. Wir haben aber keinen Plan für „Ich habe eine Idee!"'* — Don Norman

Was ist Innovation eigentlich und warum ist sie wichtig? Hört man Managern und Medien aufmerksam zu, dann ist das etwas, das jeder macht, das jeder will und das jeder als notwendig empfindet.

Warum Innovation notwendig ist, haben wir bereits kurz angesprochen. Offen blieb jedoch, wie man innovativ ist. Und tatsächlich stellt uns diese Frage vor einige Herausforderungen, weil wir Menschen dazu neigen, alles zu tun, um Innovation zu be- und verhindern – und das oft unbewusst und aus allzu menschlichen Gründen. Aber sehen wir uns zuerst an, was wir eigentlich unter Innovation verstehen.

Bill Aulet, Entrepreneurship-Dozent am MIT, definiert Innovation als Produkt aus Erfindung und Kommerzialisierung:

> **Innovation = Erfindung x Kommerzialisierung**[11]

Das steht im Einklang mit der Definition der Kreativitätsforscherin Teresa Amabile von der Harvard Business School. Für sie gilt eine Idee dann als kreativ, wenn sie sowohl neu als auch wertvoll ist. Neu nicht für den Erfinder, sondern neu für die Allgemeinheit. Innovativ wird sie, sobald sie umgesetzt, verwirklicht und in den Händen von Menschen zur Anwendung gebracht wird.[12]

In der Geschichte „Achilles und die Schildkröte" beschrieb vor 2.500 Jahren der griechische Philosoph Zenon von Elea ein Paradoxon, dem auch vermeintlich Innovationsaufgeschlossene gerne aufsitzen. Angenommen, Achilles läuft doppelt so schnell wie die Schildkröte und die Schildkröte erhält einen Vorsprung von zehn Metern – wann würde Achilles die Schildkröte einholen? Nun ja, sobald Achilles losläuft und die zehn Meter Vorsprung wettgemacht hat, ist die Schildkröte bereits fünf Meter weiter. Die muss Achilles nun auch laufen, wobei die Schildkröte indessen weitere zweieinhalb Meter zurücklegt. Und wenn Achilles diese zweieinhalb Meter gerannt ist, ist die Schildkröte schon wieder ein bisschen vorangekommen, nämlich 125 Zentimeter. Spielen wir das so weiter, dann erscheint es uns, als ob Achilles die Schildkröte nie einholen kann. Wie die meisten von uns in der Schule gelernt haben, beruht dieses Paradoxon auf mehreren Trugschlüssen, und natürlich wird Achilles die Schildkröte nicht nur ein-, sondern sogar überholen.

Ähnlich sieht es mit dem Phänomen Innovation aus, die in zwei Ausprägungen vorkommt. Die eine ist mit der Schildkröte vergleichbar, die andere mit Achilles. Erstere ist die inkrementelle, die andere die disruptive Innovation. Inkrementelle Innovation ist die weiterführende Verbesserung eines Produkts, Services, Prozesses, einer Organisation oder Methode. Frans Johansson, Autor von „The Medici Effect", beschreibt eine auf dieser Innovation basierende Idee als direktional. Die Idee hat eine Richtung, die sich in relativ leicht vorhersagbaren Schritten entlang bestimmter Achsen bewegt. Die Schildkröte wandert langsam diesen Weg entlang.

Disruptive Innovation hingegen zerstört oder ersetzt existierende Produkte, Services, Prozesse, Organisationen oder Methoden. Es handelt sich um intersektionale Ideen, die durch den Schnittpunkt zweier oder mehr Ideen gebildet werden. Die Pfade der disruptiven Innovation und ihre Ursprünge sind kaum vorhersehbar und können bestehende Industrien zerstören. Das ist unser Achilles, der an der Schildkröte nicht nur vorbeisaust, sondern sie im Vorbeilaufen noch umschmeißt.

Inkrementelle Innovation wird vor allem von Experten durchgeführt. Von Spezialisten, die sich in der Materie sehr gut auskennen und sie optimieren können. Die Abgaswerte eines Dieselmotors immer mehr zu reduzieren, den Produktionsprozess um zehn Prozent effizienter zu machen, die Wartezeiten vor dem Fahrkartenschalter um 20 Sekunden zu reduzieren, dazu benötigt man Expertise.

Disruptive Innovation wird aber vor allem von Nichtexperten geschaffen und überrascht deshalb oft die eigentlichen Experten. Weil sie gut erklären können, warum etwas nicht klappen wird, sind sie völlig verblüfft, wenn jemand einen kombinierten, innovativen Ansatz hat, der die Rahmenbedingungen ändert. Darum werden diese Ansätze von den Experten oft so lange ignoriert, bis es zu spät ist. Tesla Motors, Google und Better Place haben disruptive Innovation im Automobilbereich eingeführt. Deren Gründer sind keine Experten im Automobilbau, sondern kommen aus der Softwarebranche. Deshalb ignorierten deutsche Autobauer diese Start-ups sehr lange. Airbnb und Uber wurden ebenfalls von Softwareexperten gegründet, nicht von Fachleuten aus der Reise- oder Taxibranche.

Disruptive Innovation ist zwar unvorhersehbarer und riskanter als inkrementelle Innovation, aber sie bietet viel mehr Chancen. Frans Johansson zählt die folgenden Charakteristika auf, die intersektionale Ideen bieten:

- Sie sind überraschend und faszinierend.
- Sie machen Sprünge in neue Richtungen.
- Sie eröffnen völlig neue Felder.
- Sie ermöglichen, dass eine Person, ein Team oder eine Firma sie ihr eigen nennen können.
- Sie erzeugen Mitläufer, was bedeutet, dass die Schöpfer die Führerschaft übernehmen.
- Sie erlauben auf Jahre hinaus den Ursprung für direktionale Innovation.
- Sie können auf die Welt auf unvorhergesehene Art einwirken.

Welche Innovation ist nun wichtiger? Die Antwort ist einfach: Beide sind gleich wichtig. Disruptive Innovation wird durch nachfolgende inkrementelle Innovation so weit verbessert, bis die nächste disruptive Innovation notwendig wird. Inkrementelle Innovation erlaubt, die Saat der disruptiven Innovation zu kultivieren, bis sie ausgereift ist. Disruptive Innovation hebt das Ganze auf die nächste Stufe. Wir dürfen nicht vergessen, dass alles von disruptiver Innovation Hinweggeraffte irgendwann selbst mal disruptive Innovation darstellte. Pferde als Transportmittel zu verwenden war sicherlich ein Meilenstein in der menschlichen Entwicklung, Kutschen hinter die Pferde zu spannen und statt Pferden dann einen Motor vor die Kutsche zu ‚spannen' ein weiterer. Sie nun durch Batterien zu ersetzen ist nur der nächste natürliche Schritt. Den Kutscher zuerst durch den Fahrer und nun durch einen Computer überflüssig zu machen ist nichts Anderes.

Als promovierter Chemiker habe ich gelernt, dass neue chemische Substanzen über verschiedene Syntheseverfahren erzeugt werden können. Wie auf einer Straße kann ich entweder einen Schleichweg nehmen oder die Hauptstraße entlangfahren, um mein Ziel zu erreichen. In der Chemie gibt es verschiedene Ausgangssubstanzen und Methoden, um ein und dieselbe Endsubstanz zu synthetisieren. Nicht alle Pfade sind gleichermaßen praktikabel. In Stoßzeiten mag der Schleichweg besser sein als nachts – dann ist die Hauptstraße schneller. Bei Bauarbeiten kann es ein anderer Umweg sein, der zielführender ist.

Mit Start-ups ist es ähnlich. Auch sie sind stets auf der Suche nach gangbaren Wegen. Allerdings kommt erschwerend hinzu, dass ihnen eventuell sogar das Ziel unbekannt ist. Der Fahrdienstleister Uber fokussiert sich auf den Passagiertransport mit privaten Autos. Aber kann ein Transportservice auch auf andere Vehikel und Zielgruppen umgelegt werden? Kann es ein Uber für Flugzeuge (FlyteNow, PrivateFly), ein Uber für Fahrräder (AirDonkey), ein Uber für die Post (Roadie) geben? Oder kann ein Marktplatz wie Airbnb zur Buchung und Vermittlung von Unterkünften auch für andere Objekte und Zielgruppen verwendet werden? Gibt es ein Airbnb für Garagenstellplätze (ParkatmyHouse, JustPark), ein Airbnb für Lagerplätze (Roost, StowThat, RovingBox), ein Airbnb für Büros (ShareDesk) oder ein Airbnb für Haustiere (DogVacay, Holidog, Mad Paws)? Ohne es auszuprobieren wird man das nicht erfahren. Zu allen genannten Modellvarianten gibt es tatsächlich Start-ups, die austesten, ob ein Markt dafür existiert. Ohne sie vorher recherchiert zu haben, übertrug ich einfach das Uber- und Airbnb-Modell auf ähnliche Objekte. Durch die Suchmaschinen-Eingabe „Uber for airplanes" et cetera konnte ich ein oder mehrere Start-ups zu jedem Modell finden. Viele ähnliche Ideen werden oft von mehreren Start-ups gleichzeitig verfolgt, nicht nur wegen des „benachbarten Möglichen" (von dem wir gleich mehr hören werden), sondern weil das Abklopfen von Varianten notwendig ist. Das erklärt auch, warum neun von zehn Start-ups scheitern.

Innovation ist nicht nur beschränkt auf Technologien und Services. Der Innovationsforscher Larry Keeley beschreibt zehn Typen von Innovation: [13]

1. Gewinnmodell
2. Netzwerk
3. Struktur
4. Prozess
5. Produktperformance
6. Produktsystem
7. Service
8. Zugangskanal
9. Marke
10. Kundenengagement

Google bot mit seiner Suchmaschine durch PageRank nicht nur einen neuen innovativen Prozess an, Suchergebnisse zu bewerten. Auch die Produktperformance, insbesondere die Geschwindigkeit, mit der Suchergebnisse gefunden wurden, sowie die kurzen Beschreibungen zu den Ergebnissen waren etwas Neues. Mit AdWords kam ein neues Gewinnmodell hinzu. Mittels ortsspezifischer Information werden relevante Ergebnisse auf Smartphone und Computer über neue Zugangskanäle verbreitet. Durch die aufgeräumte und spartanisch gehaltene Website setzte sich die Marke von den mit Informationen zugepflasterten Portalen anderer Suchmaschinenanbieter, wie sie noch vor zehn Jahren gang und gäbe waren, wohltuend ab.

Besonders disruptive Innovation kombiniert oft mehrere Innovationstypen gleichzeitig. Laut Keeleys Untersuchungen kombinierten Topinnovatoren durchschnittlich 3,6 Innovationstypen, durchschnittliche Innovatoren gerade mal die Hälfte davon. Die Börsenkursentwicklung von Unternehmen, deren Innovationen mehr als fünf Innovationstypen kombinieren, ist doppelt so hoch wie der S&P 500 Index. Unternehmen, die durchschnittlich drei bis vier Innovationstypen kombinieren, liegen immer noch fast 50 Prozent über dem S&P 500 Index.

Frans Johannson bezeichnete die Kombination von mehreren Disziplinen zu etwas Neuartigem als Medici-Effekt, benannt nach der italienischen Medici-Familie im 15. und 16. Jahrhundert, aus deren Wirken und Schaffen die Renaissance hervorging. Die Medici brachten Kreative aus verschiedenen Richtungen und Disziplinen zusammen und bewirkten so ein Aufleben und Fortschritte in Kunst, Kultur, Architektur, Wissenschaft und Wirtschaft.[14]

Für Keeley lässt dieses Ergebnis nur einen Schluss zu: „Nach 15 Jahren, in denen wir diese zehn Innovationstypen analysiert haben, können wir nun mit hoher Sicherheit sagen, dass ein Unternehmen über die reine Produktinnovation hinausgehen muss, um wiederholt und verlässlich innovativ zu sein. Werden mehrere Innovationstypen kombiniert, garantiert das Unternehmen größeren und nachhaltigeren Erfolg."

Innovatoren akzeptieren den Status quo nicht so einfach. Sie tendieren dazu, Dinge als verbesserungswürdig zu betrachten, sie stoßen Veränderungen an. Aus kognitiver Sicht tendieren Menschen dazu, alles so zu belassen, wie es ist. Diesen Status-quo-Bias (Tendenz zum Status quo) umgehen Innovatoren und hinterfragen die Funktionsweisen. Was viele Innovatoren gemein haben, ist ihre Neugier, die sich oft schon in früher Kindheit zeigt. Mit Spielzeug wurde nicht gespielt, sondern es wurde zerlegt, um die Funktionsweise zu verstehen – oft zum Schrecken der Eltern, denen es um das Spielzeug leidtat. Statt vorab um Erlaubnis zu fragen, bitten Innovatoren nachher um Verzeihung.

Wo findet man Innovatoren? In Start-ups treten sie als Entrepreneure und in Unternehmen als Produkt- und Prozessinnovatoren (mit genügend entrepreneurischem Geist auch als ‚Intrapreneure') in Erscheinung. Gibt es Innovatoren auch in Universitäten und Forschungseinrichtungen oder außerhalb von Organisationen? Auf alle Fälle, nur sind laut unserer Definition Entdeckungen und Erfindungen, die nicht kommerzialisiert oder der Menschheit zu ihrem Vorteil zugänglich gemacht werden, keine Innovationen. Und diesen Schritt ermöglichen universitäre Einrichtungen oder unstrukturierte Organisationen in Europa oft nur unzureichend.

Gibt es weitere Gründe, warum Innovation wichtig ist? Wie man anhand der Lebensdauer amerikanischer Unternehmen sehen kann, brauchen diese Innovation, um zu überleben. In den letzten 100 Jahren hat die Lebensdauer von Unternehmen um über 50 Jahre abgenommen von 67 Jahren im Jahr 1920 zu ganzen 15 Jahren im Jahr 2012.[15]

Kleibers Gesetz

Wie aber kommt es nun zu Innovation und warum scheint ein und dieselbe Idee plötzlich von mehreren Personen und Unternehmen gleichzeitig aufgegriffen zu werden? Werfen wir dazu einen Blick zurück in die Vergangenheit, um zu erkennen, wo Innovation stattfand. Ob Ägypten, Bagdad, Peking, das Römische Reich, Venedig, Florenz, Wien, Paris, Berlin, London, New York oder das Silicon Valley – Kreuzungspunkte von Verkehrs- und Handelsrouten fungieren gleichzeitig als Orte des Ideenaustauschs. An diesen Kreuzungspunkten kamen und kommen Menschen aus verschiedenen Kulturen zusammen und handeln nicht nur mit Waren, sondern auch mit Ideen. Kein Wunder, dass Hafenstädte wie Venedig, Hamburg, London, Singapur oder San Francisco Brutstätten von Ideen waren oder sind.

Während Großstädte, in denen viele Menschen auf engstem Raum zusammenleben, schon immer eine rasche Verbreitung von Ideen und Innovation ermöglicht haben, kommt einer Erfindung eine besondere Bedeutung als Innovationsbeschleuniger zu, die wir heute als selbstverständlich hinnehmen und über die wir nicht weiter nachdenken. Es handelt sich dabei um den Aufzug.

Nachdem der Mechanikermeister Elisha Graves Otis 1853 den absturzsicheren Aufzug auf der New Yorker Weltausstellung mit sich selbst als Versuchskaninchen vorgeführt hatte, setzte der Siegeszug dieser Technologie ein. Erst der Aufzug ermöglichte das Höhenwachstum von Häusern in Städten. Bis dahin war die Anzahl der Stockwerte weniger durch die Baumaterialien beschränkt als vielmehr durch die Praktikabilität und die nötige Anstrengung, das oberste Stockwerk zu erreichen. Erst durch Aufzüge konnten Städte zu Innovations-Hotspots werden. Sie folgen dabei einer modifizierten Version von Kleibers Gesetz.

Der Schweizer Max Kleiber entdeckte den Zusammenhang zwischen der Masse und dem Stoffwechsel von Tieren. Je größer ein Tier wird, desto höher ist dessen durchschnittliche Lebensdauer. Die Lebensdauer von Fliegen liegt zwischen Stunden und ein paar Tagen.

Elefanten hingegen werden mehr als ein halbes Jahrhundert alt. Auch ist die Geschwindigkeit, mit der Vogelherzen Blut pumpen, höher als die bei Giraffen. Interessanterweise scheint die Anzahl der Herzschläge über die Lebensdauer aller Spezies hinweg in etwa gleich zu sein. Die Herzen kleinerer Spezies schlagen eben schneller.

Der theoretische Physiker Geoffrey West wandte im wahrsten Sinne einer intersektionalen Idee Kleibers Gesetz auf einen anderen Organismus an: auf Städte. Gemeinsam mit Kollegen am Santa Fe Institute analysierte West Städtedaten. Das Ergebnis war eindeutig. Städte folgten demselben Kleiberschen Gesetz wie Lebewesen. Mit einer Ausnahme: Innovation. Eine Stadt, die zehnmal so groß war, war nicht zehnmal, sondern 17-mal so innovativ. Eine 50-mal größere Stadt ist 130-mal so innovativ.[16]

Damit allein lässt sich aber nicht erklären, warum gerade das Silicon Valley so viel innovativer ist als Großstädte mit vergleichbarer Einwohneranzahl. Auch durchläuft das Silicon Valley gerade einen starken Wandel. Sowohl San José im Süden als auch San Francisco im Norden erleben starkes Wachstum. Wer die Gegend um South of Market in San Francisco vor zehn Jahren das letzte Mal besuchte, wird sie heute nicht wiedererkennen. Wo man damals noch vorwiegend Brachland und ein unterentwickeltes Gebiet bemerkte, sieht man heute Wolkenkratzer hochschießen. Einst verfallene Gebäude füllen sich mit neuem Leben und sind Sitz diverser Start-ups. Damit wandert die Start-up-Szene vom Valley in die Stadt, was sich in den getätigten Investitionen widerspiegelt.

Der Städteforscher und Ökonom Richard Florida untersuchte bereits vor Jahren in seinem Buch „The Rise of the Creative Class" (2002), was Regionen attraktiv für kreative Personen macht. Neueren Zahlen zum Silicon Valley zufolge gibt es in San Francisco immer mehr Start-ups und Venture-Kapital-Investitionen. 2013 waren Start-ups dort für ein Drittel aller erhaltenen Investitionen verantwortlich.[17]

Das benachbarte Mögliche

Am 14. Februar 1876 reichte Alexander Graham Bell ein Patent für das Telefon ein. Es war die fünfte Patenteinreichung an diesem Tag. Am selben Tag kam laut 39. Eintrag der Einreichungsliste Elisha Gray und reichte gleichfalls ein Patent für das Telefon ein. Sonnenflecken wurden 1611 von vier verschiedenen Forschern in vier verschiedenen Ländern entdeckt. Die erste elektrische Batterie wurde unabhängig voneinander von Ewald Georg von Kleist und Pieter van Musschenbroek 1745 und 1746 erfunden. Josef Ressel, John Ericsson, Francis Pettit Smith, David Bushnell und Robert Fulton erfanden alle zur gleichen Zeit die Schiffsschraube.

Wie kann es sein, dass gleich mehrere Erfinder, oft durch Länder und Kontinente getrennt, unabhängig voneinander auf dieselbe Idee kommen? Sind das Ausnahmen, ist das Zufall oder steckt da mehr dahinter? Diese Fragen stellten sich bereits 1922 zwei Forscher der Columbia University. Sie fanden mehr als 140 Beispiele von unabhängig voneinander stattfindenden Innovationen und Entdeckungen, die meisten davon innerhalb desselben Jahrzehnts.[18]

Der Biologe Stuart Kauffman fand ähnliche Verhaltensmuster bei Organismen. Es müssen gewisse Grundvoraussetzungen vorliegen, damit die nächste evolutionäre Stufe erreicht werden kann. Die Bausteine müssen bereits da sein und daraus ergeben sich wiederum weitere Bausteine. Kauffman nannte diesen Effekt das „benachbarte Mögliche"[19].

Die Idee liegt sozusagen in der Luft. Das erklärt, warum mehrere Personen unabhängig voneinander dieselbe Entdeckung oder Erfindung machen können. Nun argumentieren einige, dass eine Erfindung sozusagen nicht vermeidbar ist und damit keine Einzelleistung eines Genies darstellt. Gemäß dieser Argumentation wäre auch das Patentwesen hinfällig, weil diese durch das benachbarte Mögliche in der Luft liegenden Erfindungen offensichtlich sind.

Das benachbarte Mögliche profitiert von der Nähe von Ideen und einem Ökosystem, wie es das Silicon Valley aufweist. Dort werden viele verschiedenen Bauteile sowohl physischer als auch konzeptioneller Natur bereitgestellt. Es ist vergleichbar mit Räumen in einem Gebäude. Um von einem Raum in einen benachbarten Raum zu gehen, müssen Türen da sein. Räume kann ich nicht einfach überspringen, sie müssen durchschritten werden.

Firmen wie SAP hatten bereits Anfang 2000 mobile Lösungen für Krankenhäuser. Aber der Zeitpunkt war zu früh, um damit erfolgreich zu sein. Mit dieser Lösung wurden mehrere Räume übersprungen. Gewisse Bausteine waren eben noch nicht vorhanden. So gab es damals kein WLAN-Netzwerk in Krankenhäusern und die Mitarbeiter waren mit mobilen Geräten noch nicht so vertraut, wie sie es heute sind. Damals prägten einfache Mobiltelefone das Bild, persönliche digitale Assistenten wie der Palm Pilot waren erst seit Kurzem auf dem Markt. Die digitale Krankenakte steckte noch in den Kinderschuhen. Mit anderen Worten: Die Lösung war ihrer Zeit voraus. Sie befand sich außerhalb des benachbarten Möglichen.

Der Apple Newton mit Schrifterkennung aus dem Jahr 1993 war zwar eine tolle Innovation, aber eben zu früh da. Die Babbage-Maschine im Computer History Museum in Mountain View, Kalifornien, ist ein Wunderwerk der Ingenieurskunst. Es war der erste mechanische Computer, der aber erst 150 nach seiner Entwicklung Wirklichkeit werden sollte. Auch dies ein Beispiel für eine Idee, die das benachbarte Mögliche übersprungen hat. Das soll uns nicht daran hindern, vorauszudenken und unserer Zeit voraus zu sein. Oft überholt uns die Zeit schneller, als man meint. Und schon gar nicht soll es uns daran hindern, eine Idee, an der man einmal gescheitert ist, nochmals anzupacken.

Innovation wird verhindert, wenn Ausprobieren bestraft wird, Möglichkeiten versteckt oder unzugänglich gemacht werden oder wenn der momentane Status quo so befriedigend ist, dass niemand dazu bewegt werden kann, mit Änderungen zu experimentieren.

Das unvorhersehbare Mögliche

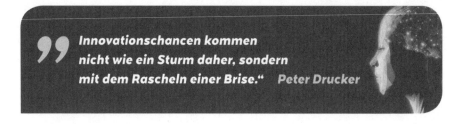

„Innovationschancen kommen nicht wie ein Sturm daher, sondern mit dem Rascheln einer Brise." *Peter Drucker*

Was verbindet die Dating-App Tinder und den Kalten Krieg miteinander? Mehr als man glaubt. Als am 4. Oktober 1957 die Sowjetunion eine Rakete mit dem ersten Satelliten Sputnik launchte, begann das Weltraumzeitalter. Gleichzeitig wurden die Grundlagen für die Dating-App Tinder geschaffen, auch wenn deren Gründer noch gar nicht geboren waren. Aber zunächst mal ganz langsam.

Zwei junge Physiker am Laboratorium für Angewandte Physik der Johns Hopkins University in Baltimore, William Guier und George Weiffenbach, waren wie viele ihrer Forscherkollegen an diesem Tag in Gespräche über diese Neuigkeit vertieft. Vor allem ein Detail hatte es ihnen angetan: Sputnik sendete ein Radiosignal aus. Und dieses auf- und absteigende Gezirpe konnte mit einem Empfänger geortet werden, den Weiffenbach für seine Dissertation benutzte. Diese Nachricht sprach sich an der Uni schnell herum und den ganzen Tag schauten Kollegen vorbei, um dem Signal zu lauschen. Weil das schnell langweilig wurde, überlegten die beiden, was sie noch alles aus dem Signal herauslesen konnten. Innerhalb weniger Wochen konnten sie unter Ausnutzung des Dopplereffekts die Geschwindigkeit des künstlichen Erdtrabanten messen und seine Flugbahn herausfinden. Das blieb nicht unbemerkt, und als einige Monate später ihr Abteilungschef sie fragte, ob sie anstelle der Satellitenposition auch den umgekehrten Fall berechnen könnten, nämlich von einem Satelliten aus den Standort eines Objekts auf der Erde, brauchten die beiden nur wenig Zeit, um diese Frage mit ja zu beantworten.

Sie hatten keine Ahnung, dass das Militär die Position eines aufgetauchten Unterseeboots wissen wollte, um die Zielpeilung für Nuklearraketen berechnen zu können. Auf diesem Wunsch basiert letztlich das Global Positioning System (GPS), von dem wir heute, mehr als 50 Jahre später, profitieren. GPS ermöglicht nicht nur modernen Flugzeugen, ihre Position zu eruieren, sondern ist auch die Grundlage für die die Geolokation auf Fahrzeug-Navigationssystemen, für eine Restaurantkritik auf Yelp, einen Foursquare-Check, ein Geospiel wie Ingress oder dass sich Singles auf Tinder finden können. Und dass ein Taxiservice wie Uber entsteht, der ebenfalls auf Geolokation beruht, war ebenso unvorhersehbar wie die Verwendung eines Fahrdienstes, der als Alternative zum Taxi begann und nun von einigen meiner Silicon-Valley-Bekannten zum Abholservice für ihre Kinder umfunktioniert wurde.

Weder Guier noch Weiffenbach hätten diese Verwendungszwecke in den 1950er-Jahren vorhersagen können. Und damit sind sie nicht alleine. Keiner kann vorhersagen, wie bestimmte Erfindungen je eingesetzt werden. Wir können Vorahnungen haben, aber es wird sicherlich immer neue Anwendungsgebiete geben, die uns mit dem heutigen Wissen nicht in den Sinn kommen würden.

Ebenso wenig konnte vor über 150 Jahren niemand vorhersagen, dass aus der von Hügeln und einer Bucht eingeschlossenen Bay Area um ein verschlafenes Dörfchen namens San Francisco das Silicon Valley werden sollte. Und diesen Werdegang werden wir uns jetzt ansehen.

Fußnoten

1. Nicholas Lemann: The Network Man: Reid Hoffman's big idea, in: The New Yorker, 12.8.2015, http://www.newyorker.com/magazine/2015/10/12/the-network-man

2. Stefan Quandt: „Der Monopolkapitalismus des Silicon Valley ist nicht zukunftsfähig", in: Manager Magazin 6/2015, http://www.manager-magazin.de/unternehmen/it/stefan-quandt-silicon-valley-nicht-zukunftsfaehig-a-1040713.html

3. Michael Freitag, Astrid Maier, Dietmar Palan: American Hybris, in: Manager Magazin 5/2015, http://www.manager-magazin.de/magazin/artikel/apple-google-facebook-uber-groessenwahn-im-silicon-valley-a-1030869.html

4. Teresa M. Amabile; Brilliant but cruel: Perceptions of negative evaluators, in: Journal of Experimental Social Psychology, März 1983

5. o. Verf: CHE Hochschulranking 2015/16, in: Zeit online, http://ranking.zeit.de/che2015/de/fachbereich?id=800222&ab=3

6. Vivian Giang: 40 Percent of American s Will Be Freelancers by 2020, in: Business Insider, 21.3.2013

7. http://ec.europa.eu/eurostat/statistics-explained/index.php/Unemployment_statistics

8. Bundesministerium für Bildung und Forschung: Zukunftsprojekt Industrie 4.0, https://www.bmbf.de/de/zukunftsprojekt-industrie-4-0-848.html

9. Hasso-Plattner-Institut: Podiumsdiskussion – Vision Talk im Rahmen des Industrie 4.0 Forum, http://www.tele-task.de/archive/video/flash/26772/

10. Karin Zühlke: Plattform Industrie 4.0 vor dem Aus: „Deutschland hat die erste Halbzeit verloren", in: elektroniknet.de, 10.2.2015, http://www.elektroniknet.de/elektronikfertigung/strategien-trends/artikel/116855/

11. Bill Aulet: Disciplined Entrepreneurship. 24 Steps to a Successful Startup, Hoboken 2013

12. Frans Johansson: The Medici Effect: Breakthrough Insights at the Intersection of Ideas, Concepts & Cultures, Harvard Business School Press 2004

13. Larry Keeley: Ten Types of Innovation: The Discipline of Building Breakthroughs, Hoboken 2013

14. Frans Johannson: The Medici Effect: Breakthrough Insights at the Intersection of Ideas, Concepts, and Cultures, Boston 2004

15. Alexa Clay, Kyra Maya Phillips: The Misfit Economy: Lessons in Creativity from Pirates, Hackers, Gangsters and Other Informal Entrepreneurs, New York 2015

16. Steven Johnson: Where Good Ideas Come From: The Natural History of Innovation, London 2011

17. Richard Florida: Why San Francisco May Be the New Silicon Valley, in: TheAtlantic.com, 5.8.2013, http://www.citylab.com/work/2013/08/why-san-francisco-may-be-new-silicon-valley/6295/

18. William F. Ogburn, Dorothy Thomas: Are Inventions Inevitable? A Note on Social Evolution, in: Political Science Quarterly Bd. 37, Nr. 1 (März 1922), S. 83-98

19. Stuart Kauffman: At Home in the Universe: The Search for the Laws of Self-Organization and Complexity, New York 1995

2

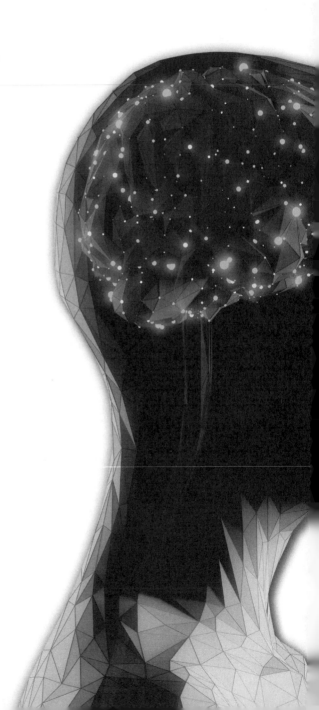

Die Ursprünge

2

Ein bayerischer Kollege stürzt geschockt aus dem Nachbarzimmer in unser voll besetztes Vierpersonenbüro im baden-württembergischen Walldorf. „Schaut euch die Nachrichten an!" Sämtliche Nachrichtenwebsites, die wir aufrufen, sind nur nach großen Verzögerungen erreichbar, haben auf Schwarzweißfotos umgeschaltet, um Bandbreite zu sparen, und zeigen alle dasselbe Bild: die rauchenden Türme des World Trade Centers in Manhattan. Es ist Dienstag, der 11. September 2001, und die Vereinigten Staaten erleben gerade den schlimmsten Terrorangriff in ihrer Geschichte.

Es ist späterer Nachmittag und wir waren dabei, uns für die anstehenden Telefonkonferenzen mit unseren Kollegen bei SAP Labs in Palo Alto vorzubereiten, für die es gerade frühmorgens war. Viele von ihnen wollten ein paar Stunden später von San Francisco aus ihre Flieger nehmen, um an einem mehrtägigen Workshop in Walldorf teilzunehmen. Dazu kam es aber nicht mehr, weil der amerikanische Luftraum kurze Zeit später für eine ganze Woche gesperrt werden würde.

Jeder, der damals alt genug war, erinnert sich genau, wo er sich befand, als er von den Terrorattacken hörte. Für mich hatte das noch eine weitere Brisanz: Am Tag zuvor hatte ich meinen Reisepass ans amerikanische Konsulat nach Frankfurt geschickt, um mein L1-Visum für meinen Transfer von SAPs Zentrale in Walldorf zur SAP-Niederlassung in Palo Alto zu erhalten. Dort sollte ich für die Weiterentwicklung von SAPs jüngster Produktfamilie in Datawarehousing und Internet zuständig sein. Mein Überführungsflug für den 26. September schien nun hinfällig. Die Welt hatte sich verändert, und meine auf eine ganz andere Weise, als ich gedacht hatte oder ahnen konnte.

Trotz all des Chaos in der Welt hielt ich am 13. September meinen Reisepass mit dem Arbeitsvisum in den Händen, Datumstempel 12.9.2001. So kam ich ins Silicon Valley, in dem gerade die Dotcom-Blase am Platzen war. Von der täglichen halbkilometerlangen Schlange bei der Abfahrt von der Autobahn 280 nach Palo Alto war von einem Tag auf den anderen nichts mehr zu sehen. Hunderttausende hatten die Bay Area verlassen, die damals schon teuer war und nun mit dem Einsetzen der terrorbedingten Rezession keine Jobs mehr bot.

Als SAP-Mitarbeiter hatte ich diesbezüglich nichts zu befürchten. In Krisenzeiten tendieren Unternehmen dazu, ihre externen Dienstleister zu konsolidieren, und das bedeutete zumeist, dass SAP als bevorzugter Dienstleister davon profitierte. Trotzdem erlebte ich die Änderungen am eigenen Leib. Meine vielen Dienstreisen brachten mich regelmäßig nach Europa und zur SAP-Niederlassung nach Israel. Dabei konnte ich persönliche Erfahrungen mit verschiedenen Flughafensicherheitssystemen sammeln. Die israelischen Sicherheitsleute verhielten sich unbeeindruckt, konzentriert und sehr professionell. Sie wussten wohl aus Erfahrung, wie wichtig dieser Job war. Die europäischen Sicherheitsbeamten waren ebenso ruhig, aber es schien eine viel entspanntere Ruhe zu sein. In den USA hingegen herrschte Chaos. Bei den Sicherheitschecks nach 9/11 wurde oft herumgeschrien. Es war offensichtlich, dass die bis dahin gültigen Prozesse nicht effektiv waren. Man gab vor, die Sache im Griff zu haben, aber es sollte noch dauern, bis neue und effektivere Bestimmungen in Kraft treten sollten.

Bezeichnend war ein Erlebnis im November 2001 auf dem Flughafen in San Antonio in Texas, wo ich gerade von einer Konferenz kam und zurück nach San Francisco fliegen wollte. Wegen der neuen Bestimmungen hatte sich der Prozess zur Ausstellung neuer Führerscheine für ausländische Staatsbürger in den USA landesweit verzögert. Meinen kalifornischen Führerschein sollte ich erst neun Monate nach der Führerscheinprüfung erhalten. Damit war der einzige Ausweis, den ich besaß, mein österreichischer Reisepass. Mit diesem reiste ich innerhalb der USA und damit auch von San Francisco nach San Antonio und zurück. Bei der Sicherheitskontrolle zückte ich meinen Reisepass und hörte erstaunt, wie mich der Sicherheitsbeamte im Frankfurter Dialekt auf Deutsch ansprach.

„Deutsche, Holländer, Franzosen hatte ich schon viele hier durchkommen sehen, aber Sie sind der erste Österreicher!", sagte er. Mein Erstaunen war nicht zu übersehen, deshalb fuhr er fort: „Ich bin vom deutschen Bundesgrenzschutz."

„Was zum Teufel macht der deutsche Bundesgrenzschutz mitten in Texas?", lautete meine überraschte Frage.

Er erklärte, dass die amerikanische Regierung befreundete Länder gebeten hatte, für mehrere Monate deren Grenzschutzbeamte abzustellen, um auf allen größeren Flughäfen des Landes das Sicherheitspersonal zu schulen. Wenn an einem Tag gleich vier Flugzeuge entführt werden können, ist das kein Zufall, sondern man hat ein systematisches Problem.

Dieser Terroranschlag war nur ein weiterer Todesstoß für die Silicon-Valley-Blase, die 2001 endgültig platze. Unvorstellbare Bewertungen von Start-ups, die verrücktesten Ideen und nichtexistente Geschäftsmodelle prägten die damalige Start-up-Szene. Von Megastaus zu beinahe leeren Autobahnen innerhalb von wenigen Monaten, so erlebte ich die erste Zeit im Silicon Valley. Heute sieht die Sache, zumindest was den Verkehr betrifft, viel schlimmer aus als 2001. Aber die Szene hat sich gewandelt, wie auch ich mich geändert habe – und das Interesse der Welt am Silicon Valley. Doch blicken wir zunächst einmal 150 Jahre zurück, als das Silicon Valley noch ein nahezu unbeflecktes Stückchen Land war, so, wie man sich den Wilden Westen vorstellt.

Am Anfang stand Kalifornien

Hundertschaften verlassener Schiffe schaukeln in der Bay um San Francisco, wo sich heute das Fährengebäude und die bei Touristen beliebten Piers befinden. Aber im Jahr 1849 waren die Leute nicht als Touristen gekommen, sondern um sich schnurstracks auf den Weg zum American River zu machen. Wo heute Kaliforniens Hauptstadt Sacramento liegt, hatte John Wilson Marshall ein Jahr zuvor beim

Inspizieren des Mühlkanals seiner Sägemühle einen Goldnugget gefunden. Die Nachricht von diesem Fund breitete sich in Windeseile aus und Tausende Abenteurer machten sich auf den Weg, um ihr Glück zu versuchen. Der Goldrausch hatte begonnen.

Es war eine beschwerliche Reise, da es nur zwei Möglichkeiten gab, dorthin zu gelangen. Ein Weg war der Oregon-California-Trail, der durch raues und feindliches Terrain führte. Sechs Monate dauerte die Reise, genauso lang wie die alternative Route, die per Schiff von New York über Südamerika nach San Francisco führte. Dieser Weg war nicht weniger beschwerlich, plagten die Passagiere doch Ungeziefer und Seekrankheit, und das alles zu einem maßlos überhöhten Preis. Kaum angekommen, überließen Passagiere und Besatzungsmitglieder ihre Schiffe dem Schicksal, um beim Goldrausch nicht zu kurz zu kommen.

Zwischen 1848 und 1850 explodierte die Einwohnerzahl von San Francisco von beschaulichen 1.000 auf über 20.000. Die Stadt konnte mit dem Wachstum nicht schritthalten und machte aus der Not eine Tugend. Die Hundertschaften verlassener Schiffe wurden teilweise versenkt, um das Fundament für die Piers zu legen, andere wurden in ihre Einzelteile zerlegt, um Baumaterial für Häuser zu gewinnen. Touristen, die heute auf der Embarcadero entlang der Piers wandern, befinden sich einige Meter über diesen Schiffen. Die Stadt wuchs und im Jahr 1850 wurde Kalifornien zum 31. Bundesstaat der Vereinigten Staaten.

Der Eisenbahnausbau machte nicht nur den gerade mal 18 Monate in Betrieb gewesenen Pony-Express überflüssig, mit dem Post durch Reiterstaffeln transportiert wurde, sie ermöglichte auch einen bequemen und steten Zustrom von Siedlern auf der Suche nach Glück. Damit setzte sich das Wachstum von San Francisco und San José fort. Die Besiedelung der Bay Area begann mit der Gründung von Holzfäller- und Landarbeitersiedlungen in den fruchtbaren Landstrichen um Palo Alto, Cupertino oder Los Altos. Mit dem Anschwellen der Bevölkerungszahlen wuchs der Wohnraumbedarf und dazu boten sich die gigantischen Küstenmammutbäume aus der Unterfamilie der Mammutbäume (Sequoioideae) an, die über 100 Meter an Höhe mit einem Stammdurchmesser von acht Metern und ein Alter von über 2.000 Jahren erreichen konnten. Aus einem Baum ließen sich 40 Häuser errichten.

Der Goldrausch machte zwar die Mehrheit der Goldsuchenden nicht reich, dafür aber andere, die Waren und Dienstleistungen anboten, welche für die Eroberung des Westens notwendig waren. Sarah Winchester, die Erbin eines mit dem Unterhebelrepetiergewehr gleichen Namens verdienten Vermögens, wohnte in San José. Aus Angst vor den Geistern der mit den Winchester-Gewehren getöteten Menschen ließ sie ihr Haus immer weiter ausbauen, wobei viele Türen, Fenster und Treppen ins Nichts führen und so die Geister verwirren sollten.

Die Grundbausteine

Leland Stanford war ein Eisenbahn-Unternehmer. Als sein einziger Sohn mit fünfzehn Jahren bei einer Italienreise an Typhus verstarb, beschlossen er und seine Frau, ihr Vermögen in die Gründung einer Universität zu stecken. Nachdem sie ihr Kind nicht länger unterstützen konnten, beschlossen sie, dass von nun an „die Kinder Kaliforniens ihre Kinder sein sollten". Sie erwarben ein Grundstück von 3.000 Hektar und ließen darauf ein Universitätsgelände errichten, das ihren Namen tragen sollte.

Im Jahr 1891 wurde die Stanford University eröffnet und unter den ersten 555 Studenten befand sich auch Herbert Hoover, der 1929 zum 31. Präsidenten der Vereinigten Staaten gewählt wurde. Was Stanford von Anfang an ausmachte, war der Wunsch nach einem regen Austausch zwischen Universität, Wirtschaft und Regierung. Leland Stanford bestand darauf, dass die Universität die Anwendbarkeit der Wissenschaft auf das Leben im Auge behalten muss.[1]

Die Gelegenheit ergab sich 1909, in einer Zeit, in der massive Weiterentwicklungen im Bereich Telegrafie und drahtlose Übertragungen stattfanden. Viele bekannte Erfinder wie Thomas Edison, Nikola Tesla oder Lee De Forest experimentierten mit diesen Technologien. Unter ihnen war auch ein gewisser Cyril Elwell, der in Palo Alto seine drahtlose Radiostation aufgebaut hatte. Nachdem er an der Ostküste keine Finanzmittel aufbringen konnte, gewann er den damaligen Stanford-Präsidenten und einige Professoren als Investoren. Daraus entstand die Federal Telegraph Company, der 1910 eine Radioübertragung bis ins 3.000 Kilometer entfernte Hawaii gelang. Diese erste technische Keimzelle zog rasch mehr Ingenieure an und mit dem

Eintritt der USA in den Ersten Weltkrieg wurde Radiotechnik schlagartig kriegsentscheidend. Aufträge der US Navy ließen die Firmen der Gegend rasch wachsen. So wurde Elektrotechnik zu einer wichtigen Studiendisziplin in Stanford.

Anfang der 1930er-Jahre befand sich die US Navy auf der Suche nach einem geeigneten Standort für eine Luftwaffenverteidigungsbasis an der Westküste. Durch eine Werbekampagne gelang es den örtlichen Wirtschaftsverbänden und Behörden, eine Spendensammlung ins Leben zu rufen. Sie erbrachte die für damalige Verhältnisse enorme Summe von 476.000 Dollar, und das während der Depression. Das Geld wurde verwendet, um Land anzukaufen, welches wiederum der US Navy für einen Dollar verkaufte wurde. Dank dieser Spende und aufgrund des aeronautischen Studienprogramms in Stanford und der bereits vorhandenen Flughäfen in San Francisco, Oakland und Palo Alto entschloss sich die Navy, diesen Standort als Basis einzurichten. Heute ist dieser Platz als Moffett Federal Airfield bekannt und darauf befinden sich neben der NASA auch die Singularity University und die Flughallen, in denen die von Google verwendeten Flugzeuge parken.

Auf dem Moffett Federal Airfield wurde der Hangar One errichtet, eine riesige Halle, in dem die USS Macon unterkam. Sie war das damals größte Luftschiff der Welt, mit fast 240 Meter drei Meter größer als die Graf Zeppelin. Und das Besondere an ihr war: Sie war ein fliegender Flugzeugträger. Insgesamt vier Flugzeuge konnte sie transportieren, die an einer Startvorrichtung am Rumpf hingen und sich dort mittels eines Hakens bei der Rückkehr wieder einklinken konnten. Damalige Berichte schildern die Aufregung in der Bevölkerung, als das Luftschiff am 16. Oktober 1933 ankam. Schulen waren geschlossen und die Arbeiter hatten freigenommen, um das Luftschiff zu begrüßen. Die spektakulärste Aktion unternahm die USS Macon, als sie auf dem Atlantik den Kreuzer Houston aufspüren konnte. An Bord der Houston war US-Präsident Franklin D. Roosevelt, der sich auf der Heimfahrt von Hawaii befand. Ein Flugzeug wurde vom Luftschiff gestartet, flog über den Kreuzer und ließ ein Päckchen mit aktuellen Tageszeitungen für den Präsidenten herunterfallen.

Aus militärischer Sicht war bereits damals erkennbar, dass Luftschiffe nur beschränkte Tauglichkeit hatten. Sie waren zu langsam und zu schwerfällig. Wie anfällig die USS Macon war, zeigte sich schon beim ersten Manöver, wo sie innerhalb der ersten acht Stunden zweimal abgeschossen wurde. Weniger als zwei Jahre später war sie aufgrund von Konstruktionsmängeln einem aufziehenden Sturm nicht gewachsen, stürzte auf dem Heimflug von einem Manöver vor Point Sur ins Meer und versank. Von der 83 Mann starken Besatzung überlebten 81. Aus dieser Ära steht heute noch der Hangar One, der zurzeit als Stahlskelett das Airfield überwacht. Der denkmalgeschützte Hangar wurde von seiner Asbest-Außenverkleidung befreit und soll in Zukunft von Google als öffentlich zugängliche Mehrzweckhalle verwendet werden.

Mit dem Einstellen der Luftschifffahrt und der wachsenden Bedeutung von Flugzeugen sowie der notwendigen militärischen Verstärkung an der Westküste nach dem Angriff auf Pearl Harbor stieg die Zahl militärischer Firmen und Forschungseinrichtungen an. Nach dem Ende des Krieges gründete die NASA das Ames Research Center. Der größte Windtunnel der Welt wurde darauf errichtet, die Pioneer-Raumsonden wurden dort entwickelt sowie jede Menge Technologie für das Spaceshuttle-Programm.

Der Beginn

Eine Schlüsselrolle in der Entwicklung des Silicon Valley kommt Frederick Terman zu, der 1945 Vorstand des Ingenieurslehrstuhls in Stanford war. Als die Universität von einem Forschungsauftrag des Militärs mehr oder weniger ausgeschlossen wurde, weil Stanford im Vergleich zu Forschungseinrichtungen wie Harvard oder Columbia als minderwertig galt, weckte dies seinen Widerspruchsgeist. Er rekrutierte elf Mitglieder des Harvard Radio Research Lab und gründete eigene Forschungslabors. Von da an begann Stanford, mit dem CIA, der NSA und militärischen Einrichtungen eng zusammenzuarbeiten.

Abgesehen von militärischer Forschung ermutigte Terman seine Studenten, sich zum Wohle des Landes unternehmerisch zu betätigen und Firmen zu gründen. Damit förderte er die regionale Wirtschaft und verschaffte ihr zahlreiche weitere Standbeine. Zwei von Termans bekanntesten Studenten waren Bill Hewlett und Dave Packard, die

1939 in einer Garage in Palo Alto ihr gemeinsames Unternehmen gründeten. Dort bauten sie ihren ersten Oszillator und der erste Großkunde waren die Walt Disney Studios, die acht Audiooszillatoren für den animierten Filmklassiker „Fantasia" bestellten, um die Tonpegel aufeinander abzustimmen.

Die Brüder Russell und Sigurd Varian entwickelten 1937 in Stanford das Klystron, das für Radartechnologie verwendet wurde und von der Royal Air Force im Zweiten Weltkrieg eingesetzt wurde, um Bomber und U-Boote zu lokalisieren. 1948 gründeten sie ihr Unternehmen Varian Associates, aus dem dann auch ein medizintechnisches Unternehmen hervorging. Als die Varian-Brüder einmal bei einem Problem nicht weiterkamen, halfen Hewlett und Packard ihnen spontan. Eine Woche später hatten sie das Problem gemeinsam gelöst. Die Silicon-Valley-Mentalität begann sich auszuprägen.

Die Stanford University rief 1946 gemeinsam mit erfahrenen Unternehmensgründern das Stanford Research Institut ins Leben, heute als SRI International bekannt und völlig unabhängig von Stanford. Die Aufgabe von SRI war und ist die Entdeckung und Anwendung von Wissenschaft und Forschung, um dem Wissen, der Wirtschaft, dem Wohlstand und dem Frieden zu dienen. Entdeckungen und Erfindungen sollen dabei in Firmengründungen münden, die der Menschheit zugutekommen. So stammt die erste Computermaus im Jahre 1964 von SRI. 1949 hielt SRI die erste Konferenz zum Thema Luftverschmutzung ab und 1950 schlug SRI den Walt-Disney-Studios Anaheim als Standort für Disneyland vor. SRI war 1969 unter den ersten vier Knotenpunkten des Arpanet, aus dem später das Internet hervorging. Nach wie vor werden Jahr für Jahr von SRI International mehrere neue Firmen ausgegründet.

Die Stanford University gründete 1951 den Stanford Research Park, der als erstes von einer Universität betriebenes Industrie- und Gewerbeviertel gilt. Auf dem Areal um die Page Mill Road haben unter anderem Varian, HP, General Electric und Lockheed ihre Niederlassungen, um von der Nähe zu Stanford zu profitieren. Heute sind dort mit PARC, SAP Labs, Tesla, VMware und mehreren Rechtsanwaltskanzleien insgesamt an die 150 Firmen mit mehr als 20.000 Mitarbeitern angesiedelt.[2]

Der Physiker William Shockley hatte 1956 gemeinsam mit zwei Kollegen den Nobelpreis für Physik für die Entdeckung des Transistoreffekts erhalten. Zwei Jahre zuvor hatte er in Mountain View das Shockley Semiconductors Laboratory gegründet, das viele hoch qualifizierte Mitarbeiter anzog. So genial Shockley war, so schlecht war er in der Mitarbeiterführung. Das führte dazu, dass 1957 acht Kollegen nach einem Konflikt das Unternehmen verließen und Fairchild Semiconductor gründeten. Der Weggang dieser Gruppe von acht Mitarbeitern, die auch als die ‚Verräterischen Acht' bezeichnet werden und sich aus Gordon Moore, C. Sheldon Roberts, Eugene Kleiner, Robert Noyce, Victor Grinich, Julius Blank, Jean Hoerni sowie Jay Last zusammensetzten, gilt heute als wesentlicher weiterer Grundstein für den Beginn des Silicon Valley. Nicht nur sollten aus Fairchild Semiconductor signifikante Entwicklungen für die Computerindustrie hervorgehen, mehrere der Verräterischen Acht gründeten auch weitere Unternehmen und spielten wichtige Rollen im Ökosystem. So wurden unter anderem der Computerchiphersteller AMD, Intel sowie die Venture-Kapital-Firma Kleiner Perkins Caufield & Byers von dieser Gruppe Abtrünniger gegründet.

In diesem Zusammenhang ist auch die Art und Weise bemerkenswert, wie die Mitglieder der Gruppe, aber auch Hewlett, Packard und die Varian-Brüder ihre Mitarbeiter ermutigten, sich Zeit für eigene Projekte zu nehmen und gegebenenfalls eigene Unternehmen zu gründen. Sie halfen ihnen dabei nicht nur mit Geld und Zeit, sondern traten dabei oft auch als erste Kunden dieser neuen Unternehmen auf. Robert Noyce legte ganz gezielt jedem Firmengründer aus Fairchild Semiconductor ans Herz, die spezifische Firmenkultur mitzunehmen. Seiner Meinung nach war es nicht ausreichend, ein Unternehmen zu gründen, Noyce wies auch auf die moralische Verpflichtung hin, eine Unternehmenskultur ohne Hierarchie und soziales Klassengefälle zu schaffen.

Diese Kultur manifestierte sich auch im Misstrauen zu den Banken und Investoren der Ostküste. Werte zu schaffen, die der Menschheit dienen, steht im Konflikt mit einer auf kurzfristige monetäre Erfolge gepolten Ostküstenkultur. Dort war es wichtig, ein neues Unternehmen innerhalb von drei bis fünf Jahren nicht nur profitabel zu machen, sondern auch an die Börse zu bringen. Das stand im Widerspruch zur stark ingenieurskulturgeprägten Bay Area.

Venture-Kapital-Firmen wie Kleiner Perkins Caufield & Byers oder Investoren wie die Draper-Familie hatten das verstanden. Es entwickelte sich eine ganz eigene Kultur an Risikokapitalgebern. Aufgrund ihres Werdegangs waren sie nicht nur reine Kapitalgeber, sondern hatten selbst einen Bezug zum Unternehmertum und den in den Unternehmen entwickelten Technologien. Dank ihrer Erfahrungen agierten sie schon damals als Coaches und Netzwerker für die Firmen in ihrem Portfolio. Das beschleunigte die Produkt- und Geschäftsentwicklung.

Der Boom

Von da an ging es Schlag auf Schlag – mit aller Macht läuteten Unternehmen das Computerzeitalter ein. Von Atari, Oracle, Apple, Palm bis hin zum Börsengang von Netscape, der das Internetzeitalter begründet, von Electronic Arts, Google, Adobe, Autodesk, Facebook, Intuit, Salesforce, Siebel Systems bis jüngst zu Unternehmen wie Uber, Airbnb, Instagram, WhatsApp, Tesla und Pixar gibt es Tausende von Unternehmen der unterschiedlichsten Industrien, die aus dieser Region hervorgingen. Insgesamt wird alleine die Anzahl an Silicon-Valley-Technologie-Start-ups mit 30.000 beziffert, und das zusätzlich zu geschätzten 40.000 weiteren Start-ups.[3]

Es handelt sich dabei um einen selbstverstärkenden Zyklus, weil im Gegensatz zu vielen anderen Regionen die Firmen hier vorwiegend von Leuten mit einem technischen Hintergrund gegründet werden. Diese treten nach einem erfolgreichen ‚Exit' (dem Verkauf an ein anderes Unternehmen oder einem Börsengang) entweder wieder selbst als Gründer neuer Firmen auf, investieren in neue Start-ups, oder stellen ihre Expertise anderen als Coaches und Mentoren bereit. Oder es werden neue Modelle entwickelt, wie dem Silicon-Valley-Ökosystem geholfen werden kann. Von den ersten Venture-Kapitalisten bis zu den Research Parks gibt es nun Akzeleratoren und Inkubatoren, Coworking Spaces, Konferenzen und Veranstaltungsformen und Wettbewerbe – bis hin zur Thiel Fellowship für Nicht-Studenten oder

der Singularity University werden verschiedenste Ideen ausprobiert, wie Forschung, universitäre Einrichtungen, Kunst, Kultur und Unternehmen zusammengebracht werden können und von den neuesten Erkenntnissen aus Architektur, Verhaltensforschung und Arbeitsplatzmodellen profitieren können.

Es wird geschätzt, dass pro Jahr im Silicon Valley zwischen 1.500 und 5.000 neue Millionäre aus Firmenverkäufen und Börsengängen hervorgebracht werden. Als Firmen wie Google, Twitter oder Facebook an die Börse gingen, gab es auf einen Schlag bis zu 1.500 neue Millionäre im Valley. Die Aktienoptionen, mit denen Start-ups Mitarbeiter ködern, zahlen sich in manchen Fällen sehr gewinnbringend aus. Und diese Leute bilden die Basis für die nächste Runde, weil sie vielleicht selbst ein Start-up aufmachen, zu Angel-Investoren werden oder der Community beistehen.

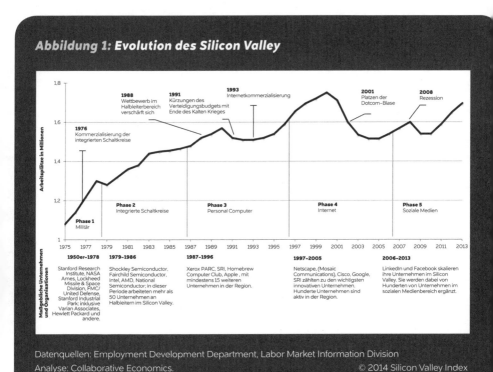

Abbildung 1: Evolution des Silicon Valley

Heute tritt die Evolution des Silicon Valley in die sechste Phase ein. Mit der ersten Welle von 1950 bis circa 1978 waren vor allem militärische Projekte und Auftraggeber ausschlaggebend. Zwischen 1979 bis 1986 erlebte die Computerchipindustrie ihren Höhepunkt, bevor sie zwischen 1987 bis 1996 von der PC-Ära abgelöst wurde. Das Internet dominierte von 1997 bis 2005, gefolgt von einer Phase des Aufstiegs der sozialen Medien zwischen 2006 und 2013. Heute befinden wir uns in der Phase des Internet of Things, wo Hardware und Softwarekombinationen abseits von PCs und smarten Geräten massiv in den Vordergrund treten.

Fußnoten

[1] The Foundig Grant, Leland Stanford Junior University; About Stanford University; November 1885, http://visit.stanford.edu/basics/about.html

[2] http://lbre.stanford.edu/realestate/leasing_information

[3] Nicholas Lemann: The Network Man: Reid Hoffman's big idea, in: The New Yorker, 12.8.2015, http://www.newyorker.com/magazine/2015/10/12/the-network-man

3

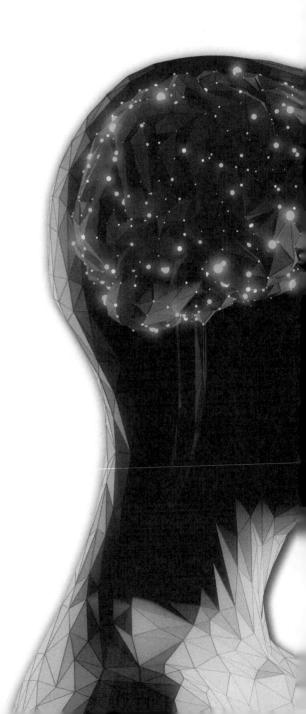

Das Ökosystem

3

Heute leben im Silicon Valley auf einer Fläche von 4.800 Quadratkilometern fast drei Millionen Menschen, die in 1,4 Millionen Jobs beschäftigt sind. Das jährliche Durchschnittseinkommen liegt bei 107.000 Dollar.[1] Genau genommen liegt das ursprüngliche Silicon Valley zwischen Redwood City im Norden und San José im Süden, aber das ist inzwischen ein dehnbarer Begriff. Als Silicon Valley wird von einigen sogar ein Gebiet bezeichnet, das sich bis Marin County im Norden, die East Bay im Osten und gelegentlich sogar bis Santa Cruz im Südwesten erstreckt. Alternative Bezeichnungen sind ‚San Francisco Bay Area' oder einfach ‚Bay Area'.

Die Phasen und die Ausdehnung des Begriffs zeigen, dass sich das Silicon Valley permanent neu erfindet. Waren früher die Bay Area und San José die Start-up-Zentren, befindet sich heute eine starke Szene in San Francisco. Auch entlang der gesamten East Bay von Oakland bis San José finden sich mehr und mehr Start-ups, manche aus Kostengründen, andere, weil es dort noch brachliegende Flächen und unbenutzte Hallen gibt, die für größere Projekte wie Google X Makani (von dem wir später noch hören werden) oder Firmen mit Produktionsstandorten wie Tesla oder SolarCity benötigt werden.

Das Silicon Valley ist heute auch thematisch breiter aufgestellt als je zuvor. Nicht mehr eine Industrie dominiert wie in der Vergangenheit, für Dynamik sorgen viele verschiedene Bereiche, die jedoch Berührungspunkte haben. Die sogenannten Innovationsindustrien umfassen unter anderem Biotechnologie und Pharma, saubere Technologien, Software, Telekommunikation, Internet- und Informationsservices, Medizintechnik und Luft- und Raumfahrt. Damit ist das Wirtschaftsgefüge breiter und stabiler aufgestellt und für Schwankungen weniger anfällig als noch 2001.

Auch die Kennzahlen sprechen eine deutliche Sprache. Innovation ist für ein Drittel der Wirtschaftserlöse zuständig und beschäftigt direkt 26 Prozent der Werktätigen. 46 Prozent des gesamten US-Risikokapitals wurde 2014 im Silicon Valley investiert und es kamen dabei über drei Milliarden Dollar zusammen. Die Arbeitsproduktivität lag 62 Prozent höher als im US-Durchschnitt, aber auch die Beschäftigungskosten mit 19 Prozent. 56 Prozent aller Beschäftigten mit Abschlüssen in MINT-Fächern und 70 Prozent aller Softwareentwickler wurden nicht in den USA geboren.[2]

Zwischen 1993 und 2013 wuchs die Silicon-Valley-Innovationsindustrie mit 100 Prozent mehr als doppelt so stark wie im Rest des Landes mit 45 Prozent. Jeden Monat ziehen über 2.000 Menschen mehr ins Silicon Valley, als abwandern, und die Zuwanderer sind zu 97 Prozent Ausländer. In 51 Prozent der Haushalte ist Englisch nicht die Erstsprache.[3] Da kann ich aus eigener Erfahrung berichten. In meinem Haushalt werden vier Sprachen gesprochen: Russisch, Deutsch, Englisch und Französisch. Und damit ist nicht gemeint, dass wir diese Sprachen leidlich verstehen, nein, sie werden aktiv von uns gesprochen, von zwei Russinnen (meiner russischen Frau und ihrer Mutter), einem Österreicher (mir) und drei Amerikanern im Haus, die eine französische Schule besuchen (meinen drei hier geborenen Söhnen).

So sehr Innovation im Silicon Valley mit einer gewissen Leichtigkeit zu funktionieren scheint, handelt es sich dabei nichtsdestotrotz um harte Arbeit, die gelehrt und ständig angewandt werden muss. Der Futurist Frank Spencer ist sich sicher, dass wir bei der Art, wie wir Innovation lehren und praktizieren, neue innovative Wege finden müssen. Innovationsdenken sollte dabei auch mit Zukunftsdenken kombiniert werden.[4]

> „Wir sehen, wie Innovation in Bereichen wie Computertechnologie, dem Energiesektor, der Bekleidungsindustrie, bei Nahrungsmitteln, Automobilen und in jedem anderen erdenklichen Bereich des menschlichen Lebens angewandt wird. Ist es deshalb gar so abwegig zu glauben, dass Vorausschau und Zukunftsdenken – die Entwicklung vorausschauender und alternativer Perspektiven im organisatorischen und globalen Umfeld – einen erfolgreichen Innovationsprozess nicht nur verstärken, sondern sogar die notwendige Grundlage dafür liefern würden? Ehrlich gesagt, die größere Frage wäre eher, warum Zukunftsdenken und Innovation nicht längst schon kombiniert wurden."
>
> — Frank Spencer

Die Regel Nummer 1 im Silicon Valley ist, wie der Buchverleger und Technologievordenker Tim O'Reilly erläutert, dass Start-ups mehr Wert schaffen, als sie selbst verbrauchen.[5] Das erklärt, warum Start-ups oft so lange kein Geschäftsmodell haben oder ihre Produkte gratis hergeben. Sie fokussieren sich vorrangig auf den Wert, den sie schaffen. Haben sie das getan, dann wird das Geld schon folgen. Mit dieser Philosophie ringen europäische Unternehmen, die versuchen, so rasch wie möglich profitabel zu werden.

Schafft ein Start-up dabei mehr Wert, als es selbst abschöpfen kann, dann ist die Wahrscheinlichkeit hoch, dass es von einem Unternehmen gekauft wird, dem dies möglich ist. Das passierte Instagram und WhatsApp mit Facebook oder Youtube mit Google. Instagram, WhatsApp oder Youtube hatten alle weniger als ein paar Dutzend Mitarbeiter, keine Erlöse, aber bereits hunderte Millionen Benutzer, und wurden für Milliardenbeträge aufgekauft. Die Umfelder, wo man den größten Wert erreichen kann, sind oft die unkontrollierten, wie beispielsweise das Freemium-Modell für Business-to-Consumer (B2C)-Bereiche.

Die physischen Bausteine des Silicon-Valley-Ökosystems sind nichts anderes als Wirtschaftsgüter, relativ leicht austauschbare Massenware, die den Innovatoren die Suche nach neuen Ideen und deren Verwirklichung erleichtern können. Sehen wir uns die wichtigsten und woanders auch am leichtesten replizierbaren Elemente an.

Start-ups und Gründer

Spricht man von Start-ups und will man verstehen, wieso es im Valley so viele gibt, kommt man nicht umhin, sich die entrepreneurische Kultur anzusehen. Und die ist nicht auf Start-ups beschränkt, sondern durchdringt andere Sektoren ebenso. Vom Intrapreneur (dem Entrepreneur innerhalb eines bestehenden Unternehmens) über den politischen Entrepreneur (der sich politisch engagiert) bis hin zum Community Entrepreneur (der sich in seiner Nachbarschaft einbringt oder in einer Community mit ähnlichen Werten und Zielen) drückt sich diese Kultur unterschiedlich und doch wieder ähnlich aus.

Bei geschätzten 30.000 Technologie-Start-ups im Silicon Valley ist es unvermeidlich, früher oder später einer Gründerin oder einem Gründer über den Weg zu laufen.[6] Im Café, auf Kindergeburtstagen oder bei einem Meeting, in welchen Kreisen man sich auch bewegt, Entrepreneure sind hier überall. Damit wird sehr rasch die Saat gelegt, es vielleicht selbst als Entrepreneur mit einer Idee zu wagen. Und an diese Leute kann ich mich wenden, wenn ich Rat und Hilfe brauche. Wie starte ich ein Unternehmen, was sagst du zu meiner Idee, welchen Steuerberater hast du, kennst du einen Programmierer? Das sind Fragen, die jeder Start-up-Gründer haben wird, und die anderen sind nur allzu bereit, einem zu helfen. Haben sie doch selbst einst von der großen Community an Start-up-Gründern profitiert, als sie selbst begannen. Wie viele Start-up-Gründer kennt dagegen der durchschnittliche Deutsche, Österreicher oder Schweizer persönlich?

Deshalb ist es nicht verwunderlich, wenn fast jeder Stanford-Student ein Start-up hat, an einer Start-up-Idee brütet oder in einem Start-up von Freunden mitarbeitet. Als Student der TU und WU Wien kam ich nie auf die Idee, mein eigenes Unternehmen aufzumachen. Die Möglichkeiten, die ich im Auge hatte, waren, bei einer großen angesehenen Firma oder bei einem Mittelständler als Ingenieur unterzukommen. Stanford-Studenten hingegen betrachten Firmen wie Google oder Facebook zwar als gut für ein Praktikum, aber wer nach dem Studienabschluss dort anfängt, macht es sich dann doch zu einfach oder ist vielleicht sogar nicht kreativ genug.

Aber was ist denn nun eigentlich ein Start-up? Eine humoristische, aber genau deswegen ziemlich prägnante und treffende Definition beschreibt ein Start-up als eine Firma, die ihr Produkt nicht kennt, die ihre Kunden nicht kennt und die nicht weiß, wie man Geld damit macht. Sobald ein oder zwei dieser Unbekannten bekannt sind, ist es per definitionem kein Start-up mehr. Ein neu eröffneter klassischer Friseurladen ist somit kein Start-up. Er kennt das Produkt, kennt seine Kunden und weiß, wie man damit Geld macht. Im Silicon Valley kommt noch eine weitere Eigenschaft hinzu, die ein Start-up beschreibt: Es muss das Potenzial haben, in seinem innovativen Bereich schnell zu wachsen.

Allen Start-up-Gründern gemein sind gewisse Charakterzüge. Sie geben sich mit dem Status quo nicht zufrieden. Sie wollen wirklich die Welt verbessern und eine positive Veränderung bewirken. Sie glauben, dass Wandel prinzipiell gut für die Welt und die Gesellschaft ist. Sie sind ehrlich an einem Problem interessiert und von ihrer Idee begeistert. Sie sind leidenschaftlich. Sie sind furchtlos beim Herangehen an ein Problem und zeigen Risikofreude. Sie glauben, dass Probleme mit Technologie gelöst werden können. Sie lassen sich von Rückschlägen nicht gleich unterkriegen. Sie glauben daran, es schaffen zu können. Sie sind unerschütterliche Optimisten.

Silicon-Valley-Start-up-Gründer haben einen sehr internationalen Background. Über 40 Prozent aller Start-ups werden von Immigranten gegründet.[7] Sie und die aus anderen US-Bundesstaaten Hinzugezogenen waren in ihren Herkunftsorten oft die Nerds, die Klassenstreber, die uncoolen Außenseiter, die sich Spott und Häme ausgesetzt sahen. Im Silicon Valley sind sie zum ersten Mal nicht anders. Dort sind so viele Leute wie sie, dass sie sich nicht mehr als Außenseiter fühlen, sondern es sich wie Heimkommen anfühlt. Das Gefühl des Andersseins geht einher mit einem erhöhten Aufmerksamkeitsniveau, das wiederum für Innovation wichtig ist. Einige bekannte Unternehmer wie Mark Zuckerberg oder Richard Branson leiden an leichten Formen des Asperger-Syndroms oder an Dyslexie, die sie zu Außenseitern machen, aber gerade deshalb auch zu erhöhter Kreativität verleiten können.[8]

All diese Eigenschaften sind Start-up-Gründern in aller Welt eigen und man findet sie auch bei vielen europäischen Gründern vor. Mit einem Unterschied: Ein kleiner, aber doch nicht unwesentlicher Teil der Start-up-Gründer im deutschsprachigen Raum fällt in die Kategorie ‚verwöhnte reiche Söhne', um es salopp und polemisch zu formulieren. Die machen ein Start-up, weil es gerade hip ist, und sollte es damit nicht klappen, hat man ausreichend Kontakte, um einen ‚richtigen Job' zu kriegen. Hatte man früher einen Porsche als Statussymbol, macht man heute ein Start-up. Diese Gründer erkennt man daran, dass sie mehr darüber sprechen, wie sie das Unternehmen verkaufen wollen oder welcher Zeitung sie gerade ein Interview gegeben haben, als was sie mit ihrem Start-up zu bewegen gedenken. Sie interessieren sich auch nicht dafür, anderen Start-up-Gründern zu helfen. Ein Start-up ist für sie nichts anderes als ein sich gut machender Eintrag im Lebenslauf, den man für eine spätere Karriere in einem hochdotierten Job bei einem großen Unternehmen gebrauchen kann.

Während Geld und Macht oft die treibenden Kräfte und bestimmende Kultur anderer Regionen oder Sektoren in Wirtschaft und Öffentlichkeit sind, treibt den Silicon-Valley-Entrepreneur der tiefe Wunsch an, die Welt zu verbessern, und die Erwartung, das auch schaffen zu können.

Ein geradezu bezeichnendes Beispiel für diesen Kulturunterschied stellen die deutschen Samwer-Brüder dar. Marc, Oliver und Alexander Samwer wurden durch die Gründungen von Unternehmen wie Alando, Jamba und zuletzt Rocket Internet bekannt und wohlhabend. Dass sie dabei viele Unternehmensmodelle von Silicon-Valley-Start-ups kopierten wie beispielsweise das von Ebay mit ihrem Unternehmen Alando oder das von Groupon mit MyCityDeal, hat ihnen einen gewissen Ruf eingehandelt. Einerseits haben sie neue Unternehmensmodelle rasch auch in Deutschland verfügbar gemacht, andererseits haben sie selbst damit vergleichsweise wenig Risiko auf sich genommen, mehr auf die eigene Tasche geschaut und einer silicon-valley-ähnlichen Vertrauensbasis in Deutschland den Todeskuss verabreicht. In der deutschen und internationalen Start-up-Szene ist man aufgrund dieses Geschäftsgebarens sicherlich vorsichtiger geworden und bewegt sich somit in die genau entgegengesetzte Richtung, die das Silicon Valley beschreitet.

Die Offenbarung, dass Start-ups eine durchaus realistische Alternative für den eigenen Karrierepfad darstellen, erleben Menschen im Silicon Valley schon relativ früh. Vom Youth-Start-up über das Start-up-Camp for Kids bis hin zum Design-Thinking-for-Kids-Workshop, den meine frühere Kollegin Gigi Read organisiert, durchlaufen schon Zwölfjährige Programme, die sie erkennen lassen, welche Möglichkeiten sie haben und dass sie bereits als Kinder beziehungsweise Jugendliche Dinge auf die Beine stellen können.[9] Von Danielle Gafni, die als Elfjährige mit ihrem Vater gemeinsam das Start-up Bankaroo gegründet hat, werden wir später noch hören. Und dann gibt es Layla Sabourian und ihre fünfjährige Tochter, die gemeinsam die Kinderkoch-App Chef Koochooloo gegründet haben. Von den ermutigenden Erfahrungen von Andrea Lo und ihrer Schwester wurde bereits berichtet.

All dies setzt jedoch voraus, dass Wirtschaft nicht als etwas Böses angesehen wird. Ein Unternehmen zu gründen und erfolgreich zu führen, ist schwer. Wirtschaftstreibende sind nicht die Ausbeuter, als die sie gerne in der europäischen Öffentlichkeit dargestellt werden. Die voreingenommene Berichterstattung über Wirtschaftsschulfächer in einer *Spiegel-Online*-Meldung[10] schlägt in diese Kerbe. Zu sehr ist die Diskussion in der Wirtschaftslehre von Ideologien geprägt, wie eine Diskussion um ein wirtschaftskritisches Lehrbuch zeigt.[11] Und zu oft sind die für Wirtschaft oder Innovation verantwortlichen Politiker aus wirtschaftsfernen Bereichen oder haben selbst nie Erfahrung darin gesammelt.

Nicht nur der Wirtschaftslehrplan selbst hält Jugendliche vom Unternehmertum fern. Auch die Art, wie – wenn überhaupt – ein solches Fach unterrichtet wird, schreckt davor ab. Während Start-up-Gründer Fehler machen, daraus lernen und weitermachen, bis es klappt, vermitteln Schulen (und Gesellschaft) die Botschaft, dass Scheitern nicht erlaubt ist. Dabei gibt es neue Unterrichtsansätze, wo Schüler sich die aus Online-Rollenspielen bekannten Experience Points (XP) erarbeiten, die nachher in Noten umgesetzt werden. Das Interessante ist, dass die Schüler dabei Tests wiederholen können, wenn sie mit der Zahl ihrer erreichten XPs nicht zufrieden waren. Das fördert genau die dringend benötigten unternehmerischen Eigenschaften, nämlich den Status quo nicht zu akzeptieren und es einfach noch mal zu probieren.

Damit werden die Jugendlichen in Europa bereits früh vom Unternehmertum abgeschreckt. Was Jugendliche daraus mitnehmen, ist: Denk bloß nicht daran, dich selbstständig zu machen – dann hast du sofort Gewerkschaften, Öffentlichkeit und Politik gegen dich! Der Wunsch der Politik und Öffentlichkeit, dass Europa endlich selbst viele tolle Start-ups und Unternehmen hervorbringt, um dem Silicon Valley Paroli zu bieten, wird durch die Handlungen der Politik konterkariert. Wir wollen eigene soziale Netzwerke und Suchmaschinen, aber wir verfolgen euch wegen Datenschutzverletzungen. Wir wollen den Medien helfen, aber wir bestrafen euch mit hohen Steuersätzen für digitale Medien und neue Geschäftsmodelle. Wir wollen bei alternativen Fahrzeugantrieben mitspielen, aber wir knicken vor der Lobby der alten Unternehmen ein.

Dabei hat eine Studie der Kauffman Foundation ergeben, dass nahezu alle neuen Arbeitsplätze in den USA im Zeitraum 2000 bis 2010 von Tech-Start-ups geschaffen wurden. Nicht die alten Unternehmen, sondern die jungen waren der Jobmotor.[12]

Entrepreneure gibt es nicht nur in Start-ups, sondern auch in Unternehmen. Diese sogenannten Intrapreneure versuchen, neue Ideen durch die Unternehmensinstanzen zu bringen, von der Konzeption bis zum fertigen Produkt. Viele Eigenschaften von Intrapreneuren ähneln denen von Entrepreneuren und einige andere werden spezifisch für das Unternehmertum innerhalb des Unternehmens benötigt.

Wie können Start-ups im Wettbewerb um Talente gegenüber etablierten Unternehmen und den Gehältern, die diese bezahlen können, bestehen? Auf dreierlei Art. Erstens, indem sie die Vision teilen, an etwas Großem, etwas Weltveränderndem beteiligt zu sein. Zweitens, indem sie Mitarbeitern große Verantwortung übergeben und diese nicht nur ein kleines Rädchen in einer großen Maschinerie sind. Und drittens, indem sie Aktienoptionen ausgeben. Employee Stock Option Programs (ESOP) beteiligen Start-up-Mitarbeiter in Form von Belegschaftsaktien am künftigen Erfolg und können all die Mühen durchgearbeiteter Wochenenden wettmachen. Eric Ries, Start-up-Gründer und Autor von „Lean Startup", sieht das als fundamentalen Unterschied zum Modell aus dem 19. Jahrhundert, das Arbeit und Management als reines transaktionales Verhältnis sieht, bei dem Gehälter das wichtigste Steuerungsinstrument sind. Sobald aber Mitarbeiter selbst Anteilshaber am Unternehmen sind, ändert sich ihr Verhältnis zum Unternehmen. Es transformiert sich von einer polaren Betrachtungsweise ‚hier Management, da Mitarbeiter' zu einer, bei der alle im selben Boot sitzen.[13]

Sind nun die Mitarbeiter selbst durch Aktienoptionen Teilhaber am Unternehmen, ändert sich auch die Rolle der Manager. Die Firmenstrukturen sind dann so gestaltet, dass der Manager als Mitspieler und nicht als Türsteher gesehen wird. Den einzelnen Mitarbeitern wird großes Vertrauen und viel Verantwortung übertragen. Ich erlebe immer wieder, wie sehr das Leute von außerhalb des Silicon Valley verblüfft. Bei Besuchen und Touren erwarten sie, dass ihnen die Geschäftsleitung oder zumindest das höhere Management etwas zum Unternehmen sagt. Tatsächlich führen oft einfache Mitarbeiter durch das Unternehmen und erläutern die Unternehmensstrategie. Die üblichen flachen Hierarchien und der freie Informationsfluss innerhalb von Silicon-Valley-Unternehmen erlaubt es einzelnen Mitarbeitern, auch hochrangige Delegationen zu empfangen. Eine Delegation, die meint, sie werde nicht mit dem entsprechenden Respekt empfangen, weil sie ‚nur' ein rangniederer Mitarbeiter willkommen heißt, wird generell Schwierigkeiten haben, das Silicon Valley zu verstehen, und torpediert damit schon das eigentliche Ziel ihres Besuchs. Diese Verantwortung zu übertragen erfordert Vertrauen in die eigenen Mitarbeiter. Kann man dieses nicht aufbringen, dann sollte sich das Management eigentlich die Frage stellen, ob sie die richtigen Leute eingestellt haben. Und ob sie selber – das Management – überhaupt kompetent genug sind, die richtigen Leute anzuheuern.

Die Unterschiede zu bürokratisch veranlagten Menschen treten hier besonders deutlich hervor und der Kontrast könnte nicht größer sein. Paul Graham, Gründer des Akzelerators Y Combinator, behauptet, Start-up-Gründer und Angel Investors unterstützen einander, stehen anderen mit Rat und Tat zur Seite und helfen mit Kontakten, wohingegen Bürokraten vergleichsweise wenig relevante Kontakte haben, persönlich nie wirklich an den Problemen interessiert sind und wenig eigene Wirtschaftserfahrung haben.[14] Damit sind sie äußerst mangelhaft qualifiziert, um Start-ups für Förderprogramme auszuwählen oder Start-ups und die Bedürfnisse der Öffentlichkeit zu verstehen, wie die Reaktionen von Bürokraten auf Facebook, Google oder Uber in Europa zeigen.

Noch etwas sticht hervor, wenn man die Silicon-Valley-Start-ups näher betrachtet. Nicht nur treten sie mit verrückteren Ideen als anderswo an, sie tendieren auch dazu, neue Marktplätze, Plattformen und Ökosysteme zu schaffen. Der Investor Peter Thiel bezeichnet sie als Plattformen, die etwas von ‚Zero to One' schaffen.[15] Mit ‚Zero' meint er, dass diese Start-ups etwas völlig Neues aus dem Boden stampfen und, wenn sie die ‚One' erreichen, oft den neu geschaffenen Markt nicht nur mit ihrer neuen Technologie dominieren, sondern sogar monopolisieren. Zu diesen Start-ups zählt er beispielsweise Facebook, Google, Twitter oder LinkedIn, aber auch Alibaba, Uber und Airbnb. Selbst wenn sie nicht die Ersten waren, schafften sie es dank der Netzwerkeffekte, ihren Bereich fast vollständig in Beschlag zu nehmen. Dabei entsteht auch am meisten Wert. Alle anderen, die versuchen, sich ebenso ein Stückchen vom Kuchen zu sichern, gehen von One auf N. Sie kämpfen primär in Nischen mit geringeren Margen. Was beispielsweise die Samwer-Brüder mit ihren Start-ups machten, war der Sprung von One auf N. Sie schufen zwar Wert (den meisten für sich selbst), aber viel weniger als die dominanten Player. Diese Zero-to-One-Ideen sind diejenigen, die Peter Thiel zu identifizieren versucht, um in sie zu investieren.

Der Mythos vom einsamen Erfindergenie ist nur ein Mythos. Die überwiegende Mehrheit von Innovation ist das Ergebnis von Teamarbeit. Thomas Edison war nicht das alleinige Genie, der die Glühbirne, den Phonografen oder Elektrizität in jedes Haus brachte. In seinem Lab in Menlo Park (nicht das in Kalifornien, sondern das in New Jersey) arbeitete ein Team aus mehr als einem Dutzend Mitarbeiter. Ideen miteinander teilen bedeutet, sie zu verbessern und andere Blickwinkel darauf zu erhalten.

Tatsächlich brauchen viele Start-ups und andere kreative Unternehmungen gleichberechtigte und sich in ihren Fähigkeiten ergänzende Partner, die einander vertrauen und eine gesunde Mischung aus Harmonie und Konflikt hervorbringen. Angefangen von innovativen Denkerduos wie Paul McCartney und John Lennon, Marie und Pierre Curie, James Watson und Francis Crick (und die gerne dabei vergessene Rosalind Franklin) kommen wir rasch zu Bill Hewlett und Dave Packard, Larry Page und Sergey Brin, Steve Jobs und Steve Wozniak, Mark Zuckerberg und Sheryl Sandberg.[16]

Umgekehrt kann auch ein Rivale zu Kreativität führen. Tesla und Edison führten einen erbitterten Kampf um die Vorherrschaft Wechsel- oder Gleichstrom. Larry Bird und Magic Johnson waren auf dem Spielfeld Rivalen darum, wer der beste Basketballspieler ist. Rivalen bieten uns vor allem drei Arten von Vorteile. Sie zwingen uns, härter zu arbeiten. Sie inspirieren uns, weil sie uns vormachen, was wir selbst zu tun haben. Und sie verlangen von uns Ausdauer. Gerade im Silicon Valley kann man sich sicher sein, dass um die Ecke mindestens ein weiteres Start-up an derselben Idee arbeitet und sich auf den Lorbeeren auszuruhen keine Option ist.

Unternehmertum ist auch kein Monolog. Paul Graham, Gründer von Y Combinator, einem sehr erfolgreichen Akzelerator in Mountain View, fordert jeden Einzelgründer auf, Mitgründer zu finden. Nicht nur gibt es beim Aufbau eines Start-ups mehr als genug Arbeit für jeden, die Anzahl kreativer Ideen ist einfach höher und mit den richtigen Talenten im Team müssen diese nicht teuer von außen zugekauft werden.

Venture-Kapital

„Wenn du Geld machen willst, dann mache Privatbeteiligungen, wenn du Spaß haben willst, dann mache Venture-Kapital." — Alan Patricof

Wie finanzieren sich Start-ups und neue Ideen? Wer von Start-ups spricht, muss auch von Venture-Kapital reden. Das Investieren von Venture (Risiko)-Kapital ist hochriskant, weil es in Start-ups gesteckt wird, die typischerweise neue, noch nicht geprüfte Produkte und Dienstleistungen für einen noch unbekannten Markt anbieten, und man nicht weiß, wie sie damit rentabel werden können.

Venture-Kapital-Investoren, die vorwiegend ihr eigenes Geld in ein Start-up stecken und oft (neben ‚friends, family and fools') die erste Kapitalspritze für ein junges Unternehmen bedeuten, werden ‚Angels' oder ‚Business Angels' genannt. Angels können auf unterschiedliche Weise zu ihrem Kapital gekommen sein. Einige haben in der Privatwirtschaft selbst gut verdient, andere stammen aus einer wohlhabenden Familie oder aus einer Unternehmerfamilie, und die potenziell hilfreichsten haben Geld durch den Verkauf eines eigenen Unternehmens erhalten.

Ein Venture-Kapitalist oder VC arbeitet (im Gegensatz zum Angel) weniger mit eigenem als vorwiegend mit fremdem Fundraising-Geld. Fundraising ist ein Prozess, bei dem bei Investoren angefragt wird, ob sie in einen Venture-Fonds Geld stecken wollen. Bei einem VC erhofft man sich, durch die Investition in Start-ups mehr Verzinsung zu bekommen als durch klassische Anlageformen. Die große Kunst dabei ist, die richtigen Start-ups zu identifizieren. Ein VC prüft die Idee eines Start-ups auf ihr Potenzial, bewertet es und stellt Risikokapital für Anteile am Start-up bereit. VCs sind oft eigenen Venture-Kapital-Firmen angegliedert, wo sich mehrere VCs unterschiedliche Themenbereiche aufteilen. Nicht jeder Angel oder VC investiert in jeden Themenbereich. Manche investieren nur in Start-ups im medizinischen Bereich, andere nur in Hardware oder in Softwareplattformen.

Gemäß den Zahlen der National Venture Capital Association setzen sich die Investoren bei solchen US-basierten VC-Fonds zu 37 Prozent aus Pensionsfonds, 23 Prozent Unternehmen, 16 Prozent Stiftungen, zwölf Prozent Familien und Institutionen und zwölf Prozent Andere zusammen. Im Jahr 2010 wurden pro Person im Silicon Valley 3.945 Dollar investiert, im Vergleich dazu im Rest der USA ganze 43 Dollar.[17]

Ein VC-Fonds versucht auch, das Geld für einen Zehnjahreszeitraum aufzustellen. Abhängig vom Bereich, in den investiert wird, wird ein fünffacher, zehnfacher oder noch höherer Return erwartet. Das heißt, für eine Million Dollar erwarte ich als Investor fünf Millionen für eine bestimmte Branche innerhalb der gesamten Investitionsperiode zurück.

Während Angels oftmals die erste Investition von außen in ein Start-up tätigen, kommen VCs in einer späteren Runde hinzu. Angels stellen das sogenannte Seed-Investment bereit, während die alphabetisch durchnummerierten weiteren Investitionsrunden vorwiegend von VCs durchgeführt werden. Dabei kommt in den einzelnen A-, B- und C-Runden immer mehr Geld zusammen. Der Fahrdienstleister Uber begann mit einer Seed-Runde von 200.000 Dollar, einer Angel-Runde mit 1,25 Millionen, einer A-Runde mit elf Millionen und endete im Juni 2015 mit einer F-Runde, die eine Milliarde Dollar einbrachte. Das sind wohlgemerkt die Beträge, die in jeder Runde zusammenkamen.[18]

Manche VCs bevorzugen frühe Investitionen, andere wollen lieber erst später einsteigen. Oft tun sich mehrere VCs zusammen, um in ein Start-up zu investieren, wobei ein VC dann als Leadinvestor dient, also als jemand, der die Investitionsrunde anführt. Bei jeder Runde werden neue Anteile ausgegeben und somit die vorherigen Anteile verwässert. Investiert ein Angel beispielsweise 100.000 Dollar für einen Anteil von zehn Prozent, dann ist das Unternehmen mit einer Million Dollar bewertet. Ist das Start-up auf einem erfolgreichen Weg und steigt im Wert, kann es bei Bedarf eine neue Fundraising-Runde starten. Die neue Bewertung und die neuen Investoren reduzieren allerdings die Anteile der bereits Beteiligten, also des Angels und der Start-up-Gründer. Um ihren Anteil konstant zu halten, müssten frühere Investoren nun noch mehr Geld reinstecken und so der Verwässerung entgegenwirken.

Warum braucht ein Start-up Investitionen? Nicht nur, damit es Geld hat, um ein Produkt oder eine Dienstleistung zu entwickeln, sondern auch, um Werbung zu machen, Büromieten und Rechtsanwälte zu bezahlen und sonstige Kosten zu decken. Gute Angels und VCs stellen aber nicht nur einfach Geld für Start-ups bereit, sondern coachen die Gründer auch und erschließen ihnen ihr Netzwerk. Dadurch gelingt den Start-ups ein rascherer Zugang zu Expertise, geeigneten Mitarbeitern

Medien und Kunden und dies kann den Erfolg beschleunigen, zum Vorteil des Start-ups und des VCs.

GERNOT ZACKE

Der aus Wien stammende Steirer Gernot Zacke nutzte die Gunst der Stunde einer Änderung im Studium, um seinen eigenen Jahreszeitenrhythmus umzustellen. Teile seines Wirtschaftsingenieurstudiums an der TU Wien konnte er an der University of Sydney in Australien absolvieren. In Sydney sammelte er erste Erfahrungen mit einer sehr internationalen Stadt, in der die Bewohner weitaus unterschiedlichere Backgrounds hatten als im homogeneren Wien.

Nach Studienende begann er bei A.T. Kearney als Berater, und obwohl er in Österreich wohnte, war er ausschließlich für internationale Kunden tätig. Diese Internationalität in Wirken und Denkweise prägte ihn und zeigte ihm den Unterschied zum Ambitionsniveau, das er in Österreich vorfand. Seine Heimat sei wunderschön, sicher und biete ein angenehmes und gutes Leben, fand er, doch die Leute seien zu zufrieden mit dem, was sie haben, und ihr Wille, etwas zu schaffen oder anzupacken, sei vergleichsweise niedrig.

Nach einigen Jahren in diesem Beraterleben nahm er sich eine Auszeit, allerdings nicht, um sich auf die faule Haut zu legen, sondern um ein zweijähriges MBA-Studium an der London Business School anzuhängen. Schon während des MBA-Programms begann er, als Teilzeitpraktikant bei der Investmentfirma Atomico zu arbeiten. Atomico wurde vom Schweden Niklas Zennström gegründet, der mit seinen ersten Start-ups Skype und Kazaa zu Wohlstand, aber nicht zur Ruhe fand.

Schnell wurde Gernot fester Mitarbeiter und war im Investmentteam für das Aufstellen von Kapital für die Investmentfonds verantwortlich, das in Start-ups aus Europa, den USA sowie China, Japan und Lateinamerika investiert wird. Atomico lässt seine Mitarbeiter nicht nur investieren, sie können auch bei ihren Start-ups mitarbeiten und so als wertvolle Ressourcen dienen. In einem dieser Start-ups arbeitete Gernot als Produktchef bei der Umgestaltung des Produkts mit und half ihnen, in San Francisco eine Niederlassung aufzumachen.

Und weil er San Francisco und die Tech-Szene so spannend fand, blieb er für Atomico in den USA. Seine Aufgabe ist es nun, Netzwerke aufzubauen, die Basis für Investitionen zu schaffen, interessante Start-ups zu finden und in diese zu investieren. Eine Woche pro Monat verbringt er in New York in der dortigen Start-up-Szene.

Laut Gernot unterscheiden sich die Start-up-Szenen in London, New York und San Francisco aufgrund der dort jeweils ansässigen Industrien. London und New York sind von vielen verschiedenen Industrien und weniger von Tech-Start-ups geprägt. Auch sind sie seiner Meinung nach überschaubarer und weniger wettbewerbsorientiert als die in San Francisco. An der Reife des Ökosystems gemessen sei das Silicon Valley anderen Standorten sicherlich mindestens zehn bis 20 Jahre voraus. Es gebe extrem viele Investoren und Unternehmen, die ständig den Wettbewerb anheizen. Ein Start-up und ein Investor müssen auf Zack sein, um Talente zu finden und zu halten. Als Start-up könne man sich keine Verschnaufpause gönnen, weil es so viele gut kapitalisierte Firmen gebe, die Unmengen an Geld für Marketing ausgeben. Das bedeute auch, dass man Topleute brauche, um in diesem Umfeld zu bestehen und Aufmerksamkeit zu erhalten. Auch wenn die erste Lösung nicht die beste am Markt sei – wer die Marketingmaschinerie am besten beherrsche, werde am Ende mit den meisten Kunden, dem meisten Kapital und damit auch dem besten Produkt dastehen, weil die Erlöse und die Menge an Kundenfeedback es erlauben, das beste Produkt zu bauen. In Europa sei man da bescheidener und zurückhaltender. Diesen amerikanischen Narzissmus findet er aber nicht nur gut.

Ein Product Pitch in den USA sei viel professioneller, auch weil so viel Gelegenheit besteht, die eigene Firma vor den Investoren zu pitchen. In Europa klappert man laut Gernot die fünf wichtigsten Investoren ab, und dann ist es gelaufen. Im Silicon Valley hingegen kann man jeden Tag fünf Pitches machen. Dadurch wird das Niveau stark nach oben gehoben.

Betrachtet man die Ideen aus dem Silicon Valley, dann fallen die meisten sicherlich unter die Kategorie ‚verrückt'. Typisch dafür sind die sogenannten Moonshot-Ideen. Der Grund dafür ist sicherlich auch, dass die Leute im Silicon Valley vom Durchschnittsamerikaner meilenweit entfernt sind. Trotzdem oder gerade deswegen schaffen sie es, massentaugliche Produkte und Services zu generieren, obwohl Gernot meint, dass längerfristig gesehen New York oder London relevantere Themen anbieten.

Worin das Silicon Valley allen anderen Regionen weit überlegen ist, ist das Niveau an Talent. Dieses sei sehr hoch und es sei hier stark gebündelt. Gernot vergleicht die zwei Medien-Start-ups Twitter mit der Zentrale in San Francisco und Buzzfeed in New York. Während Buzzfeed sicherlich etwas Tolles geschaffen habe, sei Twitter nochmals eine Stufe besser. Das Silicon Valley sei besser darin, ein gutes Start-up in ein sehr gutes zu verwandeln. Das Talentpool sei extremer und unterscheide sich hinsichtlich der Bereitwilligkeit, Risiken auf sich zu nehmen. Hier dringe nach wie vor die Goldrauschmentalität durch.

Selbst wenn man scheitert, sei man hier kein Verlierer und die Idole wie Google oder Uber sind um die Ecke. „Was die können, kann ich auch", laute hier die Philosophie. Wenn sich Gernot als Investor ein Gründerteam anhört, deren Mitglieder mehrmals vorher gescheitert sind, dann schätzt er die Erfolgswahrscheinlichkeit als höher ein. Ein Konkurs in Österreich hingegen sei aus sozialer Sicht eine Katastrophe und mache deshalb Angst. Aber bei einer vorhersehbaren Berufslaufbahn von 40 Jahren kann ich alle vier Jahre das nächste Start-up gründen. Eines davon wird schon erfolgreich sein und mehr einbringen als die Verluste, die man vorher hatte. Diese Mentalität ist in Europa fast unerhört.

Die Investitionsmentalität ist in den USA sehr viel aggressiver. Es wird schnell und sehr rasch gehandelt. Risikokapital wird als attraktiv betrachtet und jeder will ein Stück vom Kuchen, während man in Österreich mehr in Immobilien und sichere Anlageformen investiert. Oft wird jedoch unterschätzt, dass die meisten Venture-Kapital-Fonds Geld verlieren und nur die wenigsten tatsächlich Geld machen.

Generell sieht Gernot den Anteil der Technologiebranche an der Weltwirtschaft global am Wachsen. Das hat mit der Änderung der Bedeutung der Szene zu tun. Software hatte vorher rein vertikale Bedeutung, durchdringt aber heute alle Bereiche. Jede Industrie ist auf Software angewiesen. Die größte Wertschöpfung in fast allen Bereichen geschieht durch Software, selbst die Landwirtschaft wird immer mehr davon dominiert.

Trotzdem sieht Gernot einige Probleme. Nicht nur sind die vorhandenen Mengen an Risikokapital hier viel zu hoch (und in Europa zu niedrig), was dazu führt, dass die Bewertungen der Start-ups in wahnsinnige Höhen getrieben werden und viel Geld verprasst wird, weil alle um dieselben Talente einen

Bieterwettstreit ausfechten und viele Start-ups ähnliche Probleme anpacken.

Obwohl die San Francisco Bay Area sehr divers ist, findet er sie in gewisser Weise zu homogen, und zwar, was die Interessen und Menschentypen betrifft. Bestimmte Berufsgruppen und Altersverteilungen gebe es hier einfach nicht. Landwirtschaft, alte oder arme Menschen sind hier kaum vertreten und die von Start-ups angepackten Probleme scheren sich nicht um diese Zielgruppen. Es ist eine eigene Art von Scheuklappenmentalität, die vergleichbar ist mit Österreich, wo vergleichsweise wenig Aufmerksamkeit auf Internationales gelegt wird.

In Europa zeichnet sich erst seit etwas mehr als fünf Jahren der Beginn einer Infrastruktur für Start-ups ab, deren Aufbau im Silicon Valley vor über 35 Jahren begonnen hat. Und das braucht seine Zeit. Der Aufbau eines effektiven Angel- und Risikokapital-Ökosystems dauert Jahre. Es ist dabei nicht gerade hilfreich, dass es in Europa jede Menge inselartiger Start-up-Szenen gibt, die jedoch über den ganzen Kontinent verstreut sind. In den USA floss das alles in einer Region zusammen, eben dem Silicon Valley, was für das Ökosystem einen immensen Vorteil bedeutet.

Zu den bekanntesten Venture-Kapital-Firmen im Silicon Valley zählen Sequoia Capital, Benchmark Capital, Accel Partners, Khosla Ventures, Andreessen-Horowitz und Kleiner Perkins Caufield & Byers. Viele von ihnen haben ihre unscheinbaren Büros auf der Sandhill Road, einer Straße, die am Rande von Stanford Richtung Menlo Park liegt.

Ein Start-up, das eine Investition von einer dieser VC-Firmen erhält, profitiert auch von dem Medienecho. Aufgrund der langen Liste an erfolgreichen Investitionen werden dann andere auf diese Unternehmen aufmerksam. Und die Aufmerksamkeit ist notwendig, wird doch alleine die Anzahl der Tech-Start-ups im Silicon Valley pro Jahr auf 30.000 geschätzt, die alle darum rittern. Von diesen Start-ups vereinen am Ende des Jahres gerade mal zehn 97 Prozent des geschaffenen Wertes.[19] Eine Studie der beiden Ökonomen Robert Hall und Susan Woodward zeigte, dass 75 Prozent der Start-up-Gründer, die Geld von Angels und VCs erhielten, am Ende mit leeren Händen dastanden. Venture-Kapital bevorzugt schnelle und große Ideen, die von besessenen und alle Regeln brechenden Teams umgesetzt werden.

Warum gibt es nicht mehr Venture-Kapitalisten in Europa? Das hängt nicht damit zusammen, dass es nicht ausreichend Kapital gibt. Ganz im Gegenteil. Das Problem liegt darin, wie ein Start-up zu bewerten ist. Bei traditionellen Unternehmen mit bewährten Produkten und Geschäftsmodellen ist eine Bewertung einfacher vorzunehmen. Eine Transportfirma lässt sich leicht bewerten, ebenso, wie deren Geschäftsmodell aussieht.

Nicht so bei Start-ups. Wie bewertet man Software, wie geistiges Eigentum, wie den Wert technischer Plattformen? Mit traditionellen Bilanzmethoden wird Anlagegütern, sogenannten hard assets, eine hohe Bedeutung zugewiesen. Maschinen, Gebäude, Fuhrpark und Inventar sind bewertbar. Die immateriellen Güter oder soft assets schon nicht mehr. Ebenso tendieren europäische Investoren dazu, die Bewertung aufgrund der Vergangenheit vorzunehmen. Was wurde bisher umgesetzt und eingenommen? Was wurde investiert? Silicon Valley VCs hingegen blicken in die Zukunft. Was sieht das zukünftige Potenzial aus? Uber ist Ende 2015 mit mehr als 50 Milliarden Dollar bewertet, doch was hat die Firma eigentlich an Vermögen? Die Autos gehören ihr nicht, die Fahrer sind keine Angestellten. Uber gehören einzig und allein eine App und ein paar Daten. So würde ein europäischer Investor das betrachten und es als zu großes Risiko ansehen. Anders im Valley. Wie viele Städte weltweit gibt es mit mehr als einer Million Einwohnern? Antwort laut Wikipedia-Eintrag: mehr als 300. Wie viele Fahrten können dort vermittelt werden? Welche Umsätze werden damit generiert? Und schon ist das Potenzial zu erkennen.

Silicon-Valley-Investoren haben mit der Bewertung solcher Start-ups mehrere Jahrzehnte Erfahrung. Nicht, dass sie damit immer richtigliegen, aber sind liegen öfter richtiger, weil sie mit jedem gescheiterten Start-up dazulernen. In Europa stehen wir erst am Anfang mit dieser Erfahrung und dem Wissensaufbau. Die Bewertung von Start-ups wird an den Wirtschaftsschulen nicht unterrichtet, dort herrschen noch die traditionellen Bewertungsmodelle vor. Ebenso hinken die Gesetze hinterher. Eigenentwickelte Software als Bilanzposten aktivieren? Määääh! Meint man es ernst mit Gründerinitiativen, sind Forschung und Politik gefordert, entsprechende Anpassungen auch dort vorzunehmen. Dazu muss man diesen Themenkreis aber erst mal verstehen.

Die Austrian Angel Investor Association (AAIA) und das Business Angel Network in Deutschland haben es sich zur Aufgabe gemacht, Investoren, die bis dato noch keine Erfahrung mit Investitionen in Start-ups gemacht haben, dabei zu begleiten, indem gemeinsam in Start-ups investiert wird. Statt sich auf Umsätze und Erlöse zu konzentrieren, wird der anfängliche Fokus beispielsweise auf Wachstum, Benutzerzahlen, Marktanteil und ähnliche Kennzahlen gelegt. Da Start-ups neue Geschäftsmodelle für neue Produkte und Dienstleistungen in einem noch nicht bekannten Markt erkunden, sind Vergleiche mit traditionellen Wirtschaftszweigen schwierig und irreführend.[20]

Warum tun das AAIA und Business Angel Network? Die Angel-Investoren können oder wollen nicht alle Investitionen in Start-ups alleine stemmen. Indem man Investitionen auf mehrere Schultern verteilt, minimiert man eventuelle Ausfälle bei gescheiterten Start-ups und bringt weitere Expertise und Kontakte in das Start-up. Das erhöht seine Erfolgschancen. Da sich Angels meist nur in frühen Investitionsrunden beteiligen, schafft man durch die Erweiterung des Investorenkreises auch die Möglichkeit, höhere Summen für nachfolgende Runden zur Verfügung zu haben. Momentan beträgt in Europa die Liquidität für Nachfolgerunden einen Bruchteil der verfügbaren Summen im Silicon Valley.

Wie viele Start-up-Unternehmensanteile sollen Angels und VCs nun erwerben? Nun, das hängt ganz davon ab, wie die Bewertung ausfällt, wie viel Geld reingesteckt wird und in welchem Erdteil das Start-up zu Hause ist. Die erste Bewertung kann sehr schwer vorzunehmen sein, wie wir bereits gelernt haben, und stark variieren. Eine Grundregel ist Fairness. Investoren, die versuchen, in frühen Phasen des Start-ups zu viele Anteile zu erwerben, demotivieren die Gründer. Wenn das Gründerteam schon so früh weniger als 50 Prozent Anteile am eigenen Unternehmen hält, dann fühlt sich das wie ein Job an, nicht wie das eigene Start-up. Und die Gründer hören auf sich einzusetzen, machen den einen Call nicht mehr oder verschieben den Kundenbesuch auf später. Der Investor hält zwar mehr Anteile, aber von etwas, was dadurch weniger wert ist. Gerade in Südamerika, Asien, im Mittleren und Nahen Osten, aber auch teilweise in Europa tendieren Investoren dazu, Anteile zu nehmen, welche die Gründeranteile stark drücken. Ein österreichischer Start-up-Gründer berichtete von einem Angel, der 40 Prozent Anteil für 60.000 Euro wollte. Das ist kein Angel, der das System verstanden hat.

Fairness beschränkt sich nicht nur auf den Preis, sondern auch auf die rechtlichen Vereinbarungen. Was ein Investor schlussendlich haben möchte, sind Gründer, die jeden Morgen 100 Prozent motiviert aufwachen. Leider werden gerade europäische Start-ups durch europäische Investoren-Knebelverträge für amerikanische VCs uninteressant, weil die Investoren dann zu viel Mitsprache beim Tagesgeschäft haben.

In Palo Alto im Town & Country Village, einer kleinen und charmant altmodischen Shoppingmall, befindet sich das Büro der Kauffman Fellows. Diese betreiben seit 1994 ein Netzwerk-, Ausbildungs- und Führungsprogramm für Venture-Kapitalisten mit dem Ziel, eine systematische Herangehensweise an die Kunst der Risikokapitalinvestition zu bieten und den Kreis an VCs zu erweitern.[21]

Ein solches Programm ist notwendig, um künftigen VCs die harten Skills beizubringen und um deren Verhaltensweisen an das Silicon Valley anzupassen. Hier schreibt man nämlich Venture mit großem V und Capital mit kleinem c. Kapital ist nur ein Gebrauchsgegenstand, wichtiger ist die Idee und die Zusammenarbeit zwischen Start-up und VC. Man lässt sich gemeinsam auf ein Abenteuer ein, das Geld dazu wird schon kommen, soll aber nicht der bestimmende Faktor sein. In anderen Teilen der Welt ist das C großgeschrieben, das V aber klein. Dort regiert Geld. Das ist dumb money, im Silicon Valley zählt smart money.

Nicht nur Angels und VCs investieren in Start-ups. Corporate Venture Funds investieren in mehr Start-ups als alle Venture-Kapital-Fonds. 2013 hat alleine Intel mit 146 Investitionen fast fünfmal so viele Abschlüsse getätigt wie die aktivste VC-Firma Kleiner Perkins mit 30. Auch deutsche und Schweizer Unternehmen mischen fleißig mit. SAP betätigte sich 2013 mit 24 Investitionen, die Deutsche Telekom/T-Venture mit 23, Novartis mit 19, Siemens mit 15, Bertelsmann mit 13 und Roche mit sechs. Die Boston Consulting Group konnte mehr als 1.000 Corporate Venture Funds identifizieren, von denen sieben über 250 Millionen Dollar verfügten. 20 US-basierte VC-Fonds vereinten 2012 zwei Drittel aller VC-Gelder und 41 Prozent des US-Venture-Kapitals fließt ins Silicon Valley. Und seit 1995 steigt dieser Anteil stetig.[22]

Aber auch die Venture-Kapital-Industrie durchläuft Änderungen. Manche der Start-ups umgehen Angels und kleine VCs, indem sie Gelder durch Crowdfunding-Plattformen wie Kickstarter oder Indiegogo aufstellen. Das Satelliten-Start-up Spire mit dem österreichischen CEO Peter Platzer durchlief zuerst eine erfolgreiche Kampagne auf Kickstarter, die 105.000 Dollar in die Kassen spülte, und erst dann ging man zu VCs – mit dem bereits überzeugenden Argument, dass es einen Bedarf und zahlungswilligen Markt für diesen Service gibt. In mehreren Runden wurden zuerst zwei Millionen und später weitere 27 Millionen an Kapital aufgestellt. Wir werden von Spire später noch genauer hören.

Kickstarter-Kampagnen können wie Filter wirken. Ein erfolgreiches Programm macht einem VC die Entscheidung leichter, da ein Bedarf nicht nur theoretisch diskutiert wird, sondern Unterstützer schon bereit waren, Geld vorzuschießen.

Der sehr umtriebige Angel-Investor Ron Weissman[23] von der Band of Angels hält nicht nur viele Pitch-Events für Start-ups ab, sondern bietet auch einmal monatlich einen Pitch-Workshop an. In Pitches stellen Start-up-Gründer ihre Start-ups VCs vor, um sie zu einer Investition zu bewegen. In drei Stunden erklärt Ron Weissman Pitchwilligen, was er – ganz uneigennützig – von Start-up-Gründern in einem Pitch erwartet. Er stellt dabei Fragen wie diese:

- In welche Idee investiere ich?
- Wer seid ihr?
- Ist das Problem überhaupt interessant?

- Ist eure Lösung gut genug?
- Ist die Idee schwer umzusetzen oder schwer zu kopieren?
- Kann die Idee sehr viel Geld einbringen?
- Ist das Team gut genug für das Start-up?
- Hat das Start-up einen bedeutenden Vorsprung im Vergleich zu anderen?
- Wie sieht's mit den Finanzen aus?

Dieser Pitch-Workshop ist nicht nur für Start-up-Gründer interessant. Jeder Projektmitarbeiter oder Intrapreneur, der seiner Idee Gehör verschaffen und etwas innerhalb eines Unternehmens bewegen will, profitiert davon.

Letztendlich will ein Angel Investor und Venture-Kapitalist wissen, ob es einen Markt für die Lösung gibt, die einzigartig und attraktiv genug für Kunden sein soll und von ersten Kunden bereits als genau so angesehen wird. Gibt es des Weiteren einen ‚unfairen' Vorteil, den das Start-up gegenüber der Konkurrenz hat, und sind die Start-up-Gründer, die sich hier vorstellen, die richtigen Leute, um die Idee zu verwirklichen? Die goldene Frage ist, ob das Start-up entsprechende Erlöse machen kann, die die VC-Investitionen um mindestens den Faktor fünf bis zehn in fünf Jahren vermehren kann.

Ron Weissman profitiert vom Workshop noch in anderer Weise. Er und seine Kollegen sehen Gründer, die bis zu diesem Zeitpunkt ihre Start-up-Idee noch nirgends gepitcht haben. Ron hat somit die Möglichkeit, bei den Übungen im Workshop interessanten Start-ups als Erster zu begegnen, und dies verschafft ihm einen Startvorteil gegenüber anderen Investoren.

Man vergleiche das mit dem vorherrschenden Modell der Start-up-Finanzierung in Europa. Dort dominieren Förderungen aus öffentlicher Hand. Eine Startförderung von 100.000 Euro wird von Wirtschaftsförderungsfonds und ähnlichen staatlichen Organisationen vergeben. Die Auswahl wird von Bürokraten getroffen, die Bewertungen von Unternehmen und deren Ideen vornehmen müssen, ohne selbst je unternehmerische Erfahrung oder welche in der Privatwirtschaft gesammelt zu haben. Und sie haben auch eine meist erschreckend große Unkenntnis über die neuesten und gefragtesten Trends. Einen

Wiener Start-up-Gründer, der mit einem innovativen Marktplatz für Makers Furore macht, fragten die Mitarbeiter der Förderstelle bei seinem Pitch, ob es nicht einen anderen Marktplatz gebe, den man sich ansehen könne, um zu sehen, ob das denn überhaupt funktioniere.

Die größte Sorge dieser Bürokraten gilt der Erreichung von Kennzahlen, die nichts über den wahren Erfolg der Förderungen aussagen und den Eindruck erwecken sollen, Steuergelder gut verwaltet zu haben.

Auch sind Förderungen dumb money, das ohne weitere Hilfestellung kommt, während das eines Angels oder VCs im Paket noch Mentoring durch das Wissen und das Netzwerk des Investors bringt. Spricht man mit Investoren, dann herrscht die einhellige Meinung vor, dass Förderungen nur unnötig das Leben eines Start-ups verlängern, das auf dem privaten Geldmarkt kein Kapital finden kann und eigentlich schon früher hätte sterben sollen, damit die Gründer für neue, potenziell vielversprechendere Unternehmungen freigesetzt werden.

Andere Geldquellen erschließen sich durch Banken. Dabei spreche ich nicht von normalen Krediten, die Start-ups normalerweise ohnehin nicht erhalten, weil sie keine Sicherheiten bieten können. Beim sogenannten Start-up Lending Program, wie es beispielsweise die Comerica Bank anbietet, wird Start-ups ein Kredit in der Höhe von bis zu einem Drittel der VC-Investitionen angeboten. Damit werden keine Unternehmensanteile veräußert und man hat trotzdem seine Liquidität erhöht.[24]

Diese gesammelte Kapazität an Angels, VCs und Kapital schafft im Silicon Valley eine gewaltige Liquidität. Für alle Investitionsrunden gibt es ausreichend Risikokapital. In Europa stehen – trotz ebenso vorhandener Geldmittel – für Risikokapital vergleichsweise geringe Summen bereit. Seed-Runden sind ausreichend gedeckt, aber sobald Start-ups Geld für die nächsten Investitionsrunden aufstellen müssen, trocknet der Geldmarkt sofort aus. Der Mangel an Liquidität bremst Start-ups in ihrem Wachstum aus.

Als Ziel steht letztendlich ein sogenannter Exit im Raum. Darunter versteht man, dass das Start-up durch ein anderes Unternehmen akquiriert wird oder an die Börse geht. Ein erfolgreicher Exit bringt ein Vielfaches der investierten Aufwände und Investitionen ein. Das ist der Zahltag, der Tag, auf den Gründer, Mitarbeiter, aber auch Investoren hinarbeiten. Dabei sind Exits sehr unwahrscheinliche Ereignisse und obwohl sie bei allen Start-ups mitschwingen, schaffen das nur die wenigsten.

Akzeleratoren und Inkubatoren

Die Aufgabe von Akzeleratoren und Inkubatoren ist es, Start-ups beim Wachstum, beim Finden des richtigen Produkts oder der geeigneten Mitarbeiter zu helfen und sie durch Mentoren zu vernetzen und zu coachen, damit Start-up-Gründer bessere Entscheidungen treffen können, um die Erfolgschancen zu erhöhen. Zu den bekanntesten und erfolgreichsten Akzeleratoren im Silicon Valley zählen Y Combinator und 500 Startups, aus deren Programmen solch Firmen wie Airbnb oder Square hervorgingen. Die Selektion der Start-ups für das Programm erfolgt durch die Betreiber eines Akzelerators, und abhängig von der Art der Finanzierung – privat oder aus öffentlicher Hand – wird in die Start-ups auch investiert (oder, im letzteren Falle, nicht investiert).

Einige Akzeleratoren konzentrieren sich auf europäische Start-ups, wie beispielsweise BootstrapLabs, gegründet vom Schweden Nicolai Wadstrom und dem Franzosen Ben Levy. Gil Ben-Artzy ist einer der Gründer und Betreiber des privaten Akzelerators für israelische Start-ups namens UpWest Labs.

GIL BEN-ARTZY

Der Himmel über Tel Aviv ist in ein schmutziges Gelb getaucht, als ich Gil in einem Kaffeehaus auf dem Rothschild Boulevard treffe. Gestern noch blauer Himmel, heute der Sandsturm aus der arabischen Wüste. „Wir vergessen gerne, dass wir nahe an der Wüste leben", kommentiert Gil.

Er lebt zwischen zwei Welten, pendelt alle paar Wochen zwischen San Francisco und Tel Aviv, um die nächsten israelischen

Start-ups für seinen privat geführten Akzelerator namens UpWest Labs auszusuchen.

Der aus Jerusalem stammende Gil arbeitete nach seinem Abschluss einige Jahre auf der Wharton Business School in Philadelphia für die Boston Consulting Group und dann für Yahoo in der Corporate-Development-Gruppe. In seiner Funktion hatte er viel mit Start-ups zu tun, die er für eine mögliche Übernahme zu evaluieren hatte. Immer wieder kam er dabei mit israelischen Start-ups in Kontakt, denen er auch außerhalb seines Jobs mit Rat und Tat zur Seite stand. Nach einiger Zeit stellte er fest, dass diese es, so innovativ ihre Produkte und Services auch waren, auf dem US-Markt nicht leicht hatten. Nicht nur fiel es ihnen schwer, Investoren zu finden, sie hatten auch kaum Kontakte und Akzeleratorprogramme wie Y Combinator oder 500 Startups nahmen sie nur äußerst selten in ihr Programm auf.

Gil beschloss, etwas dagegen zu unternehmen, und gründete 2012 mit zwei weiteren Landsleuten, Shuly Galili und Liron Petrushka, den auf israelische Start-ups fokussierten UpWest Labs Akzelerator. Dafür stellten sie von israelischen und amerikanischen Investoren um die drei Millionen Dollar auf, um für drei Jahre ein jeweils vier Monate dauerndes Programm für israelische Start-ups anzubieten. Alle vier Monate werden zwischen fünf und sieben vielversprechende Start-ups eingeladen, um in Palo Alto intensiv von Mentoren aus dem eigenen Netzwerk gecoacht und mit Kunden und Partnern zusammengebracht zu werden. Die Start-ups erhalten sowohl eine kleine Investition von UpWest Labs als auch kleine, aber wichtige Serviceleistungen, die den Start im Silicon Valley erleichtern. So einfache Dinge wie das aus der Heimat mitgebrachte Handy zum Laufen zu bringen oder eine Unterkunft zu finden können zu unnötigen Zeitverlusten führen, und bei einem viermonatigen Programm zählt schließlich jeder Tag.

Wichtig war Gil, dass den Start-ups geholfen wird, den US-Markt anzupeilen. Israel selbst ist klein und die geopolitische Situation lässt Gründer automatisch über die Landesgrenze hinweg den Blick entweder nach Europa oder auf die USA werfen. Auch sind die verfügbaren Finanzmittel in Israel beschränkt und da bieten die USA mehr Möglichkeiten.

Das Programm läuft zumeist so ab, dass einer der Firmengründer in die USA kommt und den Hauptfirmensitz dorthin verlegt, um das Geschäft aufzubauen, während die Produktentwicklung in Israel bleibt. Das macht wirtschaftlich viel Sinn, weil die Entwicklergehälter in Israel niedriger sind und die Unternehmen Geld sparen. Entwickelt sich das Geschäft in den USA gut, dann wächst auch der israelische Standort.

Gil's Akzelerator hat bis dato in 50 Start-ups investiert und diese haben insgesamt über 100 Millionen Dollar an Venture-Kapital aufstellen können. Ende 2015 befand sich die zehnte Start-up-Gruppe in Palo Alto. Die ersten vier Monate für die Start-ups sind erst der Beginn, da soll das Fundament für den US-Markt gelegt werden. Nachher geht es mit der Geldaufstellung und der Markteroberung los, und UpWest Labs hilft auch dabei. Die Beziehung zwischen Akzelerator und Start-ups endet nicht mit dem Programm. Dann geht es vielmehr erst richtig los, nicht zuletzt, weil UpWest Labs Anteile an jedem Start-up hält, das durch das Programm geht, und somit selbst nicht ganz uneigennützig am Erfolg des Start-ups interessiert ist. Der Erfolg gibt Gil recht. Seit dem Launch wurden fünf der Start-ups von Unternehmen wie Google, Priceline oder Gartner gekauft.

Den Großteil der Start-ups für das Programm wählt Gil selbst aus. Er klappert in Israel jedes Jahr Hunderte Start-ups ab. Wie gut der Ruf des Akzelerators ist, hörte ich von einem ehemaligen Kollegen bei SAP Labs Israel, Boaz Sapir, der für einige Zeit den Coworking Space Hub Tel Aviv leitete. „UpWest Labs ist der Goldstandard. Jedes israelische Start-up will in das Programm rein", sagte er mir.

Die israelischen Start-ups zeichnen sich durch hohen unternehmerischen Geist und gute Technologie aus. Es gebe aber eine Diskrepanz zwischen israelischem und amerikanischem Markt. Israelische Produkte und Dienstleistungen seien oft für die USA nicht ganz geeignet, deshalb legen Gil und sein Team Wert darauf, dass die Start-ups das rasch verstehen und ihre Produkte entsprechend anpassen. Israelis seien sehr anpassungsfähig, und auch wenn es schwer ist, gelingt vielen doch die Umstellung auf die US-Verhältnisse. Gil rät ihnen auch, bei der Gründung einer US-Niederlassung unbedingt Mitarbeiter vor Ort einzustellen, um das Netzwerk zu vergrößern und mit lokalen Gepflogenheiten vertraute Mitarbeiter ins Unternehmen zu holen.

Neben offiziellen israelischen Organisationen wie dem Konsulat, einem Wirtschaftsattaché und Vereinigungen wie CICC, IEEFF oder ICON müssen weitere Netzwerke aktiviert werden. Das ist die Aufgabe von UpWest Labs, die diese Kontakte herstellt und pflegt. Da hilft es natürlich, dass Shuly die Gründerin von CICC war und Liron selbst drei Unternehmen gegründet und verkauft hat.

Die meisten israelischen Start-ups schauen auf den US-Markt, weniger auf den UK- oder den deutschen Markt, auch weil die meisten Erfolgsgeschichten israelischer Start-ups momentan in den USA geschrieben werden. Die größte Initialzündung gab der frühe Instant-Messaging-Service ICQ. Das Start-up dahinter wurde 1998 von AOL für über 400 Millionen Dollar gekauft und inspirierte viele junge Israelis, sich auch an Start-ups zu versuchen. Und auf der Liste erfolgreicher Start-ups sind seither viele neue Namen dazugekommen.

> Für Gil ist klar, dass man erfolgreiche Unternehmen aufbauen kann, ohne in die USA zu gehen. Es gibt sehr gute Unternehmen, die nur lokal tätig und erfolgreich sind. Er vergleicht das mit dem deutschen Basketballspieler Dirk Nowitzki. Der hätte sicherlich auch eine tolle Karriere in Deutschland gehabt, aber er beschloss, in die USA zu gehen, und hat dort sein Potenzial maximiert. Genauso ist das mit Start-ups. Die Frage ist: (Wie) Kann man sein globales Potenzial maximieren?
>
> Gils Formel für einen Start-up-Erfolg im Silicon Valley umfasst mindestens drei Bestandteile. Das Gründerteam soll einen starken Background im Themenbereich haben. Sie sollen die großen Märkte anpeilen. Und sie sollen anpassungsfähig und flexibel sein und rasch Pivots durchführen können, wenn es notwendig wird.

Neben Akzeleratoren und Inkubatoren gibt es auch andere Modelle. In einigen Fällen fungieren Unternehmen als Inkubatoren, beispielsweise beim Elektronikauftragsfertiger Flextronics, der mit Lab IX in Milpitas, Kalifornien, mehreren Hardware-Start-ups eine Heimat bietet und sie in sein mehrmonatiges Programm aufnimmt. Flextronics investiert nicht nur in die Unternehmen, ihnen werden auch interne Expertise und Ressourcen bereitgestellt. So kann die Rechtsabteilung bei Patentanmeldungen helfen oder es wird für spezielle Herstellungsprozesse mit erfahrenen Experten zusammengearbeitet.

Ein anderes Modell ist das Start-up-Studio. Dabei teilen sich Start-ups Infrastruktur und Mitarbeiter und sparen damit Kosten.

Universitäten

Stanford bildet ohne Zweifel den Kern des Entrepreneur- und Innovationsökosystems des Silicon Valley. Man kann ohne Weiteres behaupten, dass es das Silicon Valley ohne Stanford nicht gäbe. Die Grundlagen wurden mit Leland Stanfords Wunsch nach der praktischen Anwendbarkeit des Gelehrten gelegt.

Aus dem direkten Stanford-Umfeld entstanden über 6.000 Unternehmen, die hoch bezahlte und hoch qualifizierte Arbeitsplätze schufen.[25] Zu den Unternehmen zählen unter anderem Charles Schwab & Company, Cisco Systems, Dolby Laboratories, Ebay, E*Trade, Electronic Arts, Google, Hewlett-Packard, IDEO, Intuit, Kiva, LinkedIn, Logitech, Nanosolar Inc., Netflix, Nike, NVIDIA, Odwalla, Orbitz, Rambus, Silicon Graphics, Sun Microsystems, Tesla Motors, Varian, VMware, Yahoo und Instagram. Die 53 größten Silicon-Valley-Firmen, die aus Stanford hervorgingen, erwirtschafteten 2010 einen Umsatz von 267,4 Milliarden Dollar, der fast 50 Prozent der 150 größten Silicon-Valley-Firmen ausmacht. Die Marktkapitalisierung der aus Stanford hervorgegangenen Unternehmen betrug 2010 649,2 Milliarden Dollar und der Gewinn 34,2 Milliarden Dollar.[26]

Eine Studie von 2012 ergab, dass Unternehmen, die von Stanford-Entrepreneuren gegründet wurden, einen weltweiten Umsatz von sage und schreibe 2.700 Milliarden Dollar erwirtschaften. Stanford-Absolventen und Fakultätsmitglieder gründeten seit den 1930er-Jahren fast 40.000 Unternehmen und schufen insgesamt 5,4 Millionen Arbeitsplätze. Stanfords Office of Technology Licensing (OTL) erhielt im Zeitraum 2014 bis 2015 einen Betrag von 95 Millionen Dollar für Lizenzgebühren von 695 Technologien.[27]

Ein interessantes Detail am Rande ist Stanfords Motto. Dieses ist nämlich auf Deutsch und stammt vom deutschen Humanisten Ulrich von Hutten aus dem 16. Jahrhundert. Es lautet: „Die Luft der Freiheit weht."

PORTRÄT

BURTON LEE

Burton Lee sieht noch etwas zerknautscht aus, als er mir vor dem Cafe Venetia in seinem Markenzeichen, einem Norwegerpulli, entgegenkommt. Gerade erst ist er von einem einwöchigen Innovationsworkshop an der Universität in Stavanger in Norwegen gekommen. Sein Jetlag ist noch nicht vergangen.

Burton ist außerordentlicher Professor an der Stanford University und hält dort die populäre Vorlesungs- und Vortragsreihe ‚European Entrepreneurship & Innovation' ab, zu der er Start-ups, Gründer und Investoren aus den Innovationsökosystemen in europäischen Ländern einlädt.[28] Neben den ungarischen Gründern von Prezi sprachen bereits Alexander Ljung, der CEO von SoundCloud (Berlin), Andreas Tschas vom Pioneers Festival (Wien), Peter Vesterbacka, der CMO von Rovio (Helsinki) – bestens bekannt durch das Hitspiel Angry Birds – und Zendesk-Gründer und -CEO Mikkel Svane aus Dänemark.

Vieles, was Burton anspricht, ist für Europäer neu oder soll sie aus der Reserve locken. Er weiß um die Stärken und Schwächen der europäischen Wirtschafts- und Universitätssysteme und versteht es, den Finger in die Wunde zu legen. Dies tut er aber nicht aus Bosheit. Wer ihn kennt, weiß, dass er es aufrichtig und ernst meint und ‚seinem Europa' zu besserer Innovationsleistung und stärkerem Wirtschaftswachstum verhelfen möchte. Burton verbrachte mehrere Jahre an der Ludwig-Maximilians-Universität in München, war Forscher beim DaimlerLab in Esslingen und Gastprofessor an der LMU und TU Dortmund. Er spricht fließend Deutsch (und Spanisch), was seine Leidenschaft für europäische Themen erklärt. Er ist ein Connector zwischen den Welten und sieht die Unterschiede, aber auch die Stärken verblüffend nüchtern. Und er weiß aus erster Hand, wovon er spricht: Burton kooperiert mit europäischen Mittelstandsunternehmen, Universitäten und Regierungen und war Berater beim Horizon-2020-Projekt der Europäischen Union. In Stanford schloss er sein Doktorat in Maschinenbau ab und er hat einen MBA in Finance und einen Bachelor in Economics.

Noch bevor ich ihm die erste Frage stellen kann, beginnt er zu argumentieren, warum Europa das Silicon Valley braucht und verstehen muss. Europa habe nämlich ein Arbeitsplatzproblem. Speziell Länder wie Griechenland, Portugal, Spanien, Frankreich, aber auch die Länder Osteuropas würden unter großen Arbeitslosenzahlen leiden, und darunter befänden sich viele Jugendliche. Obwohl die deutschsprachigen Länder weniger davon betroffen seien, steige der Druck auf sie, und zwar nicht nur durch Transferzahlungen innerhalb der EU, die vor allem von Deutschland geschultert werden müssen.

Für ihn liegt einer der wesentlichen Unterschiede zwischen Europa und Silicon Valley in der Innovationsrolle der Universitäten. Stanford (und auch das MIT sowie Cambridge University UK) bilde den Kern des Silicon-Valley-Innovationsökosystems, aus dem in den letzten 50 Jahren über 30.000 Unternehmen hervorgingen, wodurch Millionen an hoch qualifizierten und hoch bezahlten Arbeitsplätzen geschaffen wurden.[29] Gerade deshalb findet er es umso erstaunlicher, dass fast keine europäische Besucherdelegation fragt oder herauszufinden versucht, wie Stanford denn eigentlich funktioniert und welche Rolle es im Wachstumsmodell des Silicon Valley spielt. Universitäten und Unternehmen stehen dabei im Zentrum, Regierung und Behörden spielen eine marginale Rolle. Das Gegenteil gilt in Europa. Dort nehmen die Universitäten Randpositionen ein, während die Regierungen und Unternehmen sich im Zentrum sehen.

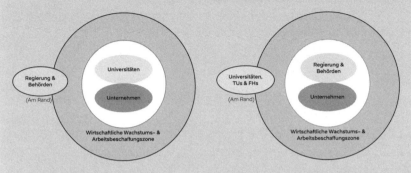

© Copyright Burton H. Lee 2015–16.

In Europa werde die Innovationsrolle der Universitäten fast ausschließlich von einer forschungsbasierten Seite betrachtet und von den Regierungen werde genau diese als die einzig wichtige angesehen, dabei gebe es unterschiedliche Arten von Innovation. Die öffentlichen Universitäten würden auf ihre eigene Marketingbotschaft reinfallen, dass sie Innovationshubs seien. Betrachte man jedoch die Zahl der aus deutschen Universitäten hervorgegangenen Unternehmen, dann kann das nicht stimmen. Nur wenige Unternehmen kommen aus dem Universitätsumfeld und die Universitätsinkubatoren sind generell schwach. Das erkläre auch, warum Gewerkschaften das Potenzial der Universitäten, Arbeitsplätze zu schaffen, erheblich unterschätzen würden.

Burton schlägt Besucherdelegationen vor, einen ganzen Tag in Stanford zu verbringen. Die Delegationen sollten, von den Rektoren angefangen, alle Führungs- und Wissenschaftspositionen der Uni in Augenschein nehmen. Umgekehrt kann das Silicon Valley von Deutschland, wo mittelständische Unternehmen mit Universitäten im Bereich Produktionstechnik eng zusammenarbeiten und ganze Forschungsabteilungen finanziell unterstützen, viel lernen.

Burton ist es wichtig zu betonen, dass der Kontakt zwischen Europa und dem Silicon Valley keine Einbahnstraße ist. Warum das Silicon Valley Europa brauche, fragt er mich, um es mir sogleich aufzuzählen.

1. Europa ist eine wichtige Investitions- und Akquisitionsquelle für gute Start-ups.
2. Europäische Unternehmen schaffen durch ihre Zweigstellen und Niederlassungen neue Jobs im Silicon Valley.
3. Europa betreibt viel Forschung, die relevant für das Silicon Valley ist.
4. Europa hat großartige Wissenschaftler, Forscher und Ingenieure.
5. Europa ist ein sehr wichtiger Markt für Silicon-Valley-Start-ups und Unternehmen. Dort wird ein bedeutender Anteil ihres Umsatzwachstums generiert.
6. Europa ist oft der erste Markt außerhalb Nordamerikas, den Start-ups aus dem Silicon Valley bei einer internationalen Expansion ins Auge fassen; deshalb müssen Start-ups sich auch sehr früh Gedanken machen, wie sie in diesem Markt Fuß fassen können.
7. Europäische Mitarbeiter bilden einen wichtigen Teil der globalen Belegschaft von Silicon-Valley-Unternehmen. Dies sind gut ausgebildete Arbeitskräfte, die weniger oft die Jobs wechseln und auf die Verlass ist. Je nachdem, in welchen europäischen Ländern die Mitarbeiter wohnen, sind die Lohnkosten oft niedriger als im hochpreisigen Silicon Valley.
8. IT-Outsourcing, das meistens in Osteuropa stattfindet.

Beide Seiten profitieren also voneinander. Zählt man die Arbeitsplätze zusammen, die Silicon-Valley-Unternehmen in Europa geschaffen haben, sind vermutlich mehrere 100.000 gut bezahlte und hoch qualifizierte Arbeitsplätze unmittelbar geschaffen worden.

Wie unterscheiden sich Stanford-Studenten von denen anderer Universitäten? Klarstellen will Burton, dass Studenten anderer Universitäten und Länder genauso klug sind wie Stanford-Studenten. Die Ausgangsbasis sei dieselbe. Der entscheidende Unterschied bestehe darin, dass 30 Prozent aller Stanford-Studenten nicht aus den USA stammen. Europäische Universitäten seien viel homogener und deren Hauptziel sei ein anderes: Sie dienen dazu, Studenten aus dem eigenen Land auszubilden.

Stanford-Studenten würden sich auch mehr engagieren für Zwecke, die ihnen wichtig erscheinen. Am Beispiel von StartX kann das gut demonstriert werden. Der StartX-Akzelerator für Stanford-Studenten und Absolventen wurde ursprünglich von Stanford-Studenten gestartet, bevor die Universität ihn dann eingliederte und ins offizielle Programm übernahm. Stanford-Studenten haben eine lange Tradition in der Gründung von unabhängigen Clubs. Die dürfen nicht mit Burschenschaften (Fraternities) verwechselt werden, sie haben damit überhaupt nichts zu tun. Clubs werden gegründet zu Themen, die sie als verfolgenswert ansehen. So gibt es gleich drei Entrepreneurship-Clubs, wobei BASES von der Engineering School die meisten Mitglieder hat.[30] Man lasse sich das auf der Zunge zergehen: Die Ingenieurstudenten haben nicht nur einen, sondern den größten Entrepreneurship Club in Stanford, für den sie jedes Jahr ein Budget von 200.000 bis 300.000 Dollar durch Spenden von Firmen aufstellen und namhafte Sprecher aus der Praxis einladen. Die zwei anderen Entrepreneurship Clubs in Stanford werden von der Business School und den fakultätsübergreifenden Post-Docs unterhalten. Letztere denken dabei bereits ernsthaft nach, wie sie ihre Forschungsthemen in ein Unternehmen ausgründen können.

Am Beispiel von Massive-Open-Online-Course(MOOC)-Plattformen, auf denen Onlinekurse angeboten werden, zeigt sich, wie Stanford selbst mit Innovation umgeht. Aus Geldmitteln, die für die Einrichtung neuer Institute bereitstehen, wurde nach dem Erfolg von MOOC-Plattformen wie Udacity und Coursera ein eigenes Büro geschaffen (Vice Provost for Online Learning), das einen wichtigen Teil des gesamten Stanford-Kursangebots online stellen soll. Wie er selbst beim H2020-‚ICT Work Program 2014-15'-Projekt der EU sah, betrachten europäische Universitäten MOOCs als Bedrohung. Einzelne Kurse würden online gestellt, aber nicht in dem Umfang, wie Stanford oder MIT es gerade vorführen. Das passe wohl nicht zum traditionellen Rollenverständnis europäischer Uniprofessoren, deren Ideal es sei, Nobelpreisträger zu werden. Das Verfassen populärwissenschaftlicher Bücher werde als Ausverkauf der eigenen Disziplin und als dem Ideal des großen Wissenschaftlers diametral entgegengesetzt betrachtet. Selbst die Zusammenarbeit mit Industrie oder fachfremden Experten werde in Europa kritisch gesehen. Burton verwies dabei auf einen Fall (bei dem ich selbst anwesend war), wo er mit seinem Maschinenbau-Hintergrund von einem europäischen Innovationspolitikforscher als ungeeignet für eine Forschungsarbeit zu Innovationsökosystemen gesehen wurde.

Historisch begründet haben Uniprofessoren in Europa eine relativ mächtige Position innerhalb des Systems, deshalb seien Änderungen schwieriger durchzuführen. Und Stanford beschäftige sehr viele außerordentliche Professoren, die aus der Industrie stammen. So sind zwischen 200 und 300 solcher Professoren an der Stanford Engineering School tätig. Die Voraussetzungen für diese Art von Professur seien geringer, um Topleute aus der Industrie zu gewinnen. Der Serienunternehmer Steve Blank, der mit seinem Konzept des Lean LaunchPads Start-ups weltweit zu einem strukturierten und vielversprechenderen Wachstum verhilft, unterrichtet in Stanford, obwohl er „nicht einmal einen Doktortitel hat". Aber niemand außer ihm hätte dieses so wichtige Lehrprogramm auf die Beine stellen können.

Was Burton außerdem für wichtig erachtet, sind die Bestrebungen im Silicon Valley, komplexe Dinge möglichst einfach zu machen. Simplizität sei besser als Komplexität. In deutschsprachigen Ländern hingegen liebe man Komplexität, weil sie als intellektuell stimulierend gesehen werde. Die deutsche Sprache eigne sich hervorragend für Komplexität, Englisch hingegen nicht so sehr. Das manifestiere sich darin, dass in Stanford weniger Mathematik- und Philosphieklassen unterrichtet werden. Es werde stattdessen mehr Wert auf Kreativität, Entrepreneurship, Leadership, Story-Telling und Design gelegt. Man setzt also mehr auf Soft Skills als auf Hard Skills. Dabei hat gerade Apple gezeigt, dass Design nicht eine Soft Skill, sondern eine Hard Skill von höchster Relevanz für Firmen ist.

Woran das Silicon Valley laut Burton arbeiten müsse, sei zu begreifen, wie die in Europa vorherrschenden Familienunternehmen funktionieren. US-Unternehmen sind überwiegend öffentliche Unternehmen, Gründerfamilien sind nicht mehr involviert oder nur in Nebenrollen aktiv. Anders in Europa. Dort seien selbst spätere Generationen noch äußerst aktiv, mit allen Problemen, die daraus entstehen können. Burton hat diesen Aspekt zu seinem aktuellen Forschungsthema gemacht. Er sieht das Silicon Valley in einer ethischen Pflicht, seine Innovationsmodelle und seine entrepreneurische Kultur entsprechend zu modifizieren und Modelle dafür zu entwickeln. Hier fehle den Amerikanern das nötige Wissen – einfach nur mit einer Cowboy-Mentalität zu agieren helfe da nicht weiter. Burton sieht sich als Übersetzer zwischen diesen Welten.

> Als verpasste Chance sieht Burton die Industrie 4.0-Agenda. Start-ups würden hier außen vor gelassen und nur die Bedürfnisse des Mittelstands und großer Unternehmen berücksichtigt. Dabei wäre das die beste Gelegenheit, Start-ups in Deutschland zum so dringend benötigten Durchbruch zu verhelfen.
>
> Abschließend gibt er zu bedenken, ob deutschsprachige Länder nicht den Stellenwert von Design künftig höher als Ingenieurwesen einschätzen sollten. Er fügt nur ein Wort hinzu, das diesen Gedanken untermauert: Apple.

Das jährliche Budget von Stanford beträgt 5,5 Milliarden Dollar. Mit 22,2 Milliarden Dollar Stiftungsgeldern auf der hohen Kante hat Stanford auch ausreichend Spielraum, um seinen Aufgaben gerecht zu werden. Bei den alljährlichen Absolvententreffen werden hunderte Millionen an Spenden für die Universität lockergemacht. Im Jahr 2013 bis 2014 erhielt Stanford von 82.300 Spendern 928,5 Millionen Dollar.[31] Das war nicht immer so. Nach dem Tod Leland Stanfords und mit der Depression in den 1920er- und 1930er-Jahren war Stanford fast pleite.

Ein Studium in Stanford ist nicht billig. Die Studiengebühren betrugen zuletzt 45.729 Dollar für ein Studienjahr, und das beinhaltet nicht die Lebenshaltungskosten.[32]

Der PayPal-Mitgründer und Investor Peter Thiel ist skeptisch, was den Wert einer Universitätsausbildung in den USA betrifft. Die horrenden Studiengebühren führen seiner Meinung nach dazu, dass Absolventen nicht die finanziellen Reserven haben, um Start-ups zu gründen. Wenn man 200.000 Dollar an Studentenkrediten zurückzuzahlen hat, entschieden sich viele Absolventen lieber für eine gut bezahlten Job in einem Großunternehmen, statt sich auf ein Start-up-Abenteuer einzulassen. Auch hält Thiel das universitäre Ausbildungssystem für zu theorielastig und zu wenig auf die Probleme traditioneller Unternehmensformen ausgerichtet.

Das hat den in Frankfurt am Main geborenen Thiel dazu bewegt, die Thiel Fellowship einzurichten. Er bietet aus seiner eigenen Tasche talentierten Menschen unter 22 Jahren eine Förderung von 100.000 Dollar für zwei Jahre, wenn sie für die Dauer der Fellowship keine Universität besuchen und sich stattdessen ihrem eigenen Projekt, ihrer Idee oder einer Forschungsarbeit widmen. Den bis dato fast 100 Thiel Fellows werden Mentoren und Coaches zur Seite gestellt, die sich aus Visionären, Investoren, Wissenschaftlern und Unternehmern zusammensetzen.[33]

Thiels Logik hinter seinem Programm liegt in seiner Hoffnung, dass dieses Programm den Teilnehmern praxisnahe Erfahrung, bessere Rahmenbedingungen und einen anwendungsorientierteren Ansatz bringt, wie Probleme gelöst werden können. Die Mischung aus Praxis, Coaching durch erfahrene Mentoren und dem verfügbaren Netzwerk ist seiner Meinung nach effektiver, als vier Jahre an einer Universität mit wenig Praxisbezug und hohen Studiengebühren zu verbringen. Gerade in diesem Alter haben junge Menschen noch keine großen Verpflichtungen wie Familie oder abzuzahlende Kredite und können Risiken auf sich nehmen. Und Thiels Ansatz scheint teilweise aufzugehen. Mehrere Thiel-Fellows haben Unternehmen gegründet, die einen erfolgreichen Weg hingelegt haben. Insgesamt haben Thiel Fellows bis Anfang 2015 Unternehmen mit einer Gesamtinvestitionssumme von 72 Millionen Dollar gegründet und damit 29 Millionen Reingewinn erzielt.[34]

Auch Damian Madray, Gründer von The Glint, von dem wir noch mehr hören werden, schilderte seine Erfahrungen mit Thiel Fellows. Vier von ihnen waren zeitweise Mitbewohner seiner Wohngemeinschaft und er schätzte vor allem ihre mitreißende Energie, ihre Unbefangenheit und ihren Glauben an die Machbarkeit.

Ganz anders stellt sich das in Deutschland, Österreich und der Schweiz dar. Zwar müssen Studenten in diesen Ländern dank des freien Unizugangs keine Kredite aufnehmen, um studieren zu können, es gibt aber weder ausreichend Vorbilder für das Gründen von Start-ups, noch wird das vom gesellschaftlichen Umfeld gefördert. Ein Erlebnis mit Studenten einer deutschen Universität illustriert das. Ich wurde zu einem Vortrag zu meinem Spezialgebiet Gamification eingeladen, um es einer Klasse von 20-Jährigen vorzustellen. Gamification bedeutet, einfach ausgedrückt, man nimmt Spieleelemente und reichert damit Arbeitsprozesse an. Ziel ist es, langweilige Arbeit für die Mitarbeiter unterhaltsamer zu gestalten und sie dadurch besser zu motivieren. Die erste Frage, die von den Studenten nach dem Vortrag gestellt wurde, war: „Was sind denn die Risiken und Gefahren von Gamification?"

Bereits in diesem Alter dominiert bei Deutschen die Sorge um Risiken und Gefahren, während Chancen und Möglichkeiten in den Hintergrund rücken. Diese Risikoabneigung kommt nicht von ungefähr, sie wird von den älteren Generationen vererbt. Alexander Jorias, der mehrere Videospielstudios gegründet hat und von dem wir in einem eigenen Porträt noch mehr hören werden, berichtet, dass sein Professor für Theoretische Informatik seine Entscheidung, das Studium an den Nagel zu hängen und sich Vollzeit seinem Unternehmen zu widmen, mit den Worten quittierte: „Von Ihnen werde ich nie Software kaufen!"

Basierend auf dem von Ray Kurzweil populär gemachten Konzept der Singularität gründete dieser 2008 auf dem NASA Ames Research Field gemeinsam mit Peter Diamandis die Singularity University.[35] Die hier gemeinte Singularität beschreibt das exponentielle Wachstum, wie es beispielsweise Moores Gesetz definiert, wonach sich die Komplexität integrierter Schaltkreise (wie in Computerchips) alle 18 bis 24 Monate verdoppelt – und ab einem Zeitpunkt die Verdoppelungsraten so hoch werden, dass alles bisher gekannte Wachstum in den Schatten gestellt wird. Wir erleben das bei Information, wo wir mittlerweile in einem kurzen Zeitraum von wenigen Monaten mehr Daten erzeugen als in der gesamten Menschheitsgeschichte zuvor.

Da Menschen sich kognitiv schwertun, exponentielles Wachstum zu begreifen und vorherzusagen, hat die Singularity University sich die Aufgabe gesetzt, Führungskräfte und Vordenker darin auszubilden, zu inspirieren und im Umgang damit zu befähigen.

MCI

Das Management Center Innsbruck, kurz MCI, das sich auf seiner Website als „Die unternehmerische Hochschule" bezeichnet, schickt ebenfalls Studentengruppen zu einem Silicon-Valley-Besuch. Bei einer dieser Touren wurde ich gebeten, eine kleine Einführung in die Unterschiede zwischen Europa und dem Silicon Valley zu geben. Zur Vorbereitung sah ich mir die Websites des MCI und von Stanford an. Was auf der MCI-Startseite sofort ins Auge sticht, ist die Bildergalerie mit ungefähr 40 Fotos, beginnend mit einem beeindruckenden Alpenpanoramabild. Das zweite Foto zeigt den Rektor mit einem Zitat zur Mission der Hochschule, das dritte eine Außenansicht der Universität, das vierte ein Zitat einer Führungskraft von Siemens, das fünfte wieder ein Architekturbild, das sechste einen weiteren CEO und so weiter, bis als neuntes oder zehntes Bild das erste Mal ein Foto mit Studenten kommt, das jedoch recht inszeniert wirkt und vermutlich von einer Bilddatenbank zugekauft wurde. Honorabilitäten und sonstige wichtige Personen im Wechsel mit Architektur- und Landschaftsfotos vermitteln den Eindruck, die Studenten seien nebensächlich.

Ganz anders im Vergleich dazu die Website der Stanford University. Auf den meisten Fotos sind Studenten abgebildet – Studenten auf dem Campus, Studenten in einer Werkhalle, in Vorlesungen oder bei archäologischen Ausgrabungen – das Tun und Lernen der Studierenden steht im Mittelpunkt. Was hier jedoch fehlt, sind die Abbildungen wichtiger Kapazunder. Dabei hat Stanford mehr als genug Nobelpreisträger und Vordenker vorzuweisen. Aber man hält es nicht für nötig, explizit darauf hinweisen.

Dass ich das MCI herausgepickt habe, ist reiner Zufall. Ein ähnliches Bild ergibt sich an vielen anderen Universitäten im deutschsprachigen Raum. Dies soll nur illustrieren, wie sich die Ansätze selbst auf den Websites unterscheiden.

Wie Stanford sich darstellt, dient nicht nur der Imagepflege. Es resultiert auch aus einer völlig anderen Einstellung gegenüber Stanford-Studenten. Man bekommt den Eindruck, dass jeder Student entweder eine Start-up-Idee hat oder gerade eines gegründet hat oder für eines arbeitet. Wer nach seinem Studium hingegen zu einem der großen Unternehmen wie Google oder Apple geht, gerät da fast schon in den Ruch, das Risiko zu scheuen und sich's zu bequem zu machen.

Auffallend beim Vergleich zwischen Universitäten im Silicon Valley und Europa ist auch die Liste an Beiräten und Betreuern. Eine rascher Überblick über die bei deutschsprachigen Wirtschaftsuniversitäten tätigen Damen und Herren und deren Werdegang ergibt, dass viele von ihnen von großen Beratungshäusern stammen. Eine Beratung zum Thema Entrepreneurship erfolgt also von Betreuern, die selbst direkt von der Uni in die Beratungshäuser gingen und selbst nie ein Unternehmen gegründet oder geführt haben. Und die anderen Beiräte, die in namhaften Unternehmen arbeiten, sind dort nur Manager, aber sicher keine Entrepreneure.

Stanfords Liste an Beiräten hingegen liest sich wie ein Who's Who der Unternehmensgründerelite aus dem Silicon Valley. Vorlesungen, die von Unternehmensgründern und Investoren wie Peter Thiel oder Steve Blank gehalten werden, sind viel praxisnaher und wertvoller als theoretisches Gelaber von Trockenschwimmern.

Industrien

Was wäre wohl in Deutschland die erste Reaktion, wenn man einen Start-up-Gründer trifft, dessen Geschäftsidee darauf beruht, Satelliten ins All zu schießen? Und der das nicht nur plant, sondern schon gemacht hat?

Im Silicon Valley zeigt man demjenigen nicht den Vogel, sondern sagt mit aufrichtiger Neugier: „Das klingt spannend – erzähl mir mehr davon!" Der Wiener Peter Platzer ist jemand, der das mit seinem Start-up namens Spire tut. Der an Kojak ohne Lollipop erinnernde Physikabsolvent der TU Wien arbeitete zuerst jahrelang für die Boston Consulting Group, bevor er sich im Weltraumprogramm der International Space University in Straßburg einschrieb. Dort wurde sein Interesse an Satelliten geweckt und er beschloss, das näher zu verfolgen. Wie wäre es, einen Minisatelliten ins All zu schießen und ihn auf der Erde von der Internetgemeinde kontrollieren zu lassen? Genau das war der initiale Ansatz, den er mit seinen Verbündeten auf Kickstarter als Crowdfunding-Projekt vorstellte. Unter dem Projektnamen Ardusat setzten sie sich das Ziel, 35.000 Dollar aufzustellen. Als Physiker war es es gewohnt, akribisch zu planen. Peter kontaktierte für diese Kampagne die 100 erfolgreichsten Kickstarter-Projektverantwortlichen und bat sie um deren Daten, um herauszufinden, was den Erfolg ihrer Kampagnen ausmachte.

So methodisch vorbereitet gelang es ihm und seinem Team, über 250 Medienerwähnungen zu erreichen, die zu 105.000 Dollar an Funding führten. Mit diesem erfolgreichen Crowdfunding fiel es ihnen leichter, bei VCs vorstellig zu werden, da demonstriert wurde, dass da nicht nur ein Markt vorhanden ist, sondern dass dieser auch schon bereit war, Geld zu zahlen. Von VCs wurde das Projekt mit weiteren zwei Millionen Dollar ausgestattet mit dem Ziel, ein paar Dutzend Nanosatelliten um den Erdball zu positionieren, um die Aufenthaltsorte von Schiffen auf den Ozeanen zu bestimmen. Wo sich die Schiffe befinden, ist von Interesse für Reedereien, Versicherungen und Behörden.

Satelliten sind erstaunlich billig, wenn sie nur für wenige Aufgaben konzipiert sind und wenn eine beschränkte Lebensdauer ausreicht. Die Kosten pro von Spire ins All geschossenen Satellit liegen weit unter einer Million Dollar und mit SpaceX als Trägerrakete und den Standardschächten im Laderaum ist auch ein Launch finanziell erschwinglich.

Spire stand dem anfänglichen Problem gegenüber, dass ein hoher Erklärungsbedarf hinsichtlich des Einsatzzwecks notwendig war. Wie kann das sein, dass die 10.000 Schiffe, die sich tagtäglich auf den Ozeanen befinden, nicht per Satellit verfolgbar sind – es gibt doch jede Menge Satelliten? Wie die überraschte Öffentlichkeit kurze Zeit später erfuhr, ist das offensichtlich nicht der Fall. Als im März 2014 der Malaysia Air Flight 370 spurlos vom Radar verschwand, verstanden plötzlich alle das Problem. Keine drei Monate später hatte Spire weitere 25 Millionen Dollar an Kapital aufgestellt und das Weiße Haus in Washington, D.C., erbat sich Unterlagen zum Programm. Das Verschwinden eines Linienflugzeugs ist nicht nur eine Tragödie für die Passagiere und deren Angehörige, sondern wird von den Vereinigten Staaten auch als potenzielles Sicherheitsrisiko angesehen.

Die Geschichte ist damit allerdings noch lange nicht zu Ende. In der Spire-Zentrale im South of Market District von San Francisco (die in der graffiti-übersäten Nachbarschaft mehr einer Automechanikerwerkstatt als einem Raumfahrtzentrum ähnelt) ist man ganz auf Wachstum eingestellt und bereitet die Eröffnung weiterer Niederlassungen auf zwei Kontinenten vor. In Asien wurde Singapur als regionaler Standort ausgewählt, nicht zuletzt wegen der ausgezeichneten Infrastruktur, dem Talentepool wie auch dem Entgegenkommen der lokalen Behörden, die innovative Unternehmen in die Stadt bringen wollen und großzügige Bedingungen anbieten.

Etwas anders stellte sich die Situation in Europa dar, speziell in Österreich, das Peter als gebürtiger Wiener für den europäischen Firmenstandort ursprünglich im Auge hatte. Trotz langer Verhandlungen wurde als europäischer Firmenstandort schließlich Glasgow gewählt.

Für mich, der ich selbst mit österreichischen Vertretern regelmäßig zu tun habe, ist das ebenso ernüchternd wie wenig überraschend. Trotz meiner Aktivitäten und Bestrebungen, Österreich als Firmenansiedlungsstandort im Ausland zu bewerben – ich unterstützte die entsprechenden Vertretungen bei der Suche nach einem Veranstaltungsort im Silicon Valley – scheinen weder das politische Umfeld noch der Wille vorhanden zu sein, passende Angebotspakete für innovative Start-ups zu schnüren. Bei den Arbeitsplätzen, die Spire schafft, hätte es sich um hoch qualifizierte Datenanalysten- und andere attraktive Hightech-Jobs gehandelt, die auch gut in die vorhandene Infrastruktur gepasst hätten. Allein es fehlte am Willen und der Can-do-Mentalität. Hier wird mehr diskutiert als getan. Konsequenzen gibt es für die Verantwortlichen ohnehin keine und man verwendet seine Energie lieber, um nach Ausreden zu suchen, warum etwas nicht machbar sei.

Militär und Weltraum

Spätestens seit Errichtung des Moffett Federal Airfield der US Navy hat das Militär eine enge Verbindung zum Silicon Valley. Mit Aeronautics und dem Astronautics-Lehrstuhl in Stanford hat das NASA

Ames Research Field Zugang zu gut ausgebildeten Absolventen. Teile des Spaceshuttle-Programms wurden dort entwickelt. Bei einem Besuch des hiesigen Toastmaster Clubs lernte ich die aus Japan stammende Clubpräsidentin kennen, die bei der NASA als Spaceshuttle-Cockpit-Designerin arbeitet. Auf dem Gelände befindet sich ein Mars-Rover-Testgelände, das von Astronauten, die auf der ISS ihren Dienst versehen, benutzt werden kann.

Elektronik- und Computertechnik sind in der heutigen Militärtechnik selbstverständlich. Und wo wenn nicht im Silicon Valley findet man die besten Unternehmen? Waren es früher Hersteller von Satelliten, so sind es heute Unternehmen im Drohnen- und Roboterbereich sowie Hersteller von autonomen Systemen, die sich hier konzentrieren. Der elektronische Auftragsfertiger Flextronics hatte seinen ursprünglichen Hauptsitz hier und arbeitet unter anderem auch für große militärische Auftraggeber.

In jüngster Zeit verlagert sich das militärische Interesse auf das Internet, wo Cyberwarfare an Bedeutung gewinnt. Geheimnisumwitterte Unternehmen wie Palantir, die massive Datensammlungen und -analysen für Behörden, Polizei, Antiterroreinheiten oder Militär machen, erleben eine Blütezeit. Und dabei liegt die Palantir-Zentrale geradezu unscheinbar mitten in Palo Alto auf der University Avenue.

RANDY BRAWLEY

An diesem Montagmorgen im Januar ist nicht viel los vom üblichen Trubel an der Naval Postgraduate School of Monterey. Eineinhalb Fahrstunden südlich vom Silicon Valley lässt mich ein Militärpolizist nach einer Ausweisüberprüfung auf das Gelände dieses Ausbildungszentrums für die unter dem Center of Homeland Security zusammengelegten Regierungsbehörden.

Ich bin hier, um vor einer Gruppe von Angehörigen der Katastrophenschutzbehörde FEMA, dem FBI, diversen Polizeieinheiten, der TSA und dem einen oder anderen CIA-Mitglied bei einem zweiwöchigen Ausbildungslehrgang den Eröffnungsvortrag zu halten. Schon beim Betreten des Gebäudes fallen mir ein paar Dinge auf, die anders sind als auf einem normalen amerikanischen Unicampus. Ich befinde mich auf einem militärischen Gebiet. Im Foyer des Gebäudes stehen Spinde – nicht für Taschen, sondern für Waffen, die dort sicher verwahrt werden können. Im Sprecherraum liegt mitten auf dem Tisch ein Paradesäbel. Und an den Gesichtern der Männer und Frauen im Vortragssaal sieht man, dass sie alle die unglaublichsten Sachen erlebt haben müssen.

Einer von ihnen ist Randy Brawley. Der breitschultrige Absolvent der United States Air Force Academy war in seiner Karriere als B-2-Pilot unterwegs, leitete und plante Luftangriffe beim Irakkrieg und war Kommandant einer Luftstaffel. Mit dieser illustren Vergangenheit ist es verständlich, dass ein ruhiger Schreibtischjob nichts für Randy ist. Er arbeitet für die Katastrophenschutzbehörde FEMA. Wann immer ein Hurrikan, eine Überschwemmung oder ein Erdbeben eine Region auf der Welt trifft, macht er sich von seinem Haus in Oakland auf den Weg und ist unter den Ersten, die am Krisenschauplatz eintreffen. Von wo andere flüchten, dort fährt Randy hin. Vor Ort analysiert er die Situation und koordiniert die Hilfslieferungen. 100.000 Decken hier, fünf Millionen Gallonen Wasser da, Feldlazarette, Helikopter, Aufräumfahrzeuge – was immer benötigt wird, Randy organisiert es. Die ersten 72 Stunden nach einer Katastrophe seien die kritischsten.

Randy ist die Verkörperung des seinem Land dienenden militärischen Entrepreneurs. Unmöglich gibt es für ihn nicht. Getting shit done ist, was er vorlebt. Weil er am eigenen Leib erlebt, was guter Katastrophenschutz und entsprechende Vorbereitung bedeuten, ist er immer auf der Suche nach Möglichkeiten, diese zu verbessern. Und das hat uns heute zusammengebracht. Mein Vortrag zu Gamification – wie Spielelemente im nicht-spielerischen Zusammenhang eingesetzt werden können – inspirierte ihn zu einer Diplomarbeit. Und da beginnt unsere Zusammenarbeit.

Er weiß, wie wichtig gutes Training für Katastrophenschützer ist. Wo ein Feldlazarett aufgestellt wird, kann entscheidend dafür sein, wie vielen Menschen geholfen werden kann. Werden Decken an den falschen Ort geliefert, erfrieren Menschen an anderen Stellen. Die Nachwirkungen von Hurrikan Katrina in New Orleans zeigten das deutlich. Dort hatte die FEMA versagt und viel zu spät und mit zu wenigen Mitteln reagiert.

Randys Mission ist, genau so etwas nie wieder geschehen zu lassen. Deshalb möchte er als Thema für seine Diplomarbeit ein Trainingsspiel entwickeln, bei dem FEMA-Angehörige und lokale Einsatzkräfte Szenarien durchspielen können und dabei lernen, welche Auswirkungen ihre Entscheidungen im Katastropheneinsatz haben. Über den Verlauf der nächsten Monate saßen wir immer wieder zusammen, um die Einzelheiten des Trainingsspiels durchzugehen und es zu perfektionieren. Wenn er nicht gerade auf den Philippinen oder in Hawaii weilt, um die Aufräumarbeiten nach tropischen Wirbelstürmen zu koordinieren, testet er das Spiel mit seinen Kollegen. Wie Start-up-Gründer das zu tun pflegen, testet er sein Produkt frühzeitig mit seinen ‚Kunden' und schildert jedem, der davon hören will, wie das Trainingsspiel funktioniert. Und das bringt ihm auch neue ‚Gigs'. San Francisco ist die Gastgeberstadt des Super Bowl 2016 und die Verantwortlichen wandten sich an Randy, weil sie von seiner Diplomarbeit gehört hatten. Er soll ihnen helfen, die Einsatzkräfte in einer Trainingssimulation auf den Super Bowl vorzubereiten.

> Randy Brawley ist ein Paradebeispiel dafür, dass die Silicon-Valley-Mentalität nicht nur von Start-ups und Unternehmen übernommen wird, sondern auch von den lokalen Regierungsbehörden.

Fußnoten

[1] Joint Venture Silicon Valley: 2014 Silicon Valley Index, http://www.siliconvalleycf.org/sites/default/files/publications/2014-silicon-valley-index.pdf

[2] Silicon Valley Competitiveness and Innovation Project 2015, http://svcip.com/

[3] Joint Venture Silicon Valley: 2014 Silicon Valley Index, http://www.siliconvalleycf.org/sites/default/files/publications/2014-silicon-valley-index.pdf

[4] Deborah Perry Piscione: Secrets of Silicon Valley: What Everyone Else Can Learn from the Innovation Capital of the World, New York 2013

[5] Tim O'Reilly: What is Web 2.0: Design Patterns and Business Models for the Next Generation of Software, http://www.oreilly.com/pub/a/web2/archive/what-is-web-20.html

[6] Nicholas Lemann: The Network Man: Reid Hoffman's big idea, in: The New Yorker, 12.8.2015, http://www.newyorker.com/magazine/2015/10/12/the-network-man

[7] Joint Venture Silicon Valley: 2014 Silicon Valley Index, http://www.siliconvalleycf.org/sites/default/files/publications/2014-silicon-valley-index.pdf

[8] A. Piper, E. Langer, J. Friedus; Preventing Mindlessness: A Positive Side of Dyslexia, Harvard 1987

[9] http://www.youthstartup.com/

[10] Bernd Kramer: Wirtschaft im Unterricht, in: Spiegel online, 14.10.2015, http://www.spiegel.de/schulspiegel/baden-wuerttemberg-fuehrt-wirtschaft-als-pflichtfach-ein-a-1049028.html

[11] Bernd Kramer, Nalan Sipar: Wirtschaft in der Schule: Arbeitgeber-Lobby stoppt Unterrichtsbuch, in: Spiegel Online, 26.10.2015, http://www.spiegel.de/schulspiegel/lobby-und-schule-arbeitgeberverband-stoppt-wirtschaftsbuch-a-1059654.html

[12] Ewing Marion Kaffman Foundation: The Importance of Startups in Job Creation and Job Destruction, Juli 2010, http://www.kauffman.org/~/media/kauffman_org/research%20reports%20and%20covers/2010/07/firm_formation_importance_of_startups.pdf

[13] Eric Ries: Lean Startup: Schnell, risikolos und erfolgreich Unternehmen gründen, München 2012

[14] Paul Graham: How to be Silicon Valley (Mai 2006), http://www.paulgraham.com/siliconvalley.html

[15] Peter Thiel, Blake Masters: Zero to One: Wie Innovation unsere Gesellschaft rettet, Frankfurt a. M. 2014

[16] Joshua Wolf Shenk; Powers of Two: Finding the Essence of Innovation in Creative Pairs, New York 2014

[17] National Venture Capital Association, http://nvca.org/

[18] CrunchBase, https://www.crunchbase.com/organization/uber/funding-rounds

[19] Nicholas Lemann: The Network Man: Reid Hoffman's big idea, in: The New Yorker, 12.8.2015, http://www.newyorker.com/magazine/2015/10/12/the-network-man

[20] Austrian Angel Investors Association, http://www.aaia.at/

[21] Ewing Marion Kauffman Foundation: We Have Met the Enemy ... and He Is Us", in: Kauffman.org, 05/2012, http://www.kauffman.org/~/media/kauffman_org/research%20reports%20and%20covers/2012/05/we_have_met_the_enemy_and_he_is_us.pdf,

[22] Venture Capital Industry in Transformation 2013, Kauffman Fellows Program, Sao Paulo, Brazil, http://www.kauffmanfellows.org/

[23] Band of Angels, https://www.bandangels.com/team/sig.php?bio=ron

[24] Comercia Bank, https://www.comerica.com/small-business/financing/loans/small-business-administration-loan-guide.html

[25] Stanford University: Wellspring of Innovation, http://web.stanford.edu/group/wellspring/index.html

[26] Stanford University: Wellspring of Innovation: Economic Impact, http://web.stanford.edu/group/wellspring/economic.html

[27] Stanford University: Research facts – Innovation, http://facts.stanford.edu/research/innovation

[28] Stanford University: European Entrepreneurship & Innovation, http://www.StanfordEuropreneurs.org

[29] Stanford University: Wellspring of Innovation: Welcome, http://web.stanford.edu/group/wellspring/

[30] Business Association of Stanford Entrepreneurial Students, http://bases.stanford.edu/

[31] Stanford University: Administration & Finances, http://facts.stanford.edu/administration/finances

[32] Stanford University: Administration & Finances, http://facts.stanford.edu/administration/finances

[33] The Thiel Fellowship, http://www.thielfellowship.org

[34] Eugene Kim: Billionaire investor Peter Thiel's plan to pay college students to drop out is showing mixed results, in: Business Insider, 2.2.2015, http://www.businessinsider.com/peter-thiel-fellowship-mixed-results-2015-2

[35] Singularity University, http://singularityu.org/

4

Das Verhaltenssystem

4

Silicon Valley ist nicht so sehr eine Region oder eine Technologie als vielmehr eine Geisteshaltung, die sich im Verhalten ausdrückt. Die Art, wie mit neuen Ideen und Vorschlägen umgegangen wird, wie Menschen aufeinander zugehen und sich gegenseitig helfen, ohne dafür direkt etwas zu erwarten, und natürlich die „Alles ist machbar"-Mentalität sind Katalysatoren für die Innovationsmaschine.

Der Ökonom und Städteplaner Richard Florida kam Ende der 1990er-Jahre auf keinen grünen Zweig. Er erforschte, welche Elemente bestimmte Regionen zu Innovationszentren machen. Die von ihm untersuchten Wirtschaftsdaten erlaubten keine eindeutigen Schlüsse. Doch dann schlug der Zufall zu, als er mit einem Doktoranden in der Kantine plauderte. Dieser untersuchte Homosexuellenpopulationen und wo sich solche Gemeinschaften bevorzugt bilden. Wie sich herausstellte, deckten sich Innovationszentren beinahe eins zu eins mit Regionen, in denen es sehr hohe homosexuelle Bevölkerungsanteile gab. Das lieferte erste Rückschlüsse darüber, was die Initialzündung für Innovationstreiber sein konnte. Nicht dass Menschen mit homosexueller Neigung kreativer sind, gab den Ausschlag, sondern dass Regionen, in denen sie stärker vertreten sind, auch toleranter gegenüber unterschiedlichen Neigungen und Lebensstilen waren.[1]

Und das spiegelt sich in vielen Kennzahlen wider. Vom Ausländeranteil angefangen über Berufsgruppen, gesprochenen Sprachen bis zu sexuellen Vorlieben und Neigungen spannt sich eine Diversität und damit einhergehende Toleranz gegenüber Anderssein, die Innovation beflügelt. Menschen, die hoher Diversität ausgesetzt sind, verstehen, dass andere Denkweisen, Neigungen und Vorlieben berücksichtigt werden müssen. Wenn ich persönlich jemanden kenne, der aus einer anderen Kultur ist oder einen anderen Lebensstil pflegt, fällt es mir leichter, mir das vorzustellen, oder ich kann ihn einfach fragen und einbeziehen. Will ich wissen, wie eine indische Frau die Welt betrachtet, kann ich mehrere indische Freundinnen anrufen und befragen. Will ich wissen, was eine lesbische Frau zu einem Thema sagt, dann rufe ich meine Bekannten Moya oder Leanne an. Wie jüdische Freunde die technischen Aspekte von Security-Software sehen, sagen mir Gil und Shuly und deren Start-up-Gründer im UpWest Labs Akzelerator.

Richard Florida identifizierte weitere Elemente, die eine Region für kreative Menschen attraktiv machen. Und viele davon findet man in der Bay Area. Vom Wetter angefangen, das neun Monate sonnig und doch nicht zu heiß ist, über viele kleine Städte mit zu Fuß begehbaren Zentren wie Palo Alto, Mountain View, Burlingame, Berkeley bis hin zu dem ebenso zu Fuß erschließbaren San Francisco. Der Mix an Restaurants, Geschäften und Bars verleitet zum Bummeln. Das mag für europäische Ohren befremdlich klingen, aber zu Fuß erschließbare Städte sind nicht selbstverständlich in den USA, wo Shopping Malls dominieren, die oft nur mit dem Auto zu erreichen sind.

Um den Lake Tahoe (Drehort der Fernsehserie „Bonanza"), drei bis vier Autostunden nördlich von San Franscisco, liegen Schigebiete. Napa Valley und Sonoma sind Weinbauregionen eine Stunde nördlich von San Francisco, die am Wochenende ein beliebtes Ausflugsziel sind. Dann gibt es Nationalparks wie den Yosemite-Nationalpark, ebenfalls innerhalb von drei Autostunden erreichbar, wo man wandern und andere Outdoor-Aktivitäten durchführen kann. Zahlreiche Radwege führen über die ganze Bay Area und finden nun auch in einer so hügeligen Stadt wie San Francisco immer mehr Anklang. Ganz zu schweigen von den Sandstränden am Pazifik, die uns zwar nicht gerade mit warmem Meerwasser verwöhnen, aber Spaziergänge, Surfen, Kiteboarding und andere Wassersportarten erlauben. Diese Strände erstrecken sich über die ganze Küste, mit populären Zielen in Monterey, Santa Cruz, Half Moon Bay, San Francisco oder Stinson Beach, um nur einige zu nennen.

In Stanford ist die Dish Area mit ihrer großen Satellitenschüssel ein beliebter Ort, um den fünf Kilometer langen Weg zu einem Mittagsspaziergang zu nutzen und dabei die Gehirnzellen anzuregen. Ähnliche Spazierwege finden sich um Berkeley und selbst auf Firmengeländen.

Googles Zentrale befindet sich gleich neben einem Wildnispark und das Dach von Facebooks neuem Hauptquartier ist nichts anderes als ein großer rechteckiger Dachgarten, der die Fläche von dreieinhalb Hektar einnimmt. Auf diesem Dachgarten befinden sich 400 Bäume, 11.500 Sträuche und sogar zwei Restaurants. Eines davon heißt Fromage und bietet Schmelzkäsespezialitäten an, das andere, Straw, kredenzt Smoothies. Einen Hotdog-Stand gibt es auch. Und all das ist für die Mitarbeiter gratis. In der Mitte des Google-Campus befindet sich ein Beachvolleyballfeld, nicht unweit davon eine Grünfläche, wo sich Googles Yoga- und Fitnessgruppen treffen.

Schönes Wetter, schöne Landschaft, gute Infrastruktur und talentierte Menschen gibt's in vielen anderen Regionen der Welt auch. Nur die Mentalität spielt manchmal nicht mit. Doch die kann man ändern. Und das erfordert nicht einen großen Urknall, der zu schwierig anzugehen ist, sondern kann in vielen kleinen Schritten von jedem Einzelnen bewirkt werden. Wir haben alle die Fähigkeiten, diese Mentalität zu entwickeln. Um welche Schritte es dabei konkret geht, sehen wir uns nun im Detail an.

Einstellung und Vertrauen

Wer zum ersten Mal nach Amerika kommt, dem wird der Umgang der Amerikaner miteinander auffallen. Die Freundlichkeit im Supermarkt, das relativ entspannte Autofahren, der Small Talk im Aufzug. Floskeln wie „How are you doing?", „Have a nice day!" oder „You are welcome!" irritieren Europäer anfänglich. Man sollte sie als das betrachten, was sie sind: sozialer Schmierstoff, der den Umgang miteinander reibungsloser und angenehmer macht. Gerade in Kalifornien ist die Einstellung, wildfremden Personen zu helfen, auf die Besiedelungsgeschichte des Staates zurückzuführen. Die ersten Siedler kamen nicht als Einzelgänger nach Kalifornien. Sie reisten in Trecks, in bunt zusammengewürfelten Gruppen von mehreren hundert Personen. Auf dem Weg nach Kalifornien mussten große Hindernisse und Gefahren überwunden werden und jeder legte Hand an, wo er konnte. War das Ziel erreicht und die Gefahr vorüber, ging jeder seine eigenen Wege.

Filmproduktionen in Hollywood und Broadway-Theaterproduktionen funktionieren heute noch so. Die Beteiligten kommen für die Dauer eines Projekts zusammen, doch ist die Arbeit getan, zieht man zum nächsten Projekt mit anderen Leuten weiter. Das ist die Pioniermentalität, die auch den Start-ups zugutekommt. Start-up-Gründer finden und entschließen sich, ein bestimmtes Projekt gemeinsam anzupacken. Ob man dabei scheitert oder Erfolg hat, macht keinen wesentlichen Unterschied – in beiden Fällen wird man weiterziehen, ohne dem gemeinsamen Projekt lange hinterherzuweinen.

Das setzt ein bestimmtes Grundvertrauen voraus, das diese Pioniere einander zugestehen. Es geht darum, das gemeinsame Ziel zu erreichen, und nicht darum, zu regeln, wer was wann zu tun hat. Dienst nach Vorschrift kennt der Pionier nicht. Ständedünkel ebenso wenig. Nur weil ich aus der bekannten Familie soundso bin oder einen Doktortitel habe, hilft mir das letztendlich nichts, wenn Feuerholz gesucht werden muss, ein Karren aus dem Dreck zu ziehen ist und jede Hand gebraucht wird oder eine Gefahr abgewendet werden muss.

Alleine würden wir es nie schaffen, zusammen aber schon. Für Pioniere gibt es kein Nullsummenspiel, wo es gilt, dem anderen möglichst viel vom stets zu klein erscheinenden Kuchen abzuluchsen. Für einen Pionier ist die Summe größer als die einzelnen Teile. Darauf kann er vertrauen und dementsprechend handelt er.

Diese positive Einstellung und das Vertrauen, das man anderen ohne Vorleistung zugesteht, bilden das unsichtbare Schmiermittel, welches Reibungen vermindert und das System hochleistungsfähig arbeiten lässt.

ANDREAS WENDEL

PORTRÄT

Wächst man in Feldkirch auf, wird einem der Blick ins Ausland in die Wiege gelegt. Mit Italien, der Schweiz, Liechtenstein, und Deutschland in Spuckweite hatte sich Andreas schon früh darauf eingestellt, Österreich vielleicht einmal zu verlassen und im Ausland sein Glück zu versuchen. Nach Besuch der HTL in Rankweil und seinem Zivildienst in der Strahlentherapie und der Unfallchirurgie im Krankenhaus in Feldkirch begann er sein Telematik-Studium an der TU Graz. In diesem Studienzweig werden Telekommunikation und Information, Hardware und Software interdisziplinär miteinander verbunden. Am meisten interessierte ihn dort wiederum die Computervision. Dieses Fach kombiniert Elektronik, Kameras und Software in komplexen Einheiten, um Robotern und autonomen Systemen das ‚Sehen' zu ermöglichen.

Während des Studiums ging er für ein Auslandsjahr nach Toronto, um bei seiner Rückkehr in Graz in Zusammenarbeit mit Microsoft seine Diplomarbeit zu machen. Er machte sein Doktorat auf der TU Graz und ging als Visiting Researcher auf die seiner Meinung nach beste Universität im Robotikbereich, die Carnegie Mellon University in Pittsburgh. Das bedeutete für ihn auch den großen Durchbruch. Google mit seinen Aktivitäten im Bereich autonome Systeme steht in regelmäßigem Kontakt mit Universitäten und Forschungseinrichtungen und wurde so auf Andreas aufmerksam. Wie kann man ihn auch übersehen, hatte er doch beste Noten seit dem frühesten Schulalter und schließlich mit sub auspiciis Praesidentis, dem Äquivalent von summa cum laude, promoviert.

Die Entscheidung, das Google-Angebot anzunehmen, fielen ihm und seiner Frau Julia nicht schwer. Andreas begann als

Computer Vision und Robotics Researcher bei Google X' Projekt selbstfahrende Autos. Ein Traumgebiet für Andreas, mit dem er die Zukunft der Automobilindustrie und vieler angrenzender Sektoren aktiv mitgestaltet.

Der größte Unterschied zu seiner Arbeit an der Universität liege darin, einen konkreten Anwendungsfall zu haben, bei dem alles und nicht nur eine Demo durchdacht werden müsse. In der Forschung ist die wissenschaftliche Veröffentlichung das Ziel, in einem Unternehmen hingegen, ein stimmiges Endprodukt zu erhalten. Das klingt, als ob es sich weniger um eine Forschungsaufgabe handeln würde, das stimmt so aber nicht. Das Ergebnis muss im wirklichen Leben funktionieren. Es sei eine großartige Bestätigung, seine eigene Arbeit auf den Straßen von Mountain View fahren zu sehen und welche positive Reaktionen sie bei den Leuten auslöst.

Seine Kollegen kommen aus der ganzen Welt. Die meisten haben auch im Ausland studiert. Weil man sich von anderen Topleuten umgeben weiß, verlasse man sich auf die anderen auch viel mehr. Das Forschungsleben auf der Universität sei da völlig anders gewesen. Dort zählt, wie viele Papers man veröffentlicht hat, wer der Erstautor ist, wer mehr beigetragen hat und auf welchen Konferenzen man sprach. Das ergibt eine Rivalität zwischen Wissenschaftlern, die Andreas hinderlich findet.

Bei Google hat er sehr viel Verantwortung und große Spielräume. Das Unternehmen, die Manager, die Kollegen, alle vertrauen darauf, dass er das kann und eine Lösung finden wird. Damit empfindet er sehr viel Ownership für sein Thema.

Weil er sich schon immer für ein breit gefächertes Themenspektrum interessiert hat und in einigen Teilbereichen sehr gut auskennt – man sagt dazu auch, er sei T-shaped – hilft ihm das besonders bei der Zusammenarbeit mit seinen Kollegen. Auch findet er die Berufswelt hier viel durchlässiger. Hier sei es viel einfacher, von einer Disziplin in eine andere zu wechseln. Auf der HTL war er mit seinem Wunsch, ins Ausland zu gehen, noch belächelt worden. Doch er hat zwei Brüder, die 17 und 18 Jahre älter sind als er und die ihn coachten und ermutigt haben, in größeren Maßstäben zu denken.

Was ihm im Silicon Valley fehlt, ist das Vereinswesen, das in Europa stark ausgeprägt ist und sehr zur Allgemeinbildung beiträgt und den Kontakt zu Menschen aus völlig anderen Berufsgruppen und sozialen Klassen erlaubt. In Österreich war er bei der Stadtmusik Feldkirch und bei der Wasserrettung aktiv. Auch die damit einhergehende Gemütlichkeit fehlt ihm. In den USA werden sogar die Schlusszeiten von Partys angegeben und da geht jeder pünktlich heim. In Europa wäre das völlig unvorstellbar.

Formalitäten
Aus dem Telefonhörer hört man es knacken und pfeifen. Wir fragen uns wie immer, warum im 21. Jahrhundert Telefonkonferenzen nach wie vor so klingen, als ob wir mittels Holzstöcken, Feuerzeichen und Urschreien kommunizieren. Ich bin in einer Konferenzschaltung mit einem deutschen Mittelstandsunternehmen, das Niederlassungen in den USA und Indien hat. Thema der Besprechung ist, wie das Unternehmen innovativer gemacht werden kann.

„Wir haben Herrn Diplomingenieur Huber bereits hier, aber Herr Doktor Kanter hat sich leider um ein paar Minuten verspätet", bittet mich der Organisator des Telefonats um Verständnis. Diese ersten Sätze und das Gespräch in der nächsten Stunde lassen ziemlich rasch erkennen, wo dieser deutsche Mittelständler sich selbst Innovationsprobleme schafft.

In einer Studie wurden die Unterschiede zwischen deutschen und amerikanischen Managementstilen verglichen und wie sie Besprechungen leiten. Amerikanische Manager führen sehr informell, Mitarbeiter sprechen sich vorwiegend beim Vornamen an und das förmliche Sie gibt es im Englischen nicht. Auch versuchen amerikanische Manager, eine entspannte Atmosphäre zu schaffen, was durch Small Talk über Football oder Baseball oder auch den letzten Hollywoodfilm erreicht wird. Es kommt nicht selten vor, dass Amerikaner Filmdialoge nachsprechen oder Klatsch über die Schauspieler kommentieren.

Ein stetig mitschwingendes Ziel deutscher Manager in Besprechungen ist hingegen die Demonstration und der Erhalt des eigenen Status und Rufs. Als Abteilungsleiter, Experte oder Inhaber eines akademischen Titels fühlt man sich merkwürdigerweise bemüßigt, jedes Mal aufs Neue den Rang beweisen zu müssen. Zwar ist Sport (im konkreten Fall Fußball) ebenfalls sehr beliebt für Small Talk, aber sobald das Thema auf einen Spielfilm kommt, lassen es sich Deutsche nicht nehmen, über das dem Drehbuch zugrunde liegende Buch oder die historischen oder gesellschaftliche Implikationen zu referieren – nicht selten, ohne ihre Geringschätzung für amerikanische Spielfilme mehr oder weniger dezent durchklingen zu lassen. Oftmals verbleibt man auf einer sehr formellen Umgangsebene und siezt sich, auch wenn man schon seit Jahren zusammenarbeitet.

Weder der deutsche noch der amerikanische Ansatz ist besser oder schlechter. Beide haben ihre Berechtigung und ihren Charme. Probleme entstehen, wenn man viele Ideen als Grundlage für Innovation braucht. Wie eingangs erwähnt, ist es ausgesprochen schwierig, gute von schlechten Ideen zu unterscheiden. Die überwiegende Mehrheit an Ideen ist nicht gut. Um aber gute Ideen zu finden oder die Initialzündung für gute Ideen zu geben, benötigt man viele Ideen. Wenn mein Ruf davon abhängt, wie viele gute Ideen ich einwerfe, dann werde ich mit Formulierungen vorsichtig sein und eine unausgereifte Idee, einen Gedankenblitz lieber nicht in die Diskussion einbringen. Beim innerbetrieblichen Vorschlagswesen oder Innovationsmanagementsystem wird man sich hüten, unausgereifte und nicht in allen Aspekten durchdachte Vorschläge einzuwerfen. Die Kritiker, die nur darauf warten, mich lächerlich zu machen, sind schon auf der Lauer. Durch diese aus Statusangst motivierte Selbstzensur wird dem eigenen Team, den Mitarbeitern und dem Management die für Innovation notwendige Menge an Ideen vorenthalten.

Der zweifache Nobelpreisträger Linus Pauling sagte: „Um eine gute Idee zu haben, braucht man viele Ideen." Aber um viele Ideen zu haben, muss man sich in seiner Haut wohlfühlen und verstehen, dass die Ideengenerierung nach einem spielerischen Umfeld verlangt, in dem nicht beurteilt und verurteilt wird.

Die Studie einer niederländisch-amerikanischen Forschungsgruppe schlägt in dieselbe Kerbe. Teams mit deutschen und amerikanischen Studenten wurden dabei beobachtet, wie sie an eine Aufgabenstellung herangehen und sie zu lösen versuchen. Dabei fand man heraus, dass die deutschen Teams problemfixierter und analytischer waren, mehr jammerten und die Lösungsumsetzung viel genauer und detailorientierter planten. Amerikanische Studenten hingegen verhielten sich lösungsorientierter und lachten öfter während der Teamarbeit. Die Studienautoren schlugen vor, interkulturell durchmischtere Teams zu bilden und die Teilnehmer konkret auf ihre jeweiligen Verhaltensweisen aufmerksam zu machen, um dafür ein Bewusstsein zu schaffen.[2]

Das Telefonat mit dem deutschen Mittelständler offenbarte, dass die leitenden Angestellten durch Beharren auf Formalitäten und das Bemühen um Aufrechterhalten des eigenen Rufs ein unbewusstes Signal setzten, sich beim Formulieren von Ideen eher zurückzunehmen, da man nie wissen könne, wie sich das auf den eigenen Ruf auswirke.

Dieses eine Element ist nicht die Hauptursache für die Innovationsprobleme bei diesem Unternehmen, aber der Innovationstod wird durch tausend kleine Stiche ermöglicht und das Bestehen auf Formalitäten ist ein kleiner, aber nicht unwesentlicher Stich.

PORTRÄT

ALFONSO DE LA NUEZ

Obwohl er seit 2007 im Silicon Valley lebt, kann er seine Herkunft nicht verleugnen. Sehr elegant gekleidet, wenn auch bequem und casual, begrüßt mich der gebürtige Madrilene

Alfonso. Er stammt aus armen Verhältnissen und seine Mutter war Verkäuferin. Er besuchte die Highschool in einem Schüleraustauschprogramm in San Diego und kam mit einem Sportstipendium in Basketball an die San José State University, wo er einen Abschluss in International Business und Marketing machte.

Sein Weg führte ihn zunächst zurück nach Spanien, wo er das Beratungsunternehmen UserZoom mit einem Schwerpunkt in UX-Design gründete. Als das Unternehmen gut lief, verlegte er es 2007 nach einer ersten Kapitalrunde von 1,5 Millionen Dollar ins Silicon Valley. Im Sommer 2015 schafften er und seine Mitgründer nach vielen Iterationen und 17 Millionen Dollar an Erlösen auch eine Kapitalaufstockung in Höhe von 34 Millionen.

Was so mühelos aussieht, war sehr schwer zu erreichen. Er musste viele Opfer bringen. Dabei kam ihm zugute, dass er hier zur Schule gegangen war und sein Englisch exzellent ist. Aber das war es auch schon. Im Vergleich zu Spanien seien die Leute hier viel direkter, aber weniger persönlich. Besprechungen finden fast ausschließlich über Video- und Telefonkonferenzen statt. Und da wird Klartext geredet.

Gleich bei der ersten Besprechung in der Yahoo-Zentrale wurde ihnen das bewusst. Er und seine Partner erschienen im Businessanzug und der lässig in Jeans und Polohemd gekleidete Yahoo-Gesprächspartner fragte sie scherzhaft, wo sie denn heute noch hinzugehen planten angesichts des eleganten Outfits. Derselbe Yahoo-Mitarbeiter stellte ihnen dann zu ihrem Produkt die schwierigsten Fragen, die sie bis dato gehört hatten. Was zählte, war nicht das Äußere, sondern der Wert, den sie mit ihrem Produkt schaffen können. In Madrid sei das umgekehrt. Dort würde man selbst und das eigene Unternehmen aufgrund des Äußeren schon be- und verurteilt werden, noch bevor das Produkt vorgestellt worden war.

Wichtig für die Etablierung des Unternehmens im Silicon Valley waren auch lokale Mitarbeiter. Die erste Mitarbeiterin, die sie einstellten, erwies sich als ausschlaggebend für den weiteren Erfolg, weil sie die Valley-Kultur kannte und ihr Netzwerk mit einbrachte.

Auch andere Dinge musste er erst lernen, zum Beispiel, dass man seinen Credit Score aufbauen muss, um für die Banken kreditwürdig zu werden, oder dass es Unterschiede zwischen dem Leben in San Francisco und der Bay Area gibt. Das Leben in der Bay Area empfindet er als eher langweilig und stark von Arbeit geprägt. Die Leute sitzen in den Kaffeehäusern an ihren MacBooks und sprechen über Cash-Burn-Rates, wohingegen die Konversationen in Spanien sich um Familie und andere Themen drehen. Der Lifestyle hier sei schon sehr businessorientiert.

Alles gehe hier sehr schnell. Noch bevor sie hier ein Büro aufgemacht hatten, unterzeichnete IBM mit ihnen einen Lizenzkaufvertrag. Wenn man gut ist, dann bestehe man auch in diesem wettbewerbsorientierten Umfeld. Die Leute hier stünden guten Ideen immer offen gegenüber, egal woher sie kämen.

Spanier seien der Meinung, dass man als Unternehmer nicht ehrlich sein könne, dass man nicht gleichzeitig Unternehmer und von den Leuten respektiert werden könne. Unternehmertum in Spanien sei eine relativ junge Disziplin und werde misstrauisch beäugt. Das Scheitern werde einem vorhergesagt und die Spanier sorgten dafür, dass du das als Unternehmer nicht vergisst. Bist du aber erfolgreich, dann ist das nicht auf deine eigene harte Arbeit und dein Können zurückzuführen, sondern nur auf Glück, oder dass du jemanden übers Ohr gehauen, deine Angestellten ausgebeutet oder einflussreiche Kontakte gehabt hast. Der stark ausgeprägte Katholizismus in Spanien führe zu der perversen Situation, dass Unternehmertum fast schon als ‚Sünde' gesehen wird. Im Silicon Valley hingegen wirst du als Held gefeiert, und weil jeder weiß, wie verdammt schwierig es ist, ein Unternehmen erfolgreich zu machen, respektiere dich hier auch jeder. Dass selbst die eigene Familie seinem ‚Abenteuer' sehr kritisch gegenüberstand und spanische Verwaltungsbehörden Firmengründungen zu einem Hindernislauf machen, erleichtert Unternehmertum in Spanien auch nicht gerade.

Die Investoren in Spanien sind noch nicht so weit zu verstehen, wie ein Start-up zu bewerten ist, und scheuen vor dem Risiko zurück. Ihr eigener Investor war sehr skeptisch, als sie den Sprung ins Silicon Valley wagten, und riet ihnen davon ab, ohne sie überhaupt zu fragen, was sie dazu bewegte.

Für Alfonso befindet sich Spanien und auch Europa in einer Identitätskrise. Will man eine freie Marktwirtschaft oder eine kommunistische Gesellschaft? Das spiegle sich in der Polarisierung der politischen Landschaft in Spanien wider. Auf der einen Seite gebe es viel Jugendarbeitslosigkeit und viele würden gezwungenermaßen zu Unternehmern, andererseits erwarte man sich vom Staat alles.

Umgekehrt könne das Silicon Valley von Spanien lernen, wie auch mit keinem oder wenig Kapital tolle Unternehmen gegründet werden können. Unternehmen wie Uber oder Box und deren hohen Kapitalaufstockungen seien zwar in aller Munde und er respektiere, was sie geschaffen haben, aber die meisten Unternehmen machen das nicht so. Die kriegen nicht diese immensen Geldbeträge durch Investoren und müssen vorsichtiger agieren. So ging er auch bei UserZoom vor, wo die Einkünfte aus der Beratung den Laden am Laufen hielten, bevor er den nächsten Schritt wagte.

Informalität ist somit ein Treiber von Innovation. Steve Jobs setzte mit seiner Piratenflagge ein solches Zeichen. Wenn der spanische Start-up-Gründer Alfonso de la Nuez von seinem erstem Meeting bei Yahoo berichtet, wird auch hier deutlich: Informalitäten ermöglichen Spontanität und erlauben den Mitarbeitern, mehr ihrem Instinkt und ihren Werten zu folgen, als sich mit willkürlichen und nebensächlichen Regeln und Verhaltenscodes abzulenken, die dem Geschäft von außen aufoktroyiert werden. Dadurch ändert sich der Fokus von einer Prozessorientierung zu einer Ergebnisorientierung.

Intuition als weiteres Element der Informalität hilft außerdem, starre Schemata und Vorstellungswelten aufzubrechen. Die Aufmerksamkeit, die einem überraschenden Ergebnis zuteilwird, wird durch Intuition angetrieben. Als Alexander Fleming einen merkwürdigen Effekt bei seinen Staphylokokken-Kulturen entdeckte, die durch einen Pilz verunreinigt und zerstört worden waren, half ihm seine Intuition, das, was er sah, nicht als Schlamperei abzutun. Statt die Kultur in den Müll zu entsorgen, erregte sie seine Aufmerksamkeit. Der Mathematiker Henri Poincaré sagte einmal: „Durch Logik schaffen wir den Beweis. Durch Intuition machen wir aber die Entdeckung."

Ohne gleich ihren Ruf aufs Spiel zu stellen, können Mitarbeiter naiver und verspielter an neue Ideen rangehen und aus den starren Denkweisen ausbrechen. Auf zu vielen Konferenzen sieht man eine graue Masse an Anzugträgern mit Umhängeschildern, die ihre akademischen Grade und ihre Nachnamen anführen. Diese Formalitäten bestärken den Status quo gerade in Disziplinen – und welche Disziplin ist das heutzutage nicht? –, die dringend Änderungen nötig haben.

Karriere

Saudi-Arabien steht trotz oder vielleicht gerade wegen seines Ölreichtums vor schwierigen Problemen, die es lösen muss. Dazu zählt unter anderem die hohe Jugendarbeitslosigkeit. Auf der einen Seite werden junge Frauen aufgrund religiöser und gesellschaftlicher Einschränkungen von einem Eintritt ins Berufsleben abgehalten, auf der anderen Seite werden Jungs von klein auf verhätschelt und verwöhnt, bis sie die Realität umso stärker trifft. Ihr Selbstbild mit einem als selbstverständlich betrachteten Anspruch auf das Beste trifft auf eine Arbeitswelt, für die sie zumeist nur unzureichend gerüstet sind.

Diese Beschreibung stammt nicht von mir, sondern aus den Unterlagen zu einer öffentlichen Ausschreibung des saudischen Arbeitsministeriums, an der wir vor einiger Zeit teilnahmen. Interessant ist auch die Rangfolge der populärsten Jobs. An erste Stelle steht eine Karriere als Regierungsbeamter. Ein solcher Job steht für Sicherheit, Macht und Einfluss. Wenn es damit nicht klappen sollte, bleibt immer noch ein Job in einem saudischen Großunternehmen. Gute Bezahlung und andere Annehmlichkeiten lassen darüber hinwegsehen, dass man kein Regierungsbeamter ist. Schon weniger beliebt sind mittelständische und Kleinunternehmen, und ganz am Ende der Beliebtheitsskala liegt das Gründen eines eigenen Unternehmens. Darunter versteht man dann auch eher einen kleinen Lebensmittelstand als ein Start-up.

Im Silicon Valley ist diese Hierarchie genau umgekehrt. Dort gilt als Versager, wer einen Regierungs- oder Behördenjob annimmt. Selbst bei einem Job bei Google oder Facebook haftet einem rasch der Ruf an, ideenlos, wenig innovativ und zu bequemlich zu sein. Start-up-Gründer hingegen sind die unangefochtenen modernen Helden des Silicon Valley.

In der DACH-Region ist diese Reihenfolge etwas durchmischter. Wenngleich eine Beamtenkarriere als krisensicher und solide gilt, ist ihr Stellenwert in der Öffentlichkeit bei Weitem nicht mehr so hoch wie früher einmal. Nach wie vor dominieren in der Beliebtheitsskala Jobs bei großen Konzernen wie Volkswagen, Daimler oder Deutsche Bank. Angesichts jüngster Ereignisse um Volkswagen oder die Deutsche Bank und der sich offenbarenden Innovationsschwäche europäischer Unternehmen werden eigene Gründungen immer populärer. Die noch vergleichsweise raren Start-up-Gründer sind momentan die Lieblinge der Medien, mit denen man sich gerne umgibt. Viele mir bekannte Start-up-Gründer jammern bereits über die Häufigkeit der Anfragen, auf Konferenzen und Firmenveranstaltungen aufzutreten und ein bisschen frischen Wind reinzubringen, ohne dass dabei das Geschäft profitieren würde.

Schwindeln

Eigenschaften, die Start-up-Gründer an den Tag legen müssen, umfassen Betriebsamkeit, Optimismus, aber auch eine gesunde Dosis an Schwindel. Wie ein Wirbelwind aktiv zu sein, verursacht natürlich Schwindel, doch ich meine Schwindel im Sinne von ‚Schummeln' oder ‚Betrug'.[3] Diese Art von Schwindel darf nicht als etwas Schlechtes interpretiert werden. Stell dir vor, du bist Start-up-Gründer mit einem Produkt, das noch nicht ganz fertig ist. Es gibt noch jede Menge Softwarefehler und vieles ist noch nicht fertig programmiert. Nun zeigt ein großes Unternehmen Interesse für dein Produkt. Wie reagierst du darauf? Mit einer Absage, weil das Produkt noch nicht fertig ist? Oder wirst du dich mit dem Kunden treffen und dir anhören, was er will? Natürlich solltest du dich mit dem Kunden treffen und herausfinden, welches Problem er mit deiner Software zu lösen versucht. Auch wenn noch nicht alles fertig ist, gibt dir das Ideen für die erste Praxisanwendung und eine Rückmeldung darüber, ob deine Lösung die richtige ist. Eventuell gewinnst du damit sogar den ersten zahlenden Kunden. Und dieses Geld hilft dir, die Lösung auszubauen und die ersten Einkünfte zu verbuchen. Wenn der Kunde dann zufrieden ist, hast du einen Referenzkunden gewonnen, den du anderen Kunden gegenüber anführen kannst.

Auch wenn nicht alles fertig programmiert ist und alle strittigen Fragen geklärt sind, musst du dem Kunden weismachen, dass das alles machbar ist. Du wirst dich dabei ein klein wenig wie ein Schwindler fühlen. Wenn dir die Balance zwischen ‚ein wenig schwindeln' und ‚rechtzeitig liefern' gelingt, dann solltest du es machen. Auch wenn du dich wie ein Impostor, also ein Schwindler, ein Betrüger, fühlst. Lass dich nicht vom Impostor-Syndrom unterkriegen – speziell Frauen sei das gesagt, die darunter noch stärker leiden. Das ist ein Teil davon, wie die Start-up-Welt funktioniert. Anstatt zu warten, bis sich eine Gelegenheit ergibt, sind Start-up-Gründer aktiv und bereit, diese am Schopf zu packen, selbst wenn man ein bisschen Münchhausen spielen und Geschichten erzählen muss.

Fragen stellen

Während meines Studiums trauten sich meine Studienkollegen in den Vorlesungen doch hin und wieder, Fragen zu stellen oder sogar dem

Professor zu sagen: „Das verstehe ich nicht." Wer gibt zu, dass er etwas nicht versteht? Häufig sind es gerade die Studenten, die am meisten davon verstanden. Während der Großteil der anderen inklusive mir dem Lehrstoff zu folgen versuchten und Mr. Cool spielten, waren die Smartesten nicht verlegen, mal nachzufragen.

Fragen zu stellen ist ein Zeichen von Neugier. Wie Ideen, die im ersten Moment dumm klingen, hören sich auch Fragen im ersten Moment so an. Warum ist der Himmel blau? Warum fällt der Apfel vom Baum runter und nicht rauf? Warum kann ich nicht einfach eine Limousine mit einer App bestellen und zur Party fahren?

Die meisten von uns kennen die bei Toyota gängige Praxis, fünf Mal ‚Warum?' zu fragen, um dem Grundproblem auf die Schliche zu kommen und damit die eigentliche Lösung zu finden. Nicht jede Art, Fragen zu stellen, ist gleich gut. Ist eine Frage *aufrichtig* gemeint und zeugt davon, dass der Fragesteller wirklich nach Information sucht? Oder dient sie lediglich zum Aufrechterhalten von Small Talk oder dazu, andere bloßzustellen und sich selbst aufzuwerten? Bringt die Fragestellung einen selbst und andere zum Nachdenken, dann ist sie eine *generative* Frage. Wenn eine Frage sowohl aufrichtig als auch generativ ist, werden interessante und wichtige Diskussionen losgetreten.

Viele Gespräche im Silicon Valley fangen mit aufrichtigem Interesse an: „Was macht dein Start-up?", „Welches Problem versuchst du zu lösen?" Rasch entwickeln sich daraus generative Diskussionen: „Hast du diese Alternative ausprobiert?" Hier sind Geber und Macher am Werk, die sich gern zumindest fünf Minuten Zeit nehmen, um anderen zu helfen.

Respekt

Die Alltagsweisheit lehrt, dass es besser ist, auf konventionelle Weise zu scheitern als auf unkonventionelle Weise Erfolg zu haben." **John Maynard Keynes**

Respekt ist, wenn man eine Person, Institution oder ein Ding verehrt oder wertschätzt. Respekt ist gut, er macht das Zusammenleben reibungsloser. Er kann aber auch Innovation verhindern, wenn wir aus falsch verstandenem Respekt nicht die richtigen Fragen stellen.

Respekt kommt in drei Formen vor: Respekt gegenüber einer Institution, Respekt gegenüber einer Person und Respekt sich selbst gegenüber. Wenn man fragt, warum diese Person oder Institution etwas auf bestimmte Weise macht und die gängige Reaktion darauf ist, diese Frage als Respektlosigkeit zu betrachten, dann haben wir ein Problem. Die Frage nach dem Wie und Warum eines Arbeitsprozesses und nach dessen möglicher Verbesserung muss losgelöst sein vom Respekt vor der Institution oder der Person.

Silicon-Valley-Start-ups hinterfragen oft implizit durch ihre Handlungen diese Prozesse. Über stellt die Taxiregulierungen infrage, weil sich die Rahmenbedingungen geändert haben, für die sie erlassen wurden. Airbnb hinterfragt Gastgewerberegulierungen. Facebook und Google dehnen die Bestimmungen um den Datenschutz aus. Spotify hinterfragt das Lizenzmodell, das in der Musikindustrie lange galt.

Silicon-Valley-Start-ups sind nicht die Ersten, die unter vermeintlicher Respektverletzung leiden. Charles Darwin und seine Evolutionstheorie wurde anfänglich als hirnrissig und respektlos tituliert. Er selbst wurde in aller Öffentlichkeit lächerlich gemacht. Der Arzt Ignaz Semmelweis erkannte, dass es zu weniger Todesfällen kam, wenn sich Ärzte zwischen der Behandlung von Patienten die Hände wuschen. Er wurde deshalb von der Ärzteschaft scharf angefeindet und starb im Irrenhaus an Verletzungen, die ihm Wärter zugefügt hatten.

Das alles hat nichts mit Respekt zu tun, sondern mit Innovation. Je mehr ein Start-up aneckt, desto disruptiver ist die Innovation. Anstatt reflexartig mit „Sie respektieren die Gesetze des Landes nicht" zu reagieren, sollte man sich selbst die Frage stellen, ob die Gesetze und gültigen Prozesse angesichts der geänderten Lage nicht angepasst werden sollten. Steht die Gesellschaft mit der Innovation insgesamt besser da also vorher oder bleibt man bei einem sturen ‚Gesetz ist Gesetz'?

Als Innovator riskiert man, in den Augen der anderen an Respekt zu verlieren. Wie auch nicht, wenn die eigene Idee von den anderen als dumm angesehen wird? Jack Dorsey mit Twitter hat sich sicher mehr als einmal anhören müssen, wie dumm seine Idee (und er auch) ist. Einen Börsengang und ein paar Milliarden später ist es viel schwerer zu argumentieren, dass es sich um eine dumme Idee gehandelt hat.

Wer meint, Start-ups und Innovatoren verhielten sich respektlos, übersieht, dass sie sogar mehr Respekt zeigen als die, die sie mit der Innovation überrollen. Sie erweisen der Allgemeinheit Respekt, indem sie ihnen ihre Innovationen zugutekommen lassen.

Hacker

Der 1 Hacker Way beim Facebook-Hauptquartier ist eines der Epizentren der Hackerkultur. Ein Hacker ist jemand, der Freude daran hat, geistige Herausforderungen kreativ zu überwinden oder Beschränkungen zu umgehen.[4] Wenn Facebook-Gründer Mark Zuckerberg zu Hackathons einlädt, tut er das mit dem Ziel, Positives zu schaffen. Hacker haben ihre eigene Ethik und einen Ehrencode, der besagt, dass[5]

- der Zugang zu Computern uneingeschränkt möglich sein soll.
- der Zugang zu Information frei sein soll.
- Autoritäten misstraut und Dezentralisierung gefördert werden soll.
- Hacker nach ihren Leistungen beurteilt werden sollen, nicht nach Pseudoverdiensten wie akademischen Abschlüssen, Alter, Nationalität oder Position.
- Kunst und Schönheit auf einem Computer erzeugt werden können.
- Computer das Leben zum Besseren verändern können.

Lauscht man den Kindheitsgeschichten von Unternehmern und Ingenieuren, dann hört man viele Schnurren, welche Geräte sie zerlegt und mit anderen Dingen zusammengesetzt haben, um zu verstehen, wie sie funktionieren, und sie vielleicht zu verbessern. Sie haben ‚gehackt'. Und nicht nur das. Unternehmerisches Talent kann sich bereits sehr früh zeigen, allerdings anders, als man dies erwarten würde.

Eine Analyse zur Kindheit erfolgreicher Unternehmer zeigte, dass sie mit höherer Wahrscheinlichkeit in aggressive, illegale oder riskante Aktivitäten verwickelt gewesen waren.[6] Wolfgang Amadeus Mozart oder Steve Wozniak waren bekannt für die Streiche, die sie ihren Mitmenschen spielten.

„Aufgeben tut man nur einen Brief."

Ambition folgt Leidenschaft und schafft Ausdauer
Wenn du nicht an deine Sache glaubst und das mit Leidenschaft vermitteln kannst, wer dann? Auf Konferenzen in Europa erhält man oft den Eindruck, der oder die Vortragende sähe sich lieber in einem anderen Beruf, so langweilig und uninspiriert wird vorgetragen.

Wenn man zu enthusiastisch vorträgt, wird das als unehrlich oder zu aufdringlich gesehen und der Vortragende wird als wenig intelligent und naiv eingeschätzt.

BIRGIT COLEMAN

Auf Gelegenheiten soll man nicht warten, die muss man selbst schaffen. Das scheint das Lebensmotto der gebürtigen Niederösterreicherin zu sein, die in Stockerau aufs Gymnasium ging und in Korneuburg ihre Handelsakademie-Ausbildung machte. Ihre Studienwahl an der FH für Europäische Wirtschaft und Unternehmensführung in Wien verlangte, dass sie bereits Berufserfahrung vorweisen konnte. Kurzerhand ging sie zu ihrem Chef bei IBM, bei dem sie ein Praktikum absolvierte, und verlangte eine Festanstellung. Die bekam sie und den Studienplatz damit auch.

Der verpflichtende Auslandsaufenthalt während des Studiums führte sie nach Baltimore in die USA. Dort gefiel es ihr so gut, dass sie sich nach Studienabschluss ein Praktikum im Silicon Valley suchte. Da sie aber zum denkbar ungeeignetsten Zeitpunkt ins Silicon Valley kam, nämlich 2001, als gerade die Internetblase platzte, verlor sie nach nur drei Wochen ihren Praktikumsplatz. Was sie nicht davon abhielt, sich auf die Suche nach neuen Möglichkeiten zu machen. Dabei wurde sie schnell fündig. Bei Red Bull USA wurde sie beauftragt, die ersten Red-Bull-Flugtage in San Fransciso zu organisieren, eine mittlerweile weltweit ausgeführte Spaßveranstaltung, die als Ziel den (nicht unbedingt sehr weiten) Flug der Teilnehmer mit oft abenteuerlichen Eigenkonstruktionen in einen See oder ins Meer anpeilt.

Durch fleißiges Netzwerken, das Birgit im Blut liegt, lernte sie Christian Simm, den Leiter von swissnex SF kennen, der die Schweiz mit dem Silicon Valley verbindet. Birgit wurde 2002 in das swissnex-Team aufgenommen. In ihren Aufgabenbereich fiel die Betreuung von Schweizer Start-ups, die seit 2006 in einem informellen Programm ins Silicon Valley kommen und seit 2010 in einem offiziellen Start-up-Programm Coaching und Vernetzung erhalten.

Einen großen Teil ihrer Zeit in ihrer Rolle als sogenannter *Connections Explorer* widmet sie Schweizer Unternehmen wie Nestlé, Firmenich, Syngenta oder Givaudan. Diese Unternehmen bemühen sich, neueste Trends besser zu verstehen, Partnerschaften einzugehen und gegebenenfalls Innovation Outposts hier zu eröffnen. Damit sie das effektiver machen können, benötigen sie jemanden wie Birgit bei swissnex SF, die über ein dichtes Netzwerk an Kontakten zu den verschiedensten Keyplayern hier verfügt.

Dabei bemerkt Birgit die Mentalitätsunterschiede zu Schweizer Start-ups und Unternehmensmitarbeitern ganz deutlich. Die Geschwindigkeit im Silicon Valley sei einfach viel höher. Während Schweizer Unternehmen zuerst mal bis in die tiefsten Details ihre Pläne, Anforderungen und die Vorgehensweise ausformulieren und Whitepapers verfassen, die durch alle Abteilungen gehen, um möglichst breite Zustimmung zu erhalten, vergehe schon mal ein Jahr. Doch inzwischen habe sich die Szene schon wieder geändert. Deshalb werde gleich zu Beginn die auf schnelles Ausprobieren getrimmte Lean-and-Agile-Methode gelehrt, die für das Schweizer Gemüt anfangs nur schwer verdaulich sei.

Auch fehle gerade den international erfolgreichen Schweizer Unternehmen oft die Gabe, aufmerksam zuzuhören. Sie sind schließlich schon erfolgreich und können auch stolz auf ihre Produkte und Technologien sein, aber um vom Silicon Valley zu profitieren, müssen sie lernen, sich unterzuordnen und eine gewisse Demut zu zeigen. Sobald sie das aber verstanden hätten, seien die Schweizer hochprofessionell und würden davon immens profitieren. Sie kämen nicht nur zum Innovationstourismus, wie Delegationen aus anderen Ländern es oft machen, sondern seien gewissenhaft vorbereitet.

Doch fehle es manchem Schweizer an der Leidenschaft, dem Antrieb oder dem Willen zur Arbeit – vor allem, wenn es um „Change" geht. Ihnen fehle oft auch die Inspiration. Sie würden weniger netzwerken und weniger Veranstaltungen zu neuen Themen besuchen. Irgendwie, meint Birgit, stecken sie in einem Hamsterrad, wo sie um 17 Uhr nach Hause gehen und dann die Gehsteige hochgeklappt werden. Den Europäern fielen immer eine Menge Argumente ein, warum etwas nicht klappen könnte oder wird. Es gibt aber Unterschiede in der Firmenkultur. Bei Unternehmen mit einem jüngeren Mitarbeiterstamm wie beispielsweise der Swisscom sieht sie da mehr Antrieb und Veränderungswille. Dort sei der Innovationsappetit viel größer. Deshalb betrachtet Birgit sich oft auch als eine Art Cheerleaderin, die den Unternehmen von außen Inspiration und neuen Schwung bringen soll.

Was die Schweizer oft verwirre, ist, dass die ihrer Meinung nach weniger gute amerikanische Technologie aufgrund des guten Marketings trotzdem so erfolgreich sei. Doch Tatsache ist, die beste Technologie hilft nichts, wenn man sie nicht früh genug unter die Leute bringt und die Menschen nichts davon erfahren. Zu sehr konzentriere man sich in der Schweiz auf die Technologie und vergesse dabei, dass begleitende Elemente wie eben das Marketing mindestens genauso wichtig sein können.

Umgekehrt habe die Schweiz dem Silicon Valley einiges an Know-how voraus, wie beispielsweise die Expertise im Bereich öfffentliche Verkehrssysteme oder in der Bauindustrie. Aber auf beiden Gebieten stehe gleichfalls eine Disruption vor der Tür.

Mit Leidenschaft geht Ausdauer Hand in Hand. Macht man Dinge nur missmutig, weil sie einem aufgetragen wurden, und glaubt man nicht an sie, dann werden selbst die kleinsten Hindernisse zu den größten Stolpersteinen.

Andrea Lo von Piggybackr erzählte, dass sie nach zwei Jahren die Einzige aus ihrer Start-up-Klasse war, die noch an ihrem Start-up arbeitete. Alle anderen hatten aufgegeben. Nur Leidenschaft und der Glaube an die Sache gibt einem die notwendige Ausdauer, um Rückschläge zu überstehen und schlussendlich zu bestehen.

Neugierde, Wurstigkeit und Serendipität

> *Unaufmerksamkeit ist die Anwendung von Lösungen von gestern auf Probleme von heute. Aufmerksamkeit ist die Abstimmung von heutigen Anforderungen, um morgige Probleme zu vermeiden."*
> — Ellen J. Langer

Wir sitzen beim Essen mit Gästen aus Europa. Er und sie sind gerade ein paar Tage da und schildern von den Orten, die sie bereits besucht haben. „Habt ihr auch das Computer History Museum in Mountain View besucht?" Die Antwort wird bejaht: „Ja, dort waren wir aber nur kurz. War so langweilig ..." Klar, nicht jeden interessieren alte Computer, das verüble ich niemandem. „Aber ihr habt doch wenigstens das selbstfahrende Fahrzeug von Google gesehen, das als Exponat in der Ausstellung steht?" Große Augen und Bedauern überkommen meine Bekannten. Das hätten sie doch gerne angeschaut.

Das weitere Gespräch geht in dieser Form weiter. Andere Themenbereiche aus dem Silicon Valley werden entweder mit Gähnen oder sofortiger Ablehnung quittiert. „Bitcoins? Das wollen wir gar nicht." – Und das sagt ein Mitarbeiter aus dem Finanzaufsichtsbereich!

Das sind typische Reaktionen, die man in Europa selbst von Experten erhält. Man schwadroniert über Themen wie Kryptowährungen, listet sämtliche Gefahren und Nachteile auf und erklärt, warum das nicht funktionieren kann, aber keiner von ihnen hat jemals eine Online-Wallet (eine Art Onlinekonto für Bitcoins) eröffnet und es ausprobiert. Der Marketingchef einer Großbank sieht Facebook schon auf dem absteigenden Ast, ohne selbst je ein Facebook-Konto oder persönliche Erfahrungen damit gesammelt zu haben.

Wie neugierig oder nicht ich bin hat entscheidenden Einfluss auf neue Entdeckungen. Die Geschichte der drei Prinzen von Serendippo erzählt von den Söhnen eines mächtigen Königs, die sich auf die Reise machen, um gemäß dem Wunsch ihres Vaters ihr theoretisches Wissen, das ihnen von den größten Gelehrten beigebracht wurde, im realen Leben anzuwenden. Bei der Reise stoßen sie auf Spuren eines Kamels, das offensichtlich von einer schwangeren Frau geritten worden war und einige Zeit vor ihnen den Weg passiert haben musste. Ein Händler, dem sie davon erzählen, glaubt aufgrund der genauen Beschreibung, dass sie das Kamel gestohlen haben müssen, und bringt sie zu seinem Herrscher, um sie bestrafen zu lassen. Dieser aber ist so begeistert von der detailreichen Schilderung der Indizien, mit welcher Aufmerksamkeit die Prinzen ihre Umgebung betrachten und wie sie aus den Rückschlüssen neue Erkenntnisse ziehen, dass er sie zu seinen Beratern macht.

In Anlehnung an diese Geschichte wurde das sogenannte Serendipitätsprinzip benannt, wonach neue Entdeckungen durch etwas ursprünglich nicht Gesuchtes gemacht werden. Serendipität setzt Neugierde und Aufmerksamkeit voraus, selbst bei Tätigkeiten, die einem zur Routine geworden sind. In einem Experiment wurde Testpersonen eine Zeitung in die Hand gedrückt und ihnen die Aufgabe gestellt, die darin abgedruckten Fotos zu zählen. Leute, die sich vorher als unglücklich bezeichnet hatten, benötigten zwei Minuten, um die Fotos zu zählen. Diejenigen, die sich selbst als glücklich einschätzten, nur ein paar Sekunden. Warum? Auf der zweiten Seite der Zeitung war eine Abbildung mit dem Text „Hören Sie auf zu zählen! In dieser Zeitung befinden sich 43 Fotos."[7] Sie gingen einfach aufmerksamer durchs Leben und entdeckten dabei mehr, was sie wiederum glücklicher machte.

Bei richtiger Umsetzung dieser Erkenntnis können wir sehr große Probleme anpacken. Wenn wir ein großes Problem in kleine Teile zerlegen und Schritt für Schritt angehen, werden wir überrascht sein, wie erfolgreich wir sein können. Wenn wir uns jedoch nur auf das Endergebnis konzentrieren, nicht aber auf die dazu nötigen Zwischenschritte, kann dies so überwältigend und schwierig erscheinen, dass wir gleich aufgeben.

Oft halten wir zu lang an alten Routinen fest. Wenn man Probanden einen Rechenweg beibringt, wenden sie ihn auch dann weiter an, wenn es einen einfacheren Weg gibt. Einundachtzig Prozent tun das. Wenn man ihnen sagt: „Handle nicht blindlings und unüberlegt!", greifen immer noch 63 Prozent der Kandidaten auf die komplexere Methode zurück.[8]

Innovation als Aufgabe

> „Wenn du immer nur machst, was du immer getan hast, dann wirst du nur das erhalten, was du immer erhalten hast."
> **Anthony Robbins**

Der Chef eines Automobilzulieferers schilderte die Auftragslage und das stetige Wachstum von ein paar Prozentpunkten jährlich, die sein Unternehmen durchlief. Das Wachstum war ausreichend, doch mit der Rekrutierung neuer Mitarbeiter hinkte man irgendwie immer hinterher. Die Frage nach Innovation im Unternehmen beantwortete er mit der Schilderung einer Reaktion eines Mitarbeiters. „Ich habe schon so viel zu tun, jetzt soll ich Innovation auch noch machen?"

Die Antwort erinnert an einen Cartoon, in dem Arbeiter zu sehen sind, die sich damit plagen, einen Karren zu ziehen. Am Karren sind quadratische Räder montiert, was die Arbeit besonders beschwerlich macht. Ein Typ zeigt den Arbeitern den Prototyp eines runden Rades, das er in der Hand hält, und bekommt als Erwiderung: „Siehst du nicht, dass wir beschäftigt sind?"

Innovation ist eine Aufgabe, die von allen Mitarbeitern geleistet werden muss. Sie kann aber nicht wahrgenommen werden, wenn diese mit dem täglichen Arbeitsvolumen bereits ausgelastet sind. Die Geschäftsleitung muss, wenn sie es mit dem Thema Innovation ernst meint, Mitarbeitern die Ruhe und Zeit geben, nicht nur Ausführungs-, sondern auch Entdeckungsaktivitäten anzupacken. Zu sagen, „wir haben halt keine Innovationskultur", ist nur eine Ausrede. Eine innovative Kultur ist Einstellungssache und in der heutigen globalen Geschäftswelt nicht mehr optional. Zu sehr sind Unternehmen heutzutage miteinander verknüpft und ständigem Wandel unterworfen, als dass sich jemand den immer rascheren Innovationszyklen entziehen könnte. 40 Prozent der 1999 unter den Fortune 500 gelisteten Unternehmen waren zehn Jahre später nicht mehr darunter.

Trotzdem gehen den Firmen die Ausreden nicht aus. „Es ist schwer, Ideen vom Konzept bis zur Marktreife zu bringen." „Dieses neue Zeugs wird uns auch nicht aus der Patsche helfen." „Unser Management steht einfach nicht dahinter." „Wir stecken immer noch dort fest, wo wir vor fünf Jahren waren." „Solange es auch so klappt, gehen wir das nicht an." „Wir müssen zuerst mal Beweise haben, dass es klappen wird, bevor wir investieren." „Das klappt nie." „Niemand braucht das." „In der Praxis funktioniert das nicht." „Das versteht niemand." „Das ist kein Problem." „Das Problem kümmert keinen." „Das Problem ist doch schon fast gelöst." „Das ist eine Lösung, die ein Problem braucht."[9]

Der in der Schweiz und England aufgewachsene Managementberater John Furey beschäftigte sich mit der Einstellung von Menschen zu Innovation. Dabei legte er seinen Workshop-Teilnehmern eine Liste von Worten vor und bat sie, die Reihen auszuwählen, die sie selbst am besten beschrieben.[10]

Tabelle 1: Wortlisten

Zeitworte	analysieren überdenken bewerten untersuchen beurteilen überlegen grübeln verstehen bestätigen	handeln vervollständigen kontrollieren ausführen implementieren integrieren beobachten organisieren planen	brainstormen ändern designen träumen erforschen vorstellen innovieren inspirieren überzeugen
Hauptworte	Glaubwürdigkeit Detail Beweis Information Einsicht Wissen Gewissheit Vorsicht Zuverlässigkeit Sicherheit Wahrheit	Ausgewogenheit Engagement Einigkeit Harmonie Wahrscheinlichkeit Ordnung Relevanz Vorhersagbarkeit Produktivität Stabilität Struktur	Vieldeutigkeit Hoffnung Ideen Erfindungsreichtum Bauchgefühl Gelegenheit Auswahlmöglichkeiten Chancen Risiko Spontanität Vision
Eigen- schaftsworte	vorsichtig unabhängig informiert zwanghaft wählerisch skeptisch lernbegierig	gewissenhaft effizient methodisch praktisch realistisch verlässlich strukturiert	chaotisch enthusiastisch impulsiv erfindungsreich offen optimistisch proaktiv

© John Furey

Die europäischen Teilnehmer tendieren dazu, sich selbst und ihren Organisationen die linke und mittlere Spalte zuzuschreiben. Wenn John dann um eine Zuordnung für das Silicon Valley bittet, wählen die Teilnehmer fast ausschließlich die rechte Spalte.

Die Einteilung der Tabelle ist nicht zufällig und basiert auf Johns Mind-Time-Einteilung, die die Worte aus der linken Spalte als eine Vergangenheitsbetrachtung sieht, die der mittleren Spalte als gegenwartsbezogen und die der rechte Spalte als zukunftsorientiert.

Tabelle 2: Wortliste mit Zeitachsen

	Vergangenheit	Gegenwart	Zukunft
Zeitworte	analysieren überdenken bewerten untersuchen beurteilen überlegen grübeln verstehen bestätigen	handeln vervollständigen kontrollieren ausführen implementieren integrieren beobachten organisieren planen	brainstormen ändern designen träumen erforschen vorstellen innovieren inspirieren überzeugen
Hauptworte	Glaubwürdigkeit Detail Beweis Information Einsicht Wissen Gewissheit Vorsicht Zuverlässigkeit Sicherheit Wahrheit	Ausgewogenheit Engagement Einigkeit Harmonie Wahrscheinlichkeit Ordnung Relevanz Vorhersagbarkeit Produktivität Stabilität Struktur	Vieldeutigkeit Hoffnung Ideen Erfindungsreichtum Bauchgefühl Gelegenheit Auswahlmöglichkeiten Chancen Risiko Spontanität Vision
Eigenschaftsworte	vorsichtig unabhängig informiert zwanghaft wählerisch skeptisch lernbegierig	gewissenhaft effizient methodisch praktisch realistisch verlässlich strukturiert	chaotisch enthusiastisch impulsiv erfindungsreich offen optimistisch proaktiv

© John Furey

Für erfolgreiche Innovation werden alle drei Arten von Denkweisen benötigt. Das Vergangenheitsdenken validiert die Ideen, das Gegenwartsdenken hilft, die Idee zu verwirklichen, während das Zukunftsdenken die Ideen und Visionen generiert. Sind die drei nicht im Gleichgewicht, dann wird es schwieriger, Ideen zu entwickeln, zu validieren und zu verwirklichen. Die Mitarbeiter sollten sich also der jeweiligen Denkweisen und dieses Effekts bewusst sein und Wertschätzung für die anderen aufbringen, damit das Team effektiv innovativ sein kann.

Die Autoren von „The Innovator's DNA" empfehlen folgende Elemente, die Bestandteil einer unternehmensweiten Innovationsphilosophie als Aufgabe für alle sein sollten:

1. Innovation ist jedermanns Aufgabe.
2. Disruptive Innovation ist Teil unseres Innovationsportfolios.
3. Installiere viele kleine und ordentlich organisierte Innovationsprojektteams.
4. Nimm kluge Risiken bei der Suche nach Innovation auf dich.

Arbeit macht Spaß

> „Die Leute sind auch dumm. In der Schule lernen sie Plutimikation, aber sich etwas Lustiges ausdenken, das können sie nicht."
>
> Pippilotta Viktualia Rollgardina Pfefferminza Efraimstochter Langstrumpf

Wien, Naturhistorisches Museum. Hunderte Biologen, Forscher, Filmemacher und Künstler treffen sich auf der BIOFICTION-Konferenz, um die Schnittpunkte zwischen Kunst und Wissenschaft zu erläutern. Auch zum Thema Videogames und Gamification gibt es Vorträge, zu letzterem Thema auch einen von mir. Es folgt eine Podiumsdiskussion. Die erste Frage, die an uns Panelisten gerichtet wird, ist: „Ist es nicht unethisch, Arbeit spielerischer zu gestalten?"

Ich möchte diese Frage etwas umformulieren, um die Denkweise dahinter zu erläutern. Arbeit ist für viele Menschen etwas, das sie zum Geldverdienen machen müssen, etwas, das ihnen nicht gefällt, das sie nicht erfüllt, wobei sie herumkommandiert werden und sich miserabel fühlen. Spiele hingegen sind etwas, das Spaß macht, das sie gerne machen. Kurz gesagt: Arbeit macht Mühe, Spielen macht Spaß. Kombiniert man beides, um Arbeit in Spaß zu verwandeln, ist die erste Reaktion darauf: Das darf so nicht sein! Bei echter Arbeit muss man den Leuten das Leid ins Gesicht geschrieben sehen. In den 1920er-Jahren vertrat Henry Ford die Ansicht, dass diese beiden Dinge strikt getrennt werden müssen. Mitarbeiter, die während der Arbeit ein Lied pfiffen oder lachten, wurden diszipliniert und bei Wiederholung entlassen.

Im Jahr 1940 wurde John Gallo entlassen, weil er „auf frischer Tat ertappt wurde, gelächelt zu haben", nachdem er bereits zwei andere Verwarnungen erhalten hatte – eine, weil er „mit Kollegen gelacht hatte", und die andere wegen „Verlangsamung der Produktionsstraße um eine halbe Minute." Diese strenge Disziplinierung spiegelte Henry Fords Managementphilosophie wider: „Wenn wir bei der Arbeit sind, sind wir bei der Arbeit. Wenn wir beim Spielen sind, sind wir beim Spielen. Es gibt keinen Grund, die beiden Dinge zu vermischen."[11]

Die Italienerin Aurora Chisté, die wir in einem späteren Kapitel noch genauer kennenlernen werden, findet, die schönsten Samstagnachmittage im Silicon Valley sind die, an denen sie mit den Mitbewohnern im Wohnzimmer vor ihrem MacBook sitzt und jeder vor sich hinarbeitet.

JAN BELKE

Mit zwei Koffern, ohne Kontakte und ohne Wohnung kam der gebürtige Darmstädter Jan Belke 2010 im Silicon Valley an. Zehn Jahre hatte er jedes Jahr aufs Neue an der amerikanischen Greencard-Lotterie teilgenommen. Eigentlich hatte er es schon aufgegeben. Er war gerade von einem viermonatigen Freiwilligendienst aus Nigeria zurückgekommen, als er die freudige Nachricht erhielt: „Du hast die Greencard bekommen!"

Er nahm sich eine Mietwohnung, einen Mietwagen und begann, Veranstaltungen und Netzwerk-Events zu besuchen. Von Deutschland aus hatte er bereits recherchiert, dass die German American Business Association (GABA) regelmäßig zu Vorträgen einlud. Jeden Abend war Jan unterwegs und besuchte Veranstaltungen über „superinteressante Themen".

Auf einer dieser Veranstaltungen lernte er seinen Landsmann Dirk Lüth (wir werden auch von ihm später noch mehr hören) kennen, der ihm einen Marketingjob in seinem Start-up anbot. Mit diesen Startbedingungen begann Jan, sich das Leben in San Francisco einzurichten. Um sich weiterzubilden, bewarb er sich bei der Santa Clara University für ein Teilzeit-MBA-Programm, bei dem er nicht nur viel lernte, sondern auch sein lokales Netzwerk ausbauen konnte.

Gemeinsam mit Dirk besuchte er Start-up-Pitches, um daraus zu lernen und mit Dirk gemeinsam ein Fundraising für ihr Start-up vorzubereiten. Nachdem das leider nicht geklappt hatte, machte er sich auf die Suche nach neuen Möglichkeiten. Wieder tat er das, was er schon 2010 getan hatte: Er ging auf Veranstaltungen, um zu netzwerken. Das brachte ihm einen Job beim Technologieanbieter Juniper Networks, einem Silicon-Valley-Urgestein. Für Jan war der Sprung von einem Start-up zu einem großen Unternehmen gewaltig. Bald zog es ihn zurück zur Start-up-Welt. Nach einer halbjährigen mit einer Weltreise verbrachten Auszeit durch Asien kam er zu seinem momentanen Job bei der Online-Lernplattform Udemy. Dort hatte man nach einem deutschen Muttersprachler gesucht, um im deutschsprachigen Raum zu expandieren. Udemy hatte damals gerade einmal 50 Mitarbeiter, wuchs aber schnell und war gut finanziert.

Gleich von Anfang an fühlte er sich herzlich aufgenommen. Jeder einzelne der 50 künftigen Kollegen hatte ihm eine E-Mail geschickt und ihn willkommen geheißen. Das fand er beeindruckend. Und er hat es nicht bereut. Ich habe Jan mehrmals bei Udemy in San Francisco besucht, wo er Besuchern aus Europa das offene Bürosystem mit all seinen Annehmlichkeiten vorführte und das Unternehmen Udemy vorstellte.

Um Wurzeln zu schlagen, braucht man mindestens ein Jahr. Man darf dabei aber nicht nur mit Landsleuten rumhängen, sondern muss versuchen, in Kontakt mit anderen zu kommen. Sonst lernt man das Land nicht kennen und kratzt nur an der Oberfläche.

Was Jan gefällt, ist einerseits die höhere Geschwindigkeit, mit der hier Dinge angestoßen werden, sowie auch die Internationalität des Teams. 50 Prozent der Mitarbeiter sind außerhalb der USA geboren und stammen aus Indien, Spanien, Deutschland, Brasilien, Japan, Frankreich, Irland, Türkei und vielen anderen Ländern. Alleine in seinem Team sind sieben bis acht verschiedene Nationalitäten zusammengewürfelt, was er als sehr spannend empfindet und die Welt so viel kleiner macht.

Für deutsche Ohren fast ketzerisch klingt Jans Aussage, dass Arbeit hier richtig Spaß macht. Arbeit und Leben sind miteinander verbunden. Wenn ihm am Wochenende beim Joggen Ideen kommen, dann geht er auch mal am Sonntag ins Büro. Selbst unter der Woche verbringt er längere Zeit dort, um noch etwas fertig zu bekommen. Erwähnte er das in Deutschland, würde er wohl als bekloppt angesehen werden.

Aber der Trend geht zu mehr Eigenverantwortung und weniger Regulierung. Leben und Arbeit verbinden sich. Das erkennt man an Udemys unbeschränkter Urlaubsregelung. Mitarbeiter können sich so viel Urlaub nehmen, wie sie möchten. Das klingt im ersten Moment verdächtig – die Angestellten würden das doch sicherlich unverschämt ausnützen? Tatsächlich aber nehmen sie weniger Urlaub und müssen sogar vom Management aufgefordert werden, sich mehr freizunehmen.

Außerdem gefällt Jan die Offenheit für neue Ideen, die Freude am Ausprobieren und Experimentieren und die Einstellung, dass Fehler okay sind. Keiner reißt einem den Kopf ab, solange man aus seinen Fehlern lernt. In Deutschland hingegen wird oft nur geredet anstatt zu handeln, und wer da einen Fehler macht, der hat es eben nicht drauf.

Für Jan ist das der klassische American Dream: dass Ideen zu haben und hart daran zu arbeiten zum Erfolg führen kann. In Deutschland sei das ein bisschen schwieriger, da dort mehr der klassische Weg etwas gelte: bei Daimler, BMW oder Siemens zu arbeiten.

Sind nun Menschen im Silicon Valley andauernd mit einem dämlichen Lächeln bei der Arbeit? Bei Weitem nicht. Was den Job für viele so zufriedenstellend macht, ist das Wissen um die Bedeutung der eigenen Arbeit. Start-ups und Unternehmen wollen diese Delle ins Universum schlagen. Was sie tun, hat einen Zweck, eine tiefere Bedeutung.

Zu wissen, dass die Kollegen und Menschen im eigenen Umfeld auch so denken, das ist es, was diese Zufriedenheit und den Spaß an der Arbeit ausmacht. Wer diese Zufriedenheit auf die vergleichsweise hohen Gehälter, die Chance, Millionen zu machen oder die unglaublichen Zusatzleistungen für Mitarbeiter reduziert, hat etwas falsch verstanden. Diese Leistungen gibt es auch in vielen anderen Unternehmen.

In den letzten Jahren kamen ganze Methodologien für die Leistungsverbesserung im Arbeitsumfeld auf. Gamification ist eine davon, und ich kann dazu einiges sagen, gerade weil ich von Anfang an dabei war und dieses Thema nicht nur eines ist, zu dem ich Unternehmen berate, sondern auch, weil ich sieben Bücher zu Gamification geschrieben habe. Dass Spaß bei der Arbeit nicht immer so gefragt war, klang schon in der Geschichte von John Gallo, der bei Ford arbeitete, an.

Eine ehemalige Kollegin bei SAP Labs berichtete von ihren zwei Jahren beim Videospielstudio Electronic Arts in Redwood City. Am ersten Tag als Produktmanagerin für die FIFA-Fußballspielserie erhielt sie gleich zu Beginn eine Videospielkonsole und erst nach drei Tagen ihren Computer. Mehrmals jeden Tag brachen im Büro Nerf-Gun-Schießereien aus, bei denen sich die Mitarbeiter mit Schaumstoffmunition verschießenden Spielzeugpistolen in einem büroweiten, minutenlang anhaltenden Tumult anballerten.

Nicht nur, dass Spaß die Arbeitsplatzzufriedenheit und Leistung verbessert – jüngste Studien aus Stanford deuten auch darauf hin, dass durch physische Aktivitäten während der Arbeitspausen die Kreativität gesteigert wird.[12] Steve Jobs war bekannt dafür, seine Gesprächspartner auf lange Spaziergänge mitzunehmen. Auch solche Nerf-Gun-Schießereien wie bei Electronic Arts helfen bei der Generierung von mehr kreativen Ideen, wie sie bei der Spieleentwicklung notwendig sind.

Der bekannte Monty-Python-Komiker John Cleese befasste sich in seinen Vorträgen mit der Wirkung von Humor auf die Arbeit. Er identifizierte fünf Elemente als Basis jeder kreativen Arbeit: Erstens ein passender Ort, zweitens eine dafür reservierte Zeit, drittens ein Zeitraum, bis zu dem die Idee entstanden sein muss, viertens das Selbstvertrauen, das man bei der Arbeit hat, ohne die Angst, dass man sich vor anderen lächerlich machen könnte, und fünftens schließlich Humor als wichtiges Element, um das Gehirn für überraschende Ideen zu öffnen.[13]

Diese Verspieltheit drückt sich in Produktfunktionen aus, die man in ‚seriösen' Produkten gar nicht erst findet. Teslas Model S führt zwei Fahreinstellungen an, die wörtlich übersetzt ‚verrückt' (‚insane') und ‚irrsinnig' (‚ludicrous') heißen und die Tatsache hervorheben sollen, dass die Beschleunigung in diesen Modi sehr, sehr hoch ist. Und das Model X hat einen Pollenfilter, dessen Wirkung Tesla als ‚Biowaffenabwehr' (‚bioweapon defense air mode') bezeichnet. Die ‚Auf gut Glück'-Suchschaltfläche bei Google ist ein weiteres Beispiel.

Vom Scheitern und Blamieren

> „Ich bin nicht gescheitert. Ich habe nur zehntausend Arten gefunden, die nicht funktionieren."
> *Thomas Edison*

Ein ständig wiederkehrendes Thema, das mir alle Angesprochenen als einen der größten Unterschiede zu Europa genannt haben, ist die Kultur des Scheiterns. Scheitern im Silicon Valley ist etwas, das erlaubt ist und das erwartet wird. Wer niemals scheitert, hat nie genug Risiko auf sich genommen. Whatchado-Gründer Ali Mahlodji weist in seinen Vorträgen darauf hin, dass Lehrer beim Korrigieren die falschen Antworten hervorstreichen, nicht aber die richtigen. Die handschriftlichen und oft in Rot gehaltenen Anmerkungen bei den falschen Antworten stechen stärker hervor als die grünen Häkchen für die richtigen. Das Signal, das damit gesendet wird, ist, dass Scheitern schlecht ist. Scheitern ist aber eine wichtige und notwendige Lernerfahrung. Das geht sogar so weit, dass moderne Eltern ihre Kinder vor dem Scheitern und negativen Erfahrungen zu schützen versuchen. Diese Helikopter-Parents, die unaufhörlich über ihren Kindern wie in einem Hubschrauber rotieren und auf sie aufpassen, entziehen ihnen damit die Möglichkeit, wichtige eigene Lebenserfahrungen zu sammeln. Wenn Kinder laufen lernen, fallen sie zigmal hin. Nur so lernen sie, sicher zu gehen. Diese beschützte Generation ist zugleich diejenige, die am meisten Videospiele spielt. Doch was sind Videospiele anderes als eine ständige Abfolge von Misserfolgen? Die Spielfigur stirbt, verliert, kracht mit dem Auto gegen die Wand. Und zwischendurch gewinnt man mal.

Natürlich ist nicht jedes Scheitern und Blamieren gleich gut. Für Google weist gutes Scheitern drei Eigenschaften auf. Erstens, dass man weiß, warum man gescheitert ist, und dass man dieses Wissen beim nächsten Projekt einbringen kann. Zweitens muss gutes Scheitern möglichst rasch und frühzeitig geschehen und man darf dabei nicht zu viel Zeit verlieren. Und drittens sollte das Scheitern nicht so umfassend oder groß sein, dass es das Unternehmen oder die Marke gefährdet.[14] IDEO-Mitgründer Bernard Roth spricht sogar vom ‚Scheitern als Geschenk.'[15] Jeder Misserfolg ist eine Lernerfahrung. Und es gibt ausreichend Beispiele von Personen, die ohne Scheitern nie zu den Lebenspfaden gekommen wären, die sie erst groß und erfolgreich werden ließen. Al Gore verlor die US-Präsidentschaft an George Bush, aber dafür wurde er zu einem der größten Advokaten für Umweltschutz. Oprah Winfrey wurde aus ihrem ersten Job als Fernsehmoderatorin entlassen und wurde erst dann Gastgeberin einer der erfolgreichsten Fernsehshows. Die „Harry Potter"-Autorin Joanne K. Rowling bot ihr Buchmanuskript zwölf Verlagen an, die sie alle ablehnten, bevor sie einen fand, der bereit war, es zu veröffentlichen.

Apples Chefdesigner Jonathan Ive weist darauf hin, dass diese Wissbegier und dieser Forscherdrang gewünscht sind, dass man seine Begeisterung ruhig offen zeigen darf. Erst die Möglichkeit, auch einmal falschzuliegen, erlaubt einem, etwas Neues entdecken zu können. Richard Branson scheiterte mit dem Verkauf von Weihnachtsbäumen, Virgin Cola, Virgin Vodka und Hochzeitskleidern. Mark Zuckerberg scheiterte mit Course Match und FaceMash – Projekten, von denen du vermutlich genauso wenig gehört hast wie ich vorher. Youtube-Gründer Chad Hurley scheiterte mit Zeen und Elon Musk mit seinen Videospielen.

MICHAEL MEIRER

Wer glaubt, als Bürgermeistersohn habe man es leicht, sollte mit Michael Meirer sprechen. Er war sechs Jahre alt, als sein Vater kurz nach Ende des Zweiten Weltkriegs Bürgermeister von Lienz in Osttirol wurde und es zwölf Jahre bleiben sollte. In diese Zeit fielen die Wirtschaftswunderjahre, die auch an Lienz nicht vorübergehen sollten.

Der Bürgermeister einer alpenländischen Kleinstadt ist wie der Arzt, der Priester, der Lehrer, der Apotheker, der Notar – damals waren das überwiegend männlich dominierte Berufe – eine Respektsperson. Und so sollten sich auch deren Kinder benehmen, um die Familie nicht zu ‚blamieren.' Bloß nichts riskieren, nicht auffallen und nicht das schwarze Schaf der Familie werden. Das bestimmte das Verhalten der Angehörigen.

Das prägte Michael viele Jahre lang, bis er nach langen Jahren als Manager bei Siemens in München ein Buch des Philosophen Alan Watts las. Bei der Lektüre von „Psychotherapy East and West" wurde ihm bewusst, dass er zu lange die starren Gesellschaftsstrukturen seiner Region als gegeben hingenommen hatte, ohne sie zu hinterfragen. Um zu erkennen, wie verrückt gewisse Einschränkungen und Regeln sind, musste man ‚rausgehen'. Deshalb entschied sich Michael mit 40 Jahren, in die USA zu gehen, um besser zu verstehen, wer er selber war.

So begann der ehemalige Bürgermeistersohn 1987 als Vice President of Marketing bei einer Siemens-Partnerfirma im Silicon Valley und stieg rasch zum Vorstandsvorsitzenden auf. Einige Jahre später heuerte ihn dann Oracle-Gründer Larry Ellison an, um die europäischen Vertriebsaktivitäten einer kleinen Computerfirma namens nCube zu leiten. Die Zusammenarbeit mit Larry Ellison war nicht leicht und vor allem voller Überraschungen. Die Art, wie der Oracle-Gründer unentwegt den Status quo hinterfragte, verblüffte Michael. Im kleinen Lienz wäre das unvorstellbar gewesen. Gesetz war Gesetz. Respekt war Respekt. Eine Autorität war eine Autorität.

Der Unterschied konnte nicht größer sein: hier der wohlbehütete Bürgermeistersohn Michael, da das Chicagoer Adoptivkind

Larry. Hier jemand, der viel zu verlieren hatte, da jemand, der nur gewinnen konnte. Die Bücher von Alan Watts und die Zusammenarbeit mit Larry Ellison waren aber nicht die einzigen Faktoren, die Michael aus seinem starren Denken und Verhalten raushalfen. Als mindestens ebenso wichtig erwies sich sein Nachbar in Santa Cruz, der amerikanische Leiter des Englisch-Fachbereichs am Cabrillo College, Rod Lundquist. Dieser sagte Michael, ohne ein Blatt vor den Mund zu nehmen, welche begrenzte Sichtweise er auf das Leben habe. Genauso wie mir meine Kollegin sagte, ich gehöre nicht hierher, kritisierte Rod, wie beschränkt Michael mit seinem ‚europäischen Intellektuellengehabe' soziale Ansprüche, Regelwerk, Verhalten und Höflichkeiten betrachtet.

Michaels Weltbild wurde davon massiv beeinflusst. Für ihn wurde klar, dass die Europäer über die Jahrhunderte hinweg lernen mussten, sich zu arrangieren. All die kleinen Fürstentümer und Stadtstaaten, die über viele Jahrhunderte Europa dominierten und einander bekriegten, führten letztendlich zur Betonung und Wertschätzung eines stabilen sozialen Gefüges und Bewusstseins. Daraus resultieren Gesetzgebungen und Wirtschaftsformen, die diese Haltung stützen. Michael zufolge ist der soziale Status in Europa viel wichtiger und stärker im Bewusstsein als in Amerika. Das färbe auch auf die Bereitschaft ab, Risiken einzugehen, und erkläre das strikte Insolvenzstrafrecht. Scheitern ist in europäischen Gesellschaften für Individuen ein riesengroßes Problem und ruiniere den sozialen Status einer Person dauerhaft. Dadurch werde aber in der Folge auch das Potenzial für wirtschaftlichen Erfolg limitiert. Persönliche Initiative werde damit unterdrückt und auf den Staat oder die Gesellschaft abgewälzt. Zeigt jemand mal ausnahmsweise Eigeninitiative wie der SAP-Gründer Hasso Plattner, der aus Eigenmitteln das HPI in Potsdam gründete, dann wird hinter vorgehaltener

Hand darauf verwiesen, dass es sich hier doch nur um einen ‚Neureichen' handle.

Die USA waren ein Anziehungspunkt für Leute, die mit dieser Situation nicht zufrieden waren, für Leute, die verfolgt waren und somit nichts zu verlieren hatten, und für andere, die ihr Glück versuchen wollten. Dieser Pioniergeist spiegle sich in der amerikanischen Gesellschaft wider. Manchmal zur Bewunderung der Europäer und manchmal zu deren Verwunderung. Auf der einen Seite stehe die offenbar grenzenlose Freiheit im wirtschaftlichen und privaten Leben, auf der anderen Seite gebe es Auswüchse wie der offene Zugang zu Waffen und die naive Hauruckmentalität, mit der sich Amerikaner in neue Abenteuer stürzen.

Für Michael jedenfalls stehen seine letzten 30 Jahre für eine starke Bewusstseinsänderung, die er persönlich als äußerst befriedigend ansieht. Auf seinem Weg vom Bürgermeistersohn zum Siemens-Manager, Executive in einem Silicon-Valley-Unternehmen, Start-up-Gründer und seit 2011 als Mentor und Coach für Start-ups im German Accelerator lernte er die Welt und sich selber besser kennen. Und vor allem sein eigenes Potenzial, das er erst in den USA voll entwickeln konnte.

Hoffnungsfroh stimmen ihn die jungen deutschen Start-up-Gründer, die das German-Accelerator-Programm durchlaufen. Diese seien das Gegenteil von dem, was die Öffentlichkeit über die deutsche Jugend denkt. Sie sind aufgeweckt, wollen die Welt verändern und lernen. Und doch sind sie zu höflich, zu verhalten und zu wenig unverfroren, um in den USA zu bestehen und ihre Unternehmen in die entsprechenden Höhen zu bringen. Deshalb engagiert Michael sich mit seiner Arbeit als Mentor, um diesen jungen Gründern zu helfen und sie weiterzubringen, weil er genau denselben Hintergrund hatte und das Coaching erhielt, das ihn erst sein wahres Potenzial erkennen ließ.

Ein Interview mit der ehemaligen EU-Kommissarin für die digitale Agenda, Neelie Kroes, zeigt das europäische Dilemma. In einem Interview mit dem Online-Techblog TechCrunch aus dem Silicon Valley sagte sie: „So viele Leute vermeiden Risiken, und das wird sie nie auf die nächste Stufe bringen. Scheitern ist nichts Negatives. Im Silicon Valley scheitern neun von zehn Start-ups. Aber zumindest haben sie die Initiative ergriffen."[16] Im selben Interview kommt dann aber die Europäerin hervor, indem sie über das „Recht auf Vergessen" und die Gefahren des mangelnden Datenschutzes philosophiert und dabei wortwörtlich sagt: „Seien Sie dabei sehr, sehr vorsichtig." Sei ein bisschen schwanger, aber nicht zu viel.

Wir müssen begreifen, dass unsere klassischen Herangehensweisen nicht unbedingt falsch sind. Mit jeder neuen Herausforderung stellen wir uns die Frage: „Was ist unser Ziel und wie erreichen wir es?" Das funktioniert für lineare Ideen und bei inkrementeller Innovation sehr gut, weil uns da mehr oder weniger bekannt ist, wohin wir wollen. Bei intersektionellen Ideen und disruptiver Innovation klappt das nicht mehr. Was das Ergebnis sein wird, ist uns viel weniger bekannt. Solche Ideen überraschen uns mit dem Ergebnis und wir können nicht vorhersagen, ob wir Erfolg damit haben werden oder nicht. Ein Scheitern bei disruptiver Innovation ist viel wahrscheinlicher als bei inkrementeller Innovation.

Was machen die Menschen im Silicon Valley, um die Risikobereitschaft zu fördern? Zuerst mal schaffen sie ein psychologisch sicheres Umfeld. Ein psychologisch sicheres Umfeld – in dem Risiken einzugehen und zu scheitern erlaubt sind, ohne Bestrafung fürchten zu müssen – erlaubt den Mitgliedern, zu lernen und innovativer zu sein. Harvard-Business-School-Professorin Amy Edmondson fand das in einer Studie zur Fehlerhäufigkeit in Krankenhäusern heraus. In Krankenhäusern, in denen ein psychologisch sicheres Umfeld im Bezug auf Scheitern dominierte, waren mehr Fehler in den Protokollen dokumentiert. Das mag auf den ersten Moment als wenig wünschenswert erscheinen. Schließlich handelt es sich hier um das Leben von Menschen, eine todernste Angelegenheit. Bei genauerer Betrachtung und Heranziehung unabhängiger Datenquellen über Behandlungsfehler erwiesen sich jedoch die Krankenhäuser mit einer geringeren Menge an protokollarisch dokumentierten Fehlern und einem psychologisch unsicheren Umfeld als weitaus riskanter für die Patienten. Fehler in diesen Krankenhäusern wurden vom medizinischen Personal verschwiegen, um eine Bestrafung zu vermeiden. Damit konnte erstens entweder gar nicht oder zu spät auf die Auswirkungen der Behandlungsfehler reagiert werden und man hatte zweitens nicht die Möglichkeit, aus den Fehlern zu lernen und die Behandlung zu verbessern.[17]

Bei der jährlichen FailCon-Konferenz in San Francisco lernen Unternehmer, Investoren, Entwickler und Designer von den Erfahrungen anderer mit ihren gescheiterten Unternehmungen, Projekten und Investitionen. Scheitern soll nicht heißen, dass man aufhören soll, etwas Neues zu probieren. Das Scheitern wird nicht unter den Teppich gekehrt, sondern analysiert, und es werden Vorschläge für bessere Ansätze beim nächsten Versuch gemacht. Anstatt selbst diese negativen Erfahrungen zu machen, können die Teilnehmer an diesem einen Konferenztag von den anderen lernen.[18]

Eine lustige Angewohnheit, die die Angst vor dem Scheitern nehmen soll, ist eine Geste, die Stanford-Professor Bernard Roth sich von Zirkusclowns abgeschaut hat. Wenn Clowns beispielsweise jonglieren und in ihrer Tollpatschigkeit die Kegel oder Bälle fallen lassen, dann springen sie oft in einer großen Pose mit ausgestreckten Armen, einem breiten Lächeln und einem lauten TA-DA! vor das Publikum. Genau das probierten er und seine Kollegen mit Workshop-Teilnehmern aus: Bei jedem Fehler sollten sie diese Pose einnehmen. Diese lächerlich scheinende Geste bewirkte wahre Wunder. Den Teilnehmern wurde damit vor Augen geführt, dass es okay ist, Fehler zu machen, und dass man sie nicht unter den Teppich kehren braucht. Das ermutigt Teilnehmer, aktiv etwas zu probieren und nicht zögerlich zu sein.[19]

Michael Meirer hatte einen Verkaufsaußendienstmitarbeiter, der die ganzen großen Kunden wie BMW und Lufthansa an Land zog. Ein großer Name folgte dem anderen. Michael fragte sich, wie der das hinkriegte. Eines Abends lud er ihn auf ein Glas Rotwein an und fragte ihn aus.

Sein Kollege erzählte ihm, er versuche, sich mindestens einmal täglich zu blamieren. Wenn er merke, sein Kunde sei dabei abzuspringen und das Geschäft drohe zu platzen, unterbreite er ihm verrückt klingende Vorschläge, die den Kunden Alternativen aufzeigten und interessant klangen – auch auf die Gefahr hin, dass die Vorschläge sich lächerlich anhörten. So gewinne er deren Aufmerksamkeit und bringe sie zurück an den Verhandlungstisch. Seine Streben nach der täglichen Dosis Blamage gehe sogar so weit, dass er sich, wenn er abends feststellt, er habe sich heute noch gar nicht blamiert, nochmals aufrappelt und in eine Bar geht. Dort biete er einer ihm unbekannten Frau einen Drink an, und wenn sie ihn abweist, kann er zufrieden schlafen gehen.

Damit folgte er einer Vorgehensweise, wie sie New-York-Times- und Rolling-Stone-Journalist Neil Strauss in seinem Bestseller „Die perfekte Masche: Bekenntnisse eines Aufreißers" beschrieb. Teilnehmer von Aufreißkursen mussten von 100 Frauen auf der Straße die Telefonnummern erfragen, um ihre Angst, eine Frau anzusprechen, zu überwinden. Mit jedem Misserfolg wird die einzelne Zurückweisung weniger tragisch. Man verliert einerseits die Angst vor einer Zurückweisung und gewinnt andererseits Erfahrung, wie man darauf reagieren kann.

Dabei möchte man meinen, europäische Länder hätten alle Voraussetzungen, damit sich aspirierende Unternehmensgründer sicher fühlen können. Die DACH-Region und skandinavische Länder sind mit dichten sozialen Netzen ausgestattet. Kranken- und Sozialversicherung, jede Menge Sozialleistungen, Gratisschul- und Unisystem, Kindergartenplätze, Arbeitslosen- und Notfallzahlungen – alles Elemente, die signalisieren, dass man nicht ins Bodenlose fällt, sollte man mit einer Unternehmensgründung scheitern.

In den USA hingegen sind diese Leistungen minimal. Selbst der 2012 eingeführte Affordable Care Act (auch als Obamacare bekannt) ist weit von europäischen Krankenversicherungsleistungen entfernt. In der Bay Area muss man selbst in öffentlichen Schulen mit einem jährlichen Unkostenbeitrag von 5.000 bis 15.000 Dollar rechnen. Der billigste Kindergartenplatz beginnt bei 700 Dollar pro Monat, die Regel sind eher zwischen 1.500 und 2.500 Dollar monatlich. Stellt man das den Lebenshaltungskosten im Silicon Valley gegenüber, dann gäbe es allein angesichts dieser Rahmenbedingungen keinen Anreiz, sich in das Abenteuer Start-up zu stürzen.

Die Menschen schreckt nicht so sehr der finanzielle Verlust oder der Gedanke, Zeit verschwendet zu haben. Sie fürchten vielmehr den

Verlust von Stolz, Status, Ansehen und was ihr Umfeld von ihnen denken wird. Immerhin hatte man doch eine gute Ausbildung und beste Voraussetzungen, warum begeht man nun solche Dummheiten?

Die wirksamste Weise, die Angst vor dem Scheitern zu überwinden, ist, sich dieser Angst zu stellen. Die US-Raumfahrtbehörde NASA konnte Angstzustände und Stresssymptome vor allem bei den Astronauten feststellen, die sich ihre Angst nicht eingestehen wollten.[20]

Wir suchen nach einem akzeptablen Maß an Risiko, das für jeden Einzelnen und abhängig von der Lebensphase, in der wir uns befinden, anders aussehen kann. Dabei wägen wir gemäß Psychologieprofessor Gerald Wilde Risiken gegeneinander ab. Wenn wir in einem Bereich mehr Risiken eingehen, kompensieren wir das dadurch, dass wir in einem anderen Bereich weniger eingehen.[21]

Diese Risikoabwägung erklärt auch, warum mehr für ein Projekt verfügbare Ressourcen das Risiko erhöhen. Mehr Ressourcen bedeutet: Es gibt mehr Dinge, die wir anpacken können, gleichzeitig gibt es aber auch mehr Sachen, die schiefgehen können. Oftmals besteht genau darin der Fluch von Start-ups, die zu erfolgreich beim Aufstellen von Geldern sind. Better Place, ein Start-up, das sich die Installation und den Betrieb von Batterieaustauschinfrastruktur für Elektrofahrzeuge auf die Fahnen geschrieben hatte, brachte insgesamt 850 Millionen Dollar an Risikokapital auf. Zu viele Probleme und Märkte wurden auf einmal angegangen und man verzettelte sich dabei. Better Place hatte versucht, ‚den Ozean zu kochen', wie Amerikaner dazu sagen.

Der Verhaltensökonom Richard Thaler wiederum weist auf den innerbetrieblichen Konflikt zwischen der Makro- und Mikrobetrachtung von riskanten Projekten hin. Bei einer Besprechung mit 23 Managern und dem Firmenleiter fragte er die Manager, ob sie ein Projekt starten würden, bei dem die Erfolgswahrscheinlichkeit bei 50 Prozent liegt. Sollte es erfolgreich sein, winke ein Projektgewinn von zwei Millionen Dollar, im Falle des Scheiterns drohe ein Verlust von einer Million. Insgesamt handle es sich um 23 voneinander unabhängige Projekte. Von den 23 Managern wären nur drei das Projekt angegangen, die anderen lehnten das ab.

Als man den Firmenleiter fragte, wie viele der Projekte er durchführen würde, antwortete er sofort: „Alle!" Aus seiner Sicht ergibt dies Sinn. Von den 23 Projekten wird die Hälfte ein Misserfolg und einen Gesamtverlust von elfeinhalb Millionen Dollar bringen. Die erfolgreichen elfeinhalb Projekte aber werden zusammen 23 Millionen einspielen. Damit ergibt sich unterm Strich ein positiver Beitrag von elfeinhalb Millionen Dollar.

Die Manager gaben auf Nachfragen ihre Gründe an, warum sie solch ein Projekt nicht angehen würden. Im Erfolgsfall würden sie maximal ein Schulterklopfen und einen kleinen Bonus erwarten können, im Fall des Scheiterns aber nicht nur intern an Reputation einbüßen, sondern als drastischste Konsequenz mit der Entlassung rechnen müssen. Das Risiko stand in keiner Relation zum Gewinn.[22]

Selbst wenn dem Firmenchef bewusst ist, dass er aus der Makrosicht alle 23 Projekte durchführen sollte, sind das Belohnungssystem und der Fokus auf eine Mikrosicht (also die einzelnen Projekte unabhängig voneinander betrachtet) ausgerichtet. Eigentlich sollte ein gescheitertes Projekt zumindest genauso belohnt werden wie ein erfolgreiches, denn dabei wurde schließlich auch etwas riskiert. Das führt uns zur überraschenden Schlussfolgerung, dass mittelmäßig erfolgreiche Projekte „bestraft" werden sollten, gescheiterte Projekte aber belohnt. Aus Makrosicht des Unternehmens ergibt das viel mehr Sinn als die heute implementierte Mikrosicht, die Risiken bestraft und Scheitern als unerwünscht und erst recht nicht als Lernerfahrung betrachtet.

Pay it forward

Ein wichtiger Teil der Silicon-Valley-Kultur beruht auf dem Prinzip ‚Pay it forward'. Es ist das Gegenteil von ‚Eine Hand wäscht die andere', wo man jemandem etwas Gutes tut und früher oder später eine Gegenleistung von derselben Person erwartet. Mit ‚Pay it forward' verbunden ist der Gedanke, dass ich jemandem helfe, ohne direkt selbst davon etwas zu haben. Aber diese Person wird jemand anderem helfen und diese wiederum jemand anderem. Weil jeder so denkt und handelt, werde ich früher oder später auch in den Genuss von Hilfe von jemand völlig anderem kommen.

Anstatt auf 1:1-Hilfe angewiesen zu sein, ermöglicht die Pay-it-forward-Mentalität eine n:m-Hilfe. Ich helfe vielen Leuten und viele andere Leute helfen mir. Insgesamt betrachtet haben wir alle etwas davon. Einander zu helfen ist kein Nullsummenspiel. Statt zu versuchen, von anderen das Meistmögliche herauszupressen, erzeugt das Einander-Helfen etwas weitaus Größeres. Die Summe ist positiv. Das funktioniert nicht, wenn jeder kurzfristig versucht, für sich das Maximum herauszuholen.

Wharton-School-Professor Adam Grant untersuchte die Pay-it-forward-Mentalität und teilte Menschen in die Kategorien Geber, Tauscher und Nehmer ein. Geber sind Personen, die uneingeschränkt ihre Zeit zur Verfügung stellen, um anderen mit Rat und Tat beiseitezustehen, ohne dass sie eine Gegenleistung erwarten. Wenn sie andere um etwas bitten, geht es dabei meist um einen Gefallen für jemand anderen. Und Leute, die von Gebern profitiert haben, sind oft ohne zu zögern bereit zu helfen.

Damian Madray, Aurora Chisté oder Caroline Raynaud, von denen wir später noch hören werden, sind eindeutig solche Geber – und auch viele der anderen in diesem Buch Porträtierten.

Als Tauscher bezeichnet Grant Personen, die ganz genau Buch führen, wem sie halfen und wer ihnen geholfen hat. Sie erwarten Hilfe für geleistete Hilfe. Nehmer sind diejenigen, die verhältnismäßig mehr nehmen als geben. Nehmer bemühen sich auch, diese Eigenschaft zu verstecken, da ihre Umgebung dazu tendiert, Nehmer zu ächten und zu bestrafen. Viele Nehmer mögen im ersten Moment als Geber erscheinen, entlarven sich aber sehr rasch als das, was sie wirklich sind.

Welcher Typus ist nun der häufigste? Das hängt davon ab, wem die Hilfe zuteilwird. Tauscher gibt es relativ viele, vor allem, wenn es um Hilfe gegenüber Fremden geht. Im Silicon Valley wiederum tummeln sich viele Geber.

Grant hat die Bedeutung von Geben und Nehmen für die Karriere untersucht und dabei festgestellt, dass viele Geber am unteren Ende der Karriereleiter vorzufinden sind. Wer ist allerdings am oberen Ende? Nicht die Nehmer oder Tauscher, wie man erwarten würde, sondern ebenfalls die Geber. Laut Grant gibt es zwei Typen von Gebern. Davon werden wir gleich mehr hören.[23]

Können sich Nehmer dauerhaft in Geber verwandeln? Studien sagen, ja. Solange der Grund für das Geben extrinsisch ist (wie beispielsweise, weil man sich dadurch eine Beförderung erhofft), funktioniert das gemäß Feldversuchen nicht. Die Nehmer sehen sich nicht als Geber und identifizieren sich nicht mit dieser Einstellung.[24] Sobald aber Menschen wiederholt ohne extrinsische Motivation geben, beginnen sie, sich mehr und mehr als Geber zu betrachten.[25, 26] In einer Gruppe oder einem Netzwerk kann bereits das positive Vorbild einer Person dazu führen, dass die Gruppe zu einer Gebergruppe wird. Diese Person setzt die Norm. Der Geber-Effekt verdreifacht sich. Geben ist ansteckend. Studien haben gezeigt: Wenn eine Person über mehrere Runden hinweg gibt, sind andere, die davon profitierten, auch dann hilfsbereit, wenn der ursprüngliche Geber nicht mehr dabei ist. Dieser Effekt erstreckt sich über mehrere Runden und drei Separationsgrade hinweg: von Person zu Person zu Person zu Person.[27]

Im Durchschnitt waren Ingenieure, die als Geber bekannt waren, weniger produktiv als Tauscher. Sie gaben unregelmäßig. ABER: Diejenigen Geber, die produktiver waren, machten etwas anderes – sie gaben mehr und regelmäßiger. Während Nehmer einen ganz schlechten Ruf haben, profitieren Geber von ihrem guten Ruf und können sehr viel schnellere und größere Hilfe erbitten und damit ausgesprochen effektiv werden.[28]

Als Argument gegen eine Pay-it-forward-Mentalität wird gerne angeführt, dass Geber von Nehmern ausgenutzt werden. Das ist eine berechtigte Angst. Wie schützen sich Geber davor? Adam Grant unterscheidet hier zwei Arten von Gebern: den selbstlos-krankhaften und den zweckorientiert-klugen Geber. Selbstlos-krankhafte Geber tendieren dazu zu helfen, ohne auf sich selbst zu achten, und geraten dadurch leicht in Gefahr, von Nehmern übervorteilt zu werden. Zweckorientiert-kluge Geber erkennen Nehmer, helfen ihnen zwar auch, sind aber viel vorsichtiger dabei. Damit stellen sie sicher, dass sie selbst kein Burnout bekommen, wie das bei selbstlosen Gebern schnell geschieht. Diese Geber-Einteilung beantwortet auch die Frage, welcher Typus häufiger am oberen und welcher am unteren Ende der Karriereleiter vorkommt. Die selbstlosen Geber tendieren dazu, am unteren Ende zu sein, zweckorientierte Geber hingegen ganz oben.

Vergleicht man Geber, Tauscher und Nehmer mit dem Universum, dann repräsentieren Geber Sonnen. Sie geben Energie an andere ab. Nehmer hingegen sind schwarze Löcher, die Energie von anderen absaugen und nicht weitergeben.

Wie kannst du selber zum Geber werden und die Pay-it-forward-Mentalität leben? Viele Geber nennen eine einfache Maßnahme: Nimm dir täglich fünf Minuten Zeit für jeden, der dich darum bittet. Aus diesen fünf Minuten werden manchmal mehr, aber sie sind gut investiert. Entweder hast du etwas Interessantes gelernt oder du kannst dir gewiss sein, jemandem geholfen und Wirkung auf den Weltverlauf gehabt zu haben. Und wer weiß, was sich aus dieser Investition für dich oder andere in Zukunft ergeben wird.

Der Landshuter Thomas Enders, der momentan bei Google arbeitet, erzählte mir, sein erstes Bauchgefühl auf meine Interviewanfrage für dieses Buch wäre gewesen: „Warum soll ich ihm helfen?" Aber gleich darauf dachte er: „Mist, wie kann ich nur so denken? Mir haben hier auch so viele Leute geholfen. Natürlich lass ich mich interviewen und helfe Mario."

Als beispielhafte europäische Pay-it-forward-Praktizierende (ja, natürlich gibt es die!) möchte ich Harald Katzenschläger und Hermann Gams vorstellen. Mit ihrem philosophisch angehauchten Dreamicon Valley im Burgenland, das von Wien so weit entfernt ist wie Palo Alto von San Francisco, versuchen sie, Menschen an ihren Lebenswegscheiden zu helfen, ihre Träume zu verwirklichen und Zukunftslösungen zu entwickeln. Das Silicon Valley und die dortige Mentalität standen dabei Pate.

Geben und Nehmen hat auch noch Einfluss auf zwei weitere Bereiche, die wir jetzt besprechen werden: Mentoren und Netzwerke.

Mentoren
Steve Jobs war Mentor für die Google-Gründer Sergey Brin und Larry Page, weil er selbst in seinen Anfängen Mentoring von jemandem wie dem Intel-Mitbegründer Andy Grove erfahren hat.[29] Auch wenn Steve Jobs den beiden Google-Gründern aus geschäftlichen Gründen ursprünglich gram war, sagte er doch zu und wurde deren Mentor.[30]

Mentoren, die bereits auf Erfolge zurückblicken können, ‚geben etwas zurück' und helfen dem Ökosystem mit ihrer Erfahrung. Sowohl

‚Pay it forward' als auch ‚Pay it back' haben einen eindeutig geberischen Charakter. Generell nehmen sich Geber mehr Zeit und haben mehr Ausdauer als Nehmer, weil sie es für jemand anderen tun.

Mentoren sind ein wichtiger Bestandteil von Akzeleratoren und Start-ups. Der German Accelerator führt über 50 Mentoren auf seiner Website an. Einer davon ist Dirk Lüth.

DIRK LÜTH

Wenn man als 17-Jähriger mit einem Führerschein aus den USA zurückkommt, dann ist man nicht nur auf Frankfurter Schulhöfen ein Superstar. Wer sonst durfte in diesem Alter in Deutschland schon legal Auto fahren? Dirk Lüth war einer von den wenigen, dem dieses Kunststück gelang. Nach einem Jahr Schüleraustausch in Flagstaff, Arizona, kam er nicht nur mit verbesserten Englischkenntnissen, sondern auch mit abgelegter Führerscheinprüfung zurück.

Nach Abitur und Bundeswehr folgte eine Lehre bei der Werbeagentur Ogilvy & Mather mit begleitender Abendhochschule für Marketingkommunikation. Erst dann tauchte Dirk so richtig ins Studentenleben ein, indem er zuerst in Frankfurt und anschließend in Paris Betriebswirtschaftslehre studierte, gefolgt von einer Doktorarbeit in Volkswirtschaftslehre über den Euro. Während der Dissertation stieß er das erste Mal auf Technologiethemen, weil er sich für sein Studium das Programmieren beibrachte.

Sein nächster großer Coup (nach dem Führerschein) gelang ihm beim Hamburger Druck- und Verlagshaus Gruner + Jahr, wo er die Idee für eine neue Wirtschaftszeitung entwickelte, aus der die *Financial Times Deutschland* werden sollte. In den nächsten Jahren ging er dann mit dem europäischen Ableger der amerikanischen Suchmaschine Lycos an die Börse und baute eine eigene Finanz- und Contentmanagement-Softwarefirma mit 130 Mitarbeitern auf, die rasch vom an der Ostküste und im Silicon Valley ansässigen Finanzdienstleister SunGard übernommen wurde.

Mit genügend Kapital ausgestattet, entschied er sich 2009, ins Silicon Valley zu ziehen. Das hatte Dirk auf seinen Dienstreisen zu SunGard bereits kennengelernt und so fragte er um ein Investorenvisum an, das er auch bekam und nutzte, um sogleich seine nächste, diesmal aber US-basierte Firma namens OnCircle gemeinsam mit zwei Mitgründern einzutragen. Mit OnCircle entwickelt er die Videoplattform Gbox.

Für Dirk springt der Mentalitätsunterschied zwischen Menschen aus dem Silicon Valley und Europa sofort ins Auge. Im risikofeindlichen Deutschland gründe man Unternehmen, die mehr auf Sicherheit bedacht seien. Auf Profitabilität und weniger auf Wachstum oder ambitioniertere Ziele ausgerichtet, möchten Gründer etwas schaffen, das sie einst den Kindern ‚vererben' können. Scheitern wird unter allen Umständen vermieden, denn wer einmal scheitert, ist in Deutschland für immer abgemeldet. Sofort wird nach dem Staat gerufen. Ganz anders in den USA: Scheitern werde hier als natürlicher Bestandteil von Unternehmertum angesehen. Was man daraus gelernt hat und was man beim nächsten Mal anders machen wird, sind die Fragen, die hier im Vordergrund stehen.

Diese Einstellung erlaubt es, größere Risiken anzugehen. Speziell im Silicon Valley sei man an bescheidenen Problemstellungen nicht interessiert. Was in Deutschland ein gutes Geschäft und einen komfortablen Lebensstil erlauben würde, ist hier uninteressant. Man will die großen Wachstumslösungen haben. So seien auch die Investoren aufgestellt. Und so nebenbei erwähnt: Egal was jemand in Deutschland bereits erreicht hat (Stichwort

Financial-Times-Mitgründer oder ein Unternehmen gestartet und verkauft) – im Silicon Valley zählt das nichts. Hier muss man ganz von vorn beginnen und sich seinen Ruf erarbeiten.

Laut Dirk dürfe man nicht unterschätzen, wie wichtig Pitches mit guten Storys sind. Projektierte Umsatzzahlen seien beim Pitch aber nicht das Wichtigste. Jeder weiß, dass die Zahlen beim Erstkontakt mit einem Kunden sofort hinfällig sind. Investoren wollen die Story des Teams hören, das sie finanziell unterstützen. Damit hätten deutsche Gründer jedoch wenig Erfahrung, weil Vorträgen und öffentlichen Reden daheim wenig Wertschätzung beziehungsweise gar keine Beachtung geschenkt wird. Als zusätzliches Handicap komme hinzu, dass deutsche Gründer im Silicon Valley keine Muttersprachler sind und nicht selten um die richtigen Worten ringen, was gerade in einer Stresssituation wie beim Investorenpitch schlecht ankomme. Deshalb legt Dirk als Mentor im German Accelerator viel Wert auf gute Pitches und coacht die deutschen Start-ups auch darin.

Beeindruckend findet Dirk, wie die Inder im Silicon Valley sich gegenseitig unterstützen und ihre Netzwerke pflegen. Nicht nur werden mittlerweile viele Firmen wie Google, Microsoft, Pepsi oder Infosys von Indern geführt, sie helfen einander auch und unterstützen die indische Community, indem sie Veranstaltungen und Netzwerk-Events organisieren und sich gegenseitig coachen. Es gebe zwar auch deutsche Netzwerke im Silicon Valley, aber die gegenseitige Hilfestellung sei viel unverbindlicher.

Als Rat an deutsche Start-up-Gründer empfiehlt Dirk wärmstens Oren Klaffs Buch „Pitch Anything: An Innovative Method for Presenting, Persuading, and Winning the Deal".

Auch Michael Meirer und die anderen Mentoren im German Accelerator sehen ihre Aufgabe als etwas sehr Befriedigendes. Man erkennt sich in den jungen Start-up-Gründern wieder. Mentoren gleichen Eltern, die das Beste für ihre Kinder wollen. Und beide Seiten profitieren davon.

Neid

> **Lob kann man sich erkaufen. Neid muss man sich verdienen."** Karl Farkas

Eine Arbeitsethik der Pioniere, bei der man sich nicht zu schade ist, selbst anzupacken, vermeidet auch Neid. Talentierte Leute werden von Kollegen mit Argwohn betrachtet. Wie ist diese Person? Versucht sie, sich auf Kosten der Gruppe zu profilieren? Gerät man einmal in diesen Verdacht, kann der Neid sehr rasch die eigene Arbeitsleistung unterminieren. Umgekehrt beginnen die anderen, sich bei ihrer Arbeit zurückzuhalten und nach Entschuldigungen zu suchen, warum sie etwas nicht tun können. Das System sei ja gegen sie, die andere Person werde immer bevorzugt. Egal was man mache, es kann systembedingt zu keinem Erfolg führen, deshalb ist auch jede Anstrengung vergebliche Liebesmüh und wird von Anfang an vermieden.

In Gesprächen, die ich mit mehreren österreichischen Behördenvertretern über eine längst überfällige offizielle Repräsentanz im Silicon Valley hatte, erstaunte mich eine durchgehend ähnliche Reaktion. Österreich habe nur beschränkte Ressourcen und müsse sich diese gut einteilen, war der Tenor. Ins Auge springt vor allem die Suche nach Entschuldigungen und Gründen – statt nach Möglichkeiten mit den Mitteln, die man hat. Wenn ich Länder mit vergleichbarer Bevölkerungsgröße anführte (etwa die Schweiz, Israel, Norwegen oder Dänemark), die alle eine oder sogar mehrere offizielle und inoffizielle Repräsentanzen haben, dann war die Reaktion die folgende:

„Schweiz? Die sind ja viel reicher."
„Norwegen? Die haben all den Ölreichtum."

„Israel? Die kriegen ja all die militärischen Gelder von den USA."
„Dänemark? Ähmmm ..."

Nicht nur hatte man schnell zig Gründe parat, warum man die Dinge nicht anpacken kann, daneben äußerte man auch seinen Neid, dass andere Länder es offenbar so viel leichter haben aufgrund gewisser Vorteile.

Der Zwiespalt in Europa zum Thema Erfolg und Misserfolg ist bezeichnend. Auf der einen Seite gönnt man Leuten ihren Misserfolg mit dem hämischen Hinweis, das habe man ja vorausgesehen, so eine Idee könne einfach nicht funktionieren, auf der anderen Seite ist der Erfolg nicht durch eigene Leistung, sondern nur durch unfaire Vorteile, die einem gewährt wurden, möglich gewesen. Alfonso kritisierte das bereits an seinen spanischen Landsleuten. Weil jemand jemanden kannte, weil jemandem irgendwo etwas zugefallen war, weil irgendetwas nicht mit rechten Dingen zuging oder weil man einfach nur Glück hatte – das sind die einzigen Gründe, weshalb jemand Erfolg hat. Die harte Arbeit, die reingesteckt wurde, das auf sich genommene wirtschaftliche und private Risiko, die langen Arbeitszeiten ohne Urlaub, die gelungene Umsetzung einer guten Idee und die Tatsache, dass das Glück nur den Vorbereiteten trifft, das alles wird dabei gerne übersehen. Der Erfolg ist in anderen Worten einfach unverdient. Bequemerweise entschuldigt das auch die eigene Untätigkeit.

Im Kontrast dazu gelten im Silicon Valley erfolgreiche Gründer als nachahmenswerte Vorbilder, von denen man so viel wie möglich lernen möchte. Wenn diese auf Veranstaltungen über ihre Unternehmen und den damit einhergehenden Aufwand plaudern, werden sie von wissbegierigen Teilnehmern fast schon als Helden gefeiert.

Dieser kleine, aber wichtige Unterschied unterscheidet Gesellschaften im Hinblick darauf, wie sie sich verhalten und wovon sie sich was erwarten. In einer Gesellschaft, die begierig ist zu verstehen, wie andere zu ihren Erfolgen kamen, gibt es mehr Leute, die etwas ausprobieren und damit auch Erfolg haben. Eine Gesellschaft, die Erfolg auf Faktoren zurückführt, die ein Individuum nicht unter Kontrolle hat und haben kann, wird weniger Leute dazu bringen, etwas auszuprobieren. Sie wird eine ohnmächtige Gesellschaft, die keine Kontrolle zu haben glaubt.

Wenn meine Studienkollegin oder mein Nachbar, die sich nicht so sehr von mir unterscheiden, ein erfolgreiches Unternehmen gründen können, dann inspiriert mich das. Was die können, sollte ich doch auch können. Deshalb braucht jedes Land seine Erfolgsgeschichten im Bereich Start-up-Gründungen. Rovio in Helsinki, Prezi in Budapest, Zendesk in Dänemark oder Runtastic in Wien waren extrem wichtige Meilensteine für die dortigen Start-up-Szenen. Die lokal bekannten Gründer, die so begannen wie viele andere auch, inspirierten andere, es ebenfalls zu versuchen. Weil viele dieser erfolgreichen Start-ups auch eine Verbindung zum Silicon Valley haben, engagieren sich viele davon wiederum in ihren eigenen Communitys – ganz im Sinne des Pay-it-forward-Gedanken – und helfen dadurch jungen Start-up-Gründern.

Erstanwender und Getreue

Wer von Palo Alto nach San Francisco auf dem Highway 101 fährt, kommt nicht umhin, die Plakate entlang der Autobahn zu bemerken. Nicht weil sie so einfallsreich sind, sondern weil sie ganz andere Produkte bewerben als sonst üblich. Ist man in Europa Werbungen zu Supermärkten, Verbraucherprodukten oder Autos auf den Plakatwänden gewöhnt, dominieren hier eigentlich langweilige Geschäftsprodukte. Lösungen für Personalwesen, Cloudlösungen, Bezahlsysteme, Sicherheitssoftware oder sogar Programmcodes, die eine für Eingeweihte verschlüsselte Stellenausschreibung beinhalten – das ist es, was Pendler auf der Autobahn zu sehen bekommen.

Und die werbenden Unternehmen können sich darauf verlassen, dass die Pendler nicht nur wissen, wofür man diese Produkte braucht, sondern dass sie auch potenzielle Kunden sind. Was in Europa bei den meisten ein Achselzucken auslösen würde, ist hier Bestandteil des gängigen Vokabulars. Ich selbst muss immer wieder aufpassen, Silicon-Valley-Vokabular nicht zu stark in Konversationen mit europäischen Freunden daheim einfließen zu lassen. Von Worten und Konzepten wie Cloud, Unicorn, Venture-Kapital, Pivot oder Big Data hat man in Europa sicher schon mal gehört, sie sind aber bei Weitem nicht so verbreitet und in ihren Bedeutungen bekannt wie hier. Aurora Chisté stellte Ähnliches fest bei Gesprächen mit ihren Freunden in Südamerika.

Die Plakate entlang des Highways lassen sich aber auch noch anders interpretieren. Leute in der Bay Area sind tatsächlich interessierte Kunden neuer Produkte und Dienstleistungen. Es gibt einen Hunger nach neuen Dingen, der der ganzen Start-up- und Innovationsmaschinerie zugutekommt. „Wozu braucht man das?" „Wer braucht so etwas?" „Ich warte lieber, bis das ausgereift ist." Blieben die Deutschen immer bei ihrer angeblich typischen Reaktion auf ‚neumodischen Kram', wären wir immer noch in der Steinzeit. Löblicherweise ist der Ruf der skeptischen Deutschen schlimmer als ihr tatsächliches Konsumverhalten. Der deutschsprachige Raum zählt zu den wichtigsten Märkten für neue Produkte und Services und wird als einer der ersten nach dem englischsprachigen Raum von Unternehmen aus dem Silicon Valley angepeilt.

Tatsächlich sind Start-ups auf die Early Adopters dringend angewiesen. Neben dem wertvollen Feedback, das diese geben und das in die Produktverbesserung einfließt, bringen die ersten Kunden auch den benötigten Cashflow ins Unternehmen, welcher ihm Lebenskraft einhaucht und bei Investoren das Vertrauen schafft, dass hier wirklich ein Marktbedarf besteht. Early Adopters kommt ebenso die Rolle von Fürsprechern zu. Nichts überzeugt Kunden mehr als begeisterte Erstanwender, die dafür Werbung machen. Ist das Produkt gut, strahlt sein Glanz auf die Getreuen ab.

Das Silicon Valley ist voller begeisterter Early Adopters auf allen Ebenen. Sowohl Privatpersonen als auch Unternehmen erwerben gern neue Technologien und Services, selbst wenn sie noch nicht ausgereift sind. Erhofft man sich als Unternehmen im konkurrenzbetonten Umfeld dadurch doch einen Wettbewerbsvorteil, zudem probiert man auch gern mal neue ungetestete Produkte aus. Als besonders hilfreich erweist sich dabei, dass die Silicon-Valley-Bevölkerung im Umgang mit Technologien sehr vertraut ist, keine Berührungsängste kennt und damit auch entsprechend qualifiziertes und strukturiertes Feedback geben kann.

Als im April 2010 Apples iPad herauskam, waren noch in derselben Woche alle Kunden in meinem Stammcafé mit diesem anzutreffen. Mit Google Glass war man in Palo Alto in bester Gesellschaft. Richard Titus, Serienunternehmen und Produzent des Dokumentarfilms „Who Killed the Electric Car?", führt jedem, der ihn darum bittet, stolz seinen Tesla Roadster mit der Seriennummer 19 vor. Dabei ist der Begriff ‚Seriennummer' eigentlich schon zu hoch gegriffen – tatsächlich handelt es sich noch um ein Testfahrzeug mit nicht serienfertigen Schaltern und Einbauten. So wie Richard gibt es eine ganze Reihe von Leuten, die Schlange stehen, um zu den ersten Besitzern eines neuen Produkts zu gehören. In Deutschland wundert man sich hingegen, dass die syrischen Flüchtlinge alle Smartphones haben und Afrikaner erstaunt sind, wenn sie in einem deutschen Geschäft nicht mit dem Smartphone bezahlen können. Technologiefeindlichkeit wird dort sogar teilweise als Auszeichnung verstanden.[31]

Wohltätigkeit
Bemerkenswert ist, wie stark sich die Unternehmensgründer für wohltätige Zwecke engagieren. Salesforce-Gründer Marc Benioff spendete 100 Millionen Dollar für das UCSF Children's Hospital. Mark Zuckerberg und seine Frau Priscilla stifteten 75 Millionen Dollar für das San Francisco General Hospital, wobei sie schon einmal 100 Millionen zur Verbesserung des Schulsystems in New Jersey gespendet hatten und erst kürzlich eine neue Schule im vernachlässigten Stadtteil East Palo Alto unterstützten.[32] Und damit stehen sie in einer langen Tradition. Stanford University selbst begann als Spende, das Lucile Packard Children's Hospital ist nach der Frau eines HP-Gründers benannt und wurde 1990 mit 40 Millionen von David und Lucile Packard gegründet. Die Gründer und die Unternehmen sehen sich sehr stark als Teil der Community und geben Wohltaten oft äußerst großzügig an sie zurück.

Heldentum
Als Helden werden Personen mit speziellen Fähigkeiten und Eigenschaften bezeichnet, die eine herausragende Leistung oft unter Eingehen eines großen Risikos erbringen und damit der Allgemeinheit dienen. In unserer Kultur verwenden wir diesen Begriff vorwiegend für militärische Helden oder für fiktive Charaktere aus Legenden. Gelegentlich wird ein Lebensretter mit dieser Bezeichnung beehrt. Aber auch Start-up-Gründer können mit diesem Begriff beschrieben werden. Sie zeichnen

sich durch spezielle Fähigkeiten und starken Willen aus und gehen das Risiko ein, alles, was sie besitzen, zu verlieren, inklusive ihres guten Rufs und ihrer Freunde. Und wenn sie es schaffen, dann haben sie etwas für die Allgemeinheit getan.

Tatsächlich werden Start-up-Gründer im Silicon Valley von ihren Fans ein bisschen wie Helden verehrt. Viele versuchen ihnen nachzueifern und finden ihre Arbeit inspirierend. Statt sie als Bösewichter und gierige Profiteure zu betrachten, versucht man, von ihnen zu lernen. Diese Grundeinstellung täte dem gesamten entrepreneurischen und innovativen Ökosystem gut.

DAMIAN MADRAY

PORTRÄT

Guyana mag zwar geografisch gesehen in Südamerika liegen, aber kulturell gehört es zur Karibik. Der Mix aus südamerikanischer, französischer, niederländischer, britischer und afrikanischer Kultur prädestinierte Damian Madray fast schon für den interkulturellen Knotenpunkt von Ideen und Menschen in Palo Alto. Dorthin zog er im Jahr 2010 nach Abschluss seines Studiums in Toronto und einem kurzen Zwischenspiel in San Diego.

Seine erste Berührung mit dem Silicon-Valley-Lifestyle hatte er in der Blackbox, einer Wohngemeinschaft von Start-up-Gründern. Die half ihm darüber hinweg, hier keine Freunde, keine Familie und keine Kontakte zu haben. Die Tage waren gefüllt mit Diskussionen, stiller Arbeit und gegenseitigem Aushelfen bei Problemen und Fragen. Rasch entstand die Idee, mehr zu machen und neben Start-up-Gründern Künstler und andere Kreative ins Boot zu holen. Von der Idee bis zur Verwirklichung vergingen gerade einmal vier Wochen, und schon hatten Damian und seine zwei Mitgründer ein Haus auf Twin Peaks in San Francisco gefunden, in das sie mit sieben Mitbewohnern einzogen.

Der Name des Abenteuers lautete The Glint und das dazugehörige Motto „Leuten dabei helfen, Helden zu werden". Der Begriff ‚Held' war dabei nicht im klassischen Sinn gemeint, er beschränkte sich nicht auf Feuerwehrleute, Lebensretter oder, wie in Europa üblich, auf den Schützen eines Ausgleichs- oder Siegestreffer beim Fußball. Vielmehr sollten bei The Glint Menschen, die anderen halfen, indem sie einen Wert für die Gesellschaft erzeugten oder indem sie andere Menschen oder die Gesellschaft weiterbrachten, in ihrem Heldentum unterstützt und weitergebracht werden. The Glint wollte für diese Leute ein Forum und eine Plattform liefern.

Für europäische Ohren mag das typisch amerikanisch klingen – nur ist Damian gar kein Amerikaner. Und diese Interpretation ist mir persönlich sympathischer, als dieses große Wort einem Fußballer umzuhängen.

Für Damian war das auch ein Weg aus einer rein kommerziellen Sichtweise, die heutige Gesellschaften dominiert. Damian und seine Mitgründer wollten diese Leute auf ihrer Reise begleiten, also Menschen, die noch nicht unbedingt den großen Erfolg hatten und somit ‚angekommen' sind. Es ging ihm nicht um die Steve Jobs oder Elon Musks dieser Welt, sondern um diejenigen, denen in den Medien noch wenig bis gar kein Platz eingeräumt wird. Die noch nach dem Weg suchen, vor einer Sackgasse umkehren müssen, stolpern, sich aber wieder aufrichten und weitermarschieren und nicht aufgeben.

The Glint erhielt sehr viel Aufmerksamkeit, und immer mehr Mitbewohner füllten das vierstöckige Haus, darunter auch vier Thiel-Fellows. Diese vier waren ein Gewinn für alle, weil sie so jung und naiv und voll Energie waren und alle anderen Mitbewohner auf Achse hielten. Das Haus entwickelte sich zum Zentrum von Veranstaltungen, Treffen, Arbeitsgruppen, Partys und Beziehungen. Es war mehr als nur eine Gemeinschaft, es war ein Netzwerk, in dem man sich gegenseitig unterstützte.

Leider endete dieses Experiment nach nur neun Monaten, da im für San Francisco typischen wahnwitzigen Immobilienboom die Miete auf mehr als das Doppelte anstieg und damit nicht mehr finanzierbar war. Das entmutigte Damian aber nicht. Nach kurzer Pause begann er, alle zwei bis drei Monate einen The Glint Salon zu veranstalten, der im selben Geiste, aber als Abendveranstaltung abgehalten wird. Das wohl interessanteste Projekt, das dabei herauskam, war ein Künstler aus Oakland, der im The Glint auf das Satelliten-Start-up Planet Labs stieß. Sie wollen nun den ersten künstlerisch bemalten Satelliten überhaupt ins All schießen. Und das ist für Damian ein Zeichen für den Erfolg dieser Initiative. Man weiß nie, was dabei rauskommt.

Silicon Valley ist für ihn eine Obsession. Die einzig gültige Währung heißt für ihn Wertschöpfung. Deine Kraft besteht in der Fähigkeit, Wert für andere zu schaffen, und wenn du den anbieten kannst, passiert das auch, ist Damian überzeugt. Leute, die das Silicon Valley auf ihre Verhältnisse übertragen wollen, würden das oft übersehen. Als Kreativer frage man sich immer, wie man Wert schaffen kann. Für Damian persönlich besteht er darin, Verbindungen zwischen Menschen herzustellen. The Glint ist sein Vehikel dafür. Und irgendwie schaffe das auch für ihn Wert, viel mehr sogar, als er erhoffen konnte. Und auch nicht in einer Weise, die vorhersehbar sei, aber dafür immer spannend. Monate oder Jahre später haben ihn Leute kontaktiert, denen er mal geholfen hat, und sei es nur, um sich vorzustellen oder zehn Minuten zusammenzusitzen und ein Webdesign zu diskutieren. Und diese neuerliche Kontaktaufnahme führe zu neuen spannenden Dingen.

Wie ein Stein, den man ins Wasser wirft, ziehe das Kreise und wirke sich auf alle aus. Ein kleiner Stein kann so ziemlich große

> Wirkung entfalten. Außerdem ist sich Damian sicher, dass die kleine, aber feine Küche aus Guyana einige Auswirkungen auf das Silicon Valley haben könnte. Das ist ein Gedanke, der ihn nicht loslässt. Und wer weiß, seine Mutter wäre jedenfalls gern bereit, sich mal in die Küche eines guyanischen Restaurants zu stellen und ihn und seine Freunde zu bekochen.

Der ‚Helden'-Begriff erlebt derzeit eine Renaissance. Florian Schauer-Bieche exerziert das vor mit seiner exzellenten Interviewserie auf Helden-von-heute.at, wo er Helden vorstellt, die ihren Teil zum Funktionieren und Wohl unserer Gesellschaft beitragen. Woran man Helden erkennt? Sie sind die letzten, die sich als solche bezeichnen würden.

Die Wahl der Worte

Wir lernten bereits etliche Denk- und Verhaltensweisen kennen, die Innovation und Kreativität hemmen. Wir sprachen von Weltverbesserern, von Helden, von Ambition, davon, eine Delle ins Universum zu schlagen. Für Europäer klingen diese Worte großspurig, die Leute aus dem Silicon Valley führen uns jedoch die Erfolge vor Augen, die man haben kann, wenn man nach dieser Maxime lebt.

Umgekehrt scheinen es einige als durchaus angebracht zu sehen, auf diese Erfolge mit Polemik zu reagieren. „Cloud ist gleich geklaut" ist einer dieser Sprüche, die zeigen, was man über dieses Konzept denkt. Solche sarkastischen und zynischen Reaktionen verhindern eine ernsthafte Auseinandersetzung mit neuen Ideen und Konzepten, vor allem vor dem Hintergrund der Tatsache, dass mit dem Sony-Hack der schwerwiegendste Cyberangriff auf ein Unternehmen nicht auf eine cloudbasierte Lösung, sondern auf das von der eigenen IT verwaltete Netzwerk geschah.[33]

Es gibt noch eine Reihe anderer unscheinbarer Worte und Sätze, die uns weiterhelfen oder behindern können. Oftmals sind wir uns gar nicht bewusst, was wir anrichten, wenn wir die falschen Worte verwenden.

Umgekehrt können wir Dinge schaffen, die wir nicht für möglich hielten, wenn wir nur die richtigen Worte finden und uns darüber bewusst sind. Führen wir uns nun ein paar wichtige Schlüsselbegriffe zu Gemüte.

Kritik

Die generell positive Einstellung, die neuen Ideen gegenüber an den Tag gelegt wird, heißt nicht, dass Kritik nicht zulässig ist. Entscheidend ist vielmehr, wie, mit welcher Absicht und von wem Kritik vorgebracht wird. Pixar-Gründer Ed Catmull schildert in seinem Buch „Creativity, Inc." die Vorgehensweise des Pixar-Braintrust. Eine Gruppe erfahrener Führungskräfte des gleich bei der Bay-Bridge-Ausfahrt auf der anderen Seite von San Francisco gelegenen Animationsstudios in Emeryville nimmt sich kritisch jedes Drehbuch-Detail vor, jede einzelne Sequenz. Was nach einem Höllenritt für die Mitarbeiter klingt, wird von diesen gar nicht so wahrgenommen. Und das hat mit der Absicht und der Reputation der Braintrust-Mitglieder zu tun. Kritik wird nicht als Kritik an einer Person betrachtet und als Bedrohung gesehen, sondern zielt darauf, den Film ehrlich verbessern zu wollen. Und die bisher einzigartige Erfolgsserie der Filme bei Publikum und Rezensenten scheint Pixars Art, intern Kritik zu üben, recht zu geben.

Stanford-Wirtschaftsprofessor Jonathan Bendor meint, dass Kreativität und Kritik keine Gegensätze seien. Er zieht als Beispiel das Scheitern der legendären Innovationsschmiede Xerox PARC heran. Obwohl die Ingenieure mit der Entwicklung der Computermaus und der grafischen Benutzeroberfläche hohe Kreativität zeigten, gelang es ihnen nicht, daraus Gewinn zu schlagen. Hätten sie auf unterschiedlichen Ebenen zu ihren jeweiligen Ideen Bewertungen erhalten, wären die Mängel und Ansatzpunkte für Verbesserungen sichtbar gewesen, ohne dass sich die Ingenieure von der Kritik persönlich hätten angegriffen fühlen müssen.[34]

Die wenigsten wissen aber, wie man richtig Feedback gibt, und erkennen, welche Form von Feedback in diesem Moment erwünscht ist. Feedback gibt es in drei Formen. Als evaluatives Feedback, bei dem jemand oder etwas mit (jemand) anderem verglichen wird und man herauszufinden versucht, wie etwas besser gemacht werden kann. Daneben gibt es wertschätzendes Feedback, bei dem man den Einsatz und die Leistung honoriert, egal ob das Ziel erreicht wurde. Als Drittes gibt es Coaching-Feedback, bei dem man mit der gecoachten Person zusammen überlegt, welche Schritte sie tun sollte, um sich in eine bestimmte Richtung zu entwickeln. Bei diesem Feedback lernt die gecoachte Person.

Wenn jemand das Wochenende durchgearbeitet hat, um was für Montag vorzubereiten, ist das Letzte, was derjenige hören will, wie gut oder schlecht er die Arbeit im Vergleich zu anderen gemacht hat. Es ist wichtig zu wissen, welche Art von Feedback im Moment angebracht ist.

Die Silicon-Valley-Mentalität besteht nicht darin, dass alles immer Friede, Freude, Eierkuchen ist und man Kritik nur sehr verhalten äußert. Man kann sogar sehr offen kritisieren, wenn man sich darauf verlassen kann, dass alle das mit der Absicht tun, das Produkt oder den Prozess zu verbessern, und nicht, weil sie die Verantwortlichen maßregeln oder ihnen den schwarzen Peter zuschieben wollen. Damit geht auch einher, dass man sich Fehler eingesteht. Fehler geschehen, man lernt daraus und macht es dann besser. In einem psychologisch sicheren Umfeld ist Kritik somit nichts, was den eigenen Status bedrohen könnte und sollte.

Lob und Rechtfertigung

Auffallend ist, wie aufgeschlossen die Leute hier neuen Vorschlägen und Ideen gegenüber sind. Sie haben generell eine positivere Lebenseinstellung und bleiben auch dann höflich, wenn sie meinen, aus einer Idee würde nichts werden. Schließlich hat das Silicon Valley oft genug vor Augen geführt, dass selbst im ersten Moment dumm klingende Ideen sich als gut erweisen können. Deshalb sind sie im Zweifelsfall für deine Idee und spornen dich an, sie zu verfolgen. „Greif nach den Sternen! Tu es!" Und nicht nur das, sie werden dir auch Unterstützung anbieten, und sei es nur, einen Kontakt mit jemandem herzustellen.

Ist man hingegen ständiger Kritik und dem Zwang, sich rechtfertigen zu müssen, ausgesetzt, raubt einem das sehr viel Energie, was jeden Start-up-Gründer langsam, aber sicher zermürbt. „Warum machst du das?" „Bist du überhaupt dazu befugt/befähigt?" Einfache Sätze, die viel kaputt machen können.

Europäer verwechseln die Freundlichkeit der Amerikaner mit Oberflächlichkeit. Das ist eine zu simple Betrachtungsweise. Freundlichkeit macht den Umgang miteinander viel reibungsloser. Sie führt auch zu weniger Missverständnissen. Ehrlich gesagt ist mir eine oberflächliche Freundlichkeit tausendmal lieber als eine ehrlich gemeinte Grantigkeit.

‚Ja, und' statt ‚Ja, aber'

Vom Improvisationstheater stammt die ‚Ja, und'-Regel, deren zwei Worte für zwei Bausteine stehen. Improtheaterspieler akzeptieren durch das ‚Ja' die kreative Realität, die ein anderer Teilnehmer schafft, und fügen durch das ‚und' dieser Realität etwas Neues, Eigenes hinzu. Wenn also der erste Improspieler sagt: „Der Himmel ist heute lila", dann kann sein Spielpartner nicht einfach sagen: „So ein Blödsinn, der Himmel ist nie lila." Das würde die Szene sofort beenden. Wenn sein Improkollege hingegen antwortet: „Ja, und das Lila harmonisiert wunderbar mit den roten Feuerstreifen der hochfliegenden Drachen", dann wird es interessant für das Publikum und die anderen Schauspieler. Dieser Satz eröffnet neue Möglichkeiten.

Analog ist das bei der Ideengenerierung. Wenn die Antwort auf eine Idee lautet: „Aber der Betriebsrat wird das nicht genehmigen." oder „Ja, aber das braucht doch keiner." oder „So ein Schwachsinn!", dann ist die Kette unterbrochen oder gerät ins Stocken. Die Teilnehmer in einem kreativen und innovativen Prozess müssen sich dem bewusst sein und sofort darauf hinweisen, sollte die Regel verletzt werden. Ich selbst verwende in meinen Workshops ein hässliches Plüschtier, das derjenige erhält, der diese Regel verletzt oder irgendeinen negativen Satz sagt. Das Plüschtierchen bleibt so lange bei dieser Person, bis ein anderer Teilnehmer diese Regel verletzt. Interessanterweise sind es gerade Manager, die diese Regeln verletzen, und das Plüschtierchen macht dieses Verhalten unter freudigem Gelächter aller sichtbar. Der Lernfortschritt ist gewaltig: Wandert das Plüschtierchen zu Beginn des Workshops noch viel herum, brauchen wir es am zweiten Tag schon nicht mehr.

Etliche Improvisationstheater und Kabaretts bieten Workshops zu diesem Thema an. Auch die in Toastmaster Clubs immer angebotenen Table Topics fördern die Improvisationsfähigkeit der Gesprächsteilnehmer.

Zeig's mir!

Jim Carrey spielte im 2008 erschienen Film „Der Ja-Sager" den geschiedenen Kreditberater Carl, der sich in einem Teufelskreis aus Negativität befindet. Ein Selbsthilfeseminar bringt die Wende und er beginnt, auf jeden Vorschlag mit einem Ja zu reagieren. So trifft er auf neue Leute, lernt eine neue Sprache, findet neue Hobbys und nicht zuletzt auch seine große Liebe.

Einen ähnlich positiven Effekt hat der Satz „Zeig's mir!", der das ungute Bauchgefühl und die erste negative Reaktion auf einen Vorschlag unausgesprochen lässt und diesem Vorschlag stattdessen eine reelle Chance gibt. Der Satz gibt dem Gehirn Zeit, Informationen zu sammeln und rationales Denken in den Vordergrund treten zu lassen. Natürlich ist es leichter, eine Idee einfach als undurchführbar abzutun, aber wie wir am Beispiel Twitter sahen, sind wir ziemlich unbegabt darin, gute Ideen von schlechten zu unterscheiden – nicht zuletzt auch deswegen, weil schlechte Ideen immer noch gute Ideen hervorbringen können.

Die „Zeig's mir!"-Variante erlaubt es dem Gegenüber auch, seine Idee auszuführen, weitere Details darzustellen und Argumente anzuführen. In Kombination mit anderen Techniken wie ‚Ja, und' kann so eine unausgereifte Idee gemeinsam verbessert werden. Mit dem kleinen Satz „Zeig's mir!" steigt also die Wahrscheinlichkeit, einen guten Treffer zu landen.

Müssen und Wollen

IDEO-Gründer Bernard Roth schlägt vor, das Wort „müssen" durch den Begriff „wollen" zu ersetzen. Statt zu sagen: „Ich muss meine Arbeit zu Ende bringen.", soll man den Satz umformulieren zu: „Ich will meine Arbeit zu Ende bringen." Spiele das doch mal mit einem Partner durch. Beginne mit dem Satz: „Ich muss ..." und dein Partner antwortet darauf mit: „Du willst ..." Diese Änderung in der Ausdrucksweise führt zu einer Änderung in der Einstellung zur vorliegenden Aufgabe.[35]

Ähnliche Satzpaare sind „Ich kann nicht ..." versus „Ich werde nicht ...", und „helfen" versus „assistieren". Der Satz „Ich kann nicht aufhören zu atmen." beispielsweise vermittelt Hilflosigkeit, wohingegen „Ich werde nicht aufhören zu atmen." nach Befähigung klingt. Ich hab's unter Kontrolle. Das Wort „helfen" wiederum impliziert, dass die Person, der geholfen wird, hilflos ist, während der Begriff „assistieren" anzeigt, dass sie sehr wohl dazu befähigt ist, aber einen kleinen assistierenden Schubs benötigen kann.

Eine Studie aus dem Jahr 1961 zeigt den Einfluss von Eltern auf die Kreativität und Intelligenz ihrer Kinder. Kinder, die in Tests als hochintelligent abschnitten, kamen signifikant häufiger aus Familien mit höheren Berufsabschlüssen, die gleichzeitig auch weitaus klassenbewusster und somit stereotypischer in der eigenen Beschreibung waren. Kreative Kinder wiederum stammten signifikant häufiger aus Familien, die weniger Klassenbewusstsein zeigten und die sich ihrer eigenen Kindererziehungsfähigkeiten unsicher waren.[36]

Eine andere Studie zeigte, dass es das Ergebnis maßgeblich beeinflusst, ob etwas 1) als Tatsache, 2) in der Konditionalform, also eingeleitet mit Worten wie „Es könnte sein ..." oder „Vielleicht ..." oder 3) als Tatsache, aber in Form eines „theoretischen Modells" dargestellt wird. Bei Tatsachenformulierungen gelang es den Harvard- und Stanford-Studenten nicht, diese Information kreativ weiterzudenken und weiterzuverarbeiten. Selbst im Fall, wo eine Tatsache als theoretisches Modell erklärt wurde, gelang es nur wenigen, aus dem engen Denkschema auszubrechen.[37]

„Ich wünsche mir ..."

Die wenigsten wollen schlechte Kritiken hören, schon gar nicht zu Ideen, die sie haben. Wenn ich jemanden oder etwas kritisiere, dann nur in der Absicht, wirklich helfen zu wollen. Mein Toastmasters Club hat mich gelehrt, dass man die sogenannte Sandwich-Technik anwenden soll. Zwischen zwei Teile gutes Feedback zwängt man die schlechte Nachricht. Man beginnt damit, etwas Positives hervorzuheben, dann geht man auf die verbesserungswürdigen Teile ein, wobei man ganz konkrete Vorschläge machen sollte, wie die Verbesserung vorgenommen werden kann, um abschließend wieder etwas Positives zu sagen.

Eine ähnliche Technik verwendet IDEO. Einem „Mir gefällt ..." folgt ein zweites „Mir gefällt auch ..." und statt Kritik beschreibt man mit „Ich wünschte mir ...", was man verbessert haben und anders sehen möchte.

Auch hier sollte der Feedbackgeber einen konstruktiven Vorschlag machen, wie die Verbesserung anzupacken wäre.

„Ein guuuuuter Grund!"
Bernie Roth von der d.school in Stanford praktiziert eine interessante Technik, um Gründe für seine Handlungen zu hinterfragen. Die Aussage „Ich bin heute zu spät in die Arbeit gekommen, weil mein Wecker nicht Alarm schlug." wird mit „Ein guuuuuter Grund!" beantwortet. Auch wenn man das im ersten Moment vermutlich für eine reichlich merkwürdige Antwort hält, hilft einem diese Übung aus gedanklichen Sackgassen heraus, weil Begründungen, die man automatisch zur Hand hat, damit lächerlich gemacht und hinterfragt werden können. Die Delegation eines deutschen Unternehmens, die sofort zahlreiche Argumente fand, warum etwas nicht funktionieren würde, hatte genau diese Übung bitter nötig. Antwortet man auf die Aussage „Das wird beim Betriebsrat aber nicht durchgehen!" mit „Ein guuuuuter Grund!", dann wird einem plötzlich klar, dass solche scheinbar guuuuuten Gründe oft nur ein Vorwand sind, sich mit einem Problem nicht ernsthaft beschäftigen zu müssen.[38]

Denken und Handeln

> **Lieber sterbe ich beim Versuch, als zu sterben im Wissen, es nie versucht zu haben."**

Zuerst schießen, den Prozess machen wir nachher – so handhaben es die Cowboys des Wilden Westens, will man der Legende Glauben schenken. Ein bisschen ist das heute noch so im Silicon Valley. Die Menschen hier haben einen Hang, Dinge anzupacken, statt zuerst mal alle Konsequenzen zu durchdenken und Gefahren und Risiken abzuwägen. Wie machen sie das genau und warum ist das erstaunlich effektiv?

Der Produktdesigner Peter Skillman führt mit kleinen Gruppen ein witziges und äußerst lehrreiches Experiment durch. Er gibt ihnen 20 ungekochte Spaghetti, einen Meter Klebeband, Bindfaden und einen Marshmallow. Aus diesen Materialien müssen die Gruppen innerhalb von 18 Minuten den höchstmöglichen freistehenden Turm mit dem Marshmallow als Spitze bauen.[39] Wie sich herausstellt, ist diese Aufgabe nicht so einfach, wie sie im ersten Moment aussieht. Die Spaghetti sind zerbrechlich und der Marshmallow ist erstaunlich schwer. Das Überraschendste aber war, welche Teams bei dieser Aufgabe am besten abschnitten. Bei über 70 Workshops schafften CEOs im Durchschnitt Türme mit 53 Zentimeter an Höhe. Anwälte schafften 38 Zentimeter und Wirtschaftsstudenten nur 25 Zentimeter. Der Knalleffekt kommt aber, wenn die Ergebnisse mit denen von fünf- bis sechsjährigen Kindern verglichen werden: Diesen gelang im Durchschnitt eine Turmhöhe von 68 Zentimeter. Das ist fast dreimal so hoch wie der von Wirtschaftsstudenten.

Warum ist das so? Dazu müssen wir uns ansehen, wie die einzelnen Teams an die Aufgabe rangingen. Zuerst begannen die Teams, die Aufgabe zu diskutieren. Sie planten, zeichneten, reihten die Spaghetti am Tisch auf, diskutierten weiter, bis sich alle über das Vorgehen einig waren. Dabei verging bereits ein Großteil der Zeit, bevor auch nur die ersten Teile zusammengebaut wurden. Langsam arbeiteten sich die Teams voran, bis die Zeit immer knapper wurde und man am Schluss erwartungsfroh den Marshmallow obendrauf setzte. Doch statt nun den Schlusspunkt erreicht zu haben, begann sich der Turm unter der Last des Marshmallows zu neigen und einzustürzen. Das war der Moment, wo sich Panik auf den Gesichtern abzeichnete. Es blieb keine Zeit mehr für ein Redesign des Turms und das Ergebnis war enttäuschend.

Während dies das übliche Szenario war, gab es einen krassen Unterschied, der speziell bei Wirtschaftsstudenten zu beobachten war. Die fingen nämlich zumeist sofort mit Machtspielchen an. Wer übernimmt die Leitung der Gruppe, wer hat was zu sagen, wer nicht? Statt vom Kooperationsgedanken war die Gruppe vom Wettbewerbsdenken beherrscht. Viele Wirtschaftsstudentengruppen scheiterten sogar völlig und erreichten am Schluss eine Turmhöhe von exakt null Zentimetern.

Die Kinder hingegen arbeiteten völlig anders. Sie fingen sofort an, eine erste Struktur zu bauen, spielten und probierten herum und schon in der ersten Stufe – zumeist nach weniger als fünf Minuten – wird der Marshmallow das erste Mal draufgesetzt. Das gibt ihnen sofort Rückmeldung, ob der Turm den Marshmallow überhaupt halten kann. Sie verstärken die Struktur und probieren weiter herum. Diese iterative Vorgehensweise ist das zentrale Element von Design Thinking, einem Problemlösungsansatz, der Teams hilft, Produkte iterativ zu verbessern und Benutzer zu verstehen. Statt lang zu diskutieren und zu reden, ist es zielführender, es gleich auszuprobieren und zu sehen, ob Theorie und Praxis übereinstimmen.

In besagtem Experiment hatten die kindlichen Versuchsteilnehmer den Marshmallow im Schnitt bereits fünf Mal auf den Turm gesetzt, während Erwachsene ihn erst knapp vor Ende das erste Mal darauf platzierten. Erwachsene denken, bevor sie handeln, Kindern denken, indem sie handeln.

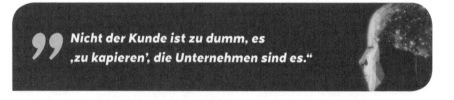

> Nicht der Kunde ist zu dumm, es ‚zu kapieren', die Unternehmen sind es."

Schritt für Schritt, iterieren und pivotieren

Das Erreichen großer Ziele beginnt mit dem ersten Schritt. Als Bergsteiger weiß ich, dass nicht der Gipfel das Ziel ist, sondern der Weg dorthin. Innovation insbesondere hat kein statisches und eindeutiges Ziel vor Augen, sondern nur eine ungefähre Idee, was dieses sein kann – und oft genug liegt es dann ganz woanders.

Wichtig ist, den ersten Schritt zu tun und nicht zu viel Zeit mit Planen und Analysieren zu verlieren. Die Amerikaner nennen das ‚Paralyse durch Analyse' und haben als Gegenmittel die Lean- oder Agile-Methode erfunden. Darunter versteht man, nicht erst zu warten, bis eine Idee fertig ausgereift ist, bevor sie das erste Mal Benutzern in die Hand gegeben wird, sondern möglichst frühzeitig Kunden zu involvieren. Oft ändern diese frühen Rückmeldungen echter Benutzer nicht nur den Pfad, der eingeschlagen wird, sondern auch das angepeilte Ziel.

Die ungemein populäre und von Facebook erworbene Fotobearbeitungs-App Instagram, die nichts anderes macht, als Bilder durch einen Filter ‚hässlicher' zu machen, startete in ganz anderer Form. Mit der App Burbn konnten Benutzer unter anderem beispielsweise Fotos von sich in einer Bar machen und diese an ihre Freunde weiterschicken. Diese schnell hinprogrammierte App war nicht sonderlich erfolgreich. Bei der Analyse, welche Funktion bei den Benutzern am beliebtesten war, stellten die Entwickler fest, dass vor allem die Fotobearbeitungsfunktion verwendet wurde. Die Entwickler entschlossen sich daraufhin, die App umzubenennen und sich ausschließlich auf diese Funktion zu konzentrieren.[40]

Es wird immer Probleme geben, die auf dem Weg der Ideenverwirklichung gelöst werden müssen. Viele dieser Schwierigkeiten sind nicht vorhersehbar und damit kaum vermeidbar. Probleme können sich in ihrer Natur ändern oder wegfallen. Sich vorher den Kopf darüber zu zerbrechen, ist oft genug vergeudete Zeit, weil später vielleicht ganz andere Änderungen notwendig sind.

Zu den am meisten missverstandenen Aussagen des Apple-Gründers Steve Jobs zählt der Satz: „Kunden wissen nicht, was sie wollen." Tatsächlich sollte man eher seinen Satz „Oft wissen die Leute nicht, was sie wollen, bis man es ihnen zeigt." zitieren. Steve Jobs setzte in vielen Bereichen neue Maßstäbe, wobei es tatsächlich schwer ist, dazu von Kunden vorab Feedback zu erhalten. Die meisten Unternehmen schaffen aber keine neuen Produkt- oder Dienstleistungskategorien, sondern verbessern existierende Angebote. Dort macht es sehr wohl Sinn, möglichst früh von künftigen Anwendern und Kunden Feedback einzuholen.

Und das bedeutet, Prototypen und unausgereifte Konzepte einem kleinen Kreis vorzustellen. Davor schrecken traditionell denkende Unternehmen meist zurück, weil sie Angst haben, ihre Ideen zu verraten und unfertige und unprofessionell wirkende Konzepte der Öffentlichkeit zu präsentieren. Für jemand, der auf seinen Ruf bedacht ist, ist das eine Horrorvorstellung. Es ist auch nicht leicht, von den Leuten hören zu müssen, dass eine Idee schlecht ist. Das ist so, als sagte man frischgebackenen Eltern, ihr Baby wäre hässlich. Dazu kommen oft noch Arroganz und der Glaube, man wisse selbst am besten, was der Kunde braucht. Zu oft habe ich in meiner eigenen Karriere Teams erlebt, die aufgrund selbst gesetzter Fristen keine Zeit hatten, von Anfang an Kundenfeedback einzuholen – ein Aufwand, der einen vergleichsweise geringen Anteil an der Gesamtprojektdauer hatte –, nur um dann bei Projektende mit Erstaunen festzustellen, dass das Produkt vom Kunden nicht angenommen wird und am Markt vorbei produziert wurde. Statt sich ein paar Tage oder Wochen mit Kundenfeedback zu beschäftigten, verschwendete man Monate und Jahre für ein Produkt, das keinen Markt hatte. Die beliebte Ausrede ist dann, dass der Kunde es eben nicht kapiert. Interessant ist, dass in einer Ingenieurs- und Wissenschaftskultur, wie wir sie in den deutschsprachigen Ländern vorfinden, umfangreiche Tests eigentlich fester Bestandteil des Entwicklungsprozesses sind – allerdings offenbar keine Kundentests mit Prototypen.

Prototypen sind einfache Versuchsmodelle eines geplanten Produkts, die nicht einmal funktionstüchtig sein müssen. Ihr Zweck ist es, die eigenen Hypothesen zu testen und anderen ein klareres Bild von der Idee und Funktionsweise des Produkts zu vermitteln. Eine Skizze mag zwar anschaulich sein, wenn ich aber den Protoyp in der Hand halten oder auf dem Bildschirm sehen kann, gibt mir das mehr Information und ein besseres Gefühl dafür, wie das Produkt funktioniert.

Prototypen müssen und sollen auch nicht perfekt sein. IDEO prototypisierte ein medizinisches Gerät, dessen Form wie eine leicht in der Hand liegende Pistole aussehen sollte, mit nichts anderem als einem Filzstift, einer Filmdose, einer Wäscheklammer und Klebeband. Durch diese reduzierten Materialien wird der Blick aufs Wesentliche gelenkt. Statt zu diesem frühen Zeitpunkt in eine Diskussion über die Farbschattierungen des Produkts oder die Aufschrift abzuschweifen, wird Wichtigeres analysiert. Dadurch verliert man sich nicht in unnötigen Diskussionen, sondern arbeitet an den Teilen weiter, die gerade Priorität haben und als Nächstes anstehen.

Im Café Venetia oder Coupa Café in Palo Alto sehe ich immer wieder Start-ups, die Testbenutzern Papierprototypen vorlegen. Das Start-up Timeular beispielsweise, das einen kleinen Oktaeder entwickelt hat, der je nach der nach oben zeigenden Seite die unterschiedlichen Projektschritte beziehungsweise -zeiten dokumentiert, hatte auch nur einen unperfekten Prototypen. Der Palm-Gründer Jeff Hawkins schnitzte sich in seiner Garage aus einem Holzstückchen ein in Form und Größe dem späteren ersten digitalen Assistenten ähnelnden funktionslosen Prototypen, den er wochenlang mit sich herumtrug und immer dann zückte, wenn er glaubte, Notizen eintragen oder im Terminkalender nachsehen zu müssen.

Ein Prototyp zeigt einem sehr früh Anwendungszwecke und -grenzen einer Produktidee auf und auch, wie praktikabel sie ist. Je früher man dieses Feedback erhält, desto besser für die weitere Produktentwicklung.

Ein im Silicon Valley von Unternehmen recht häufig praktizierte Ansatz ist das schnelle Iterieren und, wenn notwendig, der Pivot. Der erste Google-Glass-Protoyp bestand aus nichts als ein paar Drähten und Holzstücken, die mit Klebeband zusammengehalten wurden und nicht mehr als eine halbe Stunde Konstruktionszeit benötigten. Die Designschmiede IDEO verwendet von alten Duschköpfen, Schaumstoffwürfeln bis hin zu Legosteinen alles, was die Mitarbeiter zwischen die Finger bekommen, für ihre Prototypen.[41]

Es bleibt aber nicht beim Iterieren. In extremen Fällen kommt es zu einem Pivot. Darunter versteht man, wenn ein Unternehmen die Produktidee verwirft und etwas völlig Anderes macht. Die Foto-App Instagram ist ein Paradebeispiel dafür.

Pivots beschränken sich nicht nur auf ein Produkt, einen Gegenstand oder Prozess. Viele der vorgestellten Personen unterzogen sich auch einem persönlichen Pivot, einer lebensverändernden Erfahrung. Sebastian Thrun, CEO der Online-Learningplattform Udacity und vormals Leiter der Self-Driving-Car-Gruppe bei Google, schilderte seinen Beweggrund für einen Pivot. Sein bester Freund starb in jungen Jahren bei einem Autounfall und das war für ihn die Motivation, sich damit zu beschäftigen. Piggybackr-CEO Andrea Lo erlebte ihren persönlichen Pivot bei der Spendensammlung für Rollstühle für arme Mexikaner.

Der Verhaltenspsychologe Barry Shaw von der University of Berkely erforschte, unter welchen Umständen Menschen in einer Organisation schlechte Entscheidungen treffen.[42] Warum stehen Entscheidungsträger zu ihren Beschlüssen und investieren Zeit und Geld in Projekte, obwohl sie zum Scheitern verurteilt sind? Was er herausfand, bezeichnete er als „eskalierendes Commitment". Das passiert, wenn man zu lange an seiner Wahl festhält und zu seinem Projekt steht, bis man zu tief drinsteckt und sich den Misserfolg nicht mehr eingestehen kann. Das Projekt *muss einfach* erfolgreich sein. Polaroid ist solch ein Beispiel. Die hundert Millionen, die man in Projekte steckte, machten den Erfolg zu einem Muss. Ein Misserfolg war keine Option. Das geht nur gut, solange einer signifikanten Anzahl an Projekten der Erfolg gelingt. Dauern die Projekte zu lange, steigt die Wahrscheinlichkeit, dass sie scheitern, weil die Technologie immer rascheren Innovationszyklen unterworfen ist. Je umfangreicher das Projekt, desto mehr Unternehmensressourcen werden gebunden, die bei einem Scheitern das Unternehmen gefährden können.

Weil bereits so viel Geld reingesteckt wurde, setzt man diese Projekte fort, auch wenn sie schon lange keinen Sinn mehr machen. Diese ‚sunk costs', die man bereits investiert hat, sollten eigentlich keinen Einfluss auf eine Entscheidung zur Projekteinstellung haben. Tatsächlich beeinflussen sie die Handlungen der Entscheidungsträger, weil irrationale Elemente ins Spiel kommen, nämlich ...

1. das Bedauern, die reingesteckte Arbeit und aufgewandten Mittel verschwendet zu haben,
2. das Bestreben, das Projekt abzuschließen und
3. die Angst, wie ein Narr dazustehen.

Projektverantwortliche treffen bessere und kreativere Entscheidungen, wenn sie diese mit Rücksicht auf andere statt auf sich selber treffen und wenn sie vor allem um andere und die Organisation besorgt sind. Nehmer kümmern sich mehr um ihren eigenen Ruf und ihr eigenes Fortkommen. Damit sind Geber besser im Pivotieren, denn sie schauen auf das Gesamtbild und nicht auf ihr Ego und kleinliche Details.[43]

Pionierkultur und Getting Shit Done

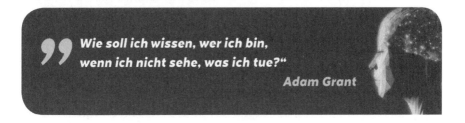

> "Wie soll ich wissen, wer ich bin, wenn ich nicht sehe, was ich tue?"
> — Adam Grant

Die schmale Eingangstür zu BetterWorks in Palo Alto ist eingezwängt zwischen einem Modegeschäft und einem Friseur. Im ersten Stock sitzen eng gedrängt 50 Mitarbeiter an Schreibtischen, dazwischen Sofas und sogar ein Terrarium mit einer ungiftigen Schlange als Mitbewohner.

Ich treffe BetterWorks-Gründer und -CEO Kris Duggan, den ich bereits von seinem ersten erfolgreichen Start-up Badgeville kenne. Kris' Lebenslauf ist typisch für viele Serienunternehmer im Silicon Valley. Geboren außerhalb der USA in Australien, wuchs er in Texas auf. Zum Studium kam er nach Kalifornien. Im Jahr 2010 erkannte er einen neuen Trend, der Spielelemente mit Geschäftsanwendungen verknüpfte und als Gamification bekannt werden sollte. Gemeinsam mit Martin Wedge gründete er Badgeville, das als Publikumsgewinner aus der TechCrunch-Disrupt-Konferenz hervorging. Innerhalb kürzester Zeit wuchs die Firma auf mehr als 100 Mitarbeiter und konnte 40 Millionen Dollar an Kapital aufstellen.

Während seiner Zeit als Badgeville-CEO bemängelte er die fehlenden Werkzeuge, um Ziele und Leistungsvorgaben in einfacher und übersichtlicher Weise darzustellen und zu planen. Das brachte ihn auf eine neue Start-up-Idee zum Thema Objectives und Key Results (OKR), wie sie Intel oder Google einsetzen. Ende 2013 verwirklichte er diese Idee und gründete BetterWorks. Erneut gelang es ihm innerhalb kürzester Zeit, das neue Unternehmen auf 65 Mitarbeiter auszubauen und 15 Millionen Dollar aufzustellen. Bis Ende 2016 sollen weitere 75 Mitarbeiter eingestellt werden.

Kris, der eine sehr ruhige, vertrauenerweckende Stimme hat, erläutert nach der Produktdemo die beeindruckenden Zahlen und

Fakten hinter BetterWorks. Zu den Kunden zählen GoPro oder Viacom und im Advisoryboard sitzen neben John Doerr, der als OKR-Pionier gilt und heute als Venture-Kapitalist bei der Top-Venture-Firma Kleiner Perkins Caufield & Byers tätig ist, auch namhafte Executives von Google, LinkedIn und Adobe.

Kris ist jemand, für den ‚Getting Shit Done' ein Lebensmotto ist. Nicht lange herumdiskutieren, lieber gleich mal ausprobieren. Seine beiden Unternehmen zeugen davon auch mit ihren Produkten. Mit Gamification wird das Paradigma, dass Scheitern als Lernerfahrung erlaubt und erwünscht ist, in Unternehmen eingeführt. Lieber ausprobieren, schnell scheitern und daraus lernen als ewig diskutieren, Zeit vertrödeln und zu spät zu erkennen, dass der eingeschlagene Weg ein Irrweg ist. Mit BetterWorks stellt Kris ein Werkzeug zur Verfügung, das Zielplanung effektiver und messbarer macht.

Wie er Probleme anpackt, ist bezeichnend. Beide Unternehmen haben innerhalb von kürzester Zeit recht ansehnliche Dimensionen erreicht. Und es ist kein Ende der Erfolgsstory in Sicht. Während sich europäische Unternehmen mit 50 Mitarbeitern nach mehreren Jahren zufrieden geben, sind 50 Mitarbeiter nach eineinhalb Jahren hier erst der Beginn.

Kris' Mentalität ist die eines Warriors, eines Kriegers, eines Pioniers. Er kann nur gewinnen. Auch bei Israelis findet man oft diese Eigenschaft.

Europäer legen häufiger eine Worrier-Mentalität an den Tag, die eines Vorsichtigen, eines Kritikers, eines Zaudernden. Es gibt zu viel zu verlieren. Warten wir lieber. Analysieren wir das erst mal. Und dann gehen wir auf Nummer sicher. Man will Innovation, aber kein Risiko – das ist wie schwanger werden wollen, aber nur ein bisschen. So klappt das nicht. Auf diese Weise gelangt man nicht zum Getting Shit Done.

Reden versus tun

> „Weil morgen, ja morgen, fang' i a neues Leben an, und wenn net morgen, dann übermorgen oder zumindest irgendwann fang i wieder a neues Leben an."
>
> **Erste Allgemeine Verunsicherung**

Iwan Alexandrowitsch Gontscharows 1859 erschienener Roman „Oblomow" beschreibt in der Titelfigur Ilja Iljitsch Oblomow den Typus des müßigen russischen Adeligen. Idealistisch, gebildet und begabt, ist er durch seinen Wohlstand jeder Notwendigkeit enthoben zu arbeiten. Er verbringt seine Tage vor allem damit, Träume zu spinnen, was er alles zu machen gedenkt, verschiebt die Angelegenheit aber immer auf einen anderen Zeitpunkt, bis er letztendlich zu krank wird und stirbt, ohne je versucht zu haben, einen seiner Träume in die Realität umzusetzen. Auch Anton Tschechows „Drei Schwestern", Eugene O'Neills „Der Eismann kommt", Franz Kafkas „Vor dem Gesetz" oder Samuel Becketts „Warten auf Godot" thematisieren dieses ewige Reden, Planen und Träumen, dem keine Taten folgen. Vielleicht ist dieses Thema gerade für Buchautoren ja auch besonders naheliegend oder lohnend.

2007 spielte ich mit der Idee, ein Satiremagazin in Österreich auf den Markt zu bringen. Kabarett mochte ich schon immer, ich hatte eine Unmenge an satirischer Literatur von Ephraim Kishon über Hugo Wiener bis zu Loriot in meinem Bücherregal stehen und las für mein Leben gern Comics und Cartoons. Zuerst war das nur ein Gedanke, aber über die Monate hatte ich mehr und mehr Informationen zu Zeitschriftenverlagen, Druckkosten und anderen Details zusammengetragen. Ich erzählte ein paar Freunden, die wir regelmäßig im Café Venetia in Palo Alto trafen, meine Pläne. Jedes Wochenende berichtete ich von neuen Erkenntnissen, bis es mir nach einem Jahre Gerede zu blöde wurde. Wollte ich vor meinen Freunden nicht als das Großmaul dastehen, musste ich nun endlich was tun. Innerhalb weniger Wochen hatte ich mit einem Bekannten eine erste Testausgabe des Satiremagazins veröffentlicht. Das vermittelte uns einen Eindruck, was zu tun wäre, um es profitabel zu machen. Ein weiteres Jahr später hatte ich das Geld dafür zusammen und ging das Ganze professionell an. Vier Ausgaben schafften wir, bevor uns das Geld ausging. Auch wenn das Ende nicht leicht war – etliche Jahre später muss ich mir nicht vorwerfen, meinen Jugendtraum nicht verfolgt zu haben. Als Erinnerung habe ich die vier Ausgaben und viele Freunde unter Cartoonisten und Schreibern, mit denen ich nach wie vor in völlig anderen Projekten zusammenarbeite.

Was ich daraus gelernt habe, ist, nicht nur zu reden, sondern was zu tun. Reden muss man auch, vor allem muss man es anderen Leuten erzählen, nicht nur, um die eigene Idee zu testen und Feedback zu kriegen, sondern auch, um sich selbst unter Druck zu setzen: Ich kann nicht immer nur von meinen Träumen reden, sonst mache ich mich vor meinen Freunden lächerlich, sondern ich muss sie auch angehen.

Ich habe sehr viele Bekannte, die mir erzählen, dass sie ein Buch schreiben wollen oder schon lange eine Buchidee haben. Aber sie folgen ihrem Traum nicht, weil der Traum so groß aussieht. Ein Buch mit 200 Seiten schreibt sich nicht von alleine oder von heute auf morgen. Die Herausforderung scheint überwältigend, besonders wenn es sich um das erste Buch handelt. Das führt zur Lähmung. Dabei gibt es kleine wichtige Schritte, die man gehen kann – und ohne es zu realisieren, ist man schon mittendrin im Schreibprozess. Einfach ein Word-Dokument anlegen und die ersten Gedanken reinschreiben. Dann jeden Tag ein bisschen Zeit dafür reservieren, um weitere Sätze und Seiten zu schreiben. Oder man erstellt einen kleinen Blog und veröffentlicht darin jede Woche zwei bis drei kleine Artikel. Über die Zeit kommt wichtiges Material für das eigene Buch zusammen.

Was für ein Buchprojekt funktioniert, ist auch auf die Realisierung anderer Lebensträume übertragbar. Das Gesamtprojekt wird in kleine handhabbare Teile zerlegt, und jeden Tag wird ein anderer Teil erledigt oder angefangen. Nur über ein Projekt zu reden und es zu lange zu analysieren, das führt zur Paralyse durch Analyse. Je mehr ich ein Problem analysiere, ohne was zu tun, desto mehr Information kommt hinzu, die zusätzlich analysiert werden muss, bis das ganze Problem so groß geworden ist, dass ich mich nicht mehr traue, es anzugehen, weil zu viel schiefgehen kann.

IDEO ermutigt seine Mitarbeiter und Kunden, möglichst rasch zu handeln, anstatt zu lange zu überlegen. Man denke nur an das Marshmallow-Turm-Experiment, bei dem Kinder höhere Türme als Manager und Betriebswirtschaftsstudenten bauen, weil sie sehr viel rascher ausprobieren und dadurch unmittelbare Rückmeldung zu ihren Ansätzen erhalten, wohingegen Erwachsene zuerst mal diskutieren und analysieren und dann zu wenig Zeit haben, ihre ungeprüften Hypothesen mit der Wirklichkeit abzugleichen.

Auch Eric Ries beschreibt in seinem Buch „The Lean Startup" diese Herangehensweise, lieber rasch etwas auszuprobieren statt lange nachzudenken und zu analysieren. Silicon-Valley-Leute nennen das ‚etwas an die Wand werfen und sehen, ob was kleben bleibt'. Das, was kleben bleibt, nimmt man und macht damit die nächsten Versuche und so arbeitet man sukzessive auf die erfolgreichen Lösungen hin.

THOMAS ENDERS

Unter bunten Sonnenschirmen zwischen zwei von Dutzenden Google-Gebäuden sitze ich mit dem Landshuter Thomas Enders. Mehrere Minuten verbrachten wir damit, uns über das umfangreiche Angebot des Google-Cafés Übersicht zu verschaffen. Nun sitze ich hier mit meiner Limonade, Thomas mit einem Tee. Beide Getränke gab es gratis, wie so viele Angebote gratis für Google-Mitarbeiter sind.

Seit knapp einem Jahr arbeitet Thomas als Produktmanager für Google Fiber in Mountain View, nachdem er über zehn Jahre bei der Designschmiede IDEO in Palo Alto war. Dabei war dieser Weg für ihn nicht vorgezeichnet. Als Elektrotechniker verbrachte er lange Zeit an der TU München, wo er nach einem Aufenthalt in Stanford schließlich promovierte. Als echter Bayer promoviert man in Elektrotechnik nicht an irgendwas, sondern an einem Regelungssystem für Brauereien. Prost!

Er stammt aus einer Maschinenbauerfamilie, sowohl sein Vater als auch sein Bruder waren Ingenieure. Nach seiner Dissertation fragte er sich, wie sein zukünftiger Lebensweg aussehen sollte. Das Jahr in Stanford hatte ihn geprägt. Alles was Rang und Namen in der Computerindustrie hatte und diese auch begründet hatte, war dort anzutreffen. Zufällig ergab es sich, dass ein Freund in der Bay Area heiratete und Thomas als Hochzeitsgast geladen war. Und weil er schon mal da war, bewarb er sich bei IDEO, ging zum Vorstellungsgespräch und, schwupps, hatte er ein Jobangebot. Das klingt verlockend einfach.

Bei IDEO war er für die Beratung zu medizinischen und integrierten Systemen und Consumer Electronics zuständig. Dabei kooperierte er mit sehr vielen großen Firmen und fand nicht nur die Produkte, sondern auch deren unterschiedliche Unternehmenskulturen spannend. Es gab beispielsweise einen klaren Mentalitätsunterschied zwischen Leuten, die von ihrer Firma ins Silicon Valley geschickt worden waren, und denen, die aus eigenem Antrieb kamen. Letztere waren viel aufgeschlossener, dynamischer und bereit, in großen Maßstäben zu denken.

Nachdem sich der Elektronikmarkt Anfang 2000 völlig gewandelt hatte und integrierte Systeme von chinesischen Anbietern zu Niedrigpreisen angeboten wurden, änderte sich das Beratungsspektrum von IDEO und somit auch Thomas' Aufgabenbereich: Nun befasste er sich mit Experience Design, Produktdesign und Servicedesign. Projektarbeits-Methoden wie Human-Centered Design und iteratives, schnelles Prototyping sollten Kunden zu mehr und schnellerer Innovation verhelfen.

Bis dahin nahm die Produktentwicklung oft mehrere Jahre in Anspruch, und das war schon damals nicht mehr tragbar. Mit der neuen Methode wurde sie auf wenige Wochen und Monate verkürzt. Aber nicht nur die Kunden selbst mussten sich anpassen, auch deren Kunden und Kooperationspartner. Diese tief greifenden Veränderungen zu akzeptieren und umzusetzen fiel den Kunden und Partnern oft nicht leicht.

Nach über einem Jahrzehnt bei IDEO zog es ihn wieder in die Produktentwicklung, wo er ein Produkt vom Anfang bis zum Ende betreuen konnte. Es von der Konzeption bis zur Verwendung beim Endkunden zu begleiten bedeutet ihm sehr viel. Und bislang macht ihm die Aufgabe bei Google großen Spaß.

Weil sein Vater und sein Bruder in Deutschland als Berater geschäftlich tätig waren, hatte er einen guten Einblick in die Unterschiede zwischen Deutschland und den USA erhalten. In den USA brächten Kunden auch unbekannten Beratungsunternehmen einen großen Vertrauensvorschuss entgegen. Man werde an die ‚Kronjuwelen des Kunden' – wie Thomas es nannte – rangelassen und dürfe zeigen, was man draufhat. In Deutschland sei das eher unüblich, Vertrauen müsse erst aufgebaut werden. Auch sieht er die Bereitschaft, etwas Neues auszuprobieren und nicht zuerst alles von Anfang bis zum Ende zu durchdenken, als bedeutenden Unterschied. Ausprobieren, dann schauen, ob es schiefgeht, und neu probieren. In Deutschland würde man als Versager angesehen, wenn was schiefgeht. Ob man das nicht ordentlich durchdacht hätte und hätte vorhersehen können?

Der Vorteil, den dieses Ausprobieren bringt, bringt die Statistik zutage. Für den Einzelnen geht's nicht immer gut, aber für das gesamte Ökosystem ist es ein immenser Vorteil. Eine statistisch relevant große Zahl an Versuchen muss zwangsläufig zu Erfolgen führen. Wenn man neue Ansätze nicht in ausreichender Zahl ausprobiert, kommt man auch zu weniger erfolgreichen Ansätzen. Und ob ein Ansatz erfolgreich sein wird, kann man oft nicht vorhersagen oder durchdenken. Das Dilemma sei natürlich, wie darüber berichtet wird. Die Öffentlichkeit sehe vorwiegend die Erfolge. Dass mit jedem Instagram Dutzende instagramähnliche Ansätze scheiterten, wird nicht publik. Außerdem könne man mit den richtigen Entwicklungsmethoden die Anwender besser verstehen, viele kleinere Experimente starten und damit in der Kombination die Erfolgswahrscheinlichkeit deutlich erhöhen.

Aufgrund der hohen Konzentration an talentierten und fähigen Leuten im Silicon Valley können Unternehmen auch sehr rasch externe Mitarbeiter für Projekte hinzuziehen, ohne dass diese angestellt werden müssen. Und da der bereits erwähnte Vertrauensvorschuss einfach da ist, haben auch die Kunden keine Probleme damit. Das beschleunigt Projekte, weil man nicht erst langwierig rekrutieren muss. Als er sich auf Jobsuche machte, half ihm sein Netzwerk ungemein. Freunde und Bekannte stellten Verbindungen zu anderen her.

Amerika brauche die Krise, meint Thomas. Dann versetzen die Amerikaner Welten und Berge. In Deutschland werde erst mal alles abgewägt und endlos geprüft, was das alles für Konsequenzen haben könnte, oder es wird abgewartet, bis der Staat was macht. Die Ergebnisse können dabei unterschiedlicher nicht sein. Hier sei die Entwicklung sehr viel schneller, andererseits – versuche hier mal, einen guten Schreiner zu finden. Das sei fast unmöglich.

Thomas unterscheidet auch sehr zwischen Silicon Valley und dem Corporate America. Hierarchisch strukturierte traditionellere amerikanische Unternehmen seien oft stark verkrustet, deutsche Unternehmen erschienen da nachgerade modern und aufgeschlossen. Wo man den Amerikanern aber nicht das

> Wasser reichen kann, sei das Marketing. Als sich seine Frau auf der Uni in Berkeley bewarb, sagte ihr der Berater, nachdem er ihren Lebenslauf gesehen hatte: „You have to pump it up, baby!", im übertragenen Sinne: „Diesen Lebenslauf musst du aufmotzen, Kindchen!" Marketing regiere die amerikanische Geschäftswelt, in Deutschland seien es oft die Ingenieure.
>
> Und weil wir vom Marketing sprechen: Bei schönem Wetter klappe auch das viel besser, und das ist auch nicht unbedingt von Nachteil, wenn es um die Attraktivität des Silicon Valley für Thomas geht.

Ein Trio von Karlsruher Wirtschaftsstudenten kam im Sommer 2014 auf mich zu, um mit mir ihren ersten Prototyp zu einer Wettgemeinschafts-App für Fußballspiele zu besprechen. Sie hatten eine erste Version und wollten über Gamification diskutieren. Im Gespräch wurde klar, dass sie da zwar etwas hatten, das einige Chancen auf Erfolg hatte, sie mussten aber ein paar strategische Änderungen vornehmen, um dorthin zu gelangen. Unter anderem war der Programmierer der Anwendung kein Gründungsmitglied ihres geplanten Start-ups, sondern hatte seine eigene Softwareschmiede gegründet. Das stellt ein Problem dar, wenn die wichtigste Person nicht im Team ist. Des Weiteren versuchte ich den Dreien mögliche Pfade für die zukünftige Entwicklung ihres Start-ups aufzuzeigen und ihnen klarzumachen, dass eine Aufnahme in ein Akzeleratorprogramm oder eine erfolgreiche Kapitalaufstellung das Ende ihres Studiums bedeuten würde. Das überraschte sie. Sie meinten, sie hätten jeder 25.000 Euro für das Studium bezahlt und das ginge nicht so einfach, und außerdem hätten sie nur mehr ein Jahr übrig. Ich erwiderte, wenn sie 100.000 oder 200.000 Euro an Kapital aufstellen, wären erstens die jeweils gezahlten 25.000 Euro nicht mehr wesentlich, und zweitens wäre ein Studienabschluss nur dann wichtig, wenn sie nachher in einem Unternehmen als Angestellte arbeiten wollen. Wenn sie aber einmal

Start-up-Luft geschnuppert hätten, würden sie immer ihr eigenes Ding machen wollen.

Wie die Leute, die gerne ein eigenes Buch schreiben wollen, gibt es viele Mitarbeiter in Unternehmen, die von ihrem eigenen Start-up träumen, aber dem Traum nie Taten folgen lassen. Was die drei Karlsruher Studenten letztendlich daran hinderte, war ihr Glaube, einem vorgeschriebenen Pfad folgen zu müssen. Zuerst Schule, dann Studium abschließen, dann vielleicht Erfahrung in einem Unternehmen sammeln, bevor man sich an sein eigenes Unternehmen rantraut. Man meint, erst beim Eintreten eines gewissen Ereignisses sei man in der Lage, Kontrolle über sein Leben zu übernehmen und endlich das zu tun, was man immer schon tun wollte. Dieses Ereignis tritt aber entweder nie ein, oder wenn es eintritt, werden andere Gründe gefunden, warum man nun auf das nächste Ereignis warten muss und den Traum momentan nicht verwirklichen kann.

Dass viele erfolgreiche Gründer keinem vermeintlich vorgegebenen Pfaden gefolgt sind oder nicht erst auf ein spezifisches Ereignis gewartet haben, übersehen dabei viele. Die unkonventionellsten Karrierepfade scheinen den erfolgreichsten Gründern gemein. Steve Jobs, Bill Gates und Mark Zuckerberg schlossen ihr Studium alle nicht ab.

Je kreativer eine Organisation ist, desto weniger interne Besprechungen finden dort statt. Reden und Träumen ist nicht gleichzusetzen mit Schaffen.[44] Ein Ort, an dem Träume verwirklicht werden, sind die Makerspaces namens TechShop. Mit Zweigstellen in San Francisco, San José, Redwood City, Los Angeles, Detroit und vielen anderen Städten in den USA bringen diese öffentlich zugänglichen Werkstätten Maschinen, Werkzeuge und Wissen in die Regionen. Handwerker, Macher und solche, die es werden wollen, können dort lernen, wie man 3D-Drucker, Lasercutter, Nähmaschinen, CNC-Fräsen, Hobelbänke, 3D-Scanner und andere Werkzeuge verwendet und wie man mit der dazugehörigen Software die Modelle vorbereitet und damit die Gravuren in die Trinkgläser für die bevorstehende Hochzeit macht, den Spielzeugkasten für den Sohn, die Tesla-Magnetspulen für das kommende Burning Man Festival oder einfach mal das gerade mit einer halben Million Dollar ausgestattete Kickstarter-Projekt verwirklicht.

Ähnliche Makerspaces-Konzepte werden in Europa übernommen. Von den FabLabs in Berlin oder Barcelona zum Dreamicon Valley von Harald Katzenschläger und Hermann Gams im Burgenland sind Maker und Träumer im Kommen. Als Maker werden Leute bezeichnet, die einfach etwas tun und dabei die digitale mit der analogen Welt verbinden. Vom faltbaren Oru Kayak über die wie ein Buch aussehende Lampe Lumio bis hin zum 3D-Drucker-Hersteller Type A Machines finden sich dort die Maker ein. Das bereits erwähnte milliardenschwere Start-up Square, von dem wir später noch mehr erfahren werden, baute den ersten Prototyp für den innovativen Kreditkartenleser für mobile Geräte im TechShop.

Makerspaces sollten wie eine öffentliche Bibliothek gesehen werden. Nicht nur Zugang zu Wissen sollte jedem möglich sein, sondern auch der Zugang zu Maschinen.

Abgesehen vom eigenen Monatsmagazin *Make:* findet in der Bay Area alljährlich auch die Maker Faire in San Mateo statt. Über 130.000 Besucher strömen durchs Ausstellungsgelände. Auch Google oder Intel lassen es sich nicht nehmen, Maker-Projekte ihrer Mitarbeiter zu präsentieren. Schulen aus dem Silicon Valley entsenden ganze Klassen zur Messe, um ihre Roboterprojekte vorzustellen und die Theorie mit der Praxis zu verbinden. Wenn man Schülern aus solchen Klassen begegnet und deren Leidenschaft und Forschungsdrang sieht, werden einem sofort Wege und Möglichkeiten klar, wie man jugendliche Schulabbrecher oder gelangweilte Schüler wieder begeistern kann und ihnen eine Zukunft geben kann.

Moonshots

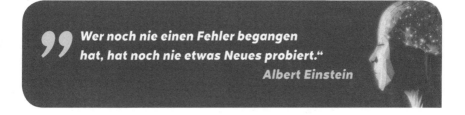

„Wer noch nie einen Fehler begangen hat, hat noch nie etwas Neues probiert."
Albert Einstein

Wie weit entfernt dieses europäische Zaudern von den sogenannten Moonshots, dem ‚Griff nach den Sternen' ist, zeigt Google. Die Google-

Gründer Larry Page und Sergey Brin bezeichnen damit Projekte, die nicht nur ein paar Prozentpunkte an Verbesserung bringen, wie sie bei inkrementeller Innovation vorzufinden ist. Sie meinen damit Projekte, die eine mindestens zehnfache Verbesserung schaffen. Statt zehn Prozent wollen sie mit den Google-X-Projekten eine 1.000-prozentige Verbesserung erreichen.

Tesla-Chef Elon Musk wies auf diesen Unterschied in Führungskulturen hin, als er in einem Interview mit dem *Handelsblatt* auf die Gründe für die Beendigung der Zusammenarbeit mit Daimler und Toyota bei der Entwicklung von Batterietechnologien einging.[45]

> **Wir sahen als Problem mit den Projekten, die wir mit Toyota und Daimler durchführten, dass sie letztendlich zu klein gedacht waren.**
> **Sie berechneten nur, welchen Betrag sie reinstecken mussten, um die Behörden zufriedenzustellen, und hielten den Aufwand so gering wie möglich. Solche Projekte wollen wir nicht machen. Wir wollen Projekte machen, die die Welt ändern werden."**

Nicht die niedrig hängenden Früchte abzuernten oder zahlende Kunden zufriedenzustellen, sondern die wirklich schwierigen Probleme anzugehen ist das erklärte Ziel innovativer Unternehmer. Das mag nicht immer gut gehen, wie die erste Version von Google Glass, einem nun teilweise eingestellten Google-X-Projekt, zeigte. Aber bahnbrechende Entwicklungen können nur erreicht werden, wenn man ein Risiko eingeht.

> **FALLBEISPIEL**
>
> **Google X Makani**
>
> Wir stehen auf einem riesigen leeren Parkplatz zwischen heruntergekommenen Lagerhallen in Alameda. Auf der Ostseite der San Francisco Bay, der sogenannten East Bay, befindet sich die Insel Alameda. Die Insel erreicht man entweder durch einen Tunnel oder über eine Brücke, bevor man über mehrere Straßenzüge hindurch zwischen Sozialwohnungen, in der zumeist einkommensschwächere Latinos wohnen, in das Industriegebiet gelangt. Auf Alameda befindet sich ein von der US Navy mittlerweile stillgelegter Luftwaffenstützpunkt sowie der Hafen, an dem Kriegsschiffe ankerten. Heute zeugen von der militärischen Vergangenheit nur mehr die überwachsenen Rollbahnen und vereinzelte Transportschiffe sowie der permanent angedockte Flugzeugträger USS Hornet, der 1942 von Frauen gebaut, 1943 bei den großen Seeschlachten im Pazifik während des Zweiten Weltkrieges in Aktion trat und zuletzt beim Vietnamkrieg im Einsatz war. 1970 wurde er ausgemustert und dient seit den 1990er-Jahren als Museum. Besondere Prominenz erfuhr die USS Hornet 1969 als das primäre Bergungsschiff für die Apollo-11- und Apollo-12-Missionen mit den ersten Astronauten, die vom Mond zurückkamen. Heute kann man auf dem Schiff den Quarantäne-Container inspizieren, in dem die Astronauten eine Woche verbringen mussten. Und wer will, kann auf dem Flugzeugträger auch übernachten und sich auf dem riesigen Schiff verlaufen, sich den Kopf an den niedrigen Türen anschlagen oder vielleicht sogar einigen der angeblich dort spukenden Geister begegnen.
>
> Genau zwischen den Landestegen mit der USS Hornet und den heruntergekommenen Baracken befindet sich ein unschein-

bares Gebäude mit einer doppeltürigen Glasschiebetür. Eines der im Vorraum stehenden bunten Google-Fahrräder, die am Google-Campus in Mountain View omnipräsent sind und von den Mitarbeitern genutzt werden, um zu den verstreuten Firmengebäuden zu gelangen, verrät, dass es sich um eine Außenstelle von Google handelt. Andreas Faass, ein deutscher Mitarbeiter von Google X Makani, empfängt uns, indem er mit einigem Kraftaufwand die funktionslosen Schiebetüren aufzwingt. Das Innere verrät kaum, dass dieses Gebäude zum Internetgiganten gehört. Fahrräder hängen an der linken Wand, durch die Büros läuft ein Hund, der einer Mitarbeiterin gehört. Über uns hängt der erste Prototyp eines Flügels mit Propellern dran, und in der chaotisch anmutenden Werkstatt bereiten Mitarbeiter die Tragfläche eines viel umfangreicheren Flügels vor.

Es ist für uns der letzte Termin einer mit Besuchen vollgestopften Woche, die wir für eine achtköpfige Gruppe von Besuchern aus Europa organisiert haben. Alle sind bereits erschöpft an diesem späten Freitagnachmittag, und wir wissen nicht ganz, was sich hinter dem geheimnisvollen und uns nichts sagenden Makani verbirgt.

In kurzen und präzisen Worten erklärt Andreas anhand von Skizzen und eines erst kürzlich veröffentlichten Videos, worum es sich handelt. Heute übliche Windturbinen stoßen in diverser Hinsicht an ihre Grenzen. Man benötigt sehr viele davon, um fossile Brennstoffe damit zu ersetzen, und je größer die Windräder werden, desto stabiler und schwerer müssen die Rotoren dimensioniert werden. Beim momentanen Stand der Technik wird das jedoch schnell unwirtschaftlich. Auch verschandeln die Windkraftwerke ganze Landstriche, ganz abgesehen von den Abertausenden Vögeln, die in die Rotorblätter geraten und getötet werden.

Hinter Makani, dem hawaiianischen Wort für Wind, steht das Konzept eines Nurflüglers mit Propellern, der wie ein Flugdrachen an einem dicken Kabel bis zu 400 Meter in die Luft gelassen wird und dort dann in kreisförmigen Bewegungen mit dem Wind fliegt und durch die Propeller Energie erzeugt. Über das Kabel wird der erzeugte Strom in Batterien gespeichert oder direkt in das Stromnetz eingespeist. Auf dem Boden befindet sich die Landestation, an der das Kabel hängt. Der Flugdrachen kann automatisch gestartet und gelandet werden.

Weil ein solcher Makani-Nurflügler in einer Höhe von 400 Metern fliegt, verringert sich das Problem mit Vogelschlag, und aufgrund der relativ kleinen Dimension ist er für das menschliche Auge weniger sichtbar. Der Flügler wird wie ein Flugzeug in großer Höhe viel weniger wahrgenommen.

Als wir Andreas' Ausführungen lauschen, sitzen wir alle irgendwie ungläubig da. Doch nach einer Woche im Silicon Valley haben unsere Gäste gelernt, dass man selbst die noch so durchgeknallt klingenden Ideen nicht so einfach abschasseln darf. Um uns zu überzeugen, führt uns Andreas auf das Vorfeld, das zwischen dem Makani-Gebäude und dem verlassenen Militärflughafen liegt. Dort stehen mehrere Versionen der Landestationen, die auf umgebauten Lkw wie kleine Rampen aussehen. Ein Flugzeugträger auf Rädern sozusagen. In einer benachbarten Halle wird gerade die Flügelfläche des nächsten und bis dato größten Prototyps laminiert.

Die Initialzündung für die Idee zu Makani kam den Gründern 2006 beim Kitesurfen. Zwischen Half Moon Bay und Santa Cruz liegt Waddell Beach, wo an jedem Wochenende geschätzt locker 100 Kitesurfer ihre Runden drehen. Kitesurfer benutzen rechteckige Gleitschirme, über die sie mit einem Tragegurt und einem Seil verbunden sind. Eine Spule erlaubt es, die Höhe des

Fallschirms zu bestimmen und den Wind auszunutzen, um damit auf einem Surfbrett über das Wasser gezogen zu werden. Neben einfachem Vor-sich-hin-Surfen können spektakuläre Manöver ausgeführt werden, die den Kitesurfer in die Lüfte heben und auch Saltos erlauben.

Die drei späteren Makani-Gründer beobachteten, wie stark die Windkräfte auf die Kitespulen wirken, und fragten sich, ob man diese zur Energiegewinnung nutzen könne. Es zeigte sich rasch, dass nicht das Spulenkonzept, sondern Propeller an einem Nurflügler der richtige Ansatz zu sein schien. Die beiden Google-Gründer Larry Page und Sergey Brin sind selber begeisterte Kiteboarder und verfolgten die Versuche der drei Gründer, bis sie kurzentschlossen Makani kauften und in das Google-X-Programm eingliederten.

Makani ist ein gutes Beispiel, wie Aufgeschlossenheit und die offene Beobachtungsgabe Ideen aus scheinbar unverwandten Disziplinen wie Kiteboarding für andere Bereiche wie eben alternative Energiegewinnung generieren kann. Und selbst wenn im ersten Moment die Idee verrückt erscheint, darf man sich nicht davon abhalten lassen. Anstatt lange zu diskutieren und alle möglichen Gründe zu finden, warum das nicht funktionieren kann, bauen die Gründer gleich mal einen einfachen Prototyp, lernten aus Anfängerfehlern und bauten eine verbesserte Version. Im Vergleich zu den Investitionen, die in traditionelle Technologien ohne Wimpernzucken gesteckt werden, um ein paar Prozentpunkte an Verbesserung zu schaffen, scheinen die paar Millionen für Google Makani fast vernachlässigbar. Aber das Ergebnis kann diesen Sektor revolutionieren.

Pitch

Startet man mit der Arbeit und hat eine erste Idee, wie sich das eigene Start-up entwickeln könnte, muss man sich um Geld kümmern und deshalb anderen erzählen, was man denn so vorhat. Und dazu bereitet ein Start-up einen Pitch vor. In einem Pitch stellt eine Start-up-Gründerin ihre Idee in wenigen Sätzen potenziellen Geldgebern vor. Pitchveranstaltungen finden in unterschiedlichen Formaten statt, von 30 Sekunden, die man dafür Zeit hat, bis zu zwei Minuten. Darauf folgt ein Frage-und-Antwort-Teil und die abschließende Bewertung der Pitches durch die Investoren. Auch öffentliche zehnminütige Pitches sind nicht unüblich. Viele Pitchveranstaltungen finden übrigens am Abend statt, damit Start-up-Gründern, die noch Angestellte eines Unternehmens sind, die Chance gegeben wird, nicht während der Arbeitszeit kommen zu müssen.

Je nach Länge der verfügbaren Zeit fängt ein Pitch mit einem Mash-up-Vergleich an („Wir sind Uber für Fahrräder") oder mit einer Geschichte („Mit zehn spielte ich mit meinen Freunden Fußball, als plötzlich einer von ihnen tot zusammenbrach. Er hatte einen undiagnostizierten Herzfehler gehabt."). Diese Eröffnung soll sofort das Interesse der Investoren wecken. Auf den Beginn folgen weitere Details, die das Problem näher erklären, dann die Lösung. Man erklärt, wie der Markt dafür aussieht, wie man Geld damit macht, wer im Team ist und warum die Teammitglieder alle so toll sind, und natürlich, was die Investitionsgelegenheit ist.

Pitches müssen geübt werden. Amerikaner sind viel erfahrener darin und Europäer oft zu faktenverliebt. Niemand kann sich die merken, Geschichten aber schon. Die Dynamiken bei einer Pitchveranstaltung sind sehr interessant. Wenn man sich in eine solche reinsetzt und zuhört, erfährt man nicht nur etwas über tolle und weniger tolle Ideen, sondern auch über die Leute, die sie vortragen, und wie die Investoren darauf schauen und was sie dazu sagen.

Ron Weissmann von der Band of Angels eröffnete eine abendliche Pitchveranstaltung mit folgenden Worten:

> „Vor neun Monaten kam zu diesem Pitch ein deutscher Start-up-Gründer. Er war nur deshalb hierher gekommen und kannte niemanden. Er sagte: ‚Mein Start-up hilft Unternehmen, ihre Rechnungen schneller bezahlt zu kriegen. Meine Kunden sind Coke und Siemens. Wir kooperieren mit SAP und haben eine entsprechende Lizenz. Wir brauchen eine Million Dollar, um zu wachsen.' So einen Pitch will ich hören. Ich rief damals gleich meinen Partner an, um ihm zu sagen, dass er unbedingt noch mal aus dem Haus muss und herkommt. Zwei Stunden später unterschrieben wir den Scheck, neun Monate später, als das Start-up verkauft wurde, verdienten wir fünf Millionen. Ähnliches will ich heute von Ihnen hören. Good luck!"

Was die VCs aber von den Start-ups nicht nicht hören wollen, sind Sätze wie „Wir sind das nächste Google" oder „Facebook kann das nicht machen". Demut ist hier angebracht.

Pitches sind nicht nur relevant für Start-ups, auch Unternehmensmitarbeiter sollten ihr Projekt, ihre Idee, ihre Arbeit in wenigen Sätzen vorstellen können. Macht man das gut, ist eine weitere detaillierte und interessante Diskussion fast unvermeidbar. Seine eigenen Ideen und seine Arbeit gut pitchen zu können, hilft auch, andere dafür zu begeistern und Rückhalt zu gewinnen.

Soft Skills

Als mein Sohn fünf Jahre alt war und den Kindergarten in Palo Alto besuchte, musste er einmal Spielzeug mitbringen. Anlass war der sogenannte Sharing Day, an dem jede Woche ein anderes Kind etwas mitbrachte und vorzeigte. Dabei saß es auf einem kleinen Sessel, während die anderen Kinder sich um ihn herum auf dem bunten Teppich räkelten. Für die Kleinen ist das immer spannend, weil sie oft tolle Spielzeuge sehen und schon ganz gespannt darauf warten. Als Spielzeug hatte er Bausteine ausgewählt, die, wenn man sie zusammensteckte, zu leuchten begannen. Er führte sie vor, erklärte die Funktionsweise, und nach der Demonstration stellten die Kinder Fragen. „Wann hast du die gekriegt?" oder „Gibt's auch Räder?" oder „Wie kann man die Steine aufmachen?" Auf jede Frage musste mein Sohn antworten, und selbst wenn er nicht mehr wusste, zu welchem Anlass er sie bekommen hatte, erfand er einfach etwas und plapperte weiter.

Der Ablauf des Sharing Day ist nichts anderes als ein Pitch mit einer Demo, genauso wie es Start-ups vor Venture-Kapitalisten machen. Oder wie man es bei einer Projekt- oder Produktdemonstration vor dem Management oder vor Kunden machen muss.

Was hier im zarten Alter von fünf Jahren beginnt, setzt sich von Volksschule bis Highschool und Universität fort. Jeden Monat teilweise mehrmals muss von den Schülern und Studenten ein Referat gehalten oder ein wissenschaftliches Projekt gebastelt und vorgestellt werden. In meiner ganzen Schul- und akademischen Karriere hatte ich vielleicht ein halbes Dutzend solcher Gelegenheiten. Drei in der Schule (unter anderem ein Referat zu Franz Schubert, zu meinem Hamster und einem Buch) und drei Vorträge in den acht Jahren, die ich auf zwei Universitäten verbrachte. Und diese Vorträge wiederum gab ich zu meiner Diplomarbeit und Dissertation. Amerikaner haben somit 20 Jahre Vorsprung beim Feilen an ihren Vortragskünsten. Diese Fertigkeiten fehlen den Europäern, neben so manch anderen Soft Skills.

Softs Skills sind Eigenschaften und Fähigkeiten, die im Umgang mit anderen Menschen benötigt werden. Die Kunst, Gespräche zu führen, sich in andere hineinversetzen zu können oder mit einer Geschichte zu unterhalten, sind Beispiele dafür. Soft Skills sind schwerer mess- und greifbar. Hard Skills wie das Beherrschen einer Programmiersprache oder die Fähigkeit, ein Auto zu reparieren, sind quantifizier- und messbar. Nicht zuletzt dank Apples Erfolgen mit sehr gut designten Produkten dämmert es vielen, dass Soft Skills extrem viel Bedeutung für den Erfolg eines Unternehmens haben können.

Im angelsächsischen Sprachraum gibt es eine lange Tradition der Redekunst, die vom Speaker's Corner in London bis zu den Debattierklubs an britischen und amerikanischen Universitäten reicht. Reden, Vortragen, Debattieren wird als Handwerk angesehen, das erlernt werden kann. Wer je eine Unterhausdebatte im Original im britischen Fernsehen gesehen hat oder eine Rede eines amerikanischen Spitzenpolitikers und das mit heimischen Politikern vergleicht, wird das bestätigen. Noch krasser wird der Unterschied, vergleicht man Konferenzen mit deutschsprachigen Vortragenden. Dort liest man zum Teil wörtlich seine Notizen oder Folien ab, schläfert durch den monotonen Vortragsstil das Publikum ein und tut generell alles, um zu vermeiden, dass das Publikum echtes Interesse und Begeisterung zeigen könnte. Bloß nicht sich dem Publikum anbiedern und einen unterhaltsamen und spannenden Vortrag liefern!

Wie groß der Unterschied ist, zeigt folgende Begebenheit. Das Cafe Borrone liegt am Anfang der zentralen Santa Cruz Avenue in Menlo Park und ist ein beliebter Treffpunkt bei Anwohnern und Studenten der benachbarten Stanford University. Die weit ausladende Freischankfläche auf dem Vorplatz ist zu jeder Zeit gesteckt voll und am Wochenende gibt's auch Live-Musik. Gleich neben dem Café befindet sich Kepler's, eine Familienbuchhandlung, die als Institution gilt und mit dem Café eine Art Symbiose eingeht. Keiner Buchhandelskette zugehörig, zählt Kepler's zu den Raritäten als eine der wenigen sogenannten ‚independent bookstores' in Amerika, das von Buchhandelsketten wie Barnes & Nobles oder der mittlerweile pleitegegangenen Borders Group dominiert wird. Autoren geben sich hier regelmäßig ein Stelldichein, um in Lesungen ihre neuesten Bücher vorzustellen. Wie beliebt Kepler's ist, zeigte sich vor ein paar Jahren, als die Buchhandlung 2005 von einem Tag auf den anderen schloss. Die Aufregung war groß und als Zeichen der Solidarität legten die Stammkunden Blumen vor das abgedunkelte Geschäftslokal. Innerhalb von wenigen Wochen hatten die Anwohner genug Spenden und Kapital aufgetrieben, um die Buchhandlung neu zu eröffnen und weiterzuführen.

Ich sitze im Cafe Borrone, um mich mit Etay und Danielle Gafni zu treffen und über ihr Start-up zu plaudern. Die Gafnis aus Tel Aviv sind eine der typischen Hightech-Familien, die der Beruf ins Silicon Valley gebracht hat. Etay Gafni, der aus der Menge durch seine wilde rote Lockenpracht hervorsticht, arbeitete bei der israelischen Firma TopTier, die im Jahr 2001 vom SAP gekauft wurde. Einige Jahre später zog Etay mitsamt Familie nach Menlo Park, einem Ort in unmittelbarer Nähe zu Stanford und Palo Alto, wo die kalifornische Niederlassung SAP Labs ihren Standort hat. Einige Jahre nachdem er sich mit seiner eigenen Softwarefirma selbstständig gemacht hatte, kamen Etay und seine damals elfjährige Tochter Danielle an einem Spielwarengeschäft auf der Santa Cruz Avenue in Menlo Park vorbei. Danielle sah etwas, das sie unbedingt von ihrem Taschengeld kaufen wollte. Etay wäre einverstanden gewesen, hätte es da nicht ein gewisses Problem gegeben. Seiner Meinung nach reichte ihr gespartes Taschengeld nicht aus. Danielle wiederum war der festen Meinung, dass sie noch ausreichend Taschengeld hätte. Die beiden konnten sich nicht einigen, wie viel Geld Danielle tatsächlich gespart hatte. Wer hatte recht?

Wie löst man so ein Problem im Silicon Valley? Man gründet ein Startup. Und genau das taten Danielle und Etay: Gemeinsam entwickelten und programmierten sie Bankaroo, eine mobile App, die Kindern den Umgang mit Taschengeld lehrt und es zu verwalten hilft. Danielle tritt als das öffentliche Gesicht der Firma auf und produziert Videos und Onlinematerialien, während Vater Etay für die technische Umsetzung der App zuständig ist. Ein Jahr später postete Etay stolz ein Foto, das seine Tochter auf einer Start-up-Pitchveranstaltung vor Investoren zeigte. Danielle tat als Zwölfjährige, was erwachsenen Start-up-Gründern und vielen Firmenmitarbeitern einen der größten Alpträume bereitet: Sie hielt eine öffentliche Rede. Und bei Danielle ging es nicht bloß um einen Vortrag, wo man sich metaphorisch an irgendwelchen Folien festhalten kann, sondern es ging darum, unter Druck in zwei Minuten vor Investoren ohne technische Hilfsmittel Start-up-Kapital auf die Beine zu stellen.

Im Jahr 2014 lud ich die beiden zur Spirit-Vienna-Veranstaltung, für die wir Sprecher aus dem Silicon Valley nach Wien brachten. Dort verblüffte Danielle das versammelte Publikum mit ihrem unerschrockenen Auftritt und ihrer professionellen Start-up-Pitch.

Dabei ist Danielle ein normales 14-jähriges Mädchen mit all den Problemen, Hoffnungen und Ängsten, die man in diesem Alter hat.

Abgesehen von ihrem vom Papa geerbten roten Wuschelkopf unterscheidet sie sich kaum von anderen Teenagern ihrer Generation. Mit einem Unterschied: Sie lebt im Silicon Valley in Menlo Park, dem Nachbarort von Stanford University. In Menlo Park liegt auch die Zentrale von Facebook. Start-ups und Hightech-Firmen sind omnipräsent in den Gesprächen. Unzählige Eltern haben Start-ups gegründet oder arbeiten in einem der großen Internetkonzerne. Damit gibt es viele Vorbilder für Kinder und Studenten und die Option, ein Start-up zu gründen, wird nicht als außergewöhnlich erachtet. In Palo Alto wird in den Sommerferien sogar alljährlich ein Start-up-Sommercamp für Zwölf- bis 14-Jährige angeboten.

Ein deutscher Start-up-Gründer pitcht sein Produkt. Vom ersten Moment an wirft er mit Zahlen um sich, rattert durch Fakten, zeigt detaillierte Grafiken und Diagramme an. Am Ende fühlen sich alle geschlaucht. Die Zahlen sind alle vergessen. Irgendwie scheint das Produkt ein Problem zu lösen, welches und wie und für wen genau, das hat man vergessen.

Ein anderer deutscher Start-up-Gründer beginnt mit einer persönlichen Geschichte. Von einem Freund, mit dem er Fußball spielte und der auf einmal tot umfiel. Herzversagen. Das ist die Einleitung zu seinem Herzrhythmusmessgerät, das klein ist und dank eines innovativen Algorithmus so präzise arbeitet, dass es in Sportkleidung integriert werden und vorzeitig Probleme aufzeigen kann.

Diese Geschichte blieb im Gedächtnis haften und die Zahlen unterstrichen nur die Bedeutung. Schon immer haben Menschen sich für gute Geschichten begeistert. Geschichten rufen Empathie und Verständnis für die Leiden und Erfahrungen anderer Menschen hervor.

Geschwindigkeit

„Nein, Donnerstag geht nicht. Wie wär's mit niemals – ist niemals gut für Sie?"
Robert Mankoff, Cartoonist, The New Yorker

Ein spanischer Unternehmensgründer, der vor einigen Monaten sein Büro im Silicon Valley eröffnete, wies auf die Unterschiede zwischen USA und Europa hinsichtlich der Schnelligkeit, mit der Geschäftsverträge abgeschlossen werden, hin. Auf einer Dienstreise nach Washington, D.C., hatte er nach einigen Geschäftsterminen unter der Woche noch den Freitag offen. Anstatt sich auf ein langes Wochenende vorzubereiten, suchte er auf LinkedIn nach Kontakten, die er in der Region finden konnte und die in ihren Profilen die Unternehmenssoftware, für die seine Firma eine Erweiterung anbot, angegeben hatten. Nachdem er einige kontaktiert hatte, meldete sich tatsächlich jemand, den diese Software-Erweiterung interessierte. Für den kommenden Dienstag wurde ein Termin ausgemacht und zwei Tage später war der Lizenzvertrag unterschrieben. Das ging natürlich auch für amerikanische Verhältnisse sehr schnell, aber selbst eine Dauer von mehreren Wochen zwischen Erstkontakt und Geschäftsabschluss stellt immer noch einen großen Unterschied zu europäischen Verhältnissen dar. Derselbe spanische Unternehmensgründer schilderte durchschnittliche Vorlaufzeiten von mindestens zwölf Monaten in Europa.

Das europäische Verlangen nach Absicherung und Risikominimierung führt zu langen Entscheidungsphasen. Lieber sichert man sich vorher nochmals ab, fordert noch ein Lastenheft an und lässt sich das Ganze ein weiteres Mal gemeinsam mit anderen Entscheidungsträgern vorführen. Und wenn man dann so weit wäre, macht einem eine unternehmensinterne Reorganisation einen Strich durch die Rechnung. Dass zwischenzeitlich mitentscheidende Kollegen in Urlaub sind (in europäischen Unternehmen ist immer jemand in Urlaub) und weitere Wochen darüber verstreichen, fällt dann kaum mehr ins Gewicht.

Ein anderes Beispiel: Ein europäisches Unternehmen zeigt großes Interesse an einem Design-Thinking-Workshop, der bei der Generierung neuer Ideen helfen soll. Fast neun Monate ziehen ins Land, bevor der eintägige Workshop wirklich stattfindet, weil ein halbes Dutzend Leute im Unternehmen mitzuentscheiden hatte. Ein anderes Unternehmen konnte den Workshop innerhalb von drei Wochen von der ersten Anfrage bis zur Durchführung auf die Beine stellen. Für ein Start-up wäre das immer noch lange, aber für ein Großunternehmen ist das schnell.

Gerade in Deutschland mit unbeschränkten Geschwindigkeiten auf weiten Teilen der Autobahn erscheint die im krassen Kontrast dazu stehende Langsamkeit der Entscheidungsfindung erstaunlich. Es beschleicht einen das Gefühl, dass die langsamen Arbeits- und Entscheidungsfindungsprozesse durch Raserei auf der Autobahn kompensiert werden müssen.

Wenn du das nächste Mal abschätzen sollst, wie lange etwas dauern wird, hinterfrage den Zeitaufwand. Was kannst du tun, um den Prozess zu beschleunigen? Wenn deine Schätzung bei über einem Monat liegt, um einen Innovationsworkshop mit einem externen Berater zu organisieren, dann liegt einiges im Argen.

Verlust versus Gewinn

„Aber Tesla macht doch keinen Gewinn. Gerade haben sie massive Verluste bekannt gegeben!" Das süffisante Grinsen des Managers einer deutschen Firma weicht rasch ungläubigem Staunen: „Und trotzdem stieg der Börsenkurs und ist auf hohem Niveau, das verstehe mal einer."

Es stimmt, Tesla verliert Mitte 2015 pro verkauftem Model S an die 4.000 Dollar, wie eine *Reuters*-Schlagzeile berichtete.[46] In normalen Unternehmen würde das sofort zu radikalen Sparmaßnahmen, einer Umstrukturierung, Entlassungen oder vielleicht gar der Einstellung der verlustbringenden Sparte folgen. Tesla ist aber kein normales Unternehmen, das ein normales Produkt herstellt, und der Automobilmarkt steht vor einem dramatischen Umbruch. Deshalb treten andere Regeln in Kraft, die außerhalb des Silicon Valley nur schwer verständlich sind.

Deutsche Start-ups, die über das German-Accelerator-Programm des Wirtschaftsministeriums für drei Monate nach Palo Alto kommen, berichten bei ihren Präsentationen oft stolz, dass sie bereits profitabel sind. Für die hiesigen Investoren ist das ein schlechtes Zeichen. Das bedeutet, dass das Start-up nicht genug Aufwand treibt, um das Unternehmen zu vergrößern und den Markt zu besetzen, bevor mögliche Mitbewerber ins Spiel kommen und ihm diesen streitig machen.

Und das ist es, was Tesla macht. Die Verluste von 47 Millionen Dollar im zweiten Quartal 2015 sind vor allem auf den Ausbau von Infrastruktur zurückzuführen. Sowohl die Gigafactory in Reno, in der die Batterien für das künftige massentaugliche Tesla Model 3 und die Haushaltsbatterien gefertigt werden sollen, als auch der weltweite Ausbau der Tesla-Ladestationen sowie die Vorbereitung auf die Produktion des Tesla Model X gehen ins Geld. Aber das sind Investitionen in das erwartete Wachstum. Tesla bereitet sich darauf vor, den neuen Standard für Elektrofahrzeuge zu setzen, den Markt für Batterien zu beherrschen und die Konsumenten massenhaft mit leistungsfähigen Elektrofahrzeugen zu versorgen.

Tesla-Chef Elon Musk drückt diese Einstellung zu Gewinn und Verlust ganz konkret in einem Interview mit dem *Handelsblatt* aus. Auf ein Zitat von Daimler-Chef Dieter Zetsche, der behauptete: „Niemand wird mit elektrischen Autos Geld machen.", antwortete Musk:[47]

> *Ich stimme zu, wir können nicht ewig Verluste schreiben. Dieses Jahr investieren wir sehr viel in den Produktionsbeginn des Model X und langfristig auch des Model 3. Unser Ziel ab dem nächsten Jahr ist ein positiver Cashflow. Aber ich würde das Wachstum nicht verlangsamen, nur um profitabel zu sein."*

Ein Testbericht des *Manager Magazins* vom Februar 2014 zum BMW i3, bei dem der Testfahrer an den Ladestationen scheiterte, warf ein weiteres Schlaglicht auf die Unzulänglichkeiten bei der Einführung von Elektrofahrzeugen in Deutschland.[48] Von nicht freigeschalteten Ladekarten, nur zu Bürozeiten geöffneten Ladesäulen über die Nichtannahme von Kreditkarten bis hin zu baulichen Hindernissen, die das Fahren und Auftanken behinderten, reichte das Spektrum der Unzulänglichkeiten. Das zeigt auf, wie Stromanbieter neue Trends und Geschäftsmodelle einfach verschlafen, nur halbherzig vorgehen und ihr Verhalten durch Ausreden zu entschuldigen versuchen.

Traditionelle Geschäftsmodelle stellen die grundlegende Frage: „Wie kann ich Umsatz generieren?" Das Silicon Valley ist vermutlich der einzige Ort auf der Welt, wo man diese Frage *nicht* beantworten muss, vielmehr die Frage, wie man Wert für den Kunden schafft.

TOMMASO DI BARTOLO

Die Berufsaussichten in einem kleinen sizilianischen Fischerdorf zwischen Palermo und Trapani beschränken sich mehr oder weniger auf zwei Möglichkeiten: Arbeitslosigkeit oder Mafia. So beschreibt Tommaso Di Bartolo, was ihn dazu brachte, sich im zarten Alter von 15 Jahren alleine auf den Weg nach München zu machen. Dort begann er eine klassische Emigrantenkarriere als Schüler, der sich abends in einem Restaurant Geld hinzuverdiente. Da sein Vater in seinem Leben sieben Restaurants geführt hatte, war ihm die Gastronomie- und Servicebranche mehr als vertraut.

Ein Restaurantgast sprach Tommaso auf sein für die 1990er-Jahre noch ziemlich ungewöhnliches Handy an. So begann sein Start in die Telekommunikationsbranche, wo er parallel zu seinem Marketingstudium im Vertrieb zu jobben begann, um alle Facetten des Geschäfts kennenzulernen. Dabei stieß er auch auf sein nach wie vor gültiges Lebensmotto: „He loves enchanting others in what he is doing."

Das führte ihn Ende der 1990er-Jahre in die Internetbranche, wo er innerhalb weniger Monate zum am meisten Umsatz generierenden Mitarbeiter aufstieg, bis das Unternehmen wenig später beim Platzen der Internetblase Konkurs anmelden musste. Statt am Boden zerstört zu sein, nutzte er die Chance, sein erstes eigenes Unternehmen zu starten, und zwar in einem

Bereich, der später als Cloudcomputing populär werden sollte. Innerhalb von vier Jahren hatte er 340 Mitarbeiter und 350.000 Benutzerlizenzen und verkaufte das Unternehmen, um sich gleich an das nächste ranzumachen. Drei Jahre später verkaufte er auch dieses. Inzwischen hatte er erkannte, dass Europa für seine unternehmerischen Ansprüche zu klein geworden war. Kapitalgeber und mögliche Käufer in Europa interessierte an einem Unternehmen immer nur die vergangene Leistung, nicht das künftige Potenzial. Somit blieben die Exits immer klein. Nach einem Jahr in London zog er Anfang 2010 mit Kind, Kegel, seiner brasilianischen Frau und seinem Unternehmen ins Silicon Valley.

In den vier Jahren durchlief er drei Phasen, die er mit der Entwicklung eines Kindes vergleicht. Die ersten zwei Jahre im Silicon Valley sei man wie ein Neugeborenes: Man lernt viel, ist aber auf die Eltern angewiesen und kann selbst nicht viel allein auf die Beine stellen. Die nächsten zwei Jahre unternimmt man die ersten selbstständigen Schritte, fällt aber dauernd hin und macht viele Fehler. In der dritten Phase, in der er sich seiner Meinung nach gerade befindet, beginnt man zum ersten Mal, selbst einen Beitrag zu leisten und anderen damit Freude zu bereiten.

Selbst wenn man woanders schon erfolgreich Unternehmen aufgebaut hat – im Silicon Valley zählt das nichts. Vor allem der Stolz darauf, sein Unternehmen aus eigenen Mitteln hochgebracht zu haben, wird belächelt. Einerseits zeigt das, dass du niemanden gefunden hast, der deine Idee mit dir verwirklichen wollte, andererseits verhinderst du, dass das Valley an der Wertschöpfungskette beteiligt wird. Und damit kommt es meistens nicht zu diesem globalen Impact, für den diese Region bekannt ist.

Was Tommaso als überraschenden Unterschied zu Europa sieht, ist die Zweitrangigkeit des Geschäftsmodells bei einem Start-up mit einer interessanten Idee. Investoren scheint das im ersten Moment gar nicht zu interessieren. Wichtiger ist ihnen vielmehr die Breitenwirkung der Idee, die dahinterstehende Vision. Was hat das Start-up anderen zu bieten, wie kann es ihnen dabei helfen, die Welt besser zu machen? Das Geldverdienen ist dann eher etwas, das sich ganz natürlich daraus ergibt. Deshalb haben Silicon-Valley-Investoren auch eher die Geduld zu warten.

Tommaso vergleicht das Silicon Valley mit der Renaissance-Zeit in Florenz, er geht sogar so weit, Parallelen zur Zeit rund um Christi Geburt zu sehen. Er spricht von einem Sogeffekt, den die Region um Israel vor 2.000 Jahren ausübte, genauso wie es in Florenz, Wien oder an anderen innovativen Hotspots für einige Zeit zu beobachten war. Eine große Aufmerksamkeit wurde auf diese Regionen gezogen. Jesus sei kreativ in seiner Art der Kommunikation, beim Einführen neuer Regeln, beim Teambuilding und beim Viralisieren seiner Ideen gewesen. Im Florenz der Renaissancezeit seien es die Medici gewesen, die Kunst, Technologie und Geschäft miteinander verbanden. Im Silicon Valley stehen wir gemäß Tommaso erst am Anfang dieses Sogeffekts.

Dabei habe das weniger mit einer bestimmten Mentalität einer Region und mehr mit der individuellen Haltung zu tun. Ob man Inder, Italiener oder Deutscher ist, sei weniger entscheidend. Die Haltung werde durch die Erfahrungen, die Werte und den Mut der Einzelperson bestimmt. Damit kann jemand wie Tommaso es aus einem kleinen Fischerdorf schaffen, Teil von etwas Größerem zu werden.

Seiner Theorie nach ist Kreativität eng mit dem Klima verknüpft. Zuerst mal tendieren Menschen überall dort, wo es wärmer ist, dazu, weniger zu arbeiten und weniger Struktur zu haben. Das werde mit größerer Kreativität kompensiert. Durch das warme Klima werde das Gehirn in einen offenen Modus gebracht und kreativ angeregt. Die Sizilianer seien kreativ in der Kunst und in der Küche, die Brasilianer beim Fußball, beim Tanz und bei der

> Musik. Wien, das kreativ im Bereich Musik war, liege zwar klimatisch nördlicher, doch Musik sei auch etwas Strukturierteres, genauso wie der Tanz.

Netzwerken und Netzwerke

Netzwerken im Silicon Valley ist kein Synonym für Mastdarmakrobatik mit zweifelhaften Absichten. Es ist vielmehr das Bestreben nach einer möglichst effizienten Kontaktaufnahme mit Personen und Organisationen, die Ideen zum Leben verhelfen können. Netzwerk-Events von verschiedensten Organisationen und zu unterschiedlichsten Themenbereichen dienen dazu, Leute aus den relevanten Industrien zusammenzubringen und Kontakte herzustellen. Typischerweise verlässt man eine solche Veranstaltung mit einem Packen an Visitenkarten und neuen Kontakten.

Gute Quellen, um spannende Veranstaltungen zu finden, sind Meetup.com, Churchill Club, Keiretsu Forum, VC Taskforce oder Firmenveranstaltungen. Von Google Glass Developers, Bot & Beer Bash, DIY Drone Builders, Intrapreneurship, Idea to IPO bis hin zu Special Effects in der Filmindustrie am Beispiel von George Lucas gibt es Meet-ups zu allen möglichen Themen. Jeden Tag kann man locker 20 bis 30 verschiedene Meet-up-Gruppen finden, die eine Veranstaltung abhalten.

Die Veranstalter sind oftmals nicht große Organisationen mit entsprechenden Ressourcen, sondern Individuen mit Leidenschaft. Ich selbst bin der Gründer von einem halben Dutzend Meet-up-Gruppen zu Themen wie Gamification, Social Business, Intrapreneurship oder Evil Creativity, die sich regel- oder unregelmäßig treffen. Und das erfordert keinen großen finanziellen Aufwand. Als Veranstaltungsorte bieten sich Firmen wie Microsoft, SAP, Salesforce oder Vodafone oder sogar Rechtsanwaltsbüros an, die das einerseits als Geschäftsanbahnung für sich sehen und andererseits als Profilierung innerhalb der Silicon-Valley-Gemeinschaft. Selbst das Catering übernehmen diese Firmen, was einem Organisator wie mir diese Sorge abnimmt und mich auf die Sprecher und die Agenda selbst konzentrieren lässt.

Diese Netzwerkveranstaltungen sind auch noch in anderer Hinsicht anders als in Europa. Weinverkostungen und Essgeschirr findet man eher selten, höchstens bei Veranstaltungen von Handelsvertretungen und Konsulaten. Plastikbecher, Bier aus der Flasche, Essen auf Papptellern und Fingerfood, das im Stehen konsumiert wird und ein Umherschlendern erlaubt, sind die übliche Art der Bewirtung. Zumeist sind diese Veranstaltungen kombiniert mit Vorträgen, Podiumsdiskussionen oder sogenannten Fireside-Chats, wo ein Interviewer einem Gast Fragen stellt und ihn in ein spannendes Gespräch zu verwickeln versucht.

In Gesprächen mit Leuten im Silicon Valley passiert es immer wieder, dass man mir Personen nennt, mit denen ich reden sollte. Und prompt erfolgt eine Vorstellung, entweder persönlich oder per E-Mail. Da wird nicht gezögert oder der Name nicht genannt, weil man sein eigenes Netzwerk ‚schützen' will.

Jan Belke von Udemy, den wir bereits kennengelernt haben, profitierte davon. Er ließ keine Veranstaltung aus, um netzwerken zu gehen, und fand auf diese Weise seine Jobs.

Doch Networking ist nicht gleich Networking. IDEO-Gründer Bernard Roth spricht sogar vom Fluch des Netzwerkens. Damit meint er die Art von Netzwerken, bei der man nur Werbung für sich selber macht. Die Autoren von „The Innovator's DNA" unterscheiden zwischen Ideen- und Ressourcennetzwerkern. Ressourcennetzwerker sind Leute, die vor allem sich selber und ihre Unternehmen promoten oder die versuchen, Kontakte zu Leuten aufzunehmen, die ihnen helfen können. Ideennetzwerker hingegen treffen sich vorwiegend mit Leuten, die interessante Ideen und andere Ansichten vertreten als sie selbst. Start-up-Gründer und Intrapreneure sind Leute, die besser darin sind. Wie gut sind die verschiedenen Typen beim Ideennetzwerken? Start-up-Gründer und Intrapreneure führen die Gruppe an, gefolgt von Produkt- und Prozessinnovatoren und schließlich den Nicht-Innovativen als Schlusslicht.[49]

Um sein Netzwerk zu vergrößern, muss man nicht unbedingt auf Veranstaltungen gehen. Mach es dir zur Angewohnheit, dich mit dir weniger bekannten Kollegen aus anderen Abteilungen zum Mittagessen oder auf einen Kaffee zu verabreden. Gehe nicht jeden Tag mit denselben Kollegen und Bekannten in die Kantine. Suche ganz bewusst nach Kollegen, deren

Jobs dir unbekannt sind, und frage sie, was ihre größten Probleme und Herausforderungen sind. Auf diese Weise kriegst du Einblick in andere Sicht- und Arbeitsweisen, die du auf deine Arbeit übertragen kannst, oder du kannst vielleicht eine Lösung aus deinem Fachgebiet für den Kollegen anbieten. Hier ein Beispiel, wie ich Leute miteinander in Kontakt bringe.

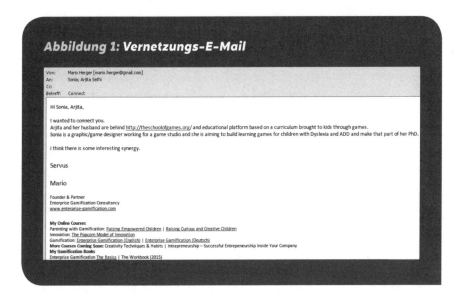

Geber haben größere Netzwerke als Nehmer und Tauscher, da Geber aktiv einem größeren Kreis an Leuten Hilfe anbieten. Tauscher hingegen suchen nach Leuten, die ihnen noch etwas schuldig sind oder von denen sie etwas erwarten können. Damit begrenzen sich Tauscher in ihrem Netzwerk auf Leute, die ihnen unmittelbar einen ähnlichen Vorteil verschaffen können, wie LinkedIn-Gründer Reid Hoffman feststellt. Nehmer wiederum tendieren dazu, Brücken zu Leuten, von denen sie nichts erwarten, schnell wieder abzubrechen. Umgekehrt werden Nehmer häufiger aus Netzwerk-Kontakten gelöscht, weil sich die Leute von ihnen ausgenutzt fühlen. Nehmer und Tauscher verfügen damit über weniger Verbindungen.

Dabei erweisen sich gerade die schwachen Verbindungen als wichtig. Als starke Verbindungen in einem Netzwerk werden diejenigen zu engen

Freunden und Kollegen bezeichnet, zu Leuten, denen wir vertrauen. Schwache Verbindungen sind Gelegenheitskontakte, Leute, die wir nicht so gut kennen. Überraschenderweise sind es aber gerade diejenigen, von denen wir am meisten profitieren. Von ihnen erhalten wir nämlich Jobs oder wichtige Informationen. Diese schwachen Verbindungen sind Brücken zu anderen Netzwerken und deshalb so wichtig. Als Geber hat man viele dieser schwachen Verbindungen, Tauscher und Nehmer hingegen haben davon weniger.[50]

Verbindungen zu Bekannten, mit denen man längere Zeit nicht gesprochen hat, sollten also ab und zu aufgefrischt werden. Diese schlummernden Kontakte sind oft leichter zu aktivieren als die schwachen Verbindungen und bringen üblicherweise mehr an wichtigen und aktuellen Informationen. Wie gut die Reaktivierung funktioniert, hängt aber davon ab, wie das Verhältnis früher war und ob man selbst Geber, Nehmer oder Tauscher war. Auch deshalb ist es wichtig, immer die Pay-it-forward-Mentalität zu leben.

Als ich Anfang 2013 mit meinen Mitgründern das Austrian Innovation Center gegründet hatte, mit dem meinen Landsleuten durch eine private Initiative geholfen werden sollte, sich mit dem Silicon Valley zu verknüpfen, lernte ich die Unterschiede zwischen den Netzwerkmentalitäten hier und daheim rasch kennen, ohne dass ich mich vorher viel damit auseinandergesetzt hätte. Der Offenheit der lokalen Szene mit der vorherrschenden Pay-it-forward-Mentalität, die vom Geben geprägt war, stand eine Tauscher- und Nehmer-Mentalität gegenüber. Während jede Hilfe von uns freudig angenommen wurde, gab es umgekehrt kein einziges Angebot von daheim, uns zu unterstützen.

Ganz im Gegenteil. Es herrschte sogar eher die Paranoia vor, dass wir anderen etwas wegnehmen wollten. Auch blieben die Netzwerke verschlossen, es war fast unmöglich, an Informationen zu gelangen oder die richtigen Ansprechpartner zu finden. Oft erst im Nachhinein stellte sich heraus, dass Leute im Nicht-Silicon-Valley-Netzwerk alle diese hatten und wussten, dass wir danach suchten, und trotzdem nicht halfen, weil das als Bedrohung gesehen wurde.

Als Paranoia bezeichnet man die Vorstellung, dass andere etwas Schlechtes gegen einen im Sinne haben. So kamen mir zumindest die Erlebnisse aus dieser Zeit vor. Wie anders das Silicon Valley im Vergleich dazu tickt, lässt sich im Wort ‚Pronoia' zusammenfassen. Der Soziologe Fred Goldner bezeichnet als ‚Pronoia' die Wahnvorstellung, dass andere nur das Beste für mich im Sinne haben und hinter meinem Rücken nur das Beste sagen.[51]

CAROLINE RAYNAUD

Bei einem Kaffee im Red Rock Coffee in Mountain View sitze ich der gebürtigen Berlinerin Caroline Raynaud gegenüber. Bevor wir uns noch hingesetzt haben, philosophiert sie bereits über die fehlende Risikofreude bei ihren Landsleuten. Sie muss es wissen, ist sie doch Leiterin der privaten German American Business Association, die als Netzwerk deutsche und amerikanische Unternehmen und Individuen im Silicon Valley zusammenbringt.

Aber beginnen wir zuerst mal mit Caroline, die 1993 als BWL-Studentin der TU Berlin für ein Jahr zu einem Austauschprogramm an die Universität Illinois ging. Und wie das hin und wieder passiert, lernte sie dort ihren zukünftigen Mann kennen, einen französischen Austauschstudenten im Ingenieurwesen. Nach Ende des Studiums ging es zuerst mal zurück nach Europa, genauer, nach Paris, wo sie vier Jahre lang lebten. Doch ihr Mann träumte immer davon, ins Silicon Valley zu gehen, und Caroline war das nur recht. 1999 war es dann so weit. Mitten in der Boomzeit war es leicht, Jobs zu finden, und Caroline begann bei IDC.

Nach einer Mutterschaftskarenz stieß sie bei den deutschen Stammtischen auf die GABA und 2005 wurde sie deren Geschäftsführerin und einzige Mitarbeiterin. Die GABA hält regelmäßig Veranstaltungen ab, die auch bei Nichtdeutschen so beliebt wurden, dass mittlerweile die nichtdeutschen Gäste überwiegen. Nicht nur wollen deutsche Unternehmen ihre Fühler im Silicon

Valley ausstrecken, auch amerikanische Unternehmen tun das in Deutschland. In den letzten zehn Jahren ist die GABA unter Carolines Führung hinsichtlich des Netzwerks stark gewachsen und fünf Teilzeitmitarbeiter unterstützen sie nun bei der Arbeit.

Was sie deutschen Start-ups rät, ist, nicht einfach zu erwarten, dass man auf der Sandhill Road bei den Investoren vorfährt und die einem sofort Geld geben werden. Deutsche Start-ups und größere Unternehmen unterschätzen auch gern mal die Größe des US-Markts. Es sei ein Riesenschritt, sich hier zu etablieren und im harten Wettbewerb zu bestehen.

Zudem müsse man sich den lokalen Gepflogenheiten anpassen. Deutsche Ingenieure seien üblicherweise sehr genau und wollen alles perfekt haben, bevor sie zu einem Kunden gehen. Amerikaner hingegen zeigten gerne mal unausgereifte und unfertige Produkte her, um zu prüfen, wie sie ankommen, und ändern beziehungsweise korrigieren sie anschließend. Caroline rät allen Deutschen, dass sie mehr Selbstvertrauen haben sollten, weil das, was sie haben, auch in weniger perfekter Form oft schon Hand und Fuß hat. Ideal wäre ein Mittelweg zwischen dem deutschen und dem amerikanischen Ansatz.

Bei Kundengesprächen sollte man vorgewarnt sein, weil diese in den USA ganz anders ablaufen. Während Verhandlungsgespräche in Deutschland vor allem von Skepsis und kritischen Fragen geprägt seien und dann doch oft gekauft werde, erhält man von amerikanischen Kunden oft überschwängliches Feedback und hat das Gefühl, die werden sofort kaufen – und dann höre man nichts mehr von ihnen.

Generell seien Deutsche in der Regel sehr gut ausgebildet und die Produkte seien qualitativ hochwertig. Typisch sei aber auch die Angst, über seine Ideen zu sprechen. Deutsche hätten das Gefühl, ihre Idee für sich behalten zu müssen, damit sie ihnen nicht geklaut werden kann, wohingegen man hier möglichst vielen Leuten davon erzähle.

Diese hier übliche Sharing- und Networking-Mentalität, die die Leute so stark weiterbringt, sei in Deutschland weniger ausgeprägt. Die GABA arbeite hier sehr eng mit Interessensgruppen und Industrien zu Themen wie Connected Cars, Gamification, Life Sciences et cetera zusammen. Momentan habe die GABA selbst 13 Interessensgruppen, die von jeweils zwei Vorsitzenden geleitet werden und Caroline dabei unterstützen, Themen und Referenten vorzuschlagen und Veranstaltungen zu organisieren.

Erstaunt hat Caroline das Verhalten der Amerikaner, als die Internetblase um 2000 platzte. Die Leute hier waren nach wie vor sehr positiv eingestellt. In Deutschland hätte man zuerst Hilfe vom Staat erwartet und wäre auf die Straße gegangen, um zu demonstrieren, anstatt selbst die Initiative zu ergreifen. Der Sozialstaat hat da ihrer Meinung seine Vor- und Nachteile. Er mache es sicherlich den Menschen zu komfortabel, nach dem Motto: Es sind immer die anderen schuld, vor allem der Staat, und der muss es richten.

Das hat interessante Auswirkungen auf die Risikobereitschaft der Menschen. Eigentlich sollte man in einem Sozialstaat wie Deutschland erwarten, dass man durch viele Programme, das soziale Sicherheitsnetz und Arbeitslosengelder abgesichert ist und es deshalb durchaus wagen kann, ein Unternehmen zu gründen. Scheitert es, kann man schließlich auf das Sozialsystem vertrauen. Auch haben Studienabsolventen nicht diesen Schuldenberg wie die Amerikaner, die hohe Studiengebühren zahlen müssen. Rein theoretisch sollten diese Grundlagen die besten Voraussetzungen bieten, eine Unternehmensgründung zu wagen. Aber im Bewusstsein der Leute und der Gesellschaft sieht das anders aus. Man muss sich als Unternehmensgründer in Familie und Freundeskreis rechtfertigen und sich vor Ächtung fürchten, wenn man scheitern sollte. Und diese latente Existenzangst überträgt sich auf die Kinder.

Genau diese Stimmung erklärt auch, warum man in Deutschland auf neue Technologien mit solch großer Angst reagiert. Alleine die Diskussion über die Risiken und Gefahren von selbstfahrenden Fahrzeugen zeugt von einer Irrationalität, die völlig ungerechtfertigt ist. Caroline und ich sagen das auch deswegen, weil wir im Stadtzentrum von Mountain View im Café sitzen, wo Google seine selbstfahrenden Fahrzeuge schon heute testet und sie ein gewohnter Anblick sind. Deutsche Medien berichten genüsslich von irgendwelchen Horrorszenarien und die Leser springen sehr stark darauf an.

Geber schaffen durch Geben Netzwerke, um mehr Gelegenheiten zu haben, anderen etwas zu geben. Nehmer schaffen durch Geben Netzwerke, um Kontakt zu mächtigen Personen zu bekommen und um wichtig zu erscheinen. Wenn Geber um Hilfe bitten, dann zumeist nicht für sich, sondern um anderen zu helfen. Dadurch kommt es nicht zu einem Nullsummenspiel, sondern zu einer Win-win-Situation für alle Beteiligten. Damit werden auch die Kontakte ermutigt, zu Gebern zu werden. Nehmer versuchen, das größte Stück vom Kuchen für sich zu bekommen, während Geber versuchen, den Kuchen zu vergrößern. Dadurch entsteht das Pay-it-forward.

Man vergleiche das mit Europa: Dort ist man oft sehr besorgt um sein Netzwerk und will da niemanden wirklich reinlassen. Schließlich sind die Beziehungen zu meinen Kontakten so ‚wertvoll' und stellen meinen ‚Wert' dar. Wenn ich da jemanden einbinde und helfe, dann sinkt doch mein Wert, weil man nun ohne mich auskommt. Deshalb wird man oft hingehalten, nichts geht voran oder nur sehr langsam. Man versucht ganz im Gegenteil möglichst exklusive Zirkel zu schaffen.

Die Silicon-Valley-Höflichkeit gebietet, dass auf man auf eine Kontaktherstellung sofort reagiert und sich nicht erst Tage oder Wochen später dazu herablässt, eine E-Mail zu beantworten. Die Geschwindigkeit, mit der agiert wird, erscheint Europäern oft atemberaubend.

Allerdings sollte man auch zu Besprechungen stets bestens vorbereitet mit ausgearbeiteter Agenda und klarem Ziel erscheinen. Auch wenn Small Talk mit Amerikanern bewundernswert leicht verläuft, sollte man in Meetings die Zeit des Gesprächspartners nicht über Gebühr beanspruchen. Das heißt, für einen informellen Informationsaustausch sollte man nicht mehr als eine halbe bis ganze Stunde einplanen und das Gespräch pünktlich oder überpünktlich beenden.

Das mag für andere Kulturkreise ungewöhnlich erscheinen. Eine chinesische Delegation von Managern, die zu einer Inspirationstour ins Silicon Valley kam, erwartete mindestens zwei- bis dreistündige Treffen mit den Gesprächspartnern, alles andere wurde als nutzlos angesehen. Da die Delegation aber herkam, um zu verstehen, wie das Silicon Valley funktioniert, sahen sie ein, dass sie sich umstellen mussten. Es musste ihnen klargemacht werden, dass einstündige Besprechungen nicht bedeuten, dass die Gesprächspartner sich nicht die Zeit nehmen wollen, sondern dass die Zeit des Gegenübers respektvoll behandelt und nicht verschwendet, sondern effizient genutzt wird.

Handelskammern oder diplomatische Vertretungen spielen beim Netzwerken hier übrigens kaum eine Rolle. Von einer Delegation der Europäischen Union, die im Juli 2015 zu Besuch kam und sich unter anderem mit Vertretern lokaler europäischer Privatinitiativen traf, kam die Frage, ob wir mit Handelskammern zusammenarbeiten würden, um europäischen Start-ups zu helfen. Sämtliche Landesvertreter verneinten diese Frage. Wie George A. Tilesch von der ungarischen Neumann Society so prägnant feststellte: „Handelskammern sind eine andere Generation. Denen geht es vor allem um die Veranstaltung von Weinsoirees, die Vertreter sind zumeist von der Politik nominierte Kandidaten und der Fokus liegt, wenn überhaupt, auf den großen und einflussreichsten Unternehmen ihrer jeweiligen Länder." Wer in dieses Schema nicht reinpasst, ist nur ein übermotivierter Luftikus, der einem unnötige Arbeit macht.

Unternehmen selbst haben ihre eigenen Netzwerke, die ihnen helfen sollen, im Markt zu bestehen, Netzwerke zu Kunden, Partnern und Mitbewerbern. Doch ausgerechnet diese Netzwerke können verhindern, disruptive Innovationen und intersektionale Ideen zu entdecken. Man muss sie in anderen Netzwerken verbreiten.

Ich selbst gehe auf verschiedene Konferenzen und Meet-ups zu Themen, von denen ich nicht viel Ahnung habe. Innerhalb weniger Wochen besuchte ich eine Bitcoin-Unconference, ein Google Glass Meetup, eine Sales-, Drohnen- und eine Personalwesenkonferenz, alle in der Bay Area. Es war spannend zuzuschauen, die verschiedenen Kleidungs- und Kommunikationsstile der Konferenzteilnehmer zu beobachten und sich mit den Themen und Problematiken auseinanderzusetzen. Die Teilnehmer auf der Bitcoinkonferenz sahen aus wie Hippies in Flipflops mit Geld, die Google-Glass-Teilnehmer waren alles Nerds in T-Shirts und kurzen Hosen, auf der Drohnenkonferenz fand man Wissenschaftler mit grauen Bärten und Rüstungsindustrievertreter mit schlecht sitzenden Anzügen und militärischem Background, auf der Sales-Konferenz äußerst gewandte und charmante Verkäufer und auf der Personalwesenkonferenz vor allem Frauen zwischen 45 und 55.

Arbeitsethik

Es ist Dienstag, sieben Uhr abends. Auf den Parkplätzen vor der Facebook-Zentrale auf dem 1 Hacker Way in Menlo Park stehen noch jede Menge Fahrzeuge. Wir treffen uns mit einer Bekannten, die uns den Facebook-Campus zeigen wollte. Zu diesem Zeitpunkt ist das von Frank Gehry entworfene neue Gebäude noch nicht fertig, aber auch das ehemalige Sun-Microsystems-Hauptquartier ist spannend. Im großen Innenhof sehen wir noch jede Menge Facebook-Mitarbeiter auf den Sitzgelegenheiten in Besprechungen. In den Kantinen herrscht reger Betrieb.

Achtstundentag? Früh Schluss? 35-Stunden-Woche? Sechs Wochen bezahlter Urlaub? Vielleicht in Firmen, wo Arbeit eben nur ein Job ist, den man macht, um Geld zu verdienen und Rechnungen zu bezahlen. In einem Unternehmen, das dazu da ist, die Welt zu verändern, gelten andere Regeln und Gesetze. Und da ist die Motivation der Mitarbeiter eine ganz andere. Nicht nur bei Facebook, sondern auch bei Google und allen Start-ups kann die Arbeitsethik durch vier Elemente beschrieben werden:

1. Komm zur Arbeit.
2. Arbeite hart.
3. Sei nett.
4. Tu, was getan werden muss.

Das klingt doch eigentlich nach einer protestantischen Arbeitsethik, wie sie in Deutschland hoch gelobt und verklärt wird. Doch hoch loben und tatsächlich leben sind zwei verschiedene Paar Schuhe. Der Rekordschwimmer und mehrfache Olympiagewinner Michael Phelps schilderte einem Reporter seinen Tagesablauf. Jeden Tag komme er frühmorgens in die Schwimmhalle und spule seine Runden ab, nicht mal zum Pinkeln verlasse er das Becken – okay, das waren zu viele Details. Sogar sonntags trainiert er. Während seine Gegner sich am Wochenende ausruhen, ist er im Becken und schwimmt. Aufs Jahr hochgerechnet kommt er damit auf 52 Trainingstage mehr als seine Konkurrenten. Das ist der Unterschied zwischen Erfolg und Scheitern.

Gewerkschaften, deren Verständnis von Arbeit unmittelbar in der Zeit nach Kriegsende steckengeblieben ist, haben die moderne Zeiten verschlafen und drohen sich damit in eine noch größere Bedeutungslosigkeit zu katapultieren. Kreative Industrien stellen heute mehr als ein Drittel aller Jobs, wie schon Richard Florida in seinem Buch „The Rise of the Creative Class" feststellte. Und Kreativität ist nichts, was man um acht Uhr morgens ein- und um 17 Uhr wieder ausschaltet. Gute Ideen können irgendwann kommen, die halten sich nicht an Arbeitszeiten.

Wenn Springer-Vorstandsvorsitzender Matthias Döpfner in einem offenen Brief an Googles Eric Schmidt seine Frustration und Angst vor Googles Dominanz ausdrückt, ist man schnell geneigt, diese einem unfairen Marktvorteil zuzuschreiben.[52] Für den Erfolg von Silicon-Valley-Firmen sind viele Faktoren verantwortlich, aber dass dafür auch hart gearbeitet werden muss, stimmt nach wie vor. Harte Arbeit lässt sich nicht von oben verordnen oder regulieren, ebenso wenig wie Erfolg.

Eine ausgeprägte Arbeitsethik kommt aber auch in anderer Form Innovation zugute. Jemand, der sich nicht zu schade ist mitanzupacken, wo Not am Manne ist, wird immer gern gesehen. Geber tendieren dazu, genau das zu machen. Es geht um die Sache, nicht um den Ruhm oder dass man Karriere macht. Die Frage ist nicht: „Was nützt es mir?", sondern: „Wie hilft es dem Team und der Sache?" Und guter Wille generiert guten Willen. Wenn sich jemand nicht ziert, sich die Hände schmutzig zu machen und unbeliebte Aufgaben zu übernehmen, wird das von den anderen positiv bemerkt.

Solche Geber hinterlassen bei anderen positive Eindrücke, die sich über die Zeit ansammeln. Weil die meisten wie Tauscher denken, wenn sie in Gruppen arbeiten, zählen sie wie auf einem Konto das Haben und Soll der anderen Gruppenmitglieder mit. Sobald ein Geber genug Haben bei den anderen Gruppenmitgliedern angesammelt hat, gestattet man ihm, von Gruppennormen abzuweichen und auch mal verrückte Vorschläge einzubringen, ohne dass die von anderen sofort verworfen werden.[53]

Mein Ex-SAP-Kollege Mark Finnern ist so eine Person. Indem er bei SAP Labs Palo Alto die Online-Community SAP Community Network gegründet hatte und deren Mitglieder betreut, miteinander in Kontakt gebracht und ihnen Hilfestellung gegeben hatte, erwarb er sich nicht nur die Hochachtung der externen Mitglieder, sondern auch der Kollegen. Seine Vorschläge für Funktionserweiterungen der Community, die sich übrigens oft aus Gesprächen mit den Community-Mitgliedern ergaben, und seine Ideen für Konferenzaktivitäten klangen oft im ersten Moment verrückt. Der gemeinsame Kollege Philipp Rosset, der für den Konferenzablauf verantwortlich war, meinte einmal auf einen Vorschlag von Mark: „Ich habe zwar nicht verstanden, was die Idee dahinter ist oder wie das funktionieren soll, aber Mark hat schon oft solche Vorschläge gemacht, die sich später als sehr erfolgreich erwiesen haben. Ich vertraue ihm einfach. Wir machen das so, wie Mark es sagt."

Bringen hingegen Nehmer ungewöhnliche Ideen oder Vorschläge ein, dann werden diese von den Gruppenmitgliedern zuerst mal mit Skepsis betrachtet und stehen im Ruch, vorrangig dem Ego und dem Vorteil der Nehmer zu dienen.

Das habe ich selbst während meiner Dissertationsarbeit erlebt, als ich gemeinsam mit den Mechaniker- und Schlosserkollegen Ölkanister und Messgeräte in dunkle und unzugängliche Heizungsräume schleppte und dort selbst mit den Schläuchen werkelte und an den Leitungen rumschraubte. Oft kam ich schmutziger wieder raus als die Mechaniker, weil ich einfach weniger geübt war im Umgang mit all den Anlagen und Werkzeugen. Monate später, als mich die Mechaniker besser kannten und offen mit mir sprachen, erzählten sie, dass ihnen genau das imponiert hatte, hatten sie doch erwartet, dass ich als Akademiker gerade mal im weißen Mäntelchen herumstehen und andere herumkommandieren würde. Mir käme das nie in den Sinn, weil ich selbst aus einer Arbeiterfamilie stamme und schon bei meiner Diplomarbeit alleine an meinen Anlagen herumgeschraubt hatte und jeden Abend verstaubt nach Hause gekommen war. Das Ergebnis war, dass die Mechaniker mir gern halfen und mir Werkzeuge brachten, die es angeblich gar nicht im Haus gab, oder Tricks zeigten, um besser an den Anlagen arbeiten zu können. Diese Erfahrung hat mich geprägt und ich folge dieser Philosophie nach wie vor, ohne etwas dafür zu erwarten.

Zivilgesellschaft

„Wir sammeln das Wissen der Welt und machen es jedermann zugänglich." und „Don't be evil." sind zwei der bekanntesten und doch am meisten missverstandenen Sätze, mit denen sich Google beschreibt.

Europäer tun sich oft schwer mit der Motivation, die Unternehmensgründer aus dem Silicon Valley antreibt. Viel Geld zu machen ist ein Antriebsgrund, der die wahre Motivation verkennt. Ohne die intrinsische Motivation und die Befriedigung, etwas in der Welt bewegen zu wollen, hätten viele Unternehmensgründer und deren Teams nicht genügend Ausdauer und Willen, ihre Ideen so lange gegen alle Widerstände weiterzuverfolgen. Wenn Europäer das mit den Worten ‚Weltverbesserer' und ‚Gutmenschentum" verächtlich abtun, schaden sie sich nur selbst. Viele der erfolgreichen Gründer sind Geber, die daran glauben, dass sie mit ihrer Idee der Menschheit etwas Gutes tun können.

Das zeigt sich bereits in der amerikanischen Zivilgesellschaft, wo man sich weniger auf den Staat verlässt und stattdessen lieber selber mitanpackt und etwas auf die Beine stellt. Irgendwer sollte doch irgendwas tun, um einen Missstand zu beseitigen, diese Einstellung ist in den USA viel mehr verbreitet als in Europa. Das ändert sich aber auch in Europa, wie der Einsatz von selbstorganisierten Freiwilligenheeren bei der jüngsten Flüchtlingskrise zeigte. Über soziale Medien und mit Technologien aus dem Silicon Valley (wenig überraschend) organisierten Tausende Freiwillige in Budapest, Wien und München im Sommer 2015 kurzerhand Hilfe für gestrandete oder durchreisende Flüchtlinge.

Diese Einstellung findet man im Silicon Valley auf vielen Ebenen. Keine Veranstaltung zu einem Thema, das mich interessiert? Dann organisiere ich selbst gleich solch eine Veranstaltungsreihe. Ich selbst gründete mehrere Meet-up-Gruppen zu Themen, zu denen ich kein Äquivalent fand. Anstatt zu mosern oder auch nur lange herumzuüberlegen, gründete ich selbst Gruppen zu Intrapreneurship, Evil Creativity und Social Business. Das wiederum erlaubt mir, an Experten mit der Bitte um einen Vortrag heranzutreten, die ich selber gerne hören möchte. Und im klassischen Geberstil werden keine Honorare verlangt, sondern es wird großzügig gegeben. Es lassen sich auch immer Firmen finden, die uns Räumlichkeiten oder sogar Buffets gratis anbieten, ohne eine direkte Gegenleistung zu erwarten.

Einschränkungen und begrenzte Ressourcen
Der Aufsichtsratsvorsitzende eines deutschen Internetunternehmens fühlte sich sichtlich unwohl in seiner Haut. Auf Besuch im Silicon Valley verfolgte er unsere Präsentationen zu den Mentalitätsunterschieden zwischen Silicon Valley und Deutschland und wand sich dabei auf seinem Stuhl. Den ganzen Vortrag über konnten er und seine Manager sich nicht zurückhalten und kommentierten unsere Ausführungen mit Sätzen wie: „Also, mit so einem Vertragswerk aus den USA werden wir in Deutschland nicht weiterkommen.", „Die Qualität aus USA kann man aber eintüten.", „Schön und gut, aber das wird beim Betriebsrat nicht durchgehen."

Die zehnköpfige Gruppe war zu einer einwöchigen Tour zu Besuch, um besser zu verstehen, was das Silicon Valley anders macht, das deutsche Unternehmen alt aussehen lässt, und was man daraus auf europäische Verhältnisse übertragen könnte. Stattdessen fühlte sich die Gruppe bemüßigt, Deutschland verteidigen zu müssen. Einerseits war man zu Recht stolz, dass das deutsche Ingenieurwesen mit seinen Produkten nach wie vor Weltmarktführer war, andererseits war man sich schmerzhaft bewusst, dass viele der neuesten Innovationen vorwiegend aus dieser Region an der US-Westküste zu kommen schienen.

Darum geht es jetzt aber nicht, sondern darum, dass diese Reaktion einen sehr wichtigen Mentalitätsunterschied aufzeigt. Von der Wissenschaft wird dieses Verhalten als ‚vorzeitige kognitive Anhaftung'[54] bezeichnet. Dieses Verhalten gibt auch die bequeme Entschuldigung, dass man zwar gewollt hätte, aber das Erreichen des Ziels wegen der Beschränkungen leider nicht möglich war. Dabei bestehen diese Beschränkungen meistens nur im Kopf. Jeder Athlet wird mir da zustimmen. Wenn mein täglicher Lauf in der Nachbarschaft fünf Kilometer umfasst, dann sind drei Kilometer nicht mehr das Limit. Als ich über acht Kilometer täglich lief, waren fünf Kilometer ein Klacks für mich. Und so bereitet man sich langsam auf längere Läufe und immer weniger Einschränkungen vor.

Meine Antwort an den Vorsitzenden und die gesamte Besuchsgruppe jedenfalls war: „Ihr verschwendet eure Energie darauf, Entschuldigungen zu finden, warum etwas nicht gehen kann, anstatt Wege zu finden, wie ihr Hindernisse überwinden könnt."

Europäer denken zumeist sofort an Grenzen, Risiken und Gefahren. Die erste Frage – es ist immer die erste, nicht die zweite –, die ich nach einem Vortrag zu innovativen Ideen wie beispielsweise Gamification vor europäischem Publikum erhalte, ist immer nach den Gefahren, Risiken oder der Moral dieses Konzepts. Und dabei ist es egal, ob ich vor einem großen deutschen Versicherungsunternehmen, Wissenschaftlern auf einer Konferenz in Wien oder 20-jährigen Studenten der Humboldt-Universität in Berlin referiere.

Damit schränken wir uns selbst ein. Das Risiko und die Gefahr, Neues zu probieren, ist nicht vorhersagbar und damit zu groß. Wir finden schnell Ausreden. Wir haben nicht genug Geld, nicht genug Zeit, nicht genug Fähigkeiten, um etwas zu machen. Es gibt zu viel Widerstand von Personen, Gruppen oder der Gesellschaft. Das wurde schon mal probiert und man ist damit gescheitert, warum soll es jetzt funktionieren? Dabei vergessen wir, dass das oft die falschen Fragestellungen sind. Wo sind die Grenzen unseres Wissens oder unserer Fähigkeiten, einen Vortrag zu halten? Wenn wir nur so und so viel Geld zur Verfügung haben, ist der Fokus auf Geld nicht der falsche? Wenn wir keine Zeit haben, verwenden wir die Zeit falsch für das Dringliche, nicht aber das Notwendige?

Christoph Leitl, der Präsident der österreichischen Wirtschaftskammer, zeigte diese einschränkende Mentalität mehrmals bei einem Vortrag an der Stanford University vor Fakultätsmitarbeitern und ortsansässigen Europäern. Nach seinem Bericht über den Besuch bei diversen Start-ups, Unternehmen und Persönlichkeiten und auf die Frage, was die Delegation daraus lernen und mitnehmen konnte, antwortete er auf die Frage, was denn im Gegenzug das Silicon Valley von Österreich lernen könne, mit einem alle Anwesenden verblüffenden „Gar nichts!".

Und das als Vertreter der österreichischen Wirtschaft, das sehr viele Hidden Champions hat und internationale Marktführer hervorbrachte. Auf meine Anschlussfrage, was denn die Österreichische Wirtschaftskammer plane angesichts der Auswirkungen, die das Silicon Valley auf Österreich hat, um eine Präsenz vor Ort aufzubauen, antwortete er: „Österreich ist ein kleines Land, das nur beschränkte Ressourcen hat, und wir können nicht überall sein." Dass aber Israel und Dänemark, zwei Länder mit weniger Einwohnern und Mitteln, trotzdem lokale Präsenzen haben, fiel nicht ins Gewicht. Und bei Ländern wie Norwegen oder der Schweiz wird deren Reichtum angeführt, dem man leider nichts entgegensetzen könne. Selbst das Beispiel Israel galt nicht, weil dieses Land ja von den Amerikanern angeblich so viel (militärische) Unterstützung bekomme.

Eine bessere Strategie wäre doch zu überlegen, was wir denn mit den begrenzten Ressourcen gemeinsam machen könnte. Aber diese Idee kam ihm nicht, die Entschuldigung war zu bequem.

Start-ups arbeiten mit sehr beschränkten Ressourcen und erreichen oft Großes. Zu viele Mittel können sogar ein Fluch für ein Start-up sein. Das mit 850 Millionen Dollar ausgestattete Better Place, das ein flächendeckendes Batterieaustauschsystem für Elektrofahrzeuge aufbauen wollte und nach wenigen Jahren Konkurs anmeldete, führte das dramatisch vor Augen. Better Place verzettelte sich mit Dänemark, Israel, Hawaii und San Francisco in zu vielen, sehr heterogenen Märkten gleichzeitig.

VOVA FELDMAN

Zu Vova habe ich ein spezielles Verhältnis, und das nicht nur, weil ich ihn am längsten von allen Interviewten kenne. Ich habe bei ihm auch seinen Werdegang die letzten zehn Jahre miterlebt, und das begann, als er 2006 für drei Monate mein Praktikant bei SAP Labs war. Damals noch unerschrockener und hoch talentierter Student aus Israel, heute erfahrener Start-up-Gründer in New York City mit einem Exit unter der Haube.

Alles begann mit seinem frühen Interesse an Computern, das er als Einwandererkind aus der Ukraine in Israel zeigte. Seine Eltern kauften ihm einen Computer, und nachdem ein Freund seines Vaters ihm ein Programmierbuch geschenkt hatte, war es endgültig um ihn geschehen. Er fühlte sich unglaublich mächtig, als er sah, wie der Computer die Befehle ausführte, die er eingegeben hatte. Das war das letzte Mal, dass er Computerspiele spielte, von nun an programmierte er lieber selber welche.

In der Highschool nahm er an einem Entrepreneurship-Programm teil und arbeitete als Praktikant in Start-ups. Mit 13 stieß er auf ein Problem, wo auf dem Bildschirm zehn Bildlaufleisten nebeneinander angezeigt wurden. Dieses Problem packte ihn, er löste es, schrieb einen Businessplan und ging mit seinem Vater zu einer Start-up-Konferenz in Tel Aviv, wo er seine Lösung zeigen wollte. Sein Vater – ein Zahnarzt – verstand nur Bahnhof, aber er ging mit ihm von einem Ausstellungsstand zum nächsten und hörte zu, wie Vova seine Lösung pitchte. Daraus entwickelte sich zwar nichts weiter, aber Vova wusste nun, was er werden wollte.

Er absolvierte ein Doppelstudium in Informatik und Mathematik an der Elite-Universität Technion in Haifa, wo er dann 2006 das Praktikum bei mir in Palo Alto machte. Die jüdischen Gastfamilien im Silicon Valley, bei denen die Technionstudenten damals wohnten, waren alle selbst Start-up-Gründer oder VCs.

Nach dem Abschluss seines Studiums diente er bei der Elite-Einheit des militärischen Aufklärungsdienstes, der Unit 8200. Dort hatte er es mit dem neuesten Stand an Sicherheitstechnik und Informationstechnologie zu tun. Jungen Rekruten wie ihm wurde ungewöhnlich große Verantwortung übertragen und das motivierte ihn. Da die Armee keinen Urheberrechtsschutz kennt, übernehmen viele Rekruten nach dem Ende des Militärdienstes Technologien und Ideen in ihren eigenen Start-ups.

Noch während seines Militärdienstes begann ein Schulfreund, an einem Start-up zu arbeiten, mit dem sie die Welt verändern wollten. Naiv, wie sie waren, machten sie alle möglichen Fehler, testeten das Produkt viel zu spät an Kunden, machten dann einen Pivot und pitchten das neue Produkt im Akzeleratorprogramm TechStars in Boston, in das sie 2011 auch aufgenommen wurden.

Das stellte sich als lebensverändernd für sie heraus. Sie lernten über das Lean-Startup-Programm, dass dem Kunden möglichst rasch eine Produktversion gezeigt werden soll, um Feedback zu erhalten. Der Gründer von TechStars lachte nur, als sie ihm ihren Launchplan zeigten. Am Ende des dreimonatigen Programms wollten sie offiziell das Produkt launchen, er aber verlangte von ihnen ein MVP – ein Minimum Viable Product –, das sie bereits die kommende Woche vorstellen sollten. Das schafften sie zwar nicht, aber drei Wochen später war es so weit, und die Präsentation half ihnen, das Produkt gewaltig zu verbessern.

Sie profitierten auch vom Bostoner Netzwerk. Die Start-up-Gründer sprachen ohne zu zögern über ihre Ideen und was sie in ihren Start-ups vorhatten. In Israel herrsche da noch die Angst, dass einem die Idee gestohlen werden könnte. Gleich am ersten Tag in Boston gab's einen Empfang, bei denen so viele Leute ihnen Hilfe anboten, dass sie dachten, da müsse doch irgendwo ein Haken sein. Sie bekamen einen Vorgeschmack darauf, was sie im Silicon Valley noch erwarten würde.

Senexx, so hieß ihr Start-up, kam dann acht Monate später in die erste Start-up-Gruppe des von Gil Ben-Artzy mitgegründeten UpWest Labs Akzelerator für israelische Start-ups. Sie waren froh darüber, hatten sie doch bei ihrer Rückkehr aus Boston nach Israel die Langsamkeit der heimischen Szene erst so richtig erkannt. Und sie brauchten die Beschleunigung, die sie im Bostoner Akzelerator erfahren hatten. Unmittelbar darauf wurden sie im Silicon Valley beinahe von einem Unternehmen akquiriert, das klappte dann aber doch nicht. Gekauft wurde Senexx dann 2013 von Gartner für einen kolportierten Betrag zwischen 15 und 20 Millionen Dollar.

Heute lebt Vova in New York, und das gibt ihm einen guten Einblick in verschiedene Start-up-Szenen. Boston fokussiere sich auf Life-Science-Start-ups, Silicon Valley bringe viele verrückte Ideen hervor mit viel mehr Wettbewerb und New York City hat eine große Anzahl an Start-ups in den Bereichen Fashion, Beauty Products und in der Werbe- und Medienbranche. Haben Boston und Silicon Valley Investoren, die selbst Start-ups hatten und mit Rat und Tat und Netzwerk aushelfen können, so kämen die New Yorker Investoren vor allem aus dem Finanzdienstleistungssektor und stellen nur Gelder zur Verfügung.

Von den Israelis könne man laut Vova vor allem Chuzpe lernen. Chuzpe sei eine Mischung an Unverschämtheit, charmanter Penetranz und unwiderstehlicher Dreistigkeit. Vova selbst gibt heute auch seine Erfahrungen weiter. So ist er TechStars-Botschafter in Tel Aviv und hilft jungen Start-up-Gründern – noch jüngeren, als er es ist – auf ihrem Weg.

Er traf in Israel bei Veranstaltungen auch diverse deutsche Delegationen und dabei fiel ihm deren Mangel an Mut auf. Die Deutschen schöben immer Entschuldigungen vor, warum sie etwas nicht machten. Sie kämen nie aus ihrer Komfortzone heraus. Sie scheinen zwar begeisterungsfähig zu sein, wagten dann aber doch nicht den nächsten Schritt. Israelis hingegen tun es einfach. „Probieren wir das auch!", „Lasst uns das machen!", wird in der israelischen Armee gefordert. Den Leuten werde ein Problem hingeworfen, sie haben fast keine Ressourcen, um dieses Problem zu lösen – aber das sei eben der Moment, wo die Kreativität ins Spiel komme.

Selbstvertrauen und selbsterfüllende Prophezeiung

> *Kultur und Erfolg gehen Hand in Hand. Wenn du nicht an dein eigenes Motto glaubst, dann wirst du nicht sehr weit kommen."*
> **Eric Schmidt**

Stanford-Professor Friedrich Prinz drückt ganz klar aus, was die meisten seiner Kollegen und Studenten denken: „Wir sind eben die beste Universität." In vielen Rankings zählt Stanford konsistent zu den Top-5-

Universitäten. Gerade in den letzten Jahren ziehen immer mehr Studenten Stanford den Ostküstenuniversitäten Harvard oder Princeton vor. Dieses offen artikulierte Selbstvertrauen erscheint Europäern immer etwas suspekt und überheblich. Ein Wort, das Stanford-Professor Burton Lee in Norwegen hingegen mit am häufigsten hörte, war „Bescheidenheit". Eigenlob und Angeberei liegt offenbar im Blut der Kalifornier. Nicht umsonst befindet sich nur wenige hundert Kilometer vom Silicon Valley mit Hollywood die größte Selbstvermarktungsmaschinerie und Traumproduktionsindustrie.

Gleichzeitig nagt der Zweifel an den Studenten. Entrepreneurship-Professorin Tina Seelig befragte Stanford-Studenten und fand heraus, dass zwei Drittel das Gefühl nicht loswurden, nur irrtümlich zugelassen worden zu sein.[55]

In den Start-ups herrscht die von Mihály Csíkszentmihályi beschriebene Ambivalenz, die kreativen Geistern zu eigen ist: einerseits das Wissen um die eigenen Fähigkeiten bei gleichzeitig vorgebrachter Demut. Selbstvertrauen alleine kann schädlich sein, weil es die Augen vor den Schwächen verschließt. Deshalb ist eine Prise an Demut kein Widerspruch, sondern notwendiges Korrektiv.

Der israelische Psychologe Dov Eden zeigte in den frühen 1980er-Jahren, wie sehr Erwartungen die Leistung beeinflussen können. Offizieren der israelischen Streitkräfte sagte er, dass die neuen Rekruten überdurchschnittlich bei den Eignungstests abgeschnitten hätten und sie gemäß seiner Kriterien Toptalente wären. Innerhalb der nächsten elf Wochen bestätigten sich Edens Vorhersagen. Die Rekruten schnitten in den Tests überdurchschnittlich gut ab. Die Sache hatte nur einen Haken. Eden hatte die Rekruten zufällig ausgewählt, er hatte überhaupt keine Methode entwickelt, vorherzusagen, welche Rekruten Toptalente wären. Den Offizieren hatte er jedoch den Eindruck vermittelt, dass sie es mit solchen zu tun hatten, und diese behandelten sie entsprechend.[56]

Dieser Effekt wurde in vielen Experimenten bestätigt und ist als der ‚Pygmalion-Effekt' bekannt. Die positive Einstellung eines Lehrers zu einem Schüler bewahrheitet sich später. Jeder ist ein Rohdiamant und kann zu etwas Großartigem geschliffen werden. Kinder sollten bereits früh in ihren Wünschen und Träumen gefördert werden, man sollte ihnen nicht sagen, dass dieser oder jener Beruf nichts für sei. Freunde von mir, die Slawistik an der Universität Wien studierten, berichteten von Professoren und Assistenten, die ihnen sagten, dass sie ohnehin nie einen Job finden würden. Alexander Jorias von Club Cooee hörte von seinem Informatikprofessor, dass er nie Software von ihm kaufen werde, weil er ja sein Studium nicht abgeschlossen hätte. Alfonso de la Nuez' Kollegen gaben ihm sechs Monate, bis er reumütig wieder von den Ruinen seines Start-ups zurückkehren würde. Diese Erwartungen können zur selbsterfüllenden Prophezeiung werden. Vor allem Europäer agieren oft zu zurückhaltend. Selbst Konzernchefs glauben, sie fahren am besten damit, vor den Gefahren und der Übermacht des Silicon Valley zu warnen.

Ein offener Brief, wie er von dem Axel-Springer-Verlagschef Mathias Döpfner veröffentlicht wurde, zeugt von geringem Selbstvertrauen. Den Mitarbeitern wird grundsätzlich die Fähigkeiten abgesprochen, angesichts eines vermeintlich übermächtigen Feindes wie Google die geringste Chance zu haben. Döpfner konzentriert sich in diesem Brief auf die Stärken des „Gegners", die zugleich die Schwächen des eigenen Unternehmens offenbaren, ohne jedoch Alternativen anzubieten oder zu fragen, wie die ureigenen Stärken angewandt werden können. Hier wird von einem Konzernchef in sehr öffentlicher Weise kapituliert – ein verheerendes Signal für die Moral eines Traditionsunternehmens.[57]

Der offene Brief von Mathias Döpfner unterstellt den Verlagsmitarbeitern etwas, was Ellen Langer als „selbst geschaffene Abhängigkeit" beschreibt. Damit beschreibt sie eine Geisteshaltung, die dazu führt, dass man selbst nicht die Fähigkeiten zu besitzen glaubt, diese Tätigkeiten auszuführen und eigene Geschäftsmodelle zu entwickeln, um im Wettbewerb gegen Google zu bestehen. Diese Abhängigkeit oder Hilflosigkeit existiert dann tatsächlich, selbst wenn man die Tätigkeit vorher ohne Probleme ausführen konnte, und wird zu einer selbsterfüllenden Prophezeiung.[58] Der Psychologe Martin Seligman nennt das ‚erlernte Hiflosigkeit', wenn jemand glaubt, keine Kontrolle über eine Situation zu besitzen, auch wenn das nicht der Fall ist.[59]

Was Mathias Döpfner mit diesem offenen Brief tatsächlich bewirkt, ist, seine eigenen Mitarbeiter zu demotivieren und Machtlosigkeit auszustrahlen. Und mit dieser Einstellung steht dieses Unternehmen nicht alleine da. Vertreter des deutschen Musikverbands lamentierten bei einem Hearing zum IT-Weltgipfel in Berlin vor Behördenvertretern über die Bedrohung durch den Musikstreamingservice Spotify, weil der völlig legal mit einem anderen Geschäftsmodell operiert und die Musikindustrie dem keine eigenen Ideen entgegensetzt. Dieses Lamentieren signalisiert Hilflosigkeit und führt auch dazu, obwohl es so nicht sein muss. Energie wird verschwendet, sich zu beschweren und zu jammern, anstatt sie in Ideen für neue Geschäftsmodelle zu investieren.

Ein bisschen mehr Selbstvertrauen mag in Europa mit gewissem Recht als Profilierungssucht und Eitelkeit angesehen werden. Dabei darf nicht vergessen werden, dass 556 Kilometer südlich des Silicon Valley in Hollywood eine der eitelsten Industrien angesiedelt ist. Tatsächlich verschafft das europäischen Unternehmen ein Imageproblem. Waren jahrelang deutsche und Schweizer Verbraucherprodukte hoch angesehen, bekommen sie mehr und mehr eine Patina der Langweiligkeit. Die Ergebnisse stehen noch aus, aber mit der Apple Watch werden das Image und die Anwendungsgebiete von Uhren verändert. Angesichts des Erfolges und technologischen Fortschritts von Tesla erscheint einem ein Porsche-Modell wie ein Dinosaurier. Und mit dem VW-Skandal hat deutsches Ingenieurwesen einen bitteren Beigeschmack bekommen.

Technologieangst
Neue Technologien erzeugen Unbehagen bei manchen Menschen, einerseits bei Managern von Firmen, die von der neuen Technologie akut bedroht sind, andererseits von Menschen, die diese Technologien noch nicht gesehen haben und Ängste und Hoffnungen hineinprojizieren.

Ein Beispiel dazu kommt vom damaligen Porsche-, nun Volkswagen-Vorstandsvorsitzenden Matthias Müller, der im Magazin *auto motor und sport* autonome Fahrzeuge als Hype bezeichnete und als unterstützendes Argument sein Unbehagen ausdrückte, wer bestimmte Entscheidung treffe. „Ich frage mich immer", sagte er *auto motor und sport*, „wie ein Programmierer mit seiner Arbeit entscheiden können soll, ob ein autonom fahrendes Auto im Zweifelsfall nach rechts in den Lkw schießt oder nach links in einen Kleinwagen."[60]

Das ist eine teilweise verständliche Reaktion des Chefs eines Sportwagenherstellers. Der Spaß an einem Sportwagen liegt vor allem daran, ihn selbst zu steuern. Porsche sieht seine Felle davonschwimmen, wenn von Menschen gelenkte Fahrzeuge immer mehr zurückgedrängt werden. Die Reaktion von Matthias Müller ist aber auch ein Signal an die eigenen Mitarbeiter, das in seiner Problematik nicht unterschätzt werden kann. Es signalisiert, dass Innovation in disruptiven Technologien vom Chef öffentlich lächerlich gemacht wird. Jeder, der sich da etwas traut, setzt sich der Gefahr aus, seine Karriere zu ruinieren. Damit wird keiner wagen, Vorschläge zu machen, die Porsche als Firma von innen her verändern werden. Wenn man das Thema Innovation jedoch nicht selbst vorantreibt, wird man schnell von der Konkurrenz überholt.

Bessere und ehrlichere Fragen, die Matthias Müller sich hätte stellen sollen, wären gewesen: „Wie sieht ein selbstfahrender Sportwagen aus?" und „Was macht einen Sportwagen zu einem Sportwagen?" Hätte er Fragen dieser Art schon früher gestellt, dann hätte er bereits eine Lösung für die Frage „Wie sieht ein Porsche aus, wenn wir keinen Benzinmotor mehr drin haben?" und man müsste der Konkurrenz wie Tesla nicht das Feld überlassen mit einem elektrisch angetriebenen Fahrzeug, das die ureigenen Leistungsdaten in den Schatten stellt. So musste man sich auf der Internationalen Automobil-Ausstellung in Frankfurt im September 2015 mit einem Konzept für einen elektrischen Porsche zufriedengeben, der erst in einigen Jahren auf den Markt kommen wird, wohingegen Tesla ein Produkt anbietet, das heute schon mehr kann als Porsches vorgestelltes Konzeptfahrzeug.

Von CEOs wird nicht erwartet, dass sie den Status quo infrage stellen. Oft wird sogar verlangt, dass sie keine Fragen stellen, sondern nur Antworten parat haben. Die eigene Strategie zu hinterfragen schafft Verunsicherung bei Mitarbeitern, Aktionären, Kunden und beim Aufsichtsrat.

In die gleiche Kerbe schlagen Reaktionen, die sich vor allem auf die Haftungsfrage bei Unfällen mit autonomen Fahrzeugen konzentrieren.

Wer haftet bei einem Unfall, das von einem autonomen Fahrzeug verursacht wird? Das ist eine gute Frage, aber eigentlich die falsche. Dazu sollte man zuerst mal die Frage nach dem Warum vorbringen. Warum ist die Haftungsfrage relevant, also unter welchen Umständen? Bei Unfällen selbstverständlich. Und wodurch werden diese heutzutage verursacht? 94 Prozent aller Unfälle werden durch menschliche Fehler verschuldet, der Rest durch technisches Versagen und andere Ursachen.[61] Warum bauen Menschen Unfälle? Weil sie übermüdet sind, zu spät reagieren oder durch andere Dinge wie Smartphones oder Gespräche abgelenkt sind.

Die Frage nach der Haftung ist somit eine nachgelagerte. Durch dieses Herunterbrechen auf die wirkliche Problemursache mit der Five-Why-Technik erfasst man rasch das Grundübel. Und das ist es, was autonome Fahrzeuge vordringlich lösen. In den USA sterben jährlich über 32.000 Menschen bei Verkehrsunfällen. 30.000 dieser Toten werden durch menschliche Fehler verursacht. Autonome Fahrzeuge – sofern sie ausreichend sicher funktionieren – würden diese vermeiden. Bleiben noch 2.000 Tote – und da sind vermutlich etliche darunter, die durch schlechte Wartung der Fahrzeuge hervorgerufen werden. Der Anteil der Unfälle, die auf Softwareversagen autonomer Fahrzeuge zurückzuführen wären, betrüge somit ein Bruchteil der heutigen Unfallzahlen.

Globales Denken und Handeln

Auch wenn sich das Silicon Valley auf eine relativ kleine Fläche konzentriert und die Startphase eines neuen Unternehmens lokal beschränkt ist, denken unsere Unternehmen bereits zu diesem Zeitpunkt global. Die drastische Reduktion hinsichtlich Aufwand und Kosten, wenn man in anderen Erdteilen produziert und mit internationalen Teams und Kunden in Kontakt tritt, erlaubt es Start-ups, stets vom Besten in jeder Region zu profitieren. Der hehre Gedanke, dass ein österreichisches Elektronik-Start-up aus vorgeblich ethischen Gründen auch in Europa produzieren will, wird immer dann zu überdenken sein, wenn ein Silicon-Valley-Start-up mit einem in China produzierten günstigeren und besseren Produkt auf den Markt kommt.

Dank eines weitreichenden Netzwerks durch die asiatisch-stämmigen Silicon-Valley-Mitarbeiter und der langjährigen Erfahrung und Kooperation beispielsweise mit der Elektronikhochburg Shenzhen wird nicht nur billiger und rascher produziert, sondern man erhält auch gleich ein Feedback zum Produkt vom asiatischen Markt. Während deutsche Start-ups noch überlegen, wie sie ihr Produkt im Heimatland an den Markt bringen, werden jene aus dem Silicon Valley schon für Asien mitkonzipiert und sind dort erhältlich.

Diese Denkart ist in dieser Konsequenz und Dynamik nur selten bei europäischen Start-ups vorzufinden.

Innovation

Innovation ist eine Mentalität und Gewohnheit. Eric Schmidt, früherer Chef von Google und nunmehriger CEO der Google-Holdinggesellschaft Alphabet formulierte 2005 ein Programm, das vorschlägt, wie Unternehmen ihren Mitarbeitern Zeit geben können, um Innovation zum festen Bestandteil der Unternehmens-DNA werden zu lassen. Er definierte dabei die 70-20-10-Regel. 70 Prozent der Zeit sollten Mitarbeiter mit ihren Kernaufgaben beschäftigt sein, 20 Prozent mit Projekten, die diese Kernaufgaben ergänzen, und zehn Prozent sollten mit Projekten ausgefüllt sein, die mit der Kernaufgabe nichts zu tun haben.[62]

Was sind nun die Faktoren, die Innovation ermöglichen? In den vorherigen Kapiteln hörten wir bereits von verschiedenen kleinen Techniken, die die Menschen im Silicon Valley anwenden, um neue Ideen zu generieren und sich für diese zu begeistern. Was können nun Unternehmen, Manager, Mitarbeiter und Gründer noch tun, um Innovationen anzustoßen?

Innovation und Führungsstil

> „Innovation trennt die Anführer von den Mitläufern." — Steve Jobs

Wie wichtig ist der Führungsstil für Innovation? Dieser Frage gingen Jeff Dyer, Hal Gregersen und Clayton Christensen nach. Sie entdeckten bestimmte Verhaltensmuster, die innovativen Unternehmensleitern eigen ist.

> *Innovative Unternehmer verbringen 50 Prozent mehr Zeit als nicht-innovative CEOs mit Entdeckungsaktivitäten wie Hinterfragen, Beobachten, Experimentieren und Netzwerken. Sie sind aktiv damit beschäftigt, Dinge zu finden, die verbesserungswürdig sind.*"

Einen ganzen Tag pro Woche mehr verbringen sie mit Entdeckungsaktivitäten. Traditionelle Manager hingegen fokussieren sich auf Ausführungsaktivitäten: Analyse, Planung, detailorientierte Implementierung und disziplinierte Durchführung. Innovative Unternehmen werden fast immer von innovativen CEOs geführt. Wenn Innovation gefordert ist, dann müssen die Topmanager kreative Fähigkeiten haben.

Elon Musk ist berüchtigt dafür, sich für jedes Detail zu interessieren und sich voll einzubringen. Das ist angesichts der thematischen Bandbreite seiner Unternehmungen eine ziemliche Leistung. Mitarbeiter, die bei Diskussionen mit ihm nicht entsprechend tief in die Materie einsteigen können, riskieren, sich seinen Zorn zuzuziehen. Larry Page und Sergey Brin sind aktiv in die Entwicklung neuer Technologien involviert. Bei Google Glass diskutierte Sergey Brin unter anderem mit seinen Ingenieuren über die beste Farbe für die Schriftanzeige. Steve Jobs hinterfragte jedes noch so kleine Detail. Das führte so weit, dass er mit seiner Familie zwei Wochen lang die Vor- und Nachteile verschiedener Waschmaschinenmodelle erörterte.

Auch verwenden innovative Unternehmer Begriffe, die auf das Bedürfnis hinweisen, den Status quo ändern zu wollen. Steve Jobs sprach immer wieder davon, „eine Delle ins Universum schlagen zu wollen." Larry Page sagte, er sei hier, um „die Welt zu verändern". Was in Europa nur ein Lächeln über die scheinbare Naivität hervorruft, ist ein Zeichen von Kreativität.

Die Einstellung „Solange das Werkel läuft, fass es nicht an." mag bei uns üblich sein, einem Innovator aber darf man das nicht sagen. Der sieht immer einen Weg, Dinge zu verbessern. Für ihn ist immer etwas kaputt, auch wenn es für die meisten von uns so aussieht, als wäre alles in Ordnung. Walter Isaacson schildert in seiner Steve-Jobs-Biografie eine Begebenheit mit Oracle-Gründer Larry Ellison, der ein guter Freund von Jobs war. Jobs ließ sich einen Privatjet liefern, wie er ihn bei Ellison gesehen hatte – allerdings mit einigen kleinen, aber wesentlichen Änderungen. Während in Ellisons Jet jeweils ein separater Auf- und Zu-Knopf für die Schiebetür angebracht war, wollte Jobs dafür nur einen Knopf haben. Obwohl die Türöffnerknöpfe einwandfrei funktionierten, fand er, dass das so nicht optimal gelöst war. Er hinterfragte den Status quo und fand eine bessere Lösung.

Gründer haben es dabei generell leichter. Sie haben das Unternehmen gestartet und aufgebaut und können riskantere Änderungen durchsetzen als von einem Aufsichtsrat berufene Manager, die nie selbst ein Unternehmen gegründet haben. Wie viel Vertrauen man diesbezüglich in sie setzt, sieht man bei Gründern, die die Unternehmensleitung aufgegeben hatten (Larry Page und Sergey Brin) oder aufgeben mussten (Steve Jobs, Jack Dorsey) und sie später wieder übernahmen. Sie alle setzten wichtige Richtungsänderungen durch, die sich auf Innovation und somit Entdeckungsaktivitäten fokussierten.

In Österreich spricht man von den „Hofräten Hinsichtl und Rücksichtl". Diese sind so zögerlich in ihrer Vorgehens- und Ausdrucksweise, weil sie meinen, die Interessen und Befindlichkeiten von so vielen Beteiligten berücksichtigen zu müssen, dass am Ende nur der kleinste gemeinsame Nenner, eine Lösung, die niemandem wehtut, herauskommt. Und das bedeutet oft, dass gar nichts gemacht wird.

Innovationsprämie

> *Die chronologische Folge technologischer Innovation: ‚Unmöglich, unpraktisch, möglich, erwartet, notwendig.'"*
> Jon Pittman, Vizepräsident für Corporate Strategy bei Autodesk

Wie misst man Innovation in einem Unternehmen? Zeitschriften und Beratungsunternehmen versuchen in jährlichen Rankings, diese Fragestellung zu beantworten. Dabei werden die Forschungsausgaben der öffentlich notierten Unternehmen herangezogen, Umfragen durchgeführt und diverse andere Daten analysiert. Die Ergebnisse sind oft fragwürdig. So wird zum Beispiel von der Unternehmensberatung Pricewaterhouse-Coopers Volkswagen mit Forschungs- und Entwicklungsausgaben in Höhe von 13,5 Milliarden Dollar im Jahr 2014 als Nummer 1 gelistet.[63]

Andere Listen basieren wiederum auf Umfragen unter leitenden Managern. Solche Aufstellungen ähneln mehr einem Beliebtheitswettbewerb für vergangene Leistungen. Aber wie berechnet man die Innovationskraft eines Unternehmens besser? Das fragten sich die Ökonomen Jeff Dyer, Hal Gregersen und Clayton Christensen. Sie zogen die Aktienkurse von an der Börse gehandelten Unternehmen heran und verglichen sie mit betriebswirtschaftlichen Kennzahlen.[64]

Unternehmen, denen von Investoren ein großes Innovationspotenzial zugetraut wird, erhalten einen Vertrauensvorschuss in der Bewertung. Diese Innovationsprämie errechnet man, indem man den Unternehmenswert, der sich aus der Vorhersage der Unternehmenserlöse und des Wachstums aus dem bestehenden Geschäftsmodell errechnet sowie aus dem sich daraus ergebenden Kapitalwert dieser Erlöse, mit der aktuellen Marktkapitalisierung vergleicht. Wenn die Marktkapitalisierung höher ist, dann ist der Unterschied mit diesem Vertrauensvorschuss der Anleger zu erklären. Sie betrachten das Unternehmen als innovativ. Es handelt sich dabei um die Erwartung eines künftigen

Unternehmenswachstums, das nicht nur aus den tatsächlich bestehenden Produkten und Dienstleistungen besteht, sondern aufgrund von neuen und innovativen Produkten und Dienstleistungen zu erwarten ist.

Apple beispielsweise hatte zwischen 1980 und 1985 unter Steve Jobs einen Innovationszuwachs von 37 Prozent. Ohne Steve Jobs sank dieser zwischen 1985 und 1998 auf minus 30 Prozent. Als Steve Jobs dann wieder das Steuer übernahm, stieg der Innovationszuwachs zwischen 2005 und 2009 auf plus 52 Prozent.

Für die Mitte des Jahres 2015 ergibt sich mit diesem Ansatz eine Rangliste, die Tesla Motors mit einem Innovationszuwachs von 84,82 Prozent anführt. Unter den ersten Hundert befinden sich von den europäischen Unternehmen jeweils vier in der Schweiz, Großbritannien und Frankreich, drei in Irland, zwei in Dänemark, Spanien und den Niederlanden und je eines ist in Italien, Finnland und Schweden vertreten. Kein einziges deutsches oder österreichisches Unternehmen schaffte die Platzierung unter die ersten Hundert.[65]

Innovation als Handwerk

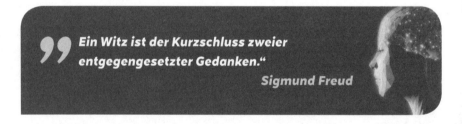

> *Ein Witz ist der Kurzschluss zweier entgegengesetzter Gedanken."*
> **Sigmund Freud**

Im Jahr 2007 gewann ich einen Kabarettpreis für Anfänger in Wien. Das Jahr darauf durfte ich dann nicht nur an drei Abenden an der kleinen Kabarettbühne mein Programm aufführen, sondern startete auch ein Satiremagazin. Auf der Suche nach Materialien, wie Humor denn so funktioniert, damit ich mein Programm verbessern konnte, fand ich auf Amazon.com mehr als zwei Dutzend Bücher über Humor for Business, wie Humor bei Sitcoms funktioniert und über Humorregeln in verschiedensten Ausprägungen. Auf Amazon.de hingegen fand ich genau nichts. Null. Zero. Keinen einzigen Treffer.

Um lustig zu sein, muss man als Witzbold geboren sein. Oder? Ähnliche Weisheiten gelten für Berufe wie Komponist, Modedesigner, Schriftsteller oder Filmdirektor. Dazu muss man geboren sein, nur leider, leider sind es die meisten nicht, deshalb versuche man sich erst gar nicht daran. Jeder, der in diesen Berufsfeldern arbeitet, kann bestätigen, dass diese erlernbare Handwerke sind. Es gibt Modeschulen, Musikhochschulen, Filmschulen, Schreibschulen – alle bilden sie angehende Kreative aus. Vieles ist dem Handwerk und nur einiges Wenige dem Talent zuzuschreiben.

Leider gibt es nicht wirklich eine Innovationshochschule. Das HPI in Potsdam und die d.school in Stanford kommen dem dabei am nächsten. Das gängige Vorurteil lautet, Kreativität sei die Sache einiger weniger, die Aufgabe höchstens einer Abteilung in einem Unternehmen. Ich selber brauche nicht kreativ zu sein, ich werde dafür ja auch nicht bezahlt oder wurde darin geschult – und überhaupt kann man das gar nicht lernen. Damit kann ich auch nicht innovativ sein.

Mit dieser Einstellung stehen viele sich selbst im Weg. Carol Dweck, Psychologieprofessorin in Stanford, hat das als „statisches Selbstbild" (fixed mindset) bezeichnet, im Gegensatz zu einem „flexiblen Selbstbild" (growth mindset).[66] Bei einem statischen Selbstbild redet sich die Person ein, dass sie das nicht lernen kann, weil ihre eigenen Möglichkeiten begrenzt sind. Redet sich ein Schulkind ein, dass Mathematik zu schwer ist oder dass in der eigenen Familie niemand gut im Rechnen ist, dann ist ein statisches Selbstbild am Werke. Sieht dasselbe Schulkind Mathematik als etwas Erlernbares, als etwas, das zwar Anstrengung benötigt, die aber prinzipiell zu leisten ist, dann wirkt das flexible Selbstbild.

PORTRÄT

JULIA WENDEL

Der Unterschied könnte für die Gymnasiallehrerin für Mathematik und Psychologie nicht größer sein: Da gibt es Schüler, die während des Mittagessens die Organisation eines Pumpkin Patch (ein zu Halloween mit Kürbissen und kleinen Attraktionen ausgestatteter Vergnügungspark für Kinder) in einer ärmeren Grundschule übernehmen. Für die Planung und den Aufbau haben sie sich freiwillig gemeldet. Wer ist so motiviert und verzichtet freiwillig auf seine Mittagspause?

Das und vieles andere im Silicon Valley erstaunt und begeistert die gebürtige Braunauerin, die in Linz aufwuchs und in Graz Lehramt für Mathematik und Psychologie/Philosophie studiert hat. Julia hat sowohl in Graz am Gymnasium in der Unter- und Oberstufe unterrichtet als auch in Toronto an einer Highschool.

2013 begleitete sie ihren Mann Andreas Wendel (von dem wir schon hörten) in die USA. Auch für sie war das ein lang gehegter Traum, der sich nun erfüllte. Innerhalb von drei Monaten hatte auch sie die Arbeitserlaubnis, und nachdem sie die österreichische Lehramtsberechtigung vorlegen konnte, fehlten nur ein paar Tests für die kalifornische Zulassung. Zuerst war sie an der German International School in Menlo Park (jetzt in Redwood City) und seit 2014 an der privaten BASIS Independent Silicon Valley, die sowohl Middle- als auch Highschool anbietet. Ihr Psychologie-Unterricht gilt als ‚Advanced Placement', was bedeutet, dass er von den Schülern für das College angerechnet werden kann, und verlangt den Schülern somit einiges ab.

Im Vergleich zu Österreich werde von Lehrern mehr verlangt. Julia lehrt 25 Unterrichtsstunden pro Woche und hat zusätzlich Mitarbeiterbesprechungen, Sprechstunden für Schüler und Eltern und Bürozeiten, außerdem betreut sie einige Nachmittagsprogramme, die „Clubs" genannt werden.

Die Schüler suchen sich die Nachmittagsprogramme selber aus. Da die Stanford University populäre Wettbewerbe für Highschool-Studenten anbietet, ist Julia ziemlich gefordert. Der

Stanford Brain Bee ist ein Wettbewerb für den Bereich Neurowissenschaften und Julia hat sich mit ihren Psychologieklassen freiwillig dazu angemeldet. Dabei ist ihr Engagement gefragt, sie muss sich selbst vorbereiten und lernt ihre Schüler oft von einer ganz anderen Seite kennen.

Zwei weitere Clubs, die sie betreut, sind der International Club und der Key Club. Letzterer ähnelt den Rotarier Clubs, der eben die Schüler zur Freiwilligenarbeit mit der ärmeren Volksschule veranlasste.

In Mathematik sind die Schüler nach Fähigkeiten eingeteilt, nicht nach Schulstufe. Am Anfang gibt es Einstufungstests und die Schüler werden gemäß ihres Wissensstands unterrichtet. Daraus ergibt sich eine ganz andere Unterrichtsdynamik. Psychologie hingegen ist ein Wahlfach, das 50 Minuten täglich unterrichtet wird und als Advanced Program (AP) fürs College anrechenbar ist. Die BASIS Independent Silicon Valley erwartet von den Schülern, dass sie insgesamt sechs APs machen. An anderen Highschools sind nur 0.5 APs üblich. Diese Fortgeschrittenenkurse gibt es für alle Fächer und einmal abgeschlossen muss man sie im College nicht mehr belegen.

Der Schulfokus liegt auf den MINT-Fächern und viele Schüler lernen auch in den Sommerferien, indem sie Sommerkurse auf den Unis belegen. Nicht weil sie – wie man vermuten würde – von den Eltern dazu angetrieben werden, sondern weil sie selbst motiviert sind und ihren Wissensdurst stillen wollen. Das hat Julia anfangs auch sehr überrascht. Die Schüler belegen Sommerfächer, die von den Universitäten und Colleges angeboten werden. Einer der Schüler erhielt sogar eine Förderung in Höhe von 10.000 Dollar für die Entdeckung eines ölzersetzenden Bakteriums. Firmen wie Google schreiben oft Wettbewerbe für Schüler aus. Die letzte Gewinnerin bei der Google Science Fair gewann eine 16-jährige Schülerin mit einem schnellen und billigen, aber zuverlässigen Ebola-Testverfahren. Für Julia ist es unglaublich, was die Kinder hier leisten und mit welcher ‚Warum nicht?'-Mentalität sie da rangehen.

Das wirke sich auch auf den Unterricht aus. Die Kinder würden alles hinterfragen und seien sehr wissbegierig. War sie in Österreich als Lehrerin zum Teil die Alleinunterhalterin in der Klasse, gebe es hier viel mehr Interaktion zwischen Lehrern und Schülern. Die Kinder zeigten eine größere Freude am Lernen, was in Österreich oftmals nach der zweiten Mittelschulklasse aufhöre. Der Grund liegt ihrer Meinung nach in der Art der Wissensvermittlung. Die praktische Anwendung des theoretischen Wissens steht im Vordergrund. Da wird beispielsweise ein Computer zerlegt und selbst die Zehnjährigen nutzen das Chemielabor. Julia und ihr Mann hatten zwar in ihren Schulen auch Chemielabors, sie hatten sie aber kein einziges Mal für eigene Versuche in Anspruch genommen. Im Roboterkurs werden programmierbare Autos gebaut, im Ingenieurskurs die Formeln für Brücken berechnet und diese anschließend selbst gebaut. Das motiviere die Schüler im Unterricht und wirke sich auch auf deren Selbstverständnis aus. Viele Schüler hätten ein flexibles Selbstbild und würden sich nicht selbst beschränken. Die 16-Jährigen wissen oft auch schon, was sie werden wollen, und ganz im Silicon-Valley-Stil möchten viele Unternehmen gründen und anschließend Venture-Kapitalisten werden. Das waren die Ergebnisse einer von Julia gestellten Aufgabe, die nach den Zukunftsplänen der Schüler fragte.

Generell werde Schule von den Schülern wegen der langen Schulzeiten und dem Nachmittagsprogramm mehr als Lebensraum wahrgenommen und die Beziehung zu den Lehrern sei informeller. Die Schüler kämen auch ohne zu zögern zu ihr ins Büro, um hallo zu sagen. Als Lehrerin teilt sie sich ein Büro mit einer

> Kollegin, ein Luxus im Vergleich zu dem halben Schreibtischplatz, der ihr in Österreich im Lehrerzimmer zugewiesen worden war. Während Julia einerseits vom Engagement der Schüler und den Möglichkeiten, die sich daraus ergeben, begeistert ist, müsse man aber auch festhalten, dass der freie Bildungszugang nicht allen gewährleistet ist. Es ist teuer, sich diese Ausbildung zu leisten.

Die eigenen geistigen Kapazitäten werden als erweiterbar und nicht als von Natur aus auf bestimmte Fähigkeiten beschränkt angesehen. Wenn aber Innovation ein Handwerk ist, dann ist sie erlernbar und dann kann sie auch in Schulen unterrichtet und gefördert werden. Julias Beschreibung der BASIS Independent Silicon Valley zeigt das in Ansätzen. Der Software-Gigant Oracle hat mit d.tech eine Design-Tech-Highschool in Planung, die sogar auf dem Firmengelände errichtet wird.[67] Generell sind die Berührungsängste zwischen Wirtschaft und Schulen geringer als in Europa. Gerade in Deutschland reagiert man oft hysterisch, wie ein jüngstes Beispiel aus einer Schule in Marbach in Baden-Württemberg zeigt. Dort wurde eine Stunde Wirtschaft als Pflichtfach eingeführt und sofort begann der Deutsche Gewerkschaftsbund die Apokalypse heraufzubeschwören, weil in den Lernunterlagen nicht kritisch genug über Unternehmertum berichtet würde.[68] Ähnlich erging es, wie bereits erwähnt, Hasso Plattner mit dem HPI in Potsdam.

Mit Limonadenständen, Girl-Scout-Cookie-Verkäufen oder Fundraisings für wohltätige Zwecke werden Kinder in den USA bereits sehr früh unternehmerischem Gedankengut ausgesetzt. Ein Handwerk kann man nicht erst auf der Uni in theoretischer Form von Lehrkräften lernen, die selber nie Wirtschaftstreibende waren. Auch Unternehmertum benötigt Praxis und Übung, um sich darin zu bewähren. Es erst durch ein EXIST-Gründerprogramm wie in Deutschland als Erwachsener zu lernen, ist ziemlich spät, wenn nicht gar zu spät.

Solange nicht erkannt wird, dass letztlich alles, von den Schulen und Universitäten über das Sozialversicherungsnetz bis hin zu den

Gehältern im Gewerkschaftsbund, durch Unternehmen und deren erwirtschaftete Steuern bezahlt wird, wird sich an diesem Missstand nichts ändern. Und solange Entrepreneurship und Innovation nicht als erlernbares Handwerk, sondern als Werk des Teufels angesehen wird, vor dem Kinder geschützt werden müssen, kann Europa gegen den Wind aus dem Silicon Valley nicht bestehen. Wie auch? Uns wurde nie beigebracht, wie dieses Handwerk funktioniert.

Diversität

Oliver Hanisch von den German Innovators und ich treffen uns mit einer Delegation eines deutschen Unternehmens im Coworking Space Runway in San Francisco auf der Market Street mit dem Rathaus in Sichtweite. Da sich im selben Gebäude die Twitter-Zentrale befindet und es Drohungen von Terrororganisationen wegen der Löschung ihrer Twitter-Konten gab, sind die Sicherheitsbestimmungen strenger als normalerweise in solchen Gebäuden üblich.

Unsere deutschen Gäste sind zu einer Erkundungstour im Silicon Valley, um Firmen zu besuchen und mögliche Geschäftspartner und frische Impulse zu finden. Olivers und mein Vortrag sollen den Auftakt zur Einstimmung bilden. Die Einstimmung besteht darin, dass ich in die Runde blicke und sie sofort auf die mangelnde Diversität der zehnköpfigen Truppe hinweise. Keine einzige Frau dabei, alles weiße deutsche Männer im selben Alter. Sofort wird scherzhaft protestiert, wie sehr sich doch alle unterschieden, aber das ändert wenig.

Um viele Ideen und möglichst vielfältige Wahrnehmungen zu haben, muss ein Team divers sein. Zwar dauert die Entscheidungsfindung dann länger, weil viel mehr Ideen und Information eingebracht und verarbeitet werden müssen, aber dafür finden solche Teams umfassendere Lösungen und können bessere Leistungen erreichen, wie Studien gezeigt haben.[69, 70] Gesellschaften, die eine geringe intrakulturelle Diversität haben, sind anfälliger zu kollabieren.[71]

Gruppen, in denen viele Mitglieder ähnliches Wissen haben, tendieren dazu, diesem überproportionale Aufmerksamkeit und Bedeutung zu schenken und Wissen, das von wenigen stammt, zu ignorieren. In Beurteilungen wird vor allem das gemeinsame Wissen diskutiert und verwendet.[72] Das führt zu einer geringeren Bandbreite an Lösungsmöglichkeiten, die oft nur den regionalen Aspekt berücksichtigen oder den eines bestimmten Lebensstils oder einer bestimmten Erfahrung. Kognitiv zentrale Personen innerhalb eines Teams sind diejenigen, die über Wissen verfügen, das viele andere Gruppenmitglieder auch haben. Kognitiv periphere Personen in Gruppen verfügen über ein Wissen, das nur wenige haben. Bevorzugt eine Gruppe die kognitiv zentralen Mitglieder, dann wird wieder nur das Mehrheitswissen berücksichtigt.[73] Gut funktionierende Gruppen müssen deshalb von ihren kognitiv peripheren Mitgliedern mehr Gebrauch machen.

Wie wichtig das ist, konnte ich bei einem Workshop in Karlsruhe erkennen. In einer 20-minütigen Übung musste unser Team, bestehend aus zwei Deutschen, zwei Österreichern und einer Neuseeländerin ein Projektmanagementsystem durch Spieleelemente benutzerfreundlicher machen. Verschiedenste Ansätze funktionierten nicht. Wir versuchten Spiele oder Spielelemente zu finden, die man mit einem Projektmanagementprozess kombinieren konnte, kamen dabei aber nicht voran. Die Zeit drängte, als die Neuseeländerin ein Spiel namens ‚Snakes and Ladders' vorschlug. Keiner der deutschsprachigen Kollegen (alles Männer übrigens) kannte dieses Spiel. Auf einem schachbrettartigen Spielbrett mit 32 Feldern wird eine Figur durch Würfeln vom ersten zum letzten Feld geführt. Auf manchen Feldern befindet sich eine Leiter, die zu einem höheren Feld führt und somit den Spieler schneller voranbringt. Auf anderen lauert eine Schlange, die den Spieler wieder zurückwirft. Genau dieses Spiel war die Lösung. Jedes Feld repräsentiert einen Projekttag, eine Leiter ist eine Ressource, die das Projekt beschleunigt, eine Schlange dagegen wirft das Projekt zurück. Obwohl wir vier deutschsprachigen Männer vermutlich doch noch eine Lösung vor Ablauf der Zeit gefunden hätten, wäre sie sicherlich nicht so originell gewesen wie diese. Und das dank des diversen und kognitiv peripheren Mitglieds.

Homogene Männergruppen werden nie perfekte Lösungen für Frauen finden. Heterosexuelle Teams werden Gewohnheiten homosexueller Personen nicht voll erfassen. Die Liste lässt sich beliebig um andere Bereiche (Religion, Ethnie, Sprache, Alter, Beruf, Herkunft) verlängern.

Unsere natürlichen Instinkte bringen uns dazu, Menschen zu bevorzugen, die uns ähnlich sind. Wir schätzen Ideen von Leuten, die so sind wie wir, mehr als von Menschen, die uns fremder sind.[74] Unser Gehirn muss mehr Arbeit leisten, wenn wir mit Menschen zusammenarbeiten, die uns fremd sind, nicht nur, weil sie uns fremd sind, sondern weil sie einer anderen Ethnie angehören oder eine andere Sprache sprechen.[75] Bei Bewerbungsgesprächen versuchen wir, Ähnlichkeiten und gemeinsame Vorlieben auszumachen und wählen damit mehr oder weniger unbewusst Mitarbeiter aus, die uns ähnlich sind.

PORTRÄT

AURORA CHISTÉ

Wer kann schon von sich behaupten, eine waschechte Venezianerin zu seinem Freundeskreis zu zählen? Mir ist das Kunststück gelungen, als ich das erste Mal Aurora Chisté über den Weg lief. Sie war beim italienischen Gamification-Start-up Beintoo als Business Development und Marketing Managerin tätig.

Aurora ist sicherlich eine der inspirierendsten und dynamischsten Persönlichkeiten, die ich je kennengelernt habe. Die studierte Kommunikationswissenschaftlerin ist ein Energiebündel, eine Netzwerkerin par excellence und ansteckend in ihrem Enthusiasmus, eine Delle ins Universum zu schlagen.

Das Silicon Valley kam auf ihren Radar, als sie während des Studiums in Bologna ihre theoretischen Linguistik- und Semiotikkenntnisse anwenden wollte. Dabei stieß sie mit der Universität Berkeley auf den offenbar einzigen Ort, wo genau das erforscht und gelehrt wurde. Die vorwiegend englische Literatur war ihren eigenen Professoren unbekannt, auch weil sie kaum des Englischen mächtig waren. Auroras Entschluss war gefasst und sie zog 2007 nach San Francisco.

Sie fühlte sich in San Francisco bald mehr zu Hause als an jedem anderen Ort, an dem sie je zuvor gewesen war. Die Leute, die sie kennenlernte, träumten von großen Dingen und glaubten an das, was sie machten. Dabei waren sie extrem umtriebig und Aurora war in ihrem Element. Es gab so viele Veranstaltungen zu interessanten Themen, dass sie in einem Monat mehr lernte als in sechs Monaten in Italien. Bei einer Veranstaltung hörte sie wiederholt den Begriff ‚Entrepreneur'. Erst beim Nachschlagen im Wörterbuch wurde ihr klar, was damit gemeint war – allerdings in einem völlig anderen Kontext, als sie ihn gewohnt war. Als Entrepreneure wurden in Italien vor allem die Gründer der großen italienischen Unternehmen wie Fiat oder Olivetti bezeichnet, und das waren fast ausschließlich Männer. Weil die im Silicon Valley übliche Beschreibung auf sie zutraf, nahm sie sich auch zum ersten Mal selber als Entrepreneur war.

Um die Aufnahme an die UC Berkeley zu schaffen, belegte sie am Foothill College, einer kleinen, aber feinen, von Hügeln umrahmten Hochschule, Kurse in Englisch, Programmierung, Marketing und International Business. Ihr erstes Praktikum bei Beintoo zeigte ihr deutlich, dass sie weit mehr lernen konnte, wenn sie in Start-ups arbeitete, anstatt Bücher über Start-ups zu lesen. Sie trug ihre Berkeley-Pläne zu Grabe und tauchte voll ins Metier ein. Dort lernte ich sie dann auch kennen.

Gemeinsam mit zwei anderen entstand die Idee, Start-up-Gründer mit Künstlern zusammenzubringen. Das Ziel war, das Heldentum zu fördern, wobei mit Helden alle Leute gemeint sind, die etwas in der Welt verbessern wollen. Dieser Versuch begann wie schon erwähnt unter dem Titel „The Glint" in einem gemieteten vierstöckigen Haus mit Blick über San Francisco.

Obwohl Aurora die San Francisco Bay Area und das gemeinsame samstägliche Arbeiten an den Laptops zusammen mit anderen Enthusiasten liebte, stellte sie auf ihren Reisen nach Europa und Südamerika fest, dass sie innerhalb von wenigen

Jahren immer weniger von dem Rest der Welt mitbekam. So sehr war Aurora in die Silicon-Valley-Sprache und -Kultur eingetaucht, dass sie kaum mehr Gespräche abseits der Silicon-Valley-Themen führte. Das erschreckte sie und sie wollte dem gegensteuern.

Ein Zitat von Steve Jobs gab ihr die Richtung vor. „Mich zu erinnern, dass ich bald tot sein werde, war für mich das wichtigste Werkzeug, das mir geholfen hat, all diese großen Entscheidungen im Leben zu treffen." („Remembering that I'll be dead soon is the most important tool I've ever encountered to help me make the big choices in life.") Damit wurde 2013 Hack for Big Choices [76] geboren, mit der Aurora weltweit Hackathons und Veranstaltungen organisiert, um die großen Probleme der Menschheit anzupacken. In Mexiko, Ghana und Kolumbien fanden bereits Hackathons statt, bei denen Lösungen zu Themenschwerpunkten wie Geschlechtskrankheiten, Autismus, Übergewicht oder Kidnapping in ein- bis zweitägigen Workshops gesucht wurden.

Was sie oft amüsierte, war die Art, wie sie von den regionalen Organisatoren empfangen wurde. Mit ihrem Silicon-Valley-Hintergrund fühlte sie sich, als ob ihr jedes Mal der rote Teppich ausgerollt wurde. Sie würde sich wünschen, dass die Menschen im Silicon Valley selbst mehr über den eigenen Tellerrand sehen würden, um zu bemerken, dass es sehr wichtige Aufgaben zu lösen gibt.

Auroras größte Lektion vom Silicon Valley ist, dass man an sich selber glauben muss und selbst Entscheidungen treffen kann. Es gibt Regeln, die man lernt, aber dann entscheidet man sich, wie sie einzuhalten sind. In Italien sei das nicht so klar. Einem mexikanischen Programmierer wurde das am ersten Hackathon an der Tec of Monterrey in Guadalajara bewusst.

Mexiko leidet unter der durch Drogenkartelle verursachten Kriminalität, die unter anderem auch zu vielen Entführungen und damit einhergehenden Lösegelderpressungen führt. Beim Hackathon erkannte er, dass er die Möglichkeit hat, dagegen anzukämpfen. Er entwickelte eine mobile App, mit der Leute ihren Verwandten ihren Standort und Status mitteilen konnten.

Auch ihre eigenen Landsleute würde sie gerne ermutigen, mehr aus sich zu machen. Vor allem die Leute ihrer Generation nutzen die ihnen gegebenen Möglichkeiten noch zu wenig. Nur würden sie das nicht erkennen, weil sie nie aus ihrer Welt herauskämen. Auroras erzählt von ihrer Frustration: Eltern und Großeltern wären nach dem Krieg am Boden gewesen. Alles, was sie taten, konnte nur zu einem besseren Leben führen. Daher erwarten diese Generationen, dass es auch weiterhin immer besser werde. Aurora und ihre Generation seien nun auf einem Plateau angelangt, wo eine Verbesserung mit den traditionellen Methoden nicht mehr klappt. Gleichzeitig gebe es keine Struktur oder Mittel, die Abhilfe versprächen. Ihre Generation fühle sich sowohl hilflos als auch von den Älteren unter Druck gesetzt, dass es endlich wieder aufwärts gehe. Erst durch ihren Aufenthalt im Silicon Valley entdeckte Aurora Wege, die dabei helfen können, und das führte sie auch zu ihrem eigenen Start-up Hack for Big Choices.

Als Italienerin fiel ihr noch etwas anderes auf. Zum ersten Mal wurde sie nicht auf ihren Status als Frau reduziert, sondern mit ihren Ideen und als Person ernst genommen. In Europa wurde ihr oft das Gefühl vermittelt, dumm zu sein. Hier im Silicon Valley konnte sie Fragen stellen, ohne sich dafür schämen zu müssen oder Angst zu haben, lächerlich gemacht zu werden. Niemand fragte sie nach ihrem Alter oder was ihre Eltern beruflich machen. Das Silicon Valley erwies sich für sie

> als befreiend und half ihr, nach einem ihrer Wahlsprüche zu leben: „Respektiere andere und du wirst respektiert werden." Das wurde ihr erst bewusst, als sie zwischen ihrem Heimatland und dem Silicon Valley pendelte.

Obwohl Diversität im Silicon Valley durch die schiere Menge an hier lebenden Nationalitäten leichter erreichbar ist, kämpfen Unternehmen in diesem Bereich, weil gewisse Arten von Diversität dazu tendieren, unterrepräsentiert zu sein. Der Anteil an Afro-Amerikanern und Latinos in den Unternehmen ist generell zu gering. Und obwohl Frauen mehr als die Hälfte aller Universitätsabsolventen stellen, sind 75 Prozent aller Manager Männer. Es gibt einige wenige Ausnahmen, wo Frauen an der Spitze von Silicon-Valley-Unternehmen stehen, wie beispielsweise Marissa Mayer von Yahoo oder Meg Whitman bei HP. Eine Analyse der Handelsplattform Quantopian ergab, dass Fortune-1000-Unternehmen mit weiblichen CEOs durchschnittlich eine mehr als zweifach bessere Leistung erzielen als der S&P-500-Index.[77] Trotzdem werden weniger als zehn Prozent aller Unternehmen von Frauen geleitet.

Die Sprecher auf Konferenzen und in Podiumsdiskussionen sind vorwiegend Männer. Das hat sogar dazu geführt, dass manche männliche Diskutanten dazu aufgefordert haben, rein männlich besetzte Podiumsdiskussionen zu boykottieren.[78] Ebenso folgen einige Veranstaltungen im Silicon Valley dem Geek Girl Code of Conduct.[79] Dieser stammt von Conventions, die sich um populäre Comics oder Videospiele drehen und von Cosplayern (Teilnehmer, die sich als ihre bevorzugten Comic- beziehungsweise Videospielcharaktere verkleiden) frequentiert werden. Gerade weibliche Cosplayer sind auf diesen Conventions oft Belästigungen ausgesetzt und es wird ihnen unterstellt, Cosplay vor allem zum Männerfang zu betreiben und weniger, weil sie an Comics oder Videospielen interessiert sind. Konferenzen im Silicon Valley tendieren aufgrund der technischen Orientierung der Themen dazu, einen großen Überhang an männlichen Teilnehmern zu haben, und die wenigen Frauen erleben Ähnliches wie Cosplayer. Der Geek Girl Code of Conduct stellt von vornherein klar:

> „Die Konferenz möchte eine sichere und willkommen heißende Atmosphäre ermöglichen, wo jede/r sich wohlfühlen kann, jede/r respektiert wird und er/sie selbst sein kann. Von allen Teilnehmern wird erwartet, andere Besucher, Beiträge Liefernde, Vorführende, Mitarbeiter und das Publikum mit Respekt zu behandeln. Jede Art von körperlicher oder verbaler Belästigung wird nicht toleriert."

Wie wir von Aurora erfahren haben, fühlte sie sich im Silicon Valley zum ersten Mal als Person wahrgenommen und respektiert. Es zählten ihre Ideen und ihre Arbeit, nicht wie in ihrer Heimat nur ihr Aussehen. Auch mir fällt es mittlerweile unangenehm auf, welche Arten von Kommentare von männlichen Teilnehmern auf der Bühne und in Gesprächen über oder direkt gegenüber weiblichen Konferenzteilnehmern getätigt werden. „Ihr Vortrag war klasse, obwohl sie nicht wirklich gut aussieht." ist kein Kommentar, den ich je wieder hören möchte (ja, ich zitiere hier wörtlich einen Konferenzteilnehmer, der mir als Mann gegenüber glaubte, das sagen zu können).

Facebook-COO Sheryl Sandberg sieht in ihrem Buch „Lean In" Frauen als teilschuldig an der Situation. Viele Frauen würden sich selbst zurückhalten und sich nicht trauen, Herausforderungen anzugehen, oder nicht aktiv nach neuen beruflichen Möglichkeiten suchen, wohingegen Männer jede nur sich ergebene Chance anpacken, selbst wenn sie viel weniger qualifiziert sind als Frauen mit ähnlicher Ausbildung auf ähnlicher Führungsebene. Gerade weil Frauen ihre eigenen Fähigkeiten besser einschätzen können, tendieren sie dazu, sich hinsichtlich ihres beruflichen Fortkommens zurückzuhalten, obschon sie bei der Tätigkeit die erforderlichen Fähigkeiten lernen können.

Eine bessere Einbeziehung von diversen Teammitgliedern erfordert mehr, als sie nur im Team zu haben. Gruppen müssen auch disziplinierter miteinander umgehen, um davon zu profitieren. Der Harvard-Rechtsprofessor Cass Sunstein und der Verhaltensforscher Reid Hastie schlagen eine Kombination diverser Strategien vor, um zu besseren Gruppenentscheidungen zu kommen:[80]

1. Neugierige und sich zugleich zurückhaltende Vorgesetzte
2. Förderung des kritischen Denkens
3. Belohnung von Gruppenerfolg
4. Rollenzuweisungen
5. Änderung der Betrachtungsweise
6. Nominierung eines Teufelsadvokaten beziehungsweise eines ‚Arschloch des Tages'
7. Rotes Team versus Blaues Team
8. Delphi-Methode

Eine kulinarische Art, um Gruppen effektiver zu machen, schlägt der Amazon-Gründer Jeff Bezos vor. Er verwendet die Zwei-Pizzen-Regel, die besagt, dass kein Team größer sein sollte, als dass es nicht ausreichend mit zwei Pizzen gesättigt werden könnte. Teams, die größer sind, verlieren an Durchschlagskraft und sind schwieriger zu managen.

Durchlässigkeit
Eine Bekannte, die unter der Woche als Produktmanagerin bei HP arbeitet und sich samstags im Frisiersalon austobt. Der Eigentümer einer Werbeagentur, der TEDx-Konferenzen organisiert – gerade an der Schnittstelle verschiedener Disziplinen passieren die spannendsten Dinge.

Der Glasbläser Jim McKelvey, der den Bezahldienst Square gründete, Steve Jobs, dessen Besuch einer Kalligrafieklasse ihm erst die Bedeutung von Design offenbarte und bei Apple seinen kreativen Ausdruck fand, der Physiker Elon Musk, der mehrere unterschiedliche

Firmen wie PayPal, Tesla und SpaceX gründete: Sie alle haben eines gemeinsam. Sie nutzten die Durchlässigkeit des Systems, um aus ihren vorgezeichneten Berufswegen in völlig andere Disziplinen vorzustoßen und diese umzukrempeln.

Das ist etwas, was in Europa nicht verstanden wird. Bereits mit 14 Jahren muss man im Ausbildungssystem eine Entscheidung treffen, die einen lebenslang verfolgen wird. Ist einmal ein Berufszweig gewählt, wird es in Deutschland, Österreich und der Schweiz extrem schwierig, sich beruflich zu verändern. Selbst wenn es einem gelingt, hat man zum Teil mit drastischen Karriereeinbrüchen zu rechnen. Die vorherrschende Meinung ist, man brauche Experten. Wie wir jedoch schon gelernt haben, wird disruptive Innovation nicht von Experten angetrieben, sondern von Außenseitern, die einen unvoreingenommenen Blick auf die Dinge werfen. Und weil sie die Historie dieser Disziplin nicht kennen und im dortigen Ökosystem niemandem etwas schulden, können sie auch respektlos vorgehen.

Ich selbst passe da auch irgendwie rein. Ich bin promovierter Chemieingenieur und Betriebswirt, der jedoch nie in diesen beiden Bereichen tätig war, sondern als Softwareprogrammierer arbeitete, um dann Videospiele mit Geschäftsanwendungs-Software zusammenzubringen und sich tief in Verhaltensforschungsthemen einzuarbeiten. Letzteres half auch bei der Arbeit an diesem Buch, weil ich diese Mentalitätsunterschiede nicht nur wahrnehme, sondern durch entsprechende wissenschaftliche Studien untermauern und erklären kann. Es ist ein weiter Weg vom Chemieingenieur zu Mentalitätsunterschieden von Innovationsökosystemen und Volkswirtschaften.

Genau dieses Verhalten kritisiert Burton Lee an europäischen Innovationsforschern: dass sie lieber Studien mit Experten aus ihrem eigenen Fach veröffentlichen, statt interdisziplinär vorzugehen. Damit haben sie einen wesentlichen Bestandteil von dem, was Innovation ausmacht, nicht verstanden.

Was benötigt wird, sind sogenannte T-shaped Mitarbeiter, die tiefe Expertise in einem Bereich haben (der vertikale Strich beim T), aber auch ein breit gestreutes Wissen in anderen Bereichen (der horizontale Strich beim T).

PORTRÄT

VIVIEN SIN

Wie viele Asiatinnen mit diesem Vornamen erlitt Vivien ihr großes Trauma, als sie nach Amerika kam. Die gebürtige Hongkongerin war im Glauben aufgewachsen, dass ihr Vorname genauso wie sie selbst einzigartig und speziell sei. Bis sie auf mehrere andere Mädchen mit demselben Vornamen traf, die alle ebenso aus Asien stammten. Verantwortlich für die asiatische Vorliebe für diesen Mädchennamen ist „Vom Winde verweht". Dieser Filmklassiker genießt in China einen ähnlichen Kultstatus wie die „Sissi"-Filme im deutschsprachigen Raum. Krieg, bevorstehende Umwälzungen und Liebe trafen in China vor einem halben Jahrhundert den Nerv der Zeit. Selbst heute noch wird „Vom Winde verweht" in China zum Englischlernen verwendet. So wurde Vivien Leigh zur Namenspatin vieler chinesischer Mädchen.

Die leichte Empörung und Enttäuschung darüber ist Vivien immer noch anzuhören, als wir ihren Werdegang besprechen. Zuerst war sie in einem kanadischen Internat, wo sie zwei Jahre lang gemeinsam mit Schülern aus 150 Ländern untergebracht war. In Chicago studierte sie Betriebswirtschaftslehre und belegte Informatikkurse. Sie war immer schon daran interessiert gewesen, Dinge zu schaffen, aber dort traf sie erstmalig auf Start-ups, die Probleme durch Software lösten. Ein Praktikum in San Francisco und San Mateo bei hiesigen Start-ups machte ihr die Entscheidung leicht. Nach einer kurzen Auszeit in Paris und Spanien zog sie nach San Francisco.

Das Buch „Dataclysm" von Christian Rudder, dem Gründer der Dating-Website OKCupid, brachte sie auf das Thema, wie man aus Daten Rückschlüsse über menschliches Verhalten ziehen kann. Mit ihrem Wirtschafts- und Statistikhintergrund fiel ihr die Wahl für diesen Arbeitsbereich leicht. Sie bezeichnet das als „internen Monolog zum Menschsein". Bei ihrem Arbeitgeber If(we)[81] (ja, das ist tatsächlich der Name der Firma) wühlt sie sich als Datenanalystin durch Daten, um daraus Einsichten über menschliches Handeln und Verhalten zu gewinnen. Was Menschen in Umfragen angeben, stimmt nicht immer mit dem überein, was sie tatsächlich tun.

Was Viviens Ansatz nun so außergewöhnlich macht, ist, dass sie auch Künstlerin ist, eine Mischung aus Nerd und Kunst. Im von vier ehemaligen Facebook-Mitarbeitern gegründeten Coworking Space Code and Canvas (wörtlich: „Programmcode und Leinwand") hat sie ein Studio angemietet und residiert dort zwischen zehn Künstlern und einem halben Dutzend Start-ups. Diese Nähe von Kunst und Technologie findet Vivien extrem spannend. Viele Start-ups hätten interessante Fragestellungen, die Künstler inspirieren und zu Dialogen führen können. Beide Seiten beschäftigen sich mit wichtigen Fragen, das verbindet beide Disziplinen.

Vivien selbst organisiert im Coworking Space eine allwöchentliche Veranstaltung namens „Monday night on a couch", zu der sie Künstler und Technologen zu Gesprächen einlädt. Und weil sie immer noch nicht genug zu tun hat, bemüht sie sich, Künstlern ein Residenzprogramm in Firmen zu vermitteln. Autodesk, Facebook und PARC bieten Künstlern für mehrere Monate die Möglichkeit, in ihren Räumlichkeiten mit Mitarbeitern Projekte anzugehen. Vivien spricht deshalb mit vielen Unternehmen, um weitere Plätze zu schaffen. Wie einige andere Künstler, die ich hier kennenlernte, macht sie Werbung für den Einsatz von Softwarecodes, um Kunst zu schaffen.

Sie selbst empfindet San Francisco für ihren Bereich diverser denn je zuvor. Im Vergleich zu älteren Städten wie New York City oder Chicago sei die künstlerische Szene noch relativ jung. San

Francisco werde aus künstlerischer Sicht aber reifer, die Künstler würden sich auch mit weiter gefassten Fragestellungen befassen.

Wenn sie die Stadt mit Hongkong und anderen Orten vergleicht, empfindet sie vor allem die Art, wie die Menschen hier denken, als den größten Unterschied. Wenn sie auf ein Problem stoßen, dann packen sie es selbst an und warten nicht darauf, bis die Stadtverwaltung etwas unternimmt. Einfach loslegen und sich nicht um Regeln kümmern, ist eine Mentalität, die ihr gefällt. Uber ist für sie das beste Beispiel. Sie hat selbst erlebt, wie schwierig es war, in San Francisco ein Taxi zu bestellen.

Was San Francisco ihrer Meinung nach fehlt, ist eine gewisse Bodenhaftung. Die künstlerische Szene sei hier relativ klein und Technologie feiere vor allem sich selbst, statt ernsthafte Probleme der Menschheit zu lösen. Vor allem das Fehlen von geschichtlichem Kontext wirke sich nachteilig auf die Kunstszene aus, weil künstlerische Kreativität für Vivien einen Dialog mit der Vergangenheit darstellt: Nicht nur lerne man aus der Vergangenheit und beziehe sich darauf, Künstler fügen ihr auch neue Aspekte hinzu.

Design und das Potenzial der rechten Hirnhälfte

SAP-Gründer Hasso Plattner erkannte schon 1998, dass die technischen Fähigkeiten seiner Mitarbeiter nicht ausreichten, um sein Unternehmen fit für die Zukunft zu machen. Seine Lösung war nicht, Mitarbeitern und Studenten noch mehr dieser Skills beizubringen, sondern er machte etwas Ungewöhnliches. Er gründete das Hasso-Plattner-Institut in Potsdam, dessen Fokus auf der schwer zu fassenden Disziplin Design liegen sollte.

Meist assoziiert man mit deutschen Tugenden German Engineering, nicht aber German Design – trotz Braun, Frankfurter Küche, Bauhaus, Jugendstil, Wiener Werkstätte, Schweizer Uhren, Schriftsätze, ja, obwohl selbst die Eurobanknoten von Designern aus dem deutschsprachigen

Raum. stammen. Design wird meist als Nice-to-have, nicht als Must-have betrachtet, als etwas, das man anpacken kann, sobald die wichtigen technischen Probleme gelöst sind. Es erscheint logisch-rational kaum fassbar und wenig wissenschaftlich. Gerade weil das so ein schwammiges und undurchschaubares Gebiet ist, konzentriert man sich lieber auf etwas, was man kann: Engineering. Das ist jedoch ein Fehler.

Gerade der unglaubliche Erfolg von Apple zeigt, wie wichtig Design für Technologie ist. Nicht zuletzt Apple hat uns eindringlich vor Augen geführt, dass Design keine Soft Skill und kein Nice-to-have ist. Design kann entscheiden, ob Kunden ein Produkt annehmen oder nicht. Helen Greiner, die Mitgründerin von iRobot, schilderte die ersten Eindrücke von Testkunden zu einem Staubsaugerroboter. Zuerst lehnten die Kunden ihn entsetzt ab. Sie hatten sich einen humanoiden Roboter mit einem Staubsauger in der Hand vorgestellt. Als Helen ihnen dann den Roomba präsentierte, der wie ein etwas größer dimensionierter Frisbee aussieht, konnten sich plötzlich alle vorstellen, diesen zu verwenden.

Andreas Wendel von Google X weist ausdrücklich auf die Wichtigkeit von Design für die Akzeptanz der selbstfahrenden Fahrzeuge hin. Die eher niedlich aussehenden Mini-Cars, die Google gerade testet, sollen unbedrohlich aussehen und sich freundlich und zuvorkommend verhalten. Man kann sich das so vorstellen: Bei einem schwarzen Sportwagen mit einer Person drin, die den Motor aufheulen lässt, wissen wir, ein Arschloch sitzt am Steuer, und zucken die Schulter. Wird dasselbe Verhalten aber von einem autonomen Fahrzeug gezeigt, dann kommt uns als Erstes „Terminator" in den Sinn und wir fürchten uns. Sieht das Fahrzeug aber niedlich (und zugegebenermaßen hässlich) aus, dann wirkt es unbedrohlich und unsere Bereitschaft, es zu verwenden, steigt. Der harmlos aussehende Roomba bekommt von seinen Besitzern sogar Spitznamen, ja, ganze Shops sind auf Kleidung für den Roomba spezialisiert. Jawohl, Kleidung, um den Roomba anzuziehen. So sehr vermenschlicht wurde dieser Staubsaugerroboter, weil er derart unbeholfen und niedlich wirkt.

Wie wichtig Design in San Francisco ist, zeigt sich an einer humoristischen Liste von Dingen, die jemand aus San Francisco nie sagen würde. Ein Satz, den man dort nie zu hören bekommt, lautet nämlich: „Mir ist völlig egal, welchen Schriftsatz du verwendest."

Gutes Design inspiriert und ein einfaches Design ist nicht leicht zu machen. Emotionen, die von der rechten Gehirnhälfte gesteuert werden, sind ein wichtiges Element, das Design anzusprechen versucht. Die beste Technologie hilft nicht, wenn das Design nicht passt, wenn die Leute es nicht verwenden können oder die Technologie bedrohlich wirkt, und das alles zusammen führt dazu, dass die Menschen diese Technologie nicht nutzen. Solch eine Technologie ist wertlos.

Forschung und Entwicklung

Als gebürtiger Österreicher bekommt man leicht den Eindruck, jede Erfindung, die je gemacht wurde, käme aus Österreich: die Nähmaschine von Josef Madersperger, die Schiffsschraube von Josef Ressel, die Schreibmaschine von Peter Mitterhofer – die Liste ließe sich endlos fortsetzen. Aus österreichischer Sicht scheiterten diese Erfindungen aber am Unverständnis der heimischen Zeitgenossen und anderen unglücklichen Umständen, die zum tragischen österreichischen Erfinderschicksal führten. Dagegen könne man leider nichts machen. Diese Fatalität beherrscht die heimische Mentalität. Gleichzeitig sind viele erfolgreiche heimische Erfindungen beinahe unbekannt oder werden neidisch dem unverdienten Glück des Erfinders zugeschrieben.

Ein russischstämmiger Taxifahrer in Tel Aviv zeigte mir, dass diese Mentalität nicht nur in Österreich verbreitet ist. Während der Fahrt vom Flughafen zum Hotel schilderte er mir ausführlich, welche Ideen er hatte, die dann andere umsetzten. Vom von Google erworbenen israelischen Navigationssystem-Start-up Waze bis zu mobilen Apps hatte er scheinbar alles erfunden. Wie wir aber bereits hörten, sind Ideen billig, auf die Durchführung kommt es an. Und aufgrund des benachbarten Möglichen kommen oft mehrere Personen auf dieselbe Idee.

Universitäten werden oft als Innovationsgeneratoren angesehen. Dabei leisten sie neben der Lehre ganz bestimmte Dinge: Sie ermöglichen Entdeckungen in strukturierter Form. Daraus entstehen oft Erfindungen, aber sehr viel weniger Innovation. Nur wenigen Universitäten wie eben Stanford gelingt eine durchschlagende Wirkung in diesem Bereich.

Das hat mit der vorherrschenden universitären Mentalität zu tun. Während Lehre ein notwendiges Übel darstellt, dem man als Fakultätsmitglied nicht entkommt, liegt das eigentlich erstrebenswerte Ziel in der Veröffentlichung wissenschaftlicher Studien in renommierten Fachzeitschriften, die zum Ruhme der akademischen Forscher und Universitäten beitragen sollen. Eine praktische Anwendung der Entdeckungen und Erfindungen wird als nebensächlich und von einem nicht unwesentlichen Teil der Forscher sogar als Ausverkauf angesehen, zumal universitäre Regulierungen solche Aktivitäten, wenn nicht gleich bestrafen, dann zumindest stark erschweren.

Dass es anders geht und gehen muss, haben wir am Beispiel Stanford University eindrücklich gesehen. Auch das MIT, UC Berkeley oder Cambridge machen in dieser Hinsicht einen guten Job. In Deutschland füllt das Fraunhofer Institut mit seinen über 60 Niederlassungen eine Lücke zwischen universitären Entdeckungen bzw. Erfindungen und Innovation. Durch die Zusammenarbeit mit Unternehmen, aber auch durch universitäre Ausgründungen wird Innovation geschaffen.

Deshalb scheint erstaunlich, warum die erste Antwort von Politik und Gesellschaft zur Förderung von Innovation meist darin besteht, universitäre Budgets zu erhöhen. Angemeldete Patente und wissenschaftliche Papiere sind nicht mit Innovationskraft gleichzusetzen. Das Horizon-2020-Programm der EU zielt direkt auf Projekte mit universitären Forschungseinrichtungen. Das führt zu dem wenig überraschenden Effekt, dass universitäre Einrichtungen bedrohlich erscheinende Innovationen wie Massive Open Online Courses (MOOCs) für neue Lernmodelle gar nicht erst als Projekteinreichungen vorschlagen oder selektieren.

Start-ups aus dem universitären Umfeld haben zudem oft stark einschränkende und teure Lizenzvereinbarungen, da die Kerntechnologie oft nicht ihr geistiges Eigentum ist, sondern die des Forschungsinstituts. Deswegen sind beispielsweise die meisten Start-ups aus dem Umfeld des Max-Planck-Instituts für amerikanische Investoren uninteressant.

Gäbe es mehr Innovation, wenn die Gelder stattdessen in Unternehmen fließen oder bessere Anreize geschaffen würden? Diese Frage stellte sich PricewaterhouseCoopers und analysierte die Forschungs- und Entwicklungsausgaben von an der Börse gehandelten Unternehmen.[82]

Unter den 20 Firmen mit den größten Forschungsbudgets befanden sich sieben aus Europa, wobei fünf davon wenig überraschend aus dem klinisch-pharmazeutischen Umfeld stammen und die restlichen zwei aus dem Automobilbereich.

Tabelle 3: Unternehmen mit den 20 größten Forschungsbudgets

2015	2014	Unternehmen	Milliarden Dollar	% des Erlös	Firmen-zentrale	Industrie
1	1	Volkswagen	5,3	5,7	Europa	Auto
2	2	Samsung	14,1	7,2	Südkorea	Computer & Elektronik
3	3	Intel	11,5	20,6	Nordamerika	Computer & Elektronik
4	4	Microsoft	11,4	13,1	Nordamerika	Software & Internet
5	5	Roche	10,8	20,8	Europa	Medizin
6	9	Google	9,8	14,9	Nordamerika	Software & Internet
7	14	Amazon	9,3	10,4	Nordamerika	Software & Internet
8	7	Toyota	9,2	3,7	Japan	Auto
9	6	Novartis	9,1	17,3	Europa	Medizin
10	8	Johnson & Johnson	8,5	11,4	Nordamerika	Medizin
11	13	Pfizer	8,4	16,9	Nordamerika	Medizin
12	12	Daimler	7,6	4,4	Europa	Auto
13	11	General Motors	7,4	4,7	Nordamerika	Auto
14	10	Merck	7,2	17,0	Nordamerika	Medizin
15	15	Ford	6,9	4,8	Nordamerika	Auto
16	16	Sanofi	6,4	14,1	Europa	Medizin
17	20	Cisco Systems	6,3	13,4	Nordamerika	Computer & Elektronik
18	32	Apple	6,0	3,3	Nordamerika	Computer & Elektronik
19	19	GlaxoSmithKline	5,7	15,0	Europa	Medizin
20	28	AstraZeneca	5,6	21,4	Europa	Medizin

© PwC

Um zu untersuchen, ob es eine Korrelation zwischen Innovation und Größe des Forschungsbudgets gibt, befragte PricewaterhouseCoopers

Manager nach deren Einschätzung zu den innovativsten Unternehmen. Das Ergebnis war ernüchternd. Mehr Forschungsausgaben bedeuten nicht mehr Innovation. Apple als das am innovativsten bewertete Unternehmen erreicht mit seinen Forschungsausgaben nur den 18. Platz. Kein einziges europäisches Unternehmen findet sich unter den Top 10 der innovativsten Unternehmen.

Tabelle 4: Top 10 Innovativste Unternehmen 2015

2015	2014	Unternehmen	Milliarden Dollar	% des Erlös
1	1	Apple	6,0	3,3
2	2	Google	9,8	14,9
3	5	Tesla Motors	0,5	14,5
4	4	Samsung	14,1	7,2
5	3	Amazon	9,3	10,4
6	6	3M	1,8	5,6
7	7	GE	4,2	2,9
8	8	Microsoft	11,4	13,1
9	9	IBM	5,4	5,9
10	11	Toyota	9,2	3,7

© PwC

Warum aber führen erhöhte Forschungs- und Entwicklungsausgaben nicht unbedingt zu einer Erhöhung des Innovationsausstoßes eines Unternehmens? Dafür gibt es diverse Gründe.

Eine eigene Forschungs- und Entwicklungsabteilung gibt Mitarbeitern das Signal, dass Innovation von dieser Abteilung, nicht aber vom Rest des Unternehmens erwartet wird. Auch sind isolierte R&D-Abteilungen oft zu weit von den Kundenwünschen entfernt und interagieren zu selten mit dem Rest des Unternehmens. Damit erhalten sie zu wenig notwendiges und direktes Feedback, das ihnen rasche Anpassungen oder sogar einen Pivot erschwert. Mitarbeiter in R&D-Abteilungen werden oftmals anhand der Patentanmeldungen oder wissenschaftlichen Veröffentlichungen gemessen, aber nicht notwendigerweise an der Zahl ihrer Produkteinführungen (darin sind sie universitären Forschungseinrichtungen nicht unähnlich). Mitarbeiter, die in R&D-Abteilungen arbeiten, sind oft Ingenieure mit viel Expertise in ihrem Fachgebiet. Wie wir bereits gelernt haben, entsteht disruptive Innovation jedoch oft durch Nicht-Experten, die auf unkonventionelle Weise und durch die Verknüpfung mit anderen Disziplinen zu neuen Ideen und Konzepten kommen. Da Ingenieure in den R&D-Abteilungen dominieren, sehen sie unternehmerisches Denken, wie es Intrapreneure praktizieren, auch nicht als ihre Aufgabe an, sondern als die Aufgabe von Mitarbeitern in anderen Bereichen des Unternehmens. Zu viele Ressourcen können innovationshemmend sein, weil zu viele Probleme auf einmal angegangen werden.

R&D-Abteilungen tendieren dazu, nur Probleme ab einer bestimmten Größenordnung anzugehen. Polaroid war sehr stolz darauf, große Innovationsprojekte im Bereich von einer halben Milliarde Dollar stemmen zu können.[83] Diese Summen führen dazu, dass die Angst vor Veränderung und Scheitern so groß wird, dass die Projekte so lange weitergeführt werden, bis sie für das Unternehmen existenzgefährdend geworden sind. Die Dauer der Projekte kann nicht mit der Innovationsgeschwindigkeit mithalten. Zu Projektbeginn aufgestellte Behauptungen sind bei Projektende gegenstandslos geworden. Es gibt nichts Schlimmeres als zu erkennen, dass das Endprodukt bereits durch eine disruptive Technologie ersetzt wurde. Ein vielversprechenderer Ansatz ist es, Innovation als die Aufgabe jeder Abteilung und jedes Mitarbeiters anzusehen.

Einrichtungen und Unternehmen

Die Nähe zu so vielen talentierten und hilfreichen Menschen wird ergänzt durch entsprechende Einrichtungen. Was hilft mir eine Idee, wenn ich keine Werkzeuge und Räumlichkeiten habe, wenn ich sie nicht irgendwo austesten kann oder bis zur Marktreife bringe? Genau auf diesem Gebiet sticht das auf geografisch kleinem Raum konzentrierte Silicon Valley hervor. Die Infrastruktur und allgemeine Zugänglichkeit zu erforderlichen Ressourcen ist phänomenal und ermöglichen eine Reichweite und ein Wachstum, das Außenstehende nur verblüffen kann.

Unicorns und Decacorns

Als Unicorns – Einhörner – bezeichnet man jene magischen Start-ups, die in wenigen Jahren eine Ein-Milliarde-Dollar-Bewertung erreichen. Deren Wachstum erweist sich als exponentiell. Die Umsatz- und Kundenkurven weisen das dafür typische Hockeyschläger-Muster auf: zuerst langsam ansteigend, bis sie steil nach oben führen.

War die Anzahl der Unicorns bis vor Kurzem noch recht überschaubar, so ist die Zahl in den letzten zwei Jahren geradezu explodiert. Das *Wall Street Journal* und Dow Jones VentureSource listen Ende Oktober 2015 gleich 125 Start-ups als Unicorns, von denen 49 erst 2015 hinzustießen.[84]

Als neue Superkategorie unter den Unicorns tauchen die Decacorns auf. Das sind Start-ups mit einer Bewertung von über zehn Milliarden Dollar. Darunter fielen Ende Oktober 2015 elf Start-ups: Uber, Xiaomi, Airbnb, Palantir, Snapchat, Didi Kuaidi, Flipkart, SpaceX, Pinterest, Dropbox und WeWork. Von diesen stammen acht aus den USA, drei aus Asien und kein einziges aus Europa. Gerade mal 13 von 125 Unicorns stammen aus Europa.

FALLBEISPIEL

mytaxi versus Uber

Am Beispiel der Fahrdienstanbieter mytaxi und Uber lässt sich sehr schön darstellen, wie viel dynamischer ein Silicon-Valley-Start-up vorgeht und vorgehen kann. Beide Start-ups wurden 2009 gegründet, aber sowohl ihre Ausgangspunkte als auch deren Entwicklung zeigen deutliche Unterschiede auf.

Das Hamburger Start-up mytaxi wurde im Juni 2009 mit der Absicht gegründet, Fahrgästen über eine App ein Taxi zu bestellen. Und für deutsche Start-up-Verhältnisse ist das auch eine wahre Erfolgsgeschichte. Bis 2012 wurden insgesamt 13 Millionen Euro an Venture-Kapital durch T-Ventures und Daimler aufgestellt, in einer weiteren Investmentrunde nochmals eine nicht genannte Summe, bevor mytaxi 2014 von Daimler endgültig geschluckt wurde.

Uber wurde 2009 als Limousinenservice gegründet, damit ‚Schnösel' – wie die Uber-Gründer es waren – stilecht zu Partys auffahren konnten. Sehr rasch erkannte man aber das Potenzial und weitete das Angebot vom reinen ‚Schnöselservice' zu anderen Fahrdienstleistungen aus. Von kleineren Fahrzeugen für Fahrgäste bis hin zu Lieferservices reicht heute die Angebotspalette. Bevor man sich's versah, machten die Uber-Fahrer den Taxifahrern Konkurrenz. Und Uber-Investoren belohnten den Erfolg mit Investitionen, die in einem Dutzend Investmentrunden bis Januar 2016 elf Milliarden Dollar einbrachten.

Während mytaxi seine App als Vermittler zwischen bestehenden Taxi-Services und Fahrgästen sah und sich damit innerhalb der gegebenen Regulierungen bewegte, befand sich Uber von Anfang an im unregulierten Markt von Privatfahrzeugen, die taxiservice-ähnliche Leistungen anboten. Im selben Zeitraum stellte Uber das beinahe 300-Fache an Venture-Kapital auf und ist global vertreten, während mytaxi vor allem in Europa existiert. Uber stößt in beinahe allen Städten, in denen der Service eingeführt wird, auf Widerstand der alteingesessenen Taxidienste und wird mit Klagen überzogen.

Nach der Logik von Investoren ist jedoch die Anzahl der Klagen und des Widerstands gegen ein Start-up nicht nur ein Anzeichen für die Höhe des Risikos, das es birgt, sondern vor allem für die Größe der Disruption, die es in bestehende Märkte bringt. Je mehr Klagen, desto größer die Disruption, desto größer auch die Chance, hohe Investmenterlöse zu generieren.

Während europäische Start-ups sich bestehende Regularien als Grenzen setzen, hinterfragen Silicon-Valley-Start-ups diese und verändern sie. Die Regulierungen des Taxigewerbes kommen nicht von irgendwoher. In der Vergangenheit bestand ein Informationsungleichgewicht zwischen Taxianbieter und Fahrgast. Ein Besucher kennt eine Stadt oder Region weniger gut als der Fahrer. Und viele Fahrer wissen das und nutzen nach wie vor deren Unwissen aus.

Das Erlebnis einer spanischen Freundin vom vergangenen Jahr zeigt das. Nach einer Konferenz in Las Vegas war sie zeitig in der Früh im Taxi auf dem Weg zum Flughafen, als bei einer roten Ampel eine Motorradstreife ans Fenster klopfte und den Fahrer nach seinem Fahrziel fragte. Dieser gab an, auf dem Weg zum Flughafen zu sein. Der Polizist fragte nach, warum er denn dann in die entgegengesetzte Richtung fahre. Die Antwort des Taxifahrers, dass er wegen des Verkehrs einen schnelleren Umweg fahre, genügte dem Polizisten nicht, weil um sechs Uhr früh keinerlei Verkehrsaufkommen war. Er notierte sich das Kennzeichen und die Lizenznummer des Taxis, wies den Fahrer an, sofort umzudrehen und auf kürzestem Wege zum Flughafen zu fahren. Der verdutzten spanischen Freundin überreichte der Streifenpolizist eine Karte mit seiner Telefonnummer, die sie anrufen sollte, sollte es Probleme geben und falls die Fahrt mehr als 20 Dollar koste.

Aus diesen und weiteren Gründen verabschiedeten viele Städte und Gemeinden Regulierungen und Bestimmungen, um gegen solche Dinge vorzugehen. Neben Taxilizenzen, Fahrprüfungen und regelmäßigen Kontrollen versuchen die Behörden, solchen Geschäftsgebaren Einhalt zu gebieten. Mit dem Uber-Angebot weiß aber der Fahrgast nicht nur im Vorhinein, wie viel die Fahrt kosten wird und wie der Fahrer von anderen Fahrgästen beurteilt wurde, auch der Fahrer selber sieht die Bewertungen des Fahrgasts von anderen Fahrern. Es gibt eine größere Transparenz, mit wem man es zu tun hat und welches Preis-Leistungs-Verhältnis zu erwarten ist.

Die Popularität von Uber führt nun aber dazu, dass Taxiservices die Regulierungen, die ihnen auferlegt wurden, als Waffe gegen Uber verwenden wollen, da Uber den Standpunkt vertritt, genau diesen Regulierungen nicht zu unterliegen. Die Behörden sehen sich plötzlich mit der Tatsache konfrontiert, dass Regeln, die zum Schutz der Fahrgäste gegen die Taxiservices erlassen wurden, nun von den Taxiservices zum eigenen Schutz gegen Uber verwendet werden. Das führt zur interessanten Situation, dass bei Gemeindesitzungen Uber-Nutzer lautstark dagegen protestieren und Gemeindevertreter sich darauf rückbesinnen müssen, warum diese Regulierungen eigentlich eingeführt wurden. Die neue Situation macht diese teilweise obsolet und erfordert eventuell neue Bestimmungen, wie beispielsweise der fehlende Versicherungsschutz der Uber-Fahrgäste zeigt.[85]

Ähnliche Phänomene sind bei anderen Industrien zu erkennen. Airbnb disruptiert das Hotelwesen, oDesk/elance das Zeitarbeitsgewerbe und damit auch Gewerkschaften, die eine immer kleiner werdende Basis von Erwerbstätigen vertreten.

Im Uber-versus-mytaxi-Beispiel ist aber klar zu sehen, wie viel aggressiver und mit wie viel höherer Kapitalausstattung ausgestattet Silicon-Valley-Start-ups Märkte aufbauen und besetzen. Während mytaxi sich akquirieren ließ, bereitet Uber den Börsengang als unabhängiges Unternehmen vor und wird als eines der höchstbewerteten Start-ups, das je existierte, tituliert. Es ist eines von dreizehn Decacorns.

Von Büros und Kaffeehäusern

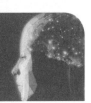

> „Zu Hause ist, wo sich das WLAN automatisch verbindet."

Die meisten Unternehmen, die in diesem Buch vorgestellt werden, haben kaum mehr geschlossene Büros oder sogenannte in Amerika weitverbreitete Cubicles. Mit wenigen Ausnahmen (beispielsweise für Mitarbeiter im Personalwesen) sind Einzelbüros fast nicht existent. Das Satelliten-Start-up Spire besteht aus einem einzigen großen Raum. Facebook mit seinen dreieinhalb Hektar Bürofläche pro Stockwerk ist ein einziger Großraum. SAP Labs hat bereits die Hälfte der Gebäude in Großraumbüros umgewandelt, wobei viele kleine Raumteiler dabei helfen, die Teams konzentriert arbeiten zu lassen. Die Raumteiler sind beschreibbar und erfüllen damit einen weiteren Zweck. Sämtliche Coworking Spaces wie Runway, Galvanize, Plug and Play Tech Center, The Hub oder 1920C sind einige offene Räume.

Nicht dass ich dem nicht selbst anfänglich skeptisch gegenübergestanden. Es ist eine Kunst, einen offenen Raum gut zu gestalten, sodass man darin kreativ und produktiv sein kann. Aber die Vorteile traten bald zutage. Nicht nur ist die Kommunikation in kleinen Teams sehr viel intensiver, sie ermöglichen auch schnelle informelle Meetings ohne Raumbuchungen und erhöhen damit die Geschwindigkeit, bevor Ideen wieder verloren gehen.

Offene Räume verlangen eine gewisse Disziplin und eine Etikette, die anders ist als an deutschen Arbeitsplätzen üblich. Lautes Sprechen oder Telefonieren am Platz ist zu vermeiden. Dazu gibt es eigene kleine Telefonzimmer, in die manchmal nicht mehr als eine Person reinpasst, wie ich sie beispielsweise bei Udemy mit Jan Belke gesehen habe. Ja es gibt nicht einmal mehr Telefone am Arbeitsplatz, die werden durch Handys oder Internettelefonie ersetzt. Die junge Generation benutzt ohnehin mit Vorliebe Messengers. Auch verwenden viele Mitarbeiter, sobald sie hoch konzentriert arbeiten, Kopfhörer, um anzuzeigen, dass sie ‚in der Zone' drin sind und nicht gestört werden wollen.

Mitarbeiter, die auf ein eigenes Zimmer bestehen, sind oft im Nachteil, da sie sich dadurch vom Informationsfluss abkapseln. IDEO-Gründer Bernie Roth schildert von einer Assistentin, die auf ein eigenes Büro bestand. Bernie gab ihr sein altes Büro, aber nach vier Tagen räumte sie es wieder. Sie hatte die Dynamik und Energie ihrer Kollegen vermisst und sich ausgeschlossen gefühlt.

Insbesondere Managern sei gesagt, dass sie sich mitten unter ihr Team mischen sollten. Manager müssen ohnehin viel kommunizieren und ihr Team dazu befähigen, produktiv und kreativ zu sein. Kreativität erfordert, wie wir bereits gelernt haben, dass Statusgehabe und Formalitäten hintangestellt werden. Was für ein Bild vermittelt ein eigenes Büro für den Chef? Statusgehabe und Formalität. Wird doch mal ein Raum für ein vertrauliches Gespräch benötigt, gibt es immer noch Besprechungsräume.

Büros sind aber bei Weitem nicht die einzigen Arbeitsplätze. Das sprichwörtliche Garagen-Start-up gibt es hin und wieder auch noch, wie die Open-Source- und Sicherheitsspezialisten von CoreOS zeigen, das ich im Sommer 2013 in Palo Alto gemeinsam mit einer Filmcrew von Red Bull Media House besuchte. An Ikea-Schreibtischen saßen dicht gedrängt die sechs Mitarbeiter und Gründer zusammen, gleich daneben der Rasen mit dem Grill, wo sie sich das Mittagessen unter strahlend blauen Himmel zubereiteten. Mittlerweile sind aber auch sie nach San Francisco gezogen, weil die Firma zu schnell wuchs und sie mehr Platz brauchten.

Geht man auf einen Kaffee in eines der vielen Kaffeehäuser der Region, ist es fast unmöglich, nicht immer zumindest ein halbes Dutzend an Kaffeehausgästen anzutreffen, die vor ihren MacBooks sitzen, dabei an einem Latte schlürfen und fleißig vor sich hin tippen. In Wien oder Berlin besucht man ein Kaffeehaus, um bei einer Melange oder einem Espresso die Zeitung zu lesen, in San Franciscos Kaffeehäusern ist jedoch ist das Gratis-WLAN weitaus wichtiger als die Güte des dort angebotenen Kaffees. Und letztere lässt mitunter ganz schön zu wünschen übrig, glaub mir – ich bin ein Kaffee-Afficionado. Die Liste an Cafés mit guter Atmosphäre, schnellem WLAN *und* gutem Kaffee muss man sich erarbeiten.

In Cafés wie dem Coupa, Venetia, der mittlerweile geschlossenen Kaffeehauskette La Boulange, dem Red Rock oder dem Borrone kann man oft viele Start-up-Gründer antreffen, die entweder Kunden dort treffen oder VCs ihr Start-up vorstellen. Auch Studenten benutzen Cafés häufig als Studienräume und breiten sich dort mit ihren Lehrbüchern aus. Peet's, Starbucks, Philz Coffee und Blue Bottle Coffee sind einige der Kaffeehausketten, die an jeder Ecke anzutreffen sind und als bequeme Besprechungsorte gelten.

Einige Cafés haben es zu gewisser Berühmtheit gebracht. Das Cafe Luna in San Francisco wurde von Ross Ulbricht, Gründer des illegalen Online-Umschlagplatzes Silk Road, gerne frequentiert. Dort verwaltete er von seinem Laptop aus dieses Amazon für Drogen, bevor er vom FBI geschnappt und mittlerweile zu lebenslanger Haft verurteilt wurde. Um das Coupa Cafe oder das Café-Restaurant Buck's of Woodside ranken sich viele Gerüchte über Deals, die dort zwischen VCs und Start-ups abgeschlossen wurden.

TechShop

Zwischen aufeinandergestapelten 3D-Druckern, abgenutzten Arbeitstischen mit Computer-Workstations, Nähmaschinen, einem halben Dutzend Lasercuttern und einem Snackautomaten hängt von der Decke eine würfelförmige gelbe Lampe mit einem Fragezeichen. Fans von Super Mario werden gleich erraten haben, dass es sich dabei um einen der magischen Würfel aus dem populären Nintendo-Spiel handelt. Diese Lampe war das Ergebnis eines erfolgreichen Kickstarter-Projekts, das 130.000 Dollar einspielte.

Und das ist ein typisches Beispiel, wofür der TechShop verwendet wird. Diese öffentlich zugängliche Werkstatt mit Maschinen, Werkzeugen und Schulungen erlaubt gegen einen Mitgliedsbeitrag die Benutzung dieser Ausstattung. Im TechShop sind auch immer Experten ansprechbar, die einem bei kniffligen Problemen helfen können. Oft sind die Experten auch andere Mitglieder, die gern mit Rat und Tat zur Seite stehen.

In der Bay Area gibt es drei TechShop-Niederlassungen, die sich hinsichtlich der Mitgliederzusammensetzung unterscheiden. Während in den TechShops in San José und Redwood City größere Projekte gebaut werden, setzen sich die Mitglieder in San Francisco eher aus der Kunstszene zusammen. Allen gemein ist, dass viele der Mitglieder entweder Crowdfunding-Kampagnen planen oder solche bereits erfolgreich durchgeführt haben.

Mein erster Besuch im TechShop in San Francisco führte uns zum TechShop-CEO Mark Hatch, der gerade mit dem Gründer von Lumio im Gespräch war. Der junge Designer Max Gunawan hatte 2013 Prototypen einer Buchlampe gebaut. Was im ersten Moment wie ein Buch mit stylischem Holzeinband aussieht, entpuppt sich als lichtstarke Lampe. Der Überraschungseffekt ist so groß, dass bei einer Demonstration eine Freundin vor Schreck einen Schritt zurücksprang, weil sie damit einfach nicht gerechnet hatte. Der Schreck löste sich aber rasch in Erstaunen und Freude auf.

Max Gunawan nahm auf Kickstarter mit seinem Projekt über 500.000 Dollar ein, und stand nun vor der Situation, das Produkt liefern zu müssen. Und dabei unterstützte ihn der TechShop mit seinen Experten und Maschinen. Mit Mark Hatch hatte er gerade die verschiedenen Möglichkeiten zum Falten von Lampenschirmen für das lampionartige Innenteil besprochen, als er zu uns stieß und uns die Lampe vorführte.

Andere Projekte umfassten das faltbare Oru Kayak, das man im Rucksack tragen kann, oder die 3D-Druckerfirma Type A Machines, die ihre Drucker komplett im TechShop produziert.

FALLBEISPIEL

Square

Eines der interessantesten TechShop-Beispiele ist die Geschichte des Glasbläsers Jim McKelvey aus St. Louis. Ein Kunde wollte seine Glasarmaturen für 1.000 Dollar kaufen, hatte jedoch kein Bargeld bei sich. Jim wiederum hatte keine Möglichkeit, Kreditkarten zur Zahlung anzunehmen. Der Verkauf fiel ins Wasser. Das gab Jim zu denken, war er doch sicher nicht der Einzige, der dieses Problem hatte. Um Kreditkarten akzeptieren zu können, hätte er ein teureres Geschäftskonto eröffnen und mit jeder Kreditkartenfirma einen eigenen Vertrag aushandeln müssen. All seine Glasbläser- und Künstlerfreunde standen vermutlich vor demselben Problem. Das beschäftigte ihn so sehr, dass er sich kurzerhand im TechShop einschrieb, Elektronik- und Plastikformkurse belegte und innerhalb von drei Monaten einen Kreditkartenleser prototypisierte, den er an ein Smartphone anschließen und dann mittels App Geld abbuchen konnte. Gemeinsam mit seinem Freund Jack Dorsey, bekannt als Twitter-Gründer, gründete er 2009 das Unternehmen Square. Künstler, kleine Ladeninhaber, schlichtweg jeder, der Kreditkarten akzeptieren wollte, konnte sich in wenigen Schritten auf Square registrieren, erhielt innerhalb von zwei Tagen einen Gratiskreditkartenleser zugesandt und war mit der heruntergeladenen App bereit, Kreditkarten als Zahlungsmittel zu akzeptieren. In insgesamt neun Investitionsrunden nahm Square fast 600 Millionen Dollar ein, wurde 2014 mit sechs Milliarden Dollar bewertet und ging Ende 2015 an die Börse.

Angesichts der Glasbläsertradition in Zentraleuropa mit Swarovski oder Riedel als zwei der bekanntesten Unternehmen ist der Fall eines Glasbläsers, der das Bankenwesen innovativ aufrollt, besonders spannend. Erzählte man jemandem, dass ein Tiroler Glasbläser das schaffen würde, hielte man ihn für verrückt.

Ähnliche Konzepte wie TechShop in zumeist kleinerem Umfang gibt es mit OTELO, Maker Austria oder den in ganz Deutschland vertretenen FabLabs, um nur einige zu nennen.[86] Solche Makerspaces beschränken sich nicht alleine auf die Öffentlichkeit. Auch Unternehmen haben erkannt, dass der Zugang zu neuesten Produktionswerkzeugen die eigenen Mitarbeiter zum Tüfteln inspirieren kann. SAP Labs in Palo Alto errichtete den d.shop in Anlehnung an die d.school in Stanford. Dabei können SAP-Mitarbeiter 3D-Drucker ausprobieren, virtuelle Brillen aufsetzen und damit herumspielen und Arduinoboards programmieren. Mitarbeiter der Deutschen Bahn besuchten SAPs d.shop und fanden das so spannend, dass sie ihr eigenes d.lab einrichteten.[87]

Diese Spaces bieten je nach Unternehmen unterschiedliche Dienstleistungen an. Neben der Bereitstellung von Werkzeugen und neuen Technologien werden Kurse und Workshops zu neuen Konzepten wie Design Thinking angeboten, um mit neuen Methoden eine Innovationskultur aufzubauen. Was alle diese Spaces gemein haben, ist die spielerische Herangehensweise. Durch den Spielmodus werden bei den Mitarbeitern geistige Schranken geöffnet, die normalerweise Kreativität blockieren.

Meet-ups

„Mario, wo soll ich heute hin?" Futurezone-Chef Gerald Reischl und ich sitzen im Obergeschoß des bis auf den letzten Platz besetzten Cafe Venetia in Palo Alto, das unser Stammcafé für die Ausarbeitung seines wöchentlichen Silicon-Valley-Schlachtplans wurde. Vor mir steht mein üblicher Macchiatone, ein mit Milchschaum versetzter Espresso, während Gerald an seinem Cappuccino schlürft.

Das Cafe Venetia wurde von der Stanford-Absolventin Claudia Cornejo eher zufällig gegründet, ursprünglich als Franchise unter dem Namen Caffè del Doge, dessen Ursprung in Venedig ist (wie der Name zu vermuten lässt). Die Baristas aus Venedig kamen für mehrere Monate nach Palo Alto, um das lokale Personal in der Kunst der Kaffeezubereitung zu schulen. Über die Jahre hinweg hat sich ein treues Stammpublikum gefunden, das sich aus vielen Europäern zusammensetzt. Russen sitzen mit Italienern, Griechen, Franzosen und auch Amerikanern zusammen, man kennt die meisten Gesichter. Paare fanden sich hier, kommen mit dem Nachwuchs, manche trennen sich auch wieder. Was gleich bleibt, ist die Güte des Kaffees und das gemischte Publikum. Wenn man alleine bleiben will, aber dazu Gesellschaft braucht, kommt man hierher. Wenn man sich mit einem

Investor treffen will, ebenso. Kein Wunder, dass ich an diesem Tag mit Gerald beim Eingang Gené Teare, die Leiterin der CrunchBase, grüße, die sich gerade mit einem Start-up-Gründer unterhält, und neben dem Tisch, den Gerald zielstrebig ansteuerte, den Gründer des israelischen Akzelerators UpWest Labs, Gil Ben-Artzy, im Gespräch vorfinde. Sowohl Gil als auch Gene mache ich gleich mit Gerald bekannt. Man kann nie wissen, welche spannenden Gespräche diese Verbindungen ergeben. Zurück zu Geralds Frage, wohin er diese Woche müsse. Nicht dass er von mir viele Hinweise bräuchte. Er hat sich gut vorbereitet und viele Interviewtermine mit Silicon-Valley-Größen bereits ausgemacht. Aber nur Leute interviewen ist eine Sache, die Silicon-Valley-Kultur selbst erleben eine andere. Und die findet man in Meet-ups und Pitches.

Diesen Donnerstag findet ein Google Glass Programmier-Meet-up im Hacker Dojo in Mountain View statt. „Hacking Glass 101: Intro to the GDK and Mirror API" lautet der Titel und es wird sehr nerdig werden. Vorgestellt werden soll das Glass Developer Kit und eine Programmierschnittstelle, mit denen Entwickler Anwendungen für Glass bauen können.

In diesem Coworking Space am Rande des Highway 101 sitzen Start-up-Gründer an billigen Ikea-Tischen zwischen einem Chaos aus Fahrrädern, Snackautomaten, Anschlagbrettern, Sofas und Sitzsäcken. Der angrenzende Vortragsraum ist nichts weiter als eine umfunktionierte Lagerhalle mit großen Rolltoren, durch die ganze Lkw reinfahren könnten.

Man erkennt sofort am Aussehen der über 100 Teilnehmer, dass diese Veranstaltung anders ist als das, was man normalerweise gewöhnt ist. Nicht ungewöhnlich ist, dass niemand hier Anzug trägt. T-Shirts, Kapuzensweater, Jeans oder gar kurze Hosen sind die übliche lässige Kleidung, die im Silicon Valley vorzugsweise getragen wird. Anders ist es diesmal wegen der Google Glasses, die fast jeder Teilnehmer aufgesetzt hat. Alle von Google angebotenen Farben sind vertreten und eine Teilnehmerin hat sogar mit eigens angefertigten Glass-Aufklebern ihr Exemplar verschönert. Am Eingang steht eine kleine Schlange vor dem meet-up-typischen ‚Buffet': Pizza aus der Schachtel und Dosenlimo.

Am Anfang erklärt einer der Organisatoren den Ablauf. Die Organisatoren haben übrigens nichts mit Google selbst zu tun, sondern gründeten diese Meet-up-Gruppe als Privatinitiative. Zuerst zeigen zwei

Entwickler Beispielanwendungen, die sie programmiert haben. Eine davon ist eine Anwendung für Gitarrengriffe, die im Sichtfeld angezeigt werden. Die andere zeigt, wie man aus einer Glass-Videoaufnahme ein bewegtes GIF erzeugt.

Anschließend schildert Google-Glass-Evangelistin und Programmiererin Jenny Murphy die Hintergründe, Entwicklungsgeschichte und Googles Strategie zu Glass. Mit knallrot gefärbtem Haar und legerer Kleidung sieht sie mehr wie eine Studentin aus denn wie eine Mitarbeiterin des allmächtigen Konzerns. Aber man darf sich nicht vom Äußeren täuschen lassen. Was zählt, sind Wissen und Können.

Auch wenn Google Glass mittlerweile teilweise Geschichte ist und vorübergehend eingestellt wurde, diese Technologie ist nicht passé. Ganz im Gegenteil. Nur einen Monat nach unserem Google-Glass-Meet-up kaufte Facebook für zwei Milliarden Dollar den Hersteller der Virtual-Reality-Brille Oculus VR, der 2012 als Kickstarter-Projekt begann. Bei der Augmented World Expo präsentierten im Juni 2015 über 100 Aussteller im Santa-Clara-Konferenzzentrum den 3.000 Besuchern die neuesten Entwicklungen zu Augmented und Virtual Reality, angefangen von Spielen zum Einsatz in Aus- und Weiterbildung über die Fertigung bis hin zur militärischen Anwendung.

Unternehmensgründung
Ich sitze vor dem Computer in meiner Wohnung in San José und fülle ein Online-Formular aus. Nach fünfzehn Minuten und dem Bezahlen von 299 Dollar mittels Kreditkarte bin ich fertig. Ich habe ein Unternehmen gegründet. In den nächsten zwei Wochen erhalte ich per Post die Unterlagen von Kalifornien, den Bundesbehörden und vom Website-Betreiber Legalzoom. Ich musste keinen einzigen Schritt vor die Haustüre setzen, zu keinem Notar gehen, kein Landesamt, Magistrat oder sonstige Behördenvertretungen selbst aufsuchen. Ich musste mir keine Formulare abholen, ausdrucken, unterschreiben, notarisieren oder mit Gebühren versehen. Alles ging zentral von dieser Website aus, ohne dass ich von meinem Computer aufstehen musste.

Man vergleiche das mit dem Aufwand bei einer Unternehmensgründung in Österreich. Fünf Jahre vorher hatte ich ein Unternehmen in Wien gegründet und neben dem händischen Ausfüllen der ausgedruckten Formulare musste ich zusätzlich beim Notar erscheinen, und ein Vielfaches mehr dafür zahlen. Nicht dass die Summe das Unternehmen gleich an den Rand des Ruins bringt. Aber die Vorlaufzeit, um eine Bankbestätigung über die Einzahlung und Verfügbarkeit des Eigenkapitals zu erhalten, betrug mehrere Tage.

Österreich ist hier keine Ausnahme. Die Organisation für Entwicklung und Zusammenarbeit (OECD) stellt in ihren jährlichen Studien fest, dass es in Europa durchschnittlich zwölf Mal länger dauert, ein Unternehmen zu gründen, als in den USA.[88]

Es mögen Kleinigkeiten sein, die einen nicht wirklich behindern, aber all diese kleinen Stolpersteine zusammen lassen Unternehmertum in Europa zu einem Hürdenlauf werden. Dabei verschwendet man Zeit, die man besser in sein Unternehmen zur Produktentwicklung und mit Kunden verbringen kann.

PORTRÄT

ALEXANDER JORIAS

Bei Langnese war Alexander Jorias nur zwei Wochen angestellt, aber bis heute bleibt ihm dieser Sommerjob in Erinnerung, weil er dort das einzige Mal überhaupt in seinem Leben einen Lohn verdiente. Der gebürtige Südhesse kam in Groß-Gerau an der Bergstraße auf die Welt und hat schon als Schüler seine ersten eigenen Unternehmen gegründet. Was als Schüler mit Computerspielen für den Commodore 64 und die Commodore Amiga begann, sollte sich bis heute wie ein roter Faden durch sein Leben ziehen.

Ich sitze mit Alexander beim German Accelerator in Palo Alto zusammen, wo er mir gerade seinen neuesten Pitch zu seinem Unternehmen Club Cooee vorgetragen hat. Über dreieinhalb Millionen Euro haben sie bis dato an Investmentkapital auf die

Beine gestellt, jetzt allerdings wollen er und seine Mitgründer in andere Dimensionen vorstoßen. Deshalb sind sie in das deutsche Start-up-Programm ins Silicon Valley aufgenommen worden.

Was für Alexander als Hobby in der Schulzeit begann, wurde während des Informatikstudiums an der TU Darmstadt zum Vollzeitjob. Mit dem Effekt, dass er sich heute mit Bill Gates und Steve Jobs in guter Gesellschaft findet: im Club der Studienabbrecher. Er erinnert sich noch lebhaft an die Reaktion seines Professors für theoretische Informatik, der ihm nachrief, er würde niemals Software von ihm kaufen. Die von ihm mitgegründete Spielefirma Massive Development hatte er dann 2000 an das österreichische Computerspielunternehmen JoWooD verkauft.

Anfang 2006 wollte er was Neues starten, und nachdem die bisher gängigen Geschäftsmodelle für Computerspiele sich radikal zu ändern begannen und immer mehr Kapital erforderten, wollten er und seine Mitgründer etwas schaffen, das die Videospielerfahrung mit den immer populärer werdenden virtuellen Welten verknüpfte. Sie setzten dabei auf ganz bestimmte Erfahrungen, die ihnen im Videospielbereich untergekommen waren. Im bekannten Mehrspieler-Online-Rollenspiel World of Warcraft war ihnen aufgefallen, dass viele Spieler selbst nach Ende einer Mission sich mit ihren Teams dort noch aufhielten und ‚abhingen'.

Dieses Verhalten der Spieler brachte Alexander und sein Team auf die Idee, virtuelle Räume zu schaffen, in denen die Teilnehmer sich treffen und Partys veranstalten konnten. Club Cooee war geboren. Nach vielen Tests und Feldforschungen, wobei ein Auge bereits auf die ersten Smartphones geworfen wurde, launchte das Team 2009 die erste öffentliche Testversion. Um internationalen Erfolg zu haben, mussten sie in die USA, das wussten sie aus der Vergangenheit. Schon in den

1990er-Jahren hatten sie mit dem U-Boot-Spiel Schleichfahrt zwar gute Kritiken erhalten, aber aufgrund mangelnder Vertriebskanäle hatten sie es nicht in den USA verkaufen können. Deshalb kam nach vielen Tests und Vorbereitungen 2015 die Entscheidung, in die USA zu gehen, mit dem Ziel, zusätzliches Kapital auf die Beine zu stellen, zu wachsen und strategische Partnerschaften einzugehen. Aber das sind nicht die einzigen Gründe. Auch was den im Hinterkopf behaltenen Exit angeht, sind die Möglichkeiten in den USA viel größer.

Alexander rät allein schon deshalb jedem Unternehmer, es in den USA zu versuchen. Vor allem, wenn das unternehmerische Gen schon in der Familie liegt, wie es bei der weitverzweigten Jorias-Verwandtschaft der Fall war. Nicht nur seien die Offenheit gegenüber Unternehmertum und unternehmerisches Denken und Ansehen bei den Menschen in den USA viel größer, auch gebe es hier viel mehr Aufgeschlossenheit, sich Ideen anzuhören. Das Silicon Valley spiele selbst für die USA nochmals in einer anderen Liga. Alexander sagt dazu nur die Worte „amazing" und „exciting", passende deutsche Begriffe dazu fallen ihm gar nicht erst ein.

Was ihm gefällt, ist die Tatsache, dass erfolgreiche Unternehmer sich nicht zurücklehnen und noch ein Haus oder noch ein Auto kaufen würden. Auch mit noch so viel Geld „könne man nur ein Schnitzel am Tage essen". Statt auf dem Geld sitzen zu bleiben, begännen sie ein neues Unternehmen oder investierten in andere Start-ups, um das nächste große Ding zu schaffen. Vergleicht man das mit deutschen Unternehmen wie die gerade von einem massiven Abgas-Skandal geplagte Volkswagen AG oder mit BMW, die Milliarden auf der Seite liegen haben, aber damit nichts machen und sogar nochmals Fördermittel oder Steuerfreistellungen von den Bundesländern oder dem

Staat erhalten, dann führe das zum totalen Stillstand. Und das sehe man am Druck, den Silicon-Valley-Unternehmen auf die deutschen Automobilbauer ausüben und wie sie sie vorführen.

Als Gründer ist diese Dynamik für Alexander sehr beflügelnd, so sehr, dass er gar nicht mehr wegwill, auch wenn es nicht leicht ist für ihn. Das Leben hier sei ausgesprochen teuer und das Geld liege entgegen anderslautender Vermutungen nicht auf der Straße. Aber in Deutschland dominiere die Besitzstandgesellschaft, die sich nach unten hin abzusichern versucht, statt die Möglichkeiten, die nach oben bestehen, zu nutzen. Scheitern in Deutschland sei ein Riesenmakel.

Und weil wir gerade von „exciting" und „amazing" gesprochen haben: Genau diese Begeisterungsfähigkeit fehlt Alexander an seinen Landsleuten. Sofort werde das als Manipulation und Unehrlichkeit ausgelegt. Eine gewisse Begeisterungsfähigkeit, gepaart mit den deutschen Tugenden, das würde Alexander gerne bei seinen Landsleuten häufiger sehen.

Intrapreneurship
Intrapreneurship ist die Kunst, innerhalb eines Unternehmens als Entrepreneur aufzutreten. Das Gallup Institut untersucht seit Jahren das Mitarbeiterengagement in Unternehmen weltweit. Als engagierte und motivierte Mitarbeiter werden jene bezeichnet, die das Unternehmen weiterbringen, die über sich hinausgehen und mehr tun, als ihnen aufgetragen wurde. Davon gibt es in deutschen Unternehmen gerade mal 15 Prozent, in Österreich 14 Prozent und in der Schweiz 16 Prozent. 70 Prozent der deutschen Mitarbeiter machen Dienst nach Vorschrift und 15 Prozent haben innerlich gekündigt. Gallup schätzt, dass deshalb der deutschen Wirtschaft jährlich zwischen 73 und 95 Milliarden Euro an Kosten entstehen.[89]

Während Formalitäten und Prozesse die Skalierbarkeit und Produktivität erhöhen und erst ermöglichen, behindern dieselbe Innovation.

Diese geschieht oft wenig strukturiert, scheint zufällig, auf riskante Weise und wenig kontrollierbar. Innovation kann deshalb nicht mit klassischen Methoden ‚gemanagt' werden. Ein Intrapreneur, der eine Idee zu einem Produkt oder einer Dienstleistung hat, muss Prozesse und Abteilungsgrenzen umgehen dürfen, ohne mit negativen Konsequenzen zu rechnen. Was wir brauchen, ist ein Wechsel vom ‚Organisationsmitarbeiter' zum ‚Unorganisationsmitarbeiter'.[90]

Für Intrapreneure gelten viele der Regeln, die wir von Start-up-Gründern kennen. Beide sind intrinsisch (von innen heraus) motiviert. Geld und andere extrinsische Motivationsfaktoren spielen eine untergeordnete Rolle. Und beide glauben wirklich an ihre Ideen und müssen sich dafür ein Budget und Unterstützung verschaffen.

Sie unterscheiden sich allerdings auch in einigen Aspekten. Intrapreneure haben ein Gehalt und riskieren maximal ihren Job, nicht aber Haus und Hof, sollten sie scheitern. Haben sie Erfolg, erhalten sie im besten Fall einen Bonus, während ein Start-up-Gründer bei Erfolg sehr viel Geld machen kann. Intrapreneure müssen des Weiteren die firmeninternen Netzwerke und Machtstrukturen kennen, um ihre Projekte voranzubringen. Auch fällt es Intrapreneuren schwerer, frühzeitig mit Kunden in Kontakt zu treten, um Feedback zu erhalten, weil interne Paranoia sie oft davon abhält, Kunden zu belästigen, frühzeitig unreife Produkte zu zeigen und laufende Verkaufsgespräche durch unfertige Produktentwürfe zu torpedieren.

Tatsache ist, dass Unternehmen mehr von diesem Menschenschlag benötigen. Und da sind das Management und das Personalwesen gefragt. Ehemalige Start-up-Gründer, die auf Jobsuche sind, können geeignete Kandidaten sein, um mit ihrer Dynamik neuen Schwung ins Unternehmen zu bringen. Das erfordert aber eine Anpassung der Strukturen, und die beginnt beim Einstellungsprozess. Bei der Einstellung werden diese Fähigkeiten meist nicht berücksichtigt, man verlässt sich zu sehr auf Diplome. Wenn ein Bewerbungsformular in der Kategorie ‚Berufserfahrung' Start-up oder CEO auslässt, dann braucht man sich nicht wundern, wenn für eine Innovationsmanagementstelle wieder nur ‚Organisationsmenschen' und keine Innovatoren oder Intrapreneure eingestellt werden.

Außensicht

Wie wird das Silicon Valley nun von außen gesehen und wovon wird diese Sicht beeinflusst? Die Erwartungshaltung kann beeinflussen, was man davon versteht und wie man sich dem Silicon Valley annähert. Hier sind zwei Bereiche, die aus persönlicher Erfahrung stammen: Silicon-Valley-Touristen und die Medienberichterstattung.

Silicon-Valley-Tourismus

Zu den populärsten Reisezielen europäischer Delegationen, die in einem mehrtägigen Trip das Silicon Valley zu verstehen versuchen, zählen die bekannten Namen. Man besucht Google, Apple, Facebook, PayPal oder (wenn man aus der IT-Branche stammt) Oracle, Cisco oder Citrix. Die Besuche laufen immer auf die gleiche Weise ab. Man bekommt eine Führung durch die zugegebenermaßen oft beeindruckenden Campus-anlagen oder Büros und erhält eine anschließende Produktberieselung durch höheres mittleres Management über die nächsten ein bis zwei Stunden. Das Problem dabei ist, dass hier diese Firmen bereits als „Legacy"-Firmen angesehen werden. Die meisten haben mindestens 15 oder 20 Jahre auf dem Buckel und Zehntausende Mitarbeiter weltweit. Ich erwähnte es bereits: Absolventen, die bei Google oder Facebook starten, gelten hier als Leute, die es sich ‚zu einfach' machen. Einfach im Sinne von gutes Gehalt, geringes Risiko und tolle Zusatzleistungen, während die riskante und angesehenere Arbeit in Start-ups liegt.

Wenn PayPal etwas zum Fintech-Sektor sagt, dann ist das angesichts der Größe des Unternehmens und der Börsennotierung zwar interessant, aber, was die neuesten Entwicklungen betrifft, eher mit Vorsicht zu genießen. Wo wirklich bahnbrechende und neue Technologien und Modelle ausprobiert werden, das sind Fintech-Start-ups. Und von denen findet man beispielsweise in der Hero City in San Mateo eine ganze Menge.

Stattet man der Hero City einen Besuch ab, fällt einem sofort die bunte und mit Comicfiguren bemalte Wand in die Augen. Darauf tummeln sich Superhelden, immerhin sind wir in der Hero City. Am Eingang fällt einem ein Tesla auf – oder besser gesagt das Gerippe eines Tesla Model S, das der Rezeption als Arbeitsplatz dient. Die von der Draper-Familie betriebene Hero City ist ein Inkubator für Fintech-Start-ups. Ebenerdig und im Untergeschoss befinden sich Schreibtische wie in anderen Coworking Spaces. Dort arbeiten Start-ups an Bitcoin Apps, Online Wallets, integrierbaren Shoppingbuttons für Websites und allem, was die Kryptowährungen für den Normalverbraucher einfacher zu handhaben machen soll.

Besuche bei Start-ups laufen oft völlig anders ab als in traditionellen Unternehmen. Man trifft einen oder den Gründer mit einem Firmensitz in einem Coworking Space, in dem dicht gedrängt Dutzende anderer Start-ups und deren Mitarbeiter sitzen. Die Gründer – so unterschiedlich ihre Hintergründe und Lebensgeschichten auch sein mögen – zeigen durchgehend ähnliche Charaktereigenschaften: Sie sind aufrichtig interessiert an dem Problem, das sie zu lösen versuchen, zeigen Umtriebigkeit und eine Energie, die ansteckend ist, und wollen wirklich eine Delle ins Universum schlagen.

Ich veranstalte gemeinsam mit Niki Ernst Silicon-Valley-Inspirations-Touren[91], bei denen wir in einer Woche zwischen 15 und 20 ‚Stationen' besuchen. Das ist keine Urlaubstour, bei dem wir wie im Zoo die Start-up-Gründer vorführen und Selfies mit ihnen machen, sondern soll dem Austausch zwischen den Kulturen dienen und die Tourteilnehmer inspirieren, ihren persönlichen Pivot anzugehen. Es reicht nicht aus, nur die Legacy-Unternehmen zu besuchen, man muss mit den Menschen in Coworking Spaces sprechen, Start-up-Gründer und ihre Leidenschaft erleben und VCs und Angels zuhören, die eine für viele Teilnehmer so völlig andere Sicht auf die Welt haben. Ganz bewusst vermeiden wir, mit den Teilnehmern Unternehmen aus ihren eigenen Industrien zu besuchen. Dort lernen sie nichts Neues. Wir schleppen Casinobetreiber mit zu Roboter-Meet-ups, Konferenzveranstalter zur Singularity University oder IT-Fachleute zum Techshop. Steve Blank schlägt sogar vor, einen Hackathon oder ein Start-up-Weekend zu besuchen, um den richtigen Eindruck zu erhalten.[92] Um noch stärker in diese Welt einzutauchen, sollten die Teilnehmer ihr Zimmer über Airbnb buchen, ein Uber bestellen und ausprobieren und generell dieselbe Neugierde und Offenheit gegenüber neuen Ideen zeigen, wie sie die Menschen zeigen, denen sie hier begegnen.

Medienberichterstattung

Ich muss zugeben, dass der letzte Anstoß für mich, dieses Buch zu schreiben, ein anderes Buch zum Silicon Valley war, das im Herbst 2014 erschien. Ohne auf dieses genauer einzugehen zu wollen, ließ es sich für mich in einem Satz zusammenfassen: „Ein Journalist fürchtet sich vor Google."

Und das ist nicht überraschend, ist doch die eigene Medienbranche massiv disruptiver Innovation ausgesetzt, die gerade von Silicon-Valley-Unternehmen kommt. Hochprofitable Bezahlmodelle aus der Vergangenheit sind verschwunden und Neues hat man nicht geschaffen. Diese Angst und Skepsis, die unterschwellig überall mitschwingt, manifestiert sich in der Berichterstattung.

Als Apple 2014 eine SIM-Karte vorstellte, mit der Kunden nicht mehr an einen Anbieter gebunden sind, titelte der ORF: „Die Tücken von Apples SIM-Karte"[93], der Tech-Blog TechCrunch aus dem Silicon Valley hingegen: „The Current State Of The Apple SIM, And Its Possible Future"[94]. Auf der einen Seite Angst und Gefahren, auf der anderen die Möglichkeiten. Wie John Furey schon bewies, schauen die Amerikaner in die Zukunft.

Ein anderer Bericht aus dem *Spiegel* beginnt folgendermaßen: „Light L16: 16 Objektive in einer einzigen Kamera – Das US-Start-up Light verspricht, die Bildqualität einer Spiegelreflexkamera mit einem Gerät von der Größe eines Handys zu erreichen. Entweder sind die Gründer genial – oder sie bereiten gerade einen Riesenflop vor"[95]. Auch hier wieder die skeptische Einstellung, dass das nicht gut gehen kann.

Weitere Beispiele gefällig? Der Fokus eines Beitrags zur Internationalen Automobilausstellung in Frankfurt lag auf dem Schutz vor Datenklau und Hackern und der Frage, wer bei einem Unfall mit dem fahrerlosen Auto den Schaden zu zahlen hat.[96] Fragen, die wichtig sind, die aber vor allem die Angst schüren – und wie gesagt vernachlässigen, dass diese Technologien Unfälle um 90 Prozent verringern werden. Es ist müßig, mehr Beispiele aufzuzählen, Beiträge mit negativem Grundton herrschen in deutschsprachigen Medien eindeutig vor. Und wir wissen: Je kritischer der Berichterstatter sich gibt, desto klüger erscheint er.

Eine Grundskepsis ist nichts Schlechtes. Und Journalisten benötigen sie für ihren Job. Widersprüchlichkeiten in den Aussagen eines Politikers aufzudecken, zu recherchieren und investigativen Journalismus zu betreiben sind notwendig für eine funktionierende Demokratie. Wird Kritik aber zum Selbstzweck, dann ist sie nicht nur nicht hilfreich, dann wird sie zum Innovationshemmnis. Und die Leser tragen da auch ihren Teil dazu bei. Man sehe sich nur die besserwisserischen, oft sehr ignoranten Leserkommentare an. Bereits ganz zu Beginn des Buchs wurde über Teresa Amabiles Experimente mit positiven und negativen Buchrezensionen berichtet: Der Verfasser des kritischen Beitrags wurde von den Studenten als intelligenter eingestuft.[97]

Der Kritiker stellt sich als jemand dar, der einen Sachverhalt verstanden hat und auch die Fallstricke erkennt. Das macht ihn automatisch klüger als die Naivlinge, die ohne nachzudenken die schöne neue Welt der von den Firmen propagierten Marketingbotschaften übernehmen. Gründe, warum etwas nicht funktionieren kann, sind leicht zu finden. Selbst nachzudenken, welche (positive) Auswirkungen eine neue Technologie haben kann, ist viel schwerer, und dazu müsste man generell auch mehr Wissen zu einem Thema haben und verschiedene Themenbereiche kombinieren können.

Und das scheint auch hier reinzuspielen und beide Seiten zu befriedigen: den Journalisten, weil er intelligent dasteht, die Leser, weil sie sich in ihrer Skepsis bestätigt sehen. Aufrichtig ist beides nicht und es bestärkt viele in ihrer Meinung, dass das so nicht funktionieren kann. Leidtragende sind Innovatoren und Entrepreneure, die dadurch entmutigt werden, etwas zu riskieren. Und wenn keiner etwas wagt und alle nur Kritiker sind, dann führt das letztendlich zu der Hilflosigkeit, wie sie in diesem anderen deutschen Silicon-Valley-Buch ausgedrückt wurde.

Dabei wird in den deutschsprachigen Medien sehr viel über neue Technologien und auch das Silicon Valley berichtet. Die widersprüchliche Faszination, die deutsche Medien Innovation gegenüber zeigen, ist auf französischer Seite kaum zu bemerken. Bei einer Podiumsdiskussion im European Entrepreneurship & Innovation Forum in Stanford schilderte der Korrespondent von *Le Figaro*, wie wenig dazu Eingang in den Wirtschaftsteil seiner Zeitung findet. Die alten großen Unternehmen erhalten die meiste Aufmerksamkeit. Die spanische *El País* hat das schon etwas mehr im Fokus, aber hinkt deutschsprachigen Medien ebenso hinterher. Gerade diese Länder hätten es nötig, mehr über Innovation zu berichten und nachzudenken, sieht man sich deren strukturelle Probleme mit den hohen Arbeitslosenzahlen an.

Spielen mit und innerhalb von Regeln

> „Worin liegt der Unterschied zwischen Piraten, Terroristen, Computerhackern, Großstadtbanden und dem Silicon Valley? Abgesehen von den besseren Entscheidungen, die sie als Jugendliche fällten, gibt es keinen."
>
> **Fabian Ruiz**

Zwischen Rechtsbruch und Rechtshinterfragung liegt ein feiner Unterschied. Als die Videoplattform Youtube startete und es klar wurde, dass viele der hochgeladenen Videos den Urheberrechtsschutz verletzen, ging das Unternehmen lange Zeit nur zögerlich dagegen vor. Erst als Google Youtube kaufte, wurden nicht nur die technischen Voraussetzungen dafür geschaffen, Videos zu identifizieren, die Rechte verletzten, sondern auch Lizenzverträge und Werbemodelle mit den Rechteinhabern ausgehandelt. Videoplattformen, die den umgekehrten Weg gingen und sich zuerst um Vertragsverhandlungen bemühten, wurden von den Fakten, die Youtube schuf, einfach überrollt. Youtube hielt sich nicht an die Regeln und das muss nicht immer gut gehen, wie der Fall der frühen Musiksharing-Plattform Napster zeigte.

Uber ist ein weiteres Unternehmen, das sich nicht an die Regeln hält. Es hinterfragt die Gesetze, die Fahrdienstleiter regulieren. Das ist auch insofern ein interessantes Beispiel zum Umgang mit und der Interpretation von Gesetzen durch ein Start-up, weil Uber nicht gerade ein Unschuldslamm ist und extrem aggressiv vorgeht. Mit Drohungen von Uber-Managern gegenüber Journalisten und dem Namen ‚God View' (Gottesblick) für das firmeninterne Fahrtenanalysewerkzeug hat Uber für viele eine Grenze überschritten. Selbst der Investor Peter Thiel bezeichnete Uber als „das ethisch problematischste Unternehmen im Silicon Valley."[98]

In gewisser Weise erkennt man wie gesagt den Grad der Disruption, den ein innovatives Start-up mit sich bringt, an der Zahl der Klagen, die gegen es eingereicht werden. Man verstehe mich nicht falsch: Ich selbst finde, dass Uber eine Arschlochfirma ist, nicht zuletzt wegen der God View und den Drohungen gegen Journalisten. Mit der Hinterfragung der Taxibestimmungen hat Uber trotzdem recht.

Wir vertrauen Gesetzen und Regeln in unseren Ländern, weil sie funktionieren und durchgesetzt werden. In vielen Ländern ist das aber nicht so. In Russland gerät man oft in die absurde Situation, dass die eine Behörde ein Dokument benötigt, um einen Stempel zu erhalten, den man wiederum nur kriegt, wenn man das Dokument vorweisen kann. Das habe ich selbst so erlebt und meine russische Frau und russische Freunde kennen unzählige Anekdoten dazu. Eine kreative Herangehensweise an solch eine vertrackte Situation wird überlebenswichtig.

In Ländern, wo Gesetze funktionieren, vertrauen wir ihnen deshalb auch und hinterfragen sie weniger. Der israelische Start-up-Gründer Vova Feldman schilderte mir dazu eine Anekdote von seinem Silicon-Valley-Aufenthalt. Er war gemeinsam mit zwei Deutschen, zwei Argentiniern und einem weiteren Israeli auf einem Roadtrip von San Francisco nach Las Vegas. Allesamt Start-up-Gründer, wollten sie einen Abstecher in das Death Valley machen. Das ist ein Nationalpark, für den man üblicherweise Eintritt zahlen muss. Da aber kein Ranger da war, bestanden die deutschen Begleiter darauf, die 20 Dollar wie gefordert in einen Umschlag zu stecken und in den Bezahlschlitz im Rangerhäuschen einzuwerfen. Die Israelis meinten, das sei unnötig, es sei ja niemand da, sie sollten doch einfach losfahren, ohne zu bezahlen. Und die Argentinier schlugen vor, auszuprobieren, ob man nicht irgendwie an die bereits eingeworfenen Umschläge rankommen könne, um das Geld rauszuholen.

Innovation dringt oftmals in rechtliche Grauzonen vor. Bestehende Gesetze sind oft unzulänglich, um hier Klarheit zu schaffen, daher entstehen zunächst ungeschriebene Gesetze, die später oft als Grundlage für formales Recht dienen. Mit dem Beginn des Goldrausches kamen innerhalb von zwei Jahren 300.000 Menschen nach Kalifornien. Die damaligen Gesetze zum Bergbau waren sehr lückenhaft. Vor Ort entstand ein von den Goldschürfern praktiziertes informelles Rechtssystem, um Schürfrechte und Grundbesitz zu regeln. Politik und Gesetzgebung übernahmen dieses später zum Teil und legalisierten es. Ähnliches wiederholt sich immer wieder. Alle Diskussionen zu Crowdfunding, Datenschutz, Stalking, Bankengesetzen, Taxiregulierungen oder Urheberrechte (um nur ein paar Beispiele zu nennen) etablieren durch die Praxis Verhaltensweisen und informelle Gesetze, die später zumindest teilweise oder sogar vollständig übernommen werden.

Datenschutz und Datenfreiheit
Eine Prämisse von Patenten, Urheberrecht und geistigem Eigentum besteht darin, dass die Schöpfer von ihrer kreativen und geistigen Arbeit profitieren können. Nicht alles fällt unter diese Kategorie.

Ein Beispiel, welch unterschiedliche Auswirkungen die Rechtsprechung zu geistigem Eigentum auf die Wirtschaftsdynamik haben kann, zeigt eine Entscheidung des Obersten Gerichtshofs der Vereinigten Staaten aus dem Jahr 1991.[99] Ein lokaler Telefonserviceanbieter war nicht bereit, Informationen aus seinem Telefonbuch an einen Verlag zu lizenzieren. Der Verlag übernahm daraufhin ohne Lizenz die Telefonbucheinträge in sein eigenes Telefonbuch und wurde prompt wegen Urheberrechtsverletzungen verklagt. Der Oberste Gerichtshof entschied letztendlich, dass eine reine Sammlung von Fakten durch das Urheberrecht nicht geschützt ist. Schützenswert sei nur eine originelle Art, die Daten zu sammeln oder zu kategorisieren. Eine rein alphabetische Anordnung der Daten stellt allerdings keine Originalität dar.

Mit diesem Rechtsspruch konnten Datenbanken, denen keine Originalität zugesprochen werden konnte, von anderen kopiert und verwendet werden. Das sieht im ersten Moment so aus, als ob dieses Urteil die Erstellung neuer Datenbanken eher behindern würde. Wer, so die

Argumentation, wäre dann noch daran interessiert, Daten zu sammeln, wenn jemand anders sie einfach kopieren und weiterverwerten kann? Und hier wird es interessant. In Europa ist die Rechtsprechung genau andersherum. Dort wurde 1992 entschieden, dass Datenbanken für einen Zeitraum von 15 Jahren unter das Urheberrecht fallen. Sie dürfen nicht so einfach kopiert und verwendet werden. Gültig ist das allerdings nur für europäische Datenbankersteller oder solche aus Drittländern, die ähnliche Schutzbestimmungen haben wie europäische. Es wurde vorhergesagt, dass amerikanische Datenbankersteller damit gravierende Nachteile haben werden.

Genau das Gegenteil ist passiert. In einer Analyse der Europäischen Union aus dem Jahr 2005 wurde den Auswirkungen der Rechtsprechungen aus den Jahren 1991 und 1992 nachgegangen. Das Ergebnis der Studie war, dass einerseits die wirtschaftliche Auswirkung des Rechtsschutzes nicht überprüfbar war und dass andererseits die vorhergesagte Anregung der Schaffung von Datenbanken in Europa nicht eingetreten ist.[100] Amerikanische Datenbankersteller erlebten Wachstum, während das Datenbankvolumen der europäischen Mitbewerber nicht anstieg oder sogar geringer wurde. Im Jahr 2004 war das Datenbankvolumen unter das Niveau von 1998 gefallen. Im Jahr 1992 lag der globale EU-Anteil an Datenbanken bei 26 Prozent, derjenige der USA bei 60 Prozent. 13 Jahre später lag der EU-Anteil nach wie vor bei 26 Prozent (trotz mehr Mitgliedsländern als 1992), während der Anteil der USA auf 70 Prozent angestiegen war.

Das rechtlich erlaubte Kopieren von Datenbanken führte zur Verringerung der Kosten für neue innovative Datenbanken und neue darauf beruhende Anwendungen. Restriktiver Rechtsschutz verhindert genau das.

Der Münchner Gamification-Designer und Unternehmer Roman Rackwitz sagt, dass „in der heutigen Welt nicht Informationsbesitz als Reichtum gilt, sondern die Informationsbearbeitung. Man muss deshalb die Daten nicht selbst behalten."

Man betrachte nun das Theater um Datenschutz im Falle Facebook oder Google. Safe-Harbour-Bestimmungen, Opt-in als Standardeinstellung in Europa, während in den USA Opt-out der Standard ist. All das führt zu Einschränkungen und Abwendung von Innovation. Europäische Unternehmer werden von den eigenen Regierungen zugunsten amerikanischer Unternehmen benachteiligt. Befürchtungen zu den potenziell diskriminierenden Auswirkungen einer Gesetzesverabschiedung zur Netzneutralität, die es Telekommunikationsunternehmen überlässt zu bestimmen, welche Art von Daten bevorzugt transportiert werden, wurden schon am nächsten Tag vom Deutsche-Telekom-Chef bestätigt. Timotheus Höttges dachte bereits laut darüber nach, wie er speziell von deutschen Start-ups mehr Geld für Datentransfer verlangen will, damit sie ‚störungsfrei' übertragen können.[101]

Auf der für Europa positiveren Seite stehen Beispiele wie Patente, wo Europa kritischer ist im Hinblick darauf, was als patentierbar gilt. Das berühmte Bestellen-mit-einem-Klick, das Amazon in den USA patentieren ließ, wäre in Europa vermutlich nicht durchgegangen. Dass Amazon das Patent zurückzog, lag am Verleger Tim O'Reilly, der Amazon öffentlich dazu aufforderte.

Gesetze, Verträge, und Patente

Während in den USA Studenten Start-ups wie Facebook gründen, verklagen Studenten in Europa Facebook. Polemisch formuliert lässt sich mit diesem Satz zusammenfassen, wie die Situation gesehen werden muss. Der Salzburger Rechtsstudent Max Schrems verklagte Facebook vor der irischen Datenschutzkommission, nachdem er im Zuge seines Studiums herausgefunden hatte, dass Facebook einige der in Europa gültigen Datenschutzbestimmungen verletzt hatte. Mit dieser und ähnlichen Klagen gegen andere Firmen aus dem Silicon Valley gelangte er zu gewisser Prominenz und erhielt diverse Auszeichnungen.

Im sogenannten Safe-Harbor-Urteil des Europäischen Gerichtshofes werden die Rahmenbedingungen für den Transfer personenbezogener Daten von Europa in die USA festgelegt. Die Vereinbarung, die davon ausgeht, dass die Daten in den USA mit einem „angemessenen Schutzniveau" verarbeitet werden, betrifft US-Unternehmen wie auch deutsche Firmen, die Daten in die USA weitergeben. Der Gerichtshof kritisiert dabei, dass eine Regelung, die es den Behörden gestattet, generell auf den Inhalt elektronischer Kommunikation zuzugreifen,

„den Wesensgehalt des Grundrechts auf Achtung des Privatlebens verletzt". Firmen, die solche Daten verwenden, sind eben Facebook oder Google.

So wichtig die Einhaltung gewisser Bestimmungen ist, manifestiert sich hier ein überraschender Rollentausch zwischen USA und Europa. Normalerweise sehen wir die Amerikaner als klagewütig und schütteln die Köpfe angesichts der hohen Klagesummen. In diesem Fall aber geschieht das durch Europa und wird von der Öffentlichkeit als belohnenswerte Leistung betrachtet.

Das setzt sich an anderer Stelle fort, und zwar bei Geheimhaltungsverträgen oder sogenannten non-disclosure agreements (NDA), in denen Unternehmen das Stillschweigen über Verhandlungen, Technologien oder Geschäftsmodellen vertraglich zusichern. Das macht für große Unternehmen manchmal Sinn, die ihr geistiges Eigentum schützen wollen. Viele europäische Start-ups senden auch vorab NDAs, wenngleich das keinen Sinn macht. Als jemand, der immer wieder mit Start-ups zu tun hat, verweigere ich generell NDAs, gerade und vor allem, wenn die Beratung unentgeltlich erfolgt.

Der Grund ist folgender: Start-ups, die mir ihre Idee vorstellen und Feedback wollen, behindern sich selbst, wenn sie ihre Idee nicht oft genug vorbringen und Input erhalten. Noch sind es zumeist Ideen, und die sind bekanntermaßen billig. Erst die Ausführung der Idee ist von Wert, und gerade diese Ausführung ist der schwierige Teil, nicht die Idee selbst. Um die Idee zu verbessern, muss man sie vielen Leuten vorstellen und sich genau anhören, was sie dazu sagen. Kleine Prototypen, die gebaut werden, sind idealerweise unverzüglich an Testnutzern auszuprobieren, um sie daraufhin anpassen und optimieren zu können. Nur auf diese iterative Weise kann die Idee Schritt für Schritt verbessert werden.

Ein Start-up, das auf einen NDA besteht, entzieht sich damit der Möglichkeit, diese Rückmeldungen einzuholen. Gleichzeitig lädt das Start-up das rechtliche Risiko auf jemanden wie mich ab. Das Start-up selbst kann die Idee weiterverfolgen oder auch nicht, während ich auf unbestimmte Zeit daran gebunden bin. Diese rechtliche Bindung geht kein VC oder Experte ein, vor allem nicht, wenn sie mit einem ohnehin geldarmen Start-up in keinem bezahlten Vertragsverhältnis stehen.

Ähnliches geschieht mit Patenten. Mit wenigen Ausnahmen in Branchen wie Biochemie und Pharma sind Patente eher hinderlich, da sie sowohl Zeit als auch monetäre Ressourcen binden. Gerade am Anfang, wenn noch nach dem richtigen Geschäftsmodell, dem richtigen Service und Produkt gesucht wird, ist eine Patenteinreichung zu früh, da sich zu viele Parameter zu schnell ändern. Erst in einer Phase, wo sich das stabilisiert, kann daran gedacht werden. Aber auch hier ist das mit Vorsicht zu genießen. Einerseits kann die Patenteinreichung das Start-up bei der Suche nach Feedback behindern, da genau beachtet werden muss, wo und wem Informationen offengelegt werden, um die Patenteinreichungsvorschriften nicht zu verletzen, andererseits kann eine Patentveröffentlichung wichtige Hinweise auf Technologien oder Unternehmensstrategien enthüllen.

Firmen aus dem Silicon Valley führten 2014 die US-Statistik mit fast 22.000 eingereichten Patenten an, was einen Anteil von fünfzehn Prozent aller US-Patente bedeutet.[102]

Der Computerwissenschaftler Nathaniel Borenstein, der mit seiner Arbeit Anteil an der heute eingesetzten E-Mail-Technologie hat und am 11. März 1992 den ersten E-Mail-Anhang verschickte, meint: „Das Patentwesen arbeitet fast ausschließlich zum Vorteil großer Unternehmen." Es gibt keine Anzeichen dafür, dass Patente die Produktivität verbessern, ganz im Gegenteil, sie behindern Innovation.[103] Teilweise sind die Probleme hausgemacht. Die EU versucht die Copyright-Gesetze in allen 28 Mitgliedsstaaten zu vereinheitlichen, da sie vor allem großen Firmen einen Vorteil bieten – sprich: finanziell gutgestellten Silicon Valley-Firmen.

In ihrem Buch „The Knockoff Economy" schildern Kal Raustiala und Christopher Springman, wie verschiedene Industrien mit dem Kopieren umgehen. Am Beispiel der Modeindustrie wird der Satz „Nachahmung ist die reinste Form des Lobes" am deutlichsten und wie wirkungs- und nutzlos Patente oder der Schutz geistigen Eigentums sind. Bis ein Patent eingereicht oder als geistiges Eigentum geschützt wurde, haben sich die Modetrends bereits weiterentwickelt.

Ich will damit nicht den Eindruck erwecken, dass Vertragsvereinbarungen unnötig seien, ganz im Gegenteil, sie können wichtige Unternehmenswerte schützen. Man muss sich aber über die Nachteile im Klaren sein, und diese können gerade bei Start-ups besonders schlagkräftig werden.

Als die Winklevoss-Brüder Mark Zuckerberg verklagten, die Idee zu Facebook von ihrem Start-up ConnectU gestohlen zu haben, reagierte das Silicon Valley mit einem Schulterzucken. Wie gesagt, nicht die Idee ist das Wertvolle, die Umsetzung ist es. Wenn eine Idee so einfach von jemandem gestohlen und umgesetzt werden kann, dann liegt die Schuld beim Bestohlenen, da derjenige nicht geschickt genug war, diese Idee umzusetzen. Und wie wir durch das benachbarte Mögliche bereits gelernt haben, liegen diese Ideen zumeist in der Luft und es zählt letztendlich der, der sie umsetzen kann.

Standards und Normen

Als es um das Thema Industrie 4.0 ging, wurde bereits das Verlangen nach Standards deutlich und wie die deutschen Standardisierungsgremien sich selbst behindern, weil zu viele Verbände und Interessengruppen mitreden wollen und dann Regelungen und Gesetze ihnen einen Strich durch die Rechnung machen. Ein fertig ausgearbeiteter Standard konnte aus wettbewerbsrechtlichen Gründen nicht an die Industrien herausgegeben werden. Zwischenzeitlich haben die Amerikaner die Standards in die Wirklichkeit umgesetzt.[104]

Die Standard- und Normengläubigkeit führt zur paradoxen Situation, dass zuerst mal lange überhaupt keine Standards und Normen da sind, und wenn sie dann schließlich umgesetzt werden, werden sie als in Stein gemeißelt angesehen. Eine Norm wird fast wie ein Naturgesetz gesehen. Gesetze sind etwas Änderbares. Die Gründe und der Kontext, die zu einem bestimmten Gesetz geführt haben, können weggefallen sein oder sich geändert haben. Wenn ein wichtiges deutsches Großunternehmen, an dem viele Arbeitsplätze und Exportumsätze hängen, eine Gesetzesänderung braucht, wird auch der deutsche Bundestag diese zumindest in Betracht ziehen, um die Konkurrenzfähigkeit zu gewährleisten. Tatsache ist, dass disruptive Unternehmen Normen hinterfragen, Grenzen austesten und eigene setzen, wenn sie der Meinung sind, die Zeit sei gekommen, alte Normen hätten ihren Zweck erfüllt und können nun in Rente geschickt werden.

Rechtsanwaltsbüros und Rechtsabteilungen
Als Meet-up-Organisator arbeite ich intensiv mit Rechtsanwaltsbüros zusammen. Sie bieten jemandem wie mir Räumlichkeiten an, um Veranstaltungen abzuhalten. Selbst die Bewirtung wird dabei übernommen. Der Hintergedanke ist, dass die paar hundert Dollar, die für die Veranstaltung aufgewendet werden, zur Kontaktanbahnung mit neuen Kunden dienen. Zu meinen Veranstaltungen kommen Start-up-Gründer, Firmenmitarbeiter und Funktionsträger, die alle irgendwann einmal Rechtsdienstleistungen brauchen könnten.

Rechtsanwaltsbüros bieten sogar Start-up-Pakete an, die Büroräumlichkeiten und Rechtsberatung zu einem Festpreis beinhalten. Ein ehemaliger SAP-Kollege erzählte mir von seinem neuen Büro in einer Rechtsanwaltskanzlei, in das er mit seinem Start-up eingezogen war. Hatte er bei SAP ein fensterloses Zimmer zugeteilt bekommen, das er sich mit drei Kollegen teilen musste, saß er hier in einem großen Einzelbüro mit Blick in den Garten.

Die Erwartung der Rechtskanzlei ist, dass ein Start-up, sobald es mit Fundraising oder dem Geldverdienen Erfolg hat, sich auch die normalen Rechtsberatungssätze leisten kann. Ein Start-up-Paket ist somit eine Investition und Marketingausgabe, die sich später rechnen wird. Und man weiß nie, welches Start-up das nächste Google oder Uber sein wird und die Serviceleistungen des Rechtsanwalts auf unkomplizierte Weise zu schätzen gelernt hat.

Während externe Kanzleien den Start-ups helfen, behindern firmeninterne Rechtsabteilungen oft intrapreneurische Bestrebungen. Das Selbstverständnis kann unterschiedlicher nicht sein. Externe Rechtsanwaltkanzleien helfen ihren Kunden, ihnen Risikooptionen aufzuzeigen. Man will Dinge ermöglichen, nicht behindern, schließlich möchte man den Kunden nicht verlieren. Interne Rechtsabteilungen hingegen tendieren dazu, vorrangig auf die Risikominimierung zu schauen und keine Optionen anzubieten.

Dabei sind Rechtsabteilungen interne Dienstleister für rechtliche Fragen, genauso wie Intrapreneure oder Forschungsabteilungen Dienstleister für Innovation sind. Ein Manager, der für eine Abteilung zuständig ist, muss Risiken und Chancen abwägen. Bei Youtube stand dem rechtlichen Risiko von vermutlich etlichen Hunderten Millionen Dollar ein mögliches Geschäftspotenzial von Milliarden gegenüber. Uber sieht das ähnlich. Einer milliardenschweren Geschäftsmöglichkeit steht ein viel geringeres rechtliches Risiko gegenüber. Das geht aber nur, wenn das Management entsprechende Stärken und eine Vision hat. In Unternehmen mit einem schwachen und unambitionierten Management bestimmen die Rechtsabteilungen, wohin es geht.

Eine Medizintechnikfirma in Palo Alto musste beispielsweise einen geplanten internen Hackathon nach mehrmonatiger Vorarbeit kurzfristig absagen, weil die Rechtsabteilung Bedenken wegen möglicher Klagen hatte. Man fürchtete sich vor Klagen, bei denen interne Unterlagen inklusive E-Mails veröffentlicht werden könnten, die darauf hinweisen könnten, dass eine gewisse Fehleranfälligkeit, die die Entwickler durch den Hackathon verringern wollten, existierte. Die Unterlagen könnten zeigen, dass man von den Problemen wusste, damit gäbe man die Fehler zu und würde sich schuldig machen. Alles war rein hypothetisch. Aber besser die Probleme verschweigen, als sie in Hackathons zu benennen und zu lösen versuchen. Es muss wohl nicht extra erwähnt werden, dass die Gründer schon lange nicht mehr im Unternehmen waren. Die Rechtsabteilung hatte das Regiment übernommen.

Eine Rechtsabteilung eines großen Softwareunternehmens wiederum fuhr schweres Geschütz auf gegen interne Innovatoren, die Unternehmensrichtlinien missachteten. Anstatt die Mitarbeiter direkt zu kontaktieren und die Sache gemeinsam zu klären, wurden zuerst das Management alarmiert und die Personalabteilung benachrichtigt, bevor man nach einer Woche dann die jeweiligen Mitarbeiter kontaktierte und ihnen mit Konsequenzen drohte. Nachdem einer der Unternehmensgründer davon erfuhr, wurde diese Praxis eingestellt und man verhält sich seither kooperativer.

Zum Abschluss will ich nochmals klarstellen, dass ich nicht zum Rechtsbruch aufrufe. Ich bin genauso von der Dieselaffäre bei VW oder dem Verhalten der US-Banken, das zur Finanzkrise 2008 geführt hat, angewidert. Wie ich schon zum Einstieg in dieses Kapitel geschrieben habe, muss jedoch zwischen Rechtsbruch und Rechtshinterfragung unterschieden werden.

Betriebsrat und Gewerkschaft

Mit einem Mal kühlte sich das Gesprächsklima merklich ab. Gerade noch hatte der Unternehmensberater mit den Angestellten beim Mittagessen in der Betriebskantine angeregt über Innovationsmethoden gesprochen, als eine weitere Mitarbeiterin sich dazusetzte. Die lebhafte Beteiligung an der Diskussion wich einem eisigen Schweigen. Beim anschließenden Kaffee klärten die Mitarbeiter den Unternehmensberater auf. Das sei die Betriebsratschefin gewesen.

Was sich hier in diesem deutschen Optik-Unternehmen abspielte, haben wir bereits angesprochen. Das notwendige psychologisch sichere Umfeld war nicht mehr gegeben, als die Betriebsrätin hinzukam. Nicht nur das Management, sondern auch Mitarbeiter und Betriebsrat prägen das Innovationsklima.

Als Kind aus einer sozialdemokratischen Familie mit Gewerkschaftshintergrund kenne ich diese Seite einigermaßen. Und es gibt sehr gute Gründe, warum Betriebsrat und Gewerkschaften wichtig sind – auch heute noch. Zugleich aber kenne ich aus eigener Erfahrung als Soldatensprecher in meiner Wehrdienstzeit, als Manager in einem deutschen Großunternehmen und als Unternehmensgründer auch die andere Seiten. Allzu oft wird übersehen, dass letztendlich Unternehmer, Management, Betriebsrat und Mitarbeiter im selben Boot sitzen. Natürlich will jede Seite ein größeres Stück vom Kuchen. Natürlich will jeder es gut haben. Und natürlich möchte jeder das Gefühl haben, Teil eines größeren Ganzen zu sein.

Nur vergisst man gern im Eifer des Gefechts, dass nur dann jeder ein größeres Stück vom Kuchen abkriegt, wenn der Kuchen wächst – oder zumindest nicht schrumpft. Und das erreicht man langfristig nicht durch den Kampf gegen andere innerhalb des Unternehmens, sondern durch kontinuierliche Innovation und Kooperation mit den anderen. Das wiederum verlangt nach einem psychologisch sicheren Umfeld, das die Diskussion neuer Ideen und Ansätze fördert, ohne dass sich die Belegschaft zurückhält aus Angst, der Manager oder der Betriebsrat oder ein Kollege könnte einem dies übelnehmen.

Da wird unglaublich viel mentale Energie für Arbeitskonflikte verschwendet, die dann fehlt, wenn ein Silicon-Valley-Unternehmen kommt, das sich rein auf seine Produkte und Services konzentrieren kann und keine zermürbenden Grabenkämpfe mit einem Betriebsrat führen muss. Beunruhigend finde ich dabei, dass die am häufigsten streikenden Berufsgruppen offenbar diejenigen sind, die ziemlich viele Privilegien zu haben scheinen. Ich sehe keine Supermarktkassiererinnen beim Streiken, dafür aber mehrmals im Jahr Lokführer, Flugbegleiter und Piloten.

Werkzeuge

In den vorherigen Kapiteln erfuhren wir bereits, wie Leute im Silicon Valley die Welt betrachten, was sie von anderen erwarten, was sie anderen zu bieten haben und wie sie an Herausforderungen rangehen. Und wie diese vielen kleinen Elemente dazu beitragen, dass diese Region scheinbar so mühelos innovativ ist. Im Folgenden stelle ich dir weitere Werkzeuge vor, die du, ohne sie lange studieren zu müssen, sofort anwenden kannst. Je öfter du sie nutzt, desto schneller werden sie dir zur Gewohnheit und fördern dadurch deine Kreativität und Innovationskraft.

Kreativität

Um deinen Hang zur Neugierde besser zu kanalisieren, empfehle ich eine ganze Sammlung von Kreativitätstechniken.[105] Diese werden von den meisten Innovatoren oft mehr oder weniger unbewusst angewandt. Einige davon wirst du vermutlich bereits kennen, andere können dir neue Impulse geben, um kreativer zu werden oder aus einer gedanklichen Sackgasse herauszukommen.

Es gibt über 100 Kreativitätstechniken, die man grob in zehn Kategorien einteilen kann. Von den Grundvoraussetzungen abgesehen, beschreiben sie alle Tätigkeiten für die jeweilige Phase. Fragen stellen, lernen, schauen, spielen, kombinieren, auswählen, tun und basteln. Es ist wichtig zu verstehen, dass die Techniken alle relativ einfach sind und von jedem umgesetzt werden können. Sie einmal anzuwenden ist aber nicht ausreichend, sie müssen zu einer Gewohnheit werden. Bewusst die Umgebung zu durchstreifen, kleine Spielsachen wie Lego kaufen und bereithalten, nach Mustern suchen, Zeitungen durchblättern, die man üblicherweise nicht kauft und liest, sich eine

Hintergrundgeschichte für einen Gast im Kaffeehaus ausdenken, der am anderen Tisch sitzt, eine Notizbüchlein führen und viele andere Techniken sind ganz simpel. Aber sie alle sind Mosaiksteine auf dem Weg, kreativer zu werden und kreative Barrieren und Sackgassen zu überwinden.

Assoziative Barrieren überwinden

Stell dir vor, du lernst Sabine kennen. Sabine ist 28 Jahre alt, Single, sagt, was sie denkt, und ist sehr smart. Sie hat Biologie studiert und nebenbei einige Rechtskurse belegt. Als Studentin nahm sie an politischen Demonstrationen teil. Sabine versucht, umweltbewusst zu leben. Welche der folgenden zwei Aussagen trifft eher zu?

A. Sabine ist Büroleiterin.
B. Sabine ist Büroleiterin und in einer Umweltorganisation aktiv.

Wenn du B gewählt hast, befindest du dich in guter Gesellschaft. Die meisten wählen diese Antwort. Die korrekte Antwort ist aber die Aussage A. Das mag dich verwirren, deshalb hier eine ähnliche Aufgabe, die dir klarmachen wird, warum du falschliegst. Welche der folgenden zwei Aussagen trifft eher zu?

A. Eine Erdbeere ist rot.
B. Eine Erdbeere ist rot und teuer.

Diesmal ist die Antwort offensichtlich. Die Wahrscheinlichkeit, dass eine Erdbeere rot ist, ist größer, als dass sie gleichzeitig rot und teuer ist. In der ersten Aufgabe wurde durch Begriffe wie „umweltbewusst" und „Biologiestudium" eine Assoziationskette gebildet, die deine Gedanken beeinflusst und irregeführt hat.

Das ist es, was unter einer assoziativen Barriere verstanden wird. Wir tendieren aus guten Gründen dazu, aus Informationshäppchen schnelle Schlüsse zu ziehen. Unser Hirn löst Assoziationsketten aus und führt uns einen Pfad entlang, den wir gespeichert haben. Das kann von Vorteil sein, wenn Situationen rasche Entscheidungen erfordern, dieses Verhalten kann uns aber auch einschränken, wenn wir neue Ideen finden wollen.

Wenn unsere assoziativen Barrieren hoch sind, dann haben wir Schwierigkeiten, neue Verbindungen herzustellen. Umgekehrt hat jemand mit geringen assoziativen Barrieren originellere Ideen, weil er aus einem breiteren Schatz an Konzepten schöpft. Allerdings wird solchen originellen Ideen mit Widerstand begegnet, weil sie unüblich und neu sind und die Folgen schlecht abgeschätzt werden können. Die Antwort „Wenn das so eine gute Idee ist, warum ist da bisher noch niemand draufgekommen?" auf einen originellen Vorschlag ist ein Zeichen für die Wirkungsmacht assoziativer Barrieren. Weil sie bei allen anderen so hoch waren, kam noch niemandem vorher diese Idee.

Design Thinking

Das IT-Team eines mittelständischen Unternehmens wollte das Telefonkonferenzsystem verbessern und hatte gewisse Vorstellungen, welche Anbieter dazu infrage kämen und welche neue Funktionen das System bieten sollte. Bevor das Team allerdings eine Entscheidung traf, wollten sie sich noch mit Benutzern des Telefonkonferenzsystems treffen, um diese zu ihren Wünschen zu befragen. Eine erste Kandidatin war eine Außendienstmitarbeiterin, die dieses Jahr die zweitmeisten Geschäftsabschlüsse getätigt hatte. Man rief sie an und machte einen Termin mit ihr aus.

„Dafür stehe ich euch gern zur Verfügung. Lasst mich einen Besprechungsraum buchen, dann erzähle ich euch, wie ich mit den Kunden telefoniere", schlug sie vor. Das Team bestand aber darauf, sie in ihrem Büro zu treffen. Dort war mit Computer, Monitor, drei Telefonen, Familienfotos, Blumen und Unterlagen alles vorhanden, was sie zur täglichen Arbeit benötigte. Das Team setzte sich um sie herum und beobachtete sie. Sie begann eine Telefonkonferenz. Sie nahm den Hörer ab, wählte eine Nummer, sprach kurz mit dem Kunden am anderen Ende der Leitung und legte den Hörer auf den Schreibtisch. Sie nahm den zweiten Hörer ab, wählte eine weitere Nummer und hatte eine Kollegin am Telefon. Auch diesen Hörer legte sie auf den Schreibtisch und wiederholte die gleiche Prozedur mit dem dritten

Telefon und mit ihrem Handy. So hatte sie vier Gesprächsteilnehmer gleichzeitig auf vier Leitungen. Nun beugte sie sich über die Hörer und begann ihre Telefonkonferenz.

Für das IT-Team war das eine Offenbarung. Die zweiterfolgreichste Salesfrau, deren wichtigstes Werkzeug das Telefon war, hatte kein einziges Mal das Telefonkonferenzsystem verwendet, sondern eine für sie bewährte und unkomplizierte Methode. Hätte das IT-Team das nicht mit eigenen Augen gesehen, wäre es an die Aufgabe völlig anders herangegangen und hätte eine Lösung angeboten, die total an den Bedürfnissen und der Arbeitsweise ihrer Mitarbeiter vorbeiginge.

Was das IT-Team stattdessen getan hatte, ist einer der ersten Schritte im Design Thinking. Mithilfe dieses Ansatzes sollen Probleme gelöst und Ideen gefunden werden. Das Designstudio IDEO aus Palo Alto entwickelte diese Methode, die im Wesentlichen aus fünf Phasen besteht: Empathie, Problemdefinition, Ideengenerierung, Prototypisierung und Testen.

Auffallend ist dabei, dass die Phase der Problemdefinition erst an zweiter Stelle erfolgt. Zwar hat man in der Empathiephase bereits eine Hypothese, worin das Problem bestehen könnte, wie wir aber im Telefonkonferenzbeispiel gesehen haben, kann das Problem auch ein völlig anderes sein. Deshalb folgt die Problemdefinitionsphase erst nach der Empathiephase.

IDEO-Mitgründer Tom Kelley erläutert die Wichtigkeit dieser Empathiephase anhand eines Beispiels. Ein Pflegeartikelhersteller beauftragte IDEO damit, ein Design für Kinderzahnbürsten zu entwickeln. Im Handel fanden sich Zahnbürsten für Kinder, die alle kleinere Varianten von Zahnbürsten für Erwachsene waren. Das erscheint auf den ersten Blick ganz logisch. Kinder sind nichts anderes als kleine Erwachsene, deshalb sehen Gebrauchsgegenstände für Kinder aus wie kleiner dimensionierte Gebrauchsgegenstände für Erwachsene. Als das IDEO-Team aber in die Badezimmer ging und Kinder bei der Verwendung von Zahnbürsten beobachtete, wurde ihm klar, dass diese Annahme falsch war. Kleine Kinder haben noch nicht dieselbe Feinmotorik in den Fingern wie Erwachsene, um Zahnbürsten mit den Fingern zu halten. Kinder umfassen den Zahnbürstenstiel mit der ganzen Faust. Eine Kinderzahnbürste musste somit einen dickeren Stiel haben. Und genau eine solche designte IDEO dann auch und das führte dazu, dass diese Kinderzahnbürste 18 Monate lang die meistverkaufte in den USA war. Mittlerweile haben alle Pflegeartikelhersteller Kinderzahnbürsten mit dicken Griffen im Sortiment.

Im Design Thinking geht man wie ein Anthropologe vor, man beobachtet Menschen. Wird diese Phase vernachlässigt, resultieren daraus Testberichte wie der bereits erwähnte über Elektrofahrzeug-Ladestationen in Deutschland. Dort wurde überhaupt nicht berücksichtigt, wie, wo und wann Fahrer eines Elektrofahrzeugs Ladestationen nutzen.[106]

Innovation Thinking

Anhand vieler Facetten haben wir bereits gelernt, welche Bestandteile dazu beitragen, eine innovative Kultur zu schaffen. Aber es wird noch mehr benötigt. Grundlagen wie Wissen, Fähigkeiten, Zeit, Raum, Antrieb und Neugier erlauben Kreativität, die wiederum auf einem Sinn für Verspieltheit, einem Gefühl der Sicherheit, einer positiven Grundeinstellung, Übung und Risikobereitschaft aufbaut. Daraus entstehen Ideen, die durch Methoden wie Design Thinking oder Hackathons in die Wirklichkeit umgesetzt werden. Mit Ausdauer, Kundenfeedback und anderen Bausteinen schaffen wir Innovation, die mit entrepreneurischen oder intrapreneurischen Fähigkeiten erfolgreich wird.

Innovationsdenken begrenzt sich nicht nur auf technologische Innovation und Ingenieure, sondern bezieht das gesamte Unternehmensumfeld ein und ist Aufgabe aller Mitarbeiter.

Service Thinking

Service leistet heutzutage nicht mehr ein Unternehmen für einen Kunden, Service wird zusammen mit dem Kunden geleistet. Das ist die Prämisse für Service Thinking, wie es von den Silicon-Valley-Urgesteinen Hunter Hastings und Jeff Saperstein definiert wird.[107] Um das zu bewerkstelligen, müssen Unternehmen umdenken und ihre Mitarbeiter befähigen, nicht einfach nur Dienst nach Vorschrift am Kunden zu leisten, sondern den Service an die Bedürfnisse des Kunden anzupassen. Service Thinking ist salopp gesagt das Äquivalent von Industrie 4.0 für Dienstleister.

Storytelling

Die Bedeutung von Geschichten für Pitches wurde an anderer Stelle bereits erwähnt, aber Storytelling kann so viel mehr als nur jemanden davon zu überzeugen, Geld in ein Start-up zu investieren. Das Finden lösenswerter Probleme beginnt oftmals mit einer Geschichte. Man bemerke den Unterschied: nicht das Lösen, sondern das Finden von Problemen. Ingenieure – und ich zähle mich da auch zu den Schuldigen – tendieren dazu, für ein Problem, das sie sehen, sofort eine Lösung auszuarbeiten. Dabei wird übersehen, dass man oft gar nicht weiß, welches Problem eigentlich zu lösen ist. Ein Arzt, der einem Patienten eine Salbe gegen Hautausschlag gibt, löst unter Umständen das falsche Problem. Bei richtigem Nachfragen könnte sich herausstellen, dass der Hautausschlag durch Schimmel in der feuchten Wohnung hervorgerufen wurde, der wiederum durch ein leckes Dach verursacht wurde. Die Lösung ist somit eine ganz andere: nämlich das Dach zu reparieren.

Eine Geschichte kann uns beim Auffinden der eigentlich zu lösenden Probleme große Dienste erweisen. Sie kann auch dabei helfen, die Ziele und die Vision verständlich zu machen, und alle Beteiligten motivieren. Wer jemals eine Geschichte geschrieben und Figuren dafür erfunden hat, wird zu seinem größten Erstaunen erkennen, dass diese Charaktere ein eigenes Leben entwickeln und faszinierende Einsichten zu neuen Problemen und Lösungen vermitteln.

Wettbewerbe und Hackathons

Das in Los Gatos beheimatete Filmverleih-Unternehmen Netflix veranstaltete 2006 einen über drei Jahre laufenden Wettbewerb. Der mit einer Million Dollar dotierte Preis sollte an Teilnehmer gehen, die eine zehnprozentige Verbesserung des Filmvorschlagssystems finden. Wenn sich Netflix-Kunden einen Film ansahen, bekamen sie Vorschläge für Filme, die auf ihren Vorlieben basierten. Hunderte externe Teams nahmen am Wettbewerb teil, analysierten den bereitgestellten Datensatz und schlugen Algorithmen vor. Sukzessive näherten sich die Teams den zehn Prozent an, der Fortschritt geriet aber ins Stocken. Nach einigen Monaten begannen die Teams, ihre Algorithmen zu veröffentlichen, um sich gegenseitig Ideen zu geben.

2009 wurde der Preis dann an einen Zusammenschluss von drei Teams vergeben, die die 10-Prozent-Verbesserungsgrenze geknackt hatten. Allerdings wurde der Algorithmus von Netflix nie eingesetzt. Netflix hatte durch das Aufkommen von Online-Videostreaming Daten erhalten, die noch bessere Vorschläge erlaubten.

Wettbewerbe sind ein gängiges Instrument, um kreative Lösungen für Probleme zu finden. Das Internet selbst ging auf einen von der militärischen Forschungsbehörde ARPA ausgeschriebenen Wettbewerb zurück. Die jüngsten DARPA-Wettbewerbe drehten sich um selbstfahrende Fahrzeuge (das Gewinnerteam wurde anschließend von Google angeheuert) und im Sommer 2015 zum zweiten Mal um Roboter. Die Austragung des Wettbewerbs zu selbstfahrenden Fahrzeugen fand übrigens eine Stunde südlich vom Silicon Valley in der Nähe von Monterey auf einem stillgelegten Militärgelände statt.

Auch der erste Transatlantikflug, den Charles Lindbergh gewann, war ein von einem Hotelier ausgeschriebener Wettbewerb, der sogenannte Ansari XPRIZE. Die XPRIZE Foundation mit Silicon-Valley-Gründern wie Elon Musk, Larry Page oder Peter Diamandis im Vorstand formuliert und schreibt heute Moonshots aus, und das im wahrsten Sinne des Wortes: Einer der laufenden Wettbewerbe ist der Google Lunar XPRIZE, bei dem eine Sonde auf den Mond geschossen werden soll. Den XPRIZE um den ersten privaten suborbitalen Flug gewann 2004 SpaceShipOne. Dass es den teilnehmenden Teams nicht um das Preisgeld ging, erkennt man daran, dass manche Teams bis zum Fünffachen des ausgeschriebenen Preisgeldes eingesetzt haben. Die meisten Teilnehmer geben das Zweieinhalbfache aus.[108]

Präsident Obama unterzeichnete 2010 ein Gesetz, das verstärkt auf öffentliche Wettbewerbe setzt, um umfassende Probleme zu lösen. Der America COMPETES Reauthorization Act reguliert solche Wettbewerbe, bei denen verschiedene Behörden bereits die Initiative ergriffen haben. So gab es schon erste Wettbewerbe vom State Department zu Waffenkontrollen, der Umweltschutzbehörde EPA zu tragbaren Luftgütemessgeräten, des National Cancer Institute für eine Krebsaufklärungswebsite oder des Air Force Research Lab für die Versorgung von Krisengebieten mit großen Hilfspaketen aus der Luft.[109]

Auf lokaler Ebene sind Wettbewerbe wie beispielsweise Hackathons im Silicon Valley beliebte Wege, sowohl interne Mitarbeiter als auch externe Talente zu engagieren. Unter Hackathons versteht man nicht das bösartige Einhacken in gesicherte Computersysteme, um sich unautorisierten Zugang zu verschaffen. Hackathons sind Veranstaltungen, bei denen innerhalb eines begrenzten Zeitraums – üblicherweise 24 oder 48 Stunden am Stück – frei gebildete Teams mit Lösungen zu einer vorgegebenen Thematik aufwarten müssen. Am Ende eines Hackathons steht eine Demonstrationsrunde der Lösungen, bei der eine Jury aus Managern und Experten die besten Lösungen mit Preisen prämiert.

Hackathons können in verschiedenen Formen und unter verschiedenen Bezeichnungen abgehalten werden. Sie können ausschließlich unternehmensinterne Teilnehmer, ein Gemisch aus Mitarbeitern und Externen oder ausschließlich externe Teilnehmer haben. Bei der Demorunde wird oft verlangt, dass ein Protoyp vorgestellt und auf Präsentationsfolien verzichtet wird. Bei einem Ideathon, wie ihn Toyota 2014 in Zusammenarbeit mit GSV Lab in Mountain View veranstaltete, sollten die Teilnehmer neue Ideen für die Automobilbranche generieren. Bei einem Create-A-Thon in San Francisco waren Autoren, Künstler, Videokünstler, Entwickler, Musiker und andere Kreative aufgefordert, zum Thema Basiseinkommen Content und Medieninhalte zu produzieren.[110]

Das Ziel ist es, Kreativität zu wecken und in kurzer Zeit mit neuen Ideen aufzuwarten, die das Unternehmen weiterentwickeln kann. Ganz bewusst nehmen sich die Teilnehmer diese Auszeit von ihren alltäglichen Aufgaben, um neue Anregungen zu kriegen. Auch sollen bevorzugt Teams über Abteilungs- und sogar Unternehmensgrenzen hinweg gebildet werden, um Diversität zu fördern. Die Softwarefirma Atlassian hält einmal vierteljährlich einen ‚ShipIt-Tag' ab, so benannt, weil die Teams innerhalb von 24 Stunden etwas abliefern müssen. SAP veranstaltet pro Jahr Dutzende Hackathons, die ‚Innojams' genannt werden. Etliche davon habe ich in meiner Zeit bei SAP mitorganisiert oder geleitet. Aus eigener Erfahrung weiß ich, wie anregend solch ein Hackathon sein kann.

Hackathons beziehen sich nicht nur auf Software oder richten sich ausschließlich an Programmierer. Mitarbeiter aus verschiedensten Abteilungen und Externe mit diversen beruflichen Backgrounds sind erwünscht. An einem Hackathon mit 13 Teams, den ich im Sommer 2015 für Unilever in Tel Aviv veranstaltete, um Lösungen für Eiskrem zu generieren, nahmen auch zwei Studententeams und ein Schülerteam teil. Zwei davon befanden sich nach den 24 Stunden unter den Gewinnern.

Als Preise muss nicht unbedingt an Geld gedacht werden. Für interne Gruppen ist es oft Gewinn genug, wenn sie gegenüber dem Vorstand punkten und ihr Projekt weiterführen können.

Ein Hackathon darf nicht als Zeitverschwendungen angesehen werden. Aus der täglichen Routine ausbrechen zu dürfen, sorgt oft schon für eine höhere Mitarbeitermotivation. 24 Stunden mit anderen an einer gemeinsamen Sache zu arbeiten, schweißt zusammen. Selbst wenn die Nacht durchgearbeitet wird, die Teilnehmer müde sind, im letzten Moment etwas schiefgeht und man schließlich unter Stress der Wettbewerbsjury und den anderen seine Lösung präsentiert, schwärmen die Teilnehmer von dieser Erfahrung und kehren voller Tatendrang zurück an ihre Arbeit. Auf solchen Hackathons wurden oftmals neue Ideen für Produkte und Services erzeugt und Kontakte geknüpft.

Die Stadt Palo Alto veranstaltet eigene Hackathons, bei der ganze Straßenzüge abgesperrt werden und im Freien drauflosgehackt wird (außer das Wetter spielt nicht mit, dann wird kurzerhand eine öffentliche Garage zweckentfremdet).

Laut Studien sind Aktivitäten, bei denen ein Problem am Stück angepackt und gelöst werden muss, besonders effektiv. Statt wöchentlich eine Stunde für eine Arbeit einzuplanen, fand die kalifornische Psychologieprofessorin Sonja Lyubomirsky heraus, ist ein gebündelter Zeitraum besser, und zwar sowohl für das Ergebnis als auch für die Mitarbeiterzufriedenheit. Lyubomirsky sah das auch als wichtiges Element bei der Vorbeugung von Mitarbeiter-Burnout.[111] SAP Labs in Palo Alto testete solch ein Modell unter dem Namen TGIF (Technology Group Innovation Friday). Was für Softwareentwickler der teilnehmenden Abteilungen ursprünglich mit vier Stunden wöchentlich begann, die man freitagnachmittags für eigene Projekte verwenden konnte, wurde rasch zu einem jeden oder jeden zweiten Monat stattfindenden zwei- bis viertägigen Innovationsblock umstrukturiert.

Ähnlich den Schulolympiaden in Europa bietet beispielsweise die Stanford University für Highschool-Studenten den Stanford Brain Bee und Stanford Math Tournament an, von denen uns Julia Wendel bereits berichtet hat, deren Schüler daran teilnehmen.[112] Google veranstaltet alljährlich die Google Science Fair als weltweiten Online-Wettbewerb für 13- bis 18-Jährige.[113]

Start-up-Weekends sind in gewissem Sinne Erweiterungen von Hackathons. Anstatt am Ende nur eine Produktdemo zu haben, soll nun auch ein Businessplan und alles, was ein Start-up benötigt, ausgearbeitet werden. Ultimatives Ziel ist es, aus dem Wettbewerb heraus ein Start-up zu gründen. Als Motivation dienen auch die Investoren, die auf Start-up-Weekends dabei sind. Mittlerweile werden Start-up-Weekends bereits in über 150 Ländern angeboten.[114]

Wettbewerbe haben aber auch ihre Tücken. Sie sind ein beliebtes Mittel, um Innovation zu ‚fördern'. Es ist doch schön, wenn man Gewinner hat und jeder das Beste gibt, um oben auf dem Siegertreppchen zu stehen – oder nicht? Leider sagen Studien genau das Gegenteil. Abgesehen davon, dass der Großteil der Mitarbeiter sich nicht an Wettbewerben beteiligt, zeigen eine Unmenge an Studien die negativen Auswirkungen von Konkurrenzverhalten: von unethischen Verhaltensweisen, die auftreten, über Mitarbeitern, die einander nicht helfen, und die Tendenz zum Schummeln bis hin zur dauerhaften Demotivation all derer, die nicht gewinnen. Gerade in Bereichen, in denen Lernen und Kreativität gefördert werden sollen, behindert ein Konkurrenzverhalten genau diese.[115]

Und die Tatsache, dass Innovationswettbewerbe oft mehr zur Imagepolitur denn zur ehrlichen Suche nach Innovation abgehalten werden, tragen ebenfalls nicht dazu bei, Wettbewerbe als taugliches Innovationswerkzeug zu etablieren. Zu oft vergessen die Manager und Jurymitglieder die eingebrachten Ideen, sobald sie von der Siegerkür zurückkehren und wieder im Alltagsgeschäft stecken. Dann sind nicht nur die Verlierer demotiviert, sondern erst recht die Gewinner.

Es ist immer besser, eine kontinuierliche Innovationskultur einzuführen, die es Mitarbeitern ohne Zeitdruck und ohne einen hochgehypten Wettbewerb ermöglicht, ihre Kreativität zu zeigen.

Auch ist es nicht einfach, den Aufgabenbereich eines Innovationswettbewerbs zu definieren. Ist die Aufgabe zu weit gefasst, verzetteln sich die Teilnehmer leicht. Zu eng gefasst wiederum bekommt man eventuell zu wenige Lösungen oder zu wenig Teilnehmer interessieren sich dafür. Generell sind Beschränkungen besser, da sie kreativere Lösungen hervorbringen.

Und dann gibt es noch das leidige Thema Jurys. Wir haben bereits darüber gesprochen, wie schlecht wir darin sind, gute Ideen zu erkennen. Eine Jury ist dagegen genauso wenig gefeit. Gerade in firmeninternen Jurys sitzen oft Manager, die aufgrund ihres Titels oder durch ihre Ausführungsaktivitäten, aber nicht in ihrer Eigenschaft als forschungsaufgeschlossene und engagierte Innovatoren und durch zahlreiche Entdeckungsaktivitäten bekannt sind. Ein Beispiel aus meiner eigenen Erfahrung illustriert das. Bei einem Hackathon in Bangalore stellte ein Team eine Smartphone-App vor, mit der Reisebelege fotografiert und automatisch in das Reisekostenabrechnungssystem eingetragen wurden. Eine Lösung, die sich jeder der im Publikum Anwesenden wünschte. Nichts ist langweiliger und nerviger, als Reisekostenbelege einzutragen. Eines der drei Jurymitglieder, ein Senior Vice President, meinte dazu nur, dass er keine Anwendung dafür sehen würde. Diese App brauche doch niemand. Das Erstaunen im Publikum war groß. Dieser Manager hatte kein Problem damit, er gab seine Reisekostenbelege nie selber ein, sondern überließ diese Arbeit seiner Sekretärin.

Wissenschaftlich gesehen ist die Güte einer Juryentscheidung von mehreren Faktoren abhängig. Gemäß dem Jurytheorem des Marquis de Condorcet wird eine Juryentscheidung besser, wenn es sich um eine homogene Gruppe handelt, deren Mitglieder unabhängig voneinander sind. Das trifft in der Praxis aber selten zu und funktioniert eher bei Richtig-oder-falsch-Entscheidungen, wo die Mehrheit der Jurymitglieder das nötige Wissen hat. Gruppen können durch statistische Ausgleichseffekte beispielsweise besser das Gewicht eines

Ochsen oder die Anzahl von Erbsen in einem Glasgefäß schätzen als ein Einzelner. Bei Innovation gibt es aber keine richtige oder falsche Antwort. Eine Jury wird somit eher falschliegen und nicht im Sinne der Innovation entscheiden.[116]

Jurygruppen mit unterschiedlicher Zusammensetzung und mit mehr und weniger überlappenden Informationen haben sich als vorteilhafter erwiesen. Gruppen, bei denen viele Mitglieder einen ähnlichen Informationsstand haben, tendieren dazu, der am meisten bekannten Information mehr Gewicht beizumessen. Abweichende Information wird verdrängt, vor allem wenn die Mitglieder einer Jury miteinander kommunizieren. In vielen Hackathons habe ich dieses Phänomen selbst erlebt. Die Gesamtbewertung der Ideen auf den einzelnen Beurteilungsbögen fiel stets anders aus als die, welche durch die Beratung der Jurymitglieder zustande kam.

Wie viele Wettbewerber sollte man zu einem Hackathon zulassen? Je mehr Mitbewerber teilnehmen, desto geringer wird die Wahrscheinlichkeit, dass einer davon gewinnt. Das kann demotivierend wirken. Andererseits tendieren Menschen dazu, optimistisch zu sein und ihre Gewinnchancen zu hoch einzuschätzen. Eine Studie zeigte auch, dass mit der Anzahl der Mitbewerber die durchschnittliche Anstrengung jedes einzelnen Teilnehmers sinkt.[117] Umgekehrt erhöhen mehr Teilnehmer die Chance, bei komplexeren Problemen wirklich innovative Lösungen zu finden, selbst wenn der einzelne Teilnehmer im Durchschnitt weniger Aufwand reinsteckt. Es werden dadurch einfach mehr Lösungsansätze angegangen. Die Forscher nannten dieses Phänomen den Parallelpfade-Effekt.[118]

Wettbewerbe sind – sofern sie gut ausgeführt werden – etwas, was Innovation beflügeln und Mitarbeiter und Externe zu Bestleistungen anspornen kann. Ich kann mir jedoch auch die Reaktionen in Europa vorstellen: Die Unternehmen wollen die durch solche Wettbewerbe generierten Ideen doch nur für ihren eigenen Profit nutzen – warum also sollten wir so blöde sein und daran teilnehmen? Die Skepsis der Privatpersonen gegenüber den Unternehmensabsichten ist grundsätzlich nicht verkehrt, solange man nicht übertreibt. In Europa schlägt das Pendel oft zu sehr in die negative Richtung aus. Zudem sprechen (leider) auch arbeitsrechtliche Bestimmungen gegen einen durchgehenden 24-stündigen Hackathon.

Systemprobleme

Einem europäischen Besucher muss ich nicht erst sagen, dass nicht alles Friede, Freude, Eierkuchen im Silicon Valley ist. Das werden die meisten schnell selbst herausfinden. Wer schon mal im Silicon Valley war, dem sind einige Unterschiede und gravierende Probleme sicher sofort ins Auge gefallen. Schlechte Straßen, regelmäßige Staus, antiquierte Stromleitungen, die Obdachlosen in den Straßen von San Francisco, veraltete Verkehrsmittel und hohe Preise, wohin man schaut.

Jeder Europäer, der die Nachrichten verfolgt, hat die Debatten um Waffengesetze oder Krankenversicherung mitbekommen und kann darüber nur den Kopf schütteln. Mutterschutz ist fast unbekannt, die Karenzzeit beträgt in Kalifornien gerade mal sechs Wochen – und die Kalifornier schätzen sich bereits glücklich, sind doch andere Bundesstaaten noch knausriger und gewähren nur zwei Wochen.

Die Liste ließe sich beliebig fortsetzen und auf Quora halten Silicon-Valley-Insider genau solch eine Liste über die ‚Dark Side of Silicon Valley' auf dem letzten Stand.[119] Im Folgenden möchte ich mich auf ein paar Probleme konzentrieren, darunter auch welche, von denen man außerhalb des Silicon Valley vielleicht nicht unbedingt hört, die mich aber persönlich berühren.

Preisniveau und Lebenshaltungskosten
San Francisco und die Bay Area sind teuer. Sehr teuer. Ein Restaurantbesuch kommt schon mal gerne auf 100 Dollar für zwei Personen. Die Maut für die Golden Gate Bridge und die Bay Bridge, um nach San Francisco zu kommen, beträgt sieben Dollar. Der Benzinpreis ist im Durchschnitt zehn bis 20 Prozent höher als in anderen Bundesstaaten.

Und dann die Wohnungs- und Hauspreise: In San Francisco lag Ende 2015 der Medianmietpreis für eine Zweizimmerwohnung bei 5.000 Dollar pro Monat, für eine Einzimmerwohnung bei 3.620 Dollar.[120] Der Median für ein Haus in Palo Alto lag bei 2,5 Millionen Dollar, und das bei einem Wert von 1,3 Millionen noch vor vier Jahren.[121] Die

Tatsache, dass Silicon-Valley-Giganten wie Facebook und Google eigene Mitarbeiterbusse haben, führte zu einer Steigerung der Miet- und Wohnungspreise um die Zustiegsstellen in San Francisco. Um bis zu 43 Prozent höher sind die Preise von Wohnungen in den umliegenden Straßenzügen.[122] So ist es nicht verwunderlich, dass es nicht nur zu friedlichen Protesten gegen die Shuttlebusse kam, weil viele Mieter solche Preise nicht mehr zahlen können und den Tech-Firmen die Schuld an den Mietpreiserhöhungen geben. Vergleicht man die Zuwanderungszahlen mit der Zahl neuer Wohnungen, wird der Grund für die Preissteigerung deutlich. 7.000 neuen Wohneinheiten standen über 33.000 Zuwanderer im Jahr 2013 gegenüber.[123]

Dabei darf man nicht erwarten, eine ähnliche Bauqualität oder einen Einrichtungsstandard vorzufinden wie in Europa, schon deshalb nicht, weil wir uns in einem Erdbebengebiet befinden und entsprechende Bauvorschriften Steinbauten nur beschränkt erlauben. Die Einfamilienhäuser sind ausschließlich Holzbauten, denen man oft ihr Alter ansieht. Bei meiner eigenen Haussuche vor zehn Jahren waren neun von zehn Häusern in einem heruntergekommenen Zustand. Wegen der Hauspreise bleiben die Bewohner auch nicht allzu lange drin und investieren weniger in die Instandhaltung. Man beginnt mit einem Zweizimmerhaus, um sich dann alle paar Jahre weiterzuhangeln und zu einem Dreizimmer- und Vierzimmerhaus zu kommen. In den letzten Jahren wurde auch das unmöglich, weil die Hauspreise stärker anstiegen, als die Einkommen mithalten konnten.

Ist es schon teuer genug, als Single hier zu leben, haben Familien es noch schwerer. Öffentliche Schulen kosten zwar nichts, es wird aber erwartet, dass pro Jahr und pro Kind zwischen 5.000 und 15.000 Dollar an Unkostenbeiträgen und zusätzliche freiwillige Mitarbeit geleistet wird. Eine Privatschule kostet leicht 25.000 Dollar pro Jahr und pro Kind. Der billigste Kindergarten, den wir in Palo Alto fanden, kostete 700 Dollar pro Monat pro Kind, eher zu rechnen ist mit 1.500 und gerne auch mal 2.200 Dollar pro Monat. Mit drei Kindern in Kindergärten und Schulen fallen da pro Jahr leicht 60.000 Dollar und mehr an Gebühren an, die Sommermonate mit den Sommercamps noch nicht mit eingerechnet.

Studiengebühren in den USA sind ein weiteres heißes Thema. Stanford verlangt über 45.000 Dollar pro Jahr, UC Berkeley über 13.000 Dollar. Und diese Gebühren enthalten keine Wohn- und Lebenshaltungskosten.

Wenn man mit dem Gedanken spielt, zwei bis drei Monate hierherzukommen, ganz spartanisch lebt und sich ein Zimmer als Untermieter sucht, muss man immer noch locker 5.000 Dollar pro Monat dafür einkalkulieren. San Francisco ist zwar teurer, man braucht aber keinen Mietwagen. Südlich davon kommt man ohne Mietwagen nur sehr schwer zurecht. Ein Start-up, das in ein Akzeleratorprogramm kommt, muss für einen dreimonatigen Aufenthalt pro Mitarbeiter leicht mit 15.000 Dollar Kosten rechnen, was sich viele nicht leisten können oder wollen. Da die meisten Akzeleratorprogramme diese nicht übernehmen, ist es nicht verwunderlich, dass viele Start-ups, die eingeladen wurden, dann doch noch abspringen.

Selbstmorde

Eine ehemalige Kollegin aus Paris nimmt von einem Tag auf den anderen für mehrere Wochen eine Auszeit. Der Grund sickert langsam durch. Ihr 17-jähriger Sohn, der in Palo Alto das letzte Highschool-Jahr besucht, habe in den vergangenen Wochen depressives Verhalten gezeigt. Dass sie sofort reagierte, hat nichts mit Übervorsichtigkeit zu tun. In den vergangenen Jahren häufen sich die Teenagerselbstmorde in Palo Alto. Die meisten folgten demselben Verlauf: Die Schüler warfen sich vor den herannahenden Caltrain, der Schnellbahnverbindung, die von San Francisco nach San José führt. 2009 war das schlimmste Jahr mit 19 Selbstmorden auf der Caltrain-Strecke, unter den Toten befanden sich vier Schüler. 2015 waren es acht, von ihnen waren zwei Schüler.[124]

Als ich 2001 im Silicon Valley ankam, war die Schienentrasse noch frei zugänglich. Heute ist sie von Zäunen umgeben und massive Schlagbalken mit Signalvorrichtungen für Fußgänger und Straßenverkehr sollen deutlich auf herannahende Züge hinweisen.

Die Gründe für die Schülerselbstmorde sind vielfältig. Einer ist der hohe Leistungsdruck, dem die Jugendlichen ausgesetzt sind. In unmittelbarer Nachbarschaft der Eliteuniversität Stanford wird gerade von asiatischstämmigen Kindern erwartet, dass sie den akademischen Ansprüchen gerecht werden. Tiger-Moms, wie sie unter den Asiatinnen verbreitet sind, drängen ihre Kinder zu noch mehr Leistung. In Palo Alto findet man Kindergärten, die damit werben, die beste Vorbereitung auf ein künftiges Studium in Stanford zu bieten.

Alljährlich werden die Ranglisten der besten öffentlichen Schulen veröffentlicht. Auf einer Skala von null bis 1.000 werden die lokalen Schulen aufgelistet, deren Ausbildungsqualität anhand der Testergebnisse bewertet wird. Alle Schulen mit über 900 Punkten sind die Elite. Diese Eliteschulen befinden sich vor allem in Palo Alto und in der Nähe des Apple-Stammsitzes in Cupertino. Die Schüler werden vom Lehrkörper und den Eltern ziemlich unter Druck gesetzt. Freiwillige Nachhilfeklassen am Nachmittag sollen sicherstellen, dass die Schule im Ranking nicht abrutscht. Immerhin hängen vom Schulerfolg direkt die verfügbaren Geldmittel ab. Und die kommen aus dem Gemeindebudget, das sich wiederum aus den Körperschaftssteuern finanziert. Und so beginnt der Teufelskreis: Je besser die Schulen in einer Gemeinde, desto größer ist die Nachfrage an Wohnungen und Häusern. Je größer die Nachfrage, desto teurer die Wohnungen. Und damit wird mehr Geld in die Gemeindekassen gespült, die dann wiederum mehr Geld den eigenen Schulen zur Verfügung stellen können.

Die französische Kollegin hatte jedenfalls noch mal Glück. Die gemeinsame Zeit daheim mit ihrem Sohn, die sie sich mit ihrem Mann teilte, hat die Lage vorläufig beruhigt.

Infrastruktur

Bei einem Spaziergang durch San Francisco fallen Europäern die veralteten Stromleitungen auf. Kreuz und quer über die Stadt besteht die Stromversorgung zu den einzelnen Häusern aus Holzmasten und Dutzende Leitungen. Elektrische Leitungen in Wohnungen und Büros erzeugen beim Steckerreinstecken des Öfteren Funkenschlag oder sind hin und wieder überlastet. Um 2000 herum gab es sogar rollierende Blackouts in der Bay Area, weil nicht genug Strom geliefert werden konnte. Die Stromkrise hatte zwar mehrere Ursachen (unter anderem die betrügerische Vorgehensweise des pleitegegangenen Energiekonzerns Enron), kann aber nicht verhindern, dass man Vergleiche mit einem Entwicklungsland anstellt. Als an einem nebligen Februarmorgen im Jahr 2010 ein startendes Privatflugzeug mit drei Tesla-Ingenieuren an Bord eine Hochspannungsleitung streifte, war ganz Palo Alto zwölf Stunden lang ohne Strom, weil die herabfallende Leitung die knapp über den Boden verlaufende zweite Stromleitung kappte. Und wenn mal ein bisschen Wind blasen und 60 Stundenkilometer erreichen sollte, muss man sich auf umstürzende Strommasten und gesperrte Highways einstellen.

2010 zeigten die Abendnachrichten Bilder eines Löschflugzeugs, das Löschwasser abwirft, eines dieser Flugzeuge, die bei den häufigen Waldbränden in Kalifornien eingesetzt werden. Nur war der Einsatz des Flugzeugs nicht irgendwo in der fernen Pampa, sondern mittendrin im Silicon Valley: In San Bruno war im September eine 50 Jahre alte Gasversorgungsleitung explodiert. Die Explosion tötete acht Menschen und zerstörte 35 Häuser. Piloten startender Verkehrsflugzeuge vom San Francisco Airport funkten an den Tower zurück, ob sie sicher wären, dass nicht gerade eine Maschine abgestürzt wäre.

Was sich anachronistisch anhört, ist in den USA gang und gäbe. Energieversorger haben jahrelang die Modernisierung ihrer veralteten Infrastruktur aufgeschoben, um kurzfristige Gewinne nicht zu gefährden und die Aktienkurse hoch zu halten. Das rächt sich jetzt mit einer zusehends maroden Infrastruktur, die sehr unwetteranfällig ist und modernen Ansprüchen nicht mehr genügt. Besonders augenfällig wird das bei modernen Kommunikationsmitteln. Jahrelang gab es mitten auf einer großen Kreuzung zwischen Los Altos und Palo Alto, dort, wo die Gebäudekomplexe von Hewlett-Packard, Veterans Affair Hospital, SAP, PARC, VMware, Stanford und zwei Schulen in unmittelbarer Nachbarschaft liegen, einen unerklärlichen toten Winkel im Handyempfang. Man konnte sich darauf einstellen, dass die Verbindung abbrach, sobald man diese Kreuzung passierte. Und das ist kein Einzelfall. In dem Büro, in dem ich dieses Buch schreibe, gibt es einen so schlechten Empfang, dass ich selbst Ortstelefonate über Skype führe, wenn ich nicht auf den einen Meter entfernten Balkon gehen will.

Aber auch die öffentlichen Transportsysteme sind, sofern überhaupt vorhanden, veraltet. Die modernste elektrische Schnellbahn im Valley nennt sich VTA (Santa Clara Valley Transportation Authority) und verbindet Mountain View mit San José. Die Eisenbahn heißt Caltrain und fährt mit Diesel. Seit Jahren wird von einer bevorstehenden Elektrifizierung gesprochen, aber diesen Plänen sind bislang keine Taten gefolgt. BART, die Bay Area Rapit Transit, die die Eastbay versorgt, ist elektrisch, ähnelt aber mehr einer U-Bahn auf Stelzen. Und in San Francisco zockeln die Straßenbahnen mit alten Wagons herum. Auch die bei Touristen beliebten Cable Cars sind wie das gesamte Schienennetz in der Bay Area nicht auf dem neuesten technischen Stand, den man eigentlich in einer solchen Region erwarten sollte. Lokale Autobuslinien entsprechen kaum dem Standard, den man in Europa gewohnt ist. Veraltete Busse, die oft wegen Altersgebrechen außer Gefecht gesetzt sind, prägen das öffentliche Verkehrsnetz.

Seit Jahrzehnten ist eine Schnellzugverbindung von San Francisco nach Los Angeles in Planung, aber erst letztes Jahr wurde nach vielen Widerständen mit den ersten Bauarbeiten an der Trasse im Central Valley – dem Agrargebiet auf halben Weg zwischen den beiden Städten – begonnen. Sollte diese Zugverbindung je fertiggestellt werden, wäre sie die erste Hochgeschwindigkeitsstrecke in den USA.

Dafür stehen bei fast jedem Unternehmen mittlerweile Ladestationen für Elektrofahrzeuge. Auch in neuen Wohnsiedlungen sind zumindest ein halbes Dutzend Ladestationen Standard. Die Dichte an Elektro- und Hybridfahrzeugen verblüfft Europäer. Als ich mit Stefan Wurm, dem Innovationsmanager der Bundesbeschaffung GmbH, vor dem Cafe Venetia sitze, erstaunt ihn die Menge an Prius, Teslas und Nissan Leafs, die vorbeifahren. „Wir denken schon lange darüber nach, die Flotte an Dienstfahrzeugen für die Behörden um Hybrid- oder Elektrofahrzeuge zu erweitern, aber das blieb immer irgendwie ein nachrangiges Thema. Aber jetzt sehe ich sie ununterbrochen vor mir herumfahren, damit kann es keine Ausrede mehr geben. Die Technologie funktioniert."

Im amerikanischen Bankensystem kommen nach wie vor Schecks zum Einsatz, damit werden unter anderem Wohnungsmieten oder Stromrechnungen bezahlt. In Österreich hatte ich meinen letzten

Scheck ungefähr im Jahr 1993 ausgestellt, seitdem geschah alles auf digitalem Zahlungsweg. Nicht so in den USA. Dort nutzt man weiterhin Schecks für den Großteil des Zahlungsverkehrs. Zwar gibt es Überweisungen, die man online vornehmen kann, doch sind diese oft mit Gebühren verbunden.

Einen Vorteil hat der veraltete Stand der Infrastruktur allerdings: Start-ups sind bemüht, diese Probleme anzupacken und zu lösen. Es verwundert nicht, dass Firmen wie Uber und Lyft oder all die Fintech-Start-ups hier den Vorstoß wagen und erfolgreich sind. Sie bieten schnellere und billigere Serviceverbesserungen an, als momentan geboten werden.

Wie verrückt das Silicon Valley mit seinen Ideen sein kann, zeigt sich am von Elon Musk vorgeschlagenen Hyperloop. Diese Art Rohrpostsystem für Menschen soll San Francisco und Los Angeles verbinden und die knapp 600 Kilometer lange Strecke in einer halben Stunde zurücklegen können. Kaum hatte Elon Musk seinen knapp 60-seitigen Entwurf vorgelegt – ohne dass er die Absicht hatte, diese Technologie selbst zu verwirklichen – meldeten andere bereits Interesse daran an. Gleich zwei Firmen bemühen sich nun darum, diese neue Transportform in die Realität umzusetzen.

Gender Gap

Das Silicon Valley brüstet sich gern als Meritokratie, als Ort, wo allein deine Idee zählt und nicht, wer du bist oder woher du kommst. Die Realität sieht ein bisschen anders aus. Die meisten Start-up-Gründer sind weiße oder asiatische Männer, die meisten Angels und VCs ebenso. Latinos, Schwarze und auch Frauen sind unterrepräsentiert, die Anzahl an weiblichen CEOs liegt sogar unter dem Landesdurchschnitt.[125]

An verschiedenen Stellen des Buches wurde bereits das Thema Diversität angesprochen, der Geek Girl Code of Conduct fand Erwähnung und dass manche gegenüber Frauen Bemerkungen fallen lassen, die nichts mit Professionalität zu tun haben. Schließlich müssen sich Männer auch nicht fragen lassen, wie sie Job und Familie vereinbaren können oder wohin sie zum Friseur gehen. Selbst wenn wir von Aurora Chisté gehört haben, dass sie sich im Silicon Valley im Vergleich zu ihrem

Heimatland mehr als Person und weniger als Objekt wahrgenommen fühlt, zeigt das nur, dass in anderen Ländern noch viel mehr zu tun ist. Eine Pinterest-Mitarbeiterin begann darüber zu bloggen, dass 90 Prozent ihrer Kollegen männlich waren. Das weckte die Unternehmen auf. Nach der freiwilligen Veröffentlichung von Zahlen, wie sich die Belegschaft von Unternehmen zusammensetzen, haben mehrere prominente Silicon-Valley-Firmen Frauenfördermaßnahmen angekündigt.[126] Twitter, Google, Apple und andere begannen, die Personalabteilungen und Manager dafür zu sensibilisieren und Diversitätsleistungskennzahlen einzuführen.

Die Aufgabe erweist sich schwieriger als gedacht und Facebook-COO Sheryl Sandberg wies in ihrem vielbeachteten Buch „Lean In" auf die Hindernisse hin. Die Probleme beginnen oft schon früh, indem selbst kleine Mädchen bereits mehr Komplimente für ihr Aussehen erhalten als für ihre geistigen Leistungen. Sukzessive verringert sich das Interesse vieler Mädchen an MINT-Fächern mit dem Endergebnis, dass zu wenig Frauen in technischen Berufen vertreten sind.[127] Frauen sind weniger in den Unternehmen beschäftigt und sie verdienen auch weniger. Frauen mit einem Bachelor oder höheren Abschluss verdienen zwischen 40 und 73 Prozent weniger Gehalt als Männer mit der gleichen Ausbildung.[128] Salesforce-CEO Marc Benioff ordnete eine Untersuchung der Gehaltsunterschiede an und reagierte auf das Ergebnis, das diese Diskriminierung bestätigte, indem er die Gehälter der weiblichen Mitarbeiter entsprechend anpassen ließ.[129]

Ein Beispiel der Tochter einer Bekannten zeigt einen ähnlichen Befund. Sie war als Neunjährige sehr an einem Sommerkurs zu Lego-Robotern interessiert, verließ diesen aber schon am ersten Tag völlig frustriert, weil sich die gleichaltrigen Jungs ständig vordrängten – nicht aus Bosheit, sondern weil die Jungs so eifrig bei der Sache waren. Das fand ich schade und mein Vorschlag war, Lego-Roboterbau-Klassen nur für Mädchen anzubieten.

Einige Fälle von sexueller Belästigung, vor allem der Fall Ellen Pao, die in einer Venture-Kapital-Firma arbeitete, machten das dahinter stehende systemische Grundproblem deutlich.[130] Seither sind Unternehmen und Konferenzveranstalter stärker bemüht, die Genderdiskriminierung zu verringern. LinkedIn beispielsweise macht die Mitarbeiterboni von der Erreichung von Diversitätskennzahlen abhängig.[131]

Fußnoten

[1] Richard Florida; The Rise of the Creative Class. And How It's Transforming Work, Leisure, Community and Everyday Life, New York 2002

[2] Nale Lehmann-Willenbrock (VU University Amsterdam), Joseph A. Allen (University of Nebraska at Omaha), Annika L. Meinecke (TU Braunschweig): Observing Culture: Differences in U.S.-American and German Team Meeting Behaviors [Abstract]. Group Processes & Intergroup Relations, 12.8.2013, http://gpi.sagepub.com/content/early/2013/08/05/1368430213497066.abstract

[3] Alexa Clay, Kyra Maya Phillips: The Misfit Economy: Lessons in Creativity from Pirates, Hackers, Gangsters, and Other Informal Entrepreneurs, New York 2015

[4] Eric S. Raymond: The Jargon Files, http://www.catb.org/jargon

[5] Alexa Clay, Kyra Maya Phillips: The Misfit Economy: Lessons in Creativity from Pirates, Hackers, Gangsters, and Other Informal Entrepreneurs, New York 2015

[6] Linda Anderson: Troubled Teenagers Equal Entrepreneurial Success, in: Financial Times, 18.3.2013, http://www.ft.com/intl/cms/s/2/a8c08352-8c9b-11e2-aed2-00144feabdc0.html#axzz3ormttRu5

[7] Richard Wiseman: The Luck Factor, http://www.richardwiseman.com/resources/The_Luck_Factor.pdf

[8] A. Luchins, E. Luchins: Mechanization in Problem-Solcing: The Effect of Einstellung, in: Psychological Monographs 54, Nr. 6 (1942)

[9] Scott Berkun: The Myths of Innovation, Sebastopol 2010

[10] John Furey: It's All About Time: How Companies Innovate and Why Some Do It Better, New York 2010

[11] David L. Collinson: Managing Humour, in: Journal of Management Studies, Bd. 39, Nr. 3 (05/2002), S. 269–288

[12] Marily Oppezzo, Daniel L. Schwartz: Give Your Ideas Some Legs: The Positive Effect of Walking on Creative Thinking, in: Journal of Experimental Psychology: Learning, Memory, and Cognition, Bd. 40 (2014), Nr. 4, S. 1142–1152

[13] John Cleese: A Lecture on Creativity, https://youtu.be/bxOPAXGahlE

[14] Jeff Dyer, Hal Gregersen, Clayton M. Christensen: The Innovator's DNA, Boston 2011

[15] Bernard Roth: The Achievement Habit: Stop Wishing, Start Doing, and Take Command of Your Life, New York 2015

[16] Natasha Lomas: European Entrepreneurs Must Screw Their Courage To The Sticking Place, Says Neelie Kroes, in: TechCrunch.com, 20.10.2014, http://techcrunch.com/2014/10/20/neelie-kroes-disrupt/

[17] Adam Grant: Give and Take: Why Helping Others Drives Our Success, New York 2013

[18] http://thefailcon.com/

[19] Bernard Roth: The Achievement Habit: Stop Wishing, Start Doing, and Take Command of Your Life, New York 2015

[20] James McCormick: How Overcoming Fear Can Boost Your Career, in: wsj.com, 2009, http://careerjournaleurope.com/myc/climbing/19981105-mccormick.html
[21] Risk Homeostasis Resource Centre, http://riskhomeostasis.org/
[22] Richard H. Thaler: Misbehaving: The Making of Behavioral Economics, New York 2015
[23] Adam Grant: Give and Take: Why Helping Others Drives Our Success, New York 2011
[24] Chun Hui, Simon S.K. Lam, Kenneth K.S. Law: Instrumental Values of Organizational Citizenship behavior for Promotion: A Field Quasi-Experiment, in: Journal of Applied psychology, Nr. 85 (2000), S. 822–828
[25] C. Daniel Batson, Jay S. Coke, M. L. Jasnoski, Michael Hanson: Buying Kindness: Effect of an Extrinsic Incentive for Helping on Perceived Altruism, in: Personality and Social Psychology Bulletin, Nr. 4 (1978), S. 86–91
[26] Ziva Kunda, Shalom H. Schwartz: Undermining Intrinsic Moral Motivation: External Reward and Self-Presentation, in: Journal of Personality and Social Psychology, Nr. 45 (1983), S. 763–771
[27] James H. Fowler, Nicholas A. Christakis: Cooperative Behavior Cascades in Human Social Networks, in: PNAS, Nr. 107 (2010), S. 5334–5338
[28] Francis J. Flynn: How Much Shoud I Give and How Often? The Effects of Generosity and Frequency of Favor Exchange on Social Status and Productivity, in: Academy of Management Journal, Nr. 46 (2003), S. 539–553
[29] Steven Levy: In the Plex: How Google Thinks, Works, and Shapes Our Lives, New York 2011
[30] Walter Isaacson: Steve Jobs, New York 2011
[31] Sascha Lobo: S.P.O.N. – Die Mensch-Maschine: Deutschlands Smartphone-Schmach, in: Spiegel Online, 2.9.2015, http://www.spiegel.de/netzwelt/gadgets/smartphones-deutschland-verschlaeft-die-revolution-kolumne-a-1051044.html
[32] Sharon Noguchi: Facebook's Zuckerberg, wife Chan to start private East Palo Alto school, in: mercurynews.com, 22.10.2015, http://www.mercurynews.com/bay-area-news/ci_29007119/facebooks-zuckerberg-wife-chan-start-private-east-palo
[33] http://www.logicworks.net/blog/2015/01/sony-hack-cloud-hosting-data-security/
[34] Theresa Johnston: Jonathan Bendor: Why Criticism is Good for Innovation: How to quash bad ideas without stifling innovation, http://www.gsb.stanford.edu/insights/jonathan-bendor-why-criticism-good-innovation
[35] Bernard Roth: The Achievement Habit: Stop Wishing, Start Doing, and Take Command of Your Life, New York 2015
[36] J.W. Getzels, P. Jackson: Family Environment and Cognitive Style: A Study of the Sources of Highly Intelligent and Highly Creative Adolescents, in: American Sociological Review Nr. 26, S. 351–359
[37] E. Langer, M. Hatem, J. Joss, M. Howell: The Mindful Consequences of Teaching Uncertainty for Elementary School and College Students. Unpublished manuscript, Harvard University 1989
[38] Bernard Roth: The Achievement Habit: Stop Wishing, Start Doing, and Take Command of Your Life, New York 2015
[39] Peter Skillman Marshmallow Design Challenge, https://www.youtube.com/watch?v=1p5sBzMtB3Q

[40] Megan Garber: Instagram Was First Called ‚Burbn', in: TheAtlantic.com, 2.7.2014, http://www.theatlantic.com/technology/archive/2014/07/instagram-used-to-be-called-brbn/373815/

[41] ABC Nightline (1999): Deep Dive: IDEO The Shopping Cart

[42] Barry M. Staw: Knee-deep in the Big Muddy: A Study of Escalating Commitment to a Chosen Course of Action, in: Organizational Behavior and Human Performance 16 (1), S. 27-44.

[43] Adam Grant: Give and Take: Why Helping Others Drives Our Success, New York 2013

[44] Kevin Ashton: How to Fly a Horse: The Secret History of Creation, Innovation, and Discovery, New York 2015

[45] Lukas Bay, Thomas Tuma: Elon Musk: All Charged Up in Berlin, in: Global.Handelsblatt.com, 25.9.2015, https://global.handelsblatt.com/edition/271/ressort/companies-markets/article/all-charged-up-in-berlin

[46] Joseph White, Paul Lienert: Tesla burns cash, loses more than $4,000 on every car sold, in: Reuters.com, 10.8.2015, http://www.reuters.com/article/us-teslamotors-cash-insight-idUSKCN0QE0DC20150810

[47] Lukas Bay, Thomas Tuma: Elon Musk: All Charged Up in Berlin, in: Global.Handelsblatt.com, 25.9.2015, https://global.handelsblatt.com/edition/271/ressort/companies-markets/article/all-charged-up-in-berlin

[48] Nils-Viktor Sorge: Stromversorger bremsen BMW i3: „Die Ladesäule, an der Sie stehen, gibt es gar nicht", in: Manager Magazin, 26.2.2014, http://www.manager-magazin.de/unternehmen/autoindustrie/fahrbericht-bmw-i3-rwe-eon-vattenfall-etc-verschlafene-mobilitaet-a-955489.html

[49] Jeff Dyer, Hal Gregersen, Clayton M. Christensen: The Innovator's DNA, Boston 2011

[50] Mark Granovetter: The Strength of Weak Ties: A Network Theory Revisited, in: Sociological Theory 1 (1983), S. 201-233

[51] Fred H. Goldner: Pronoia, in: Social Problems 30 (1982), S. 82-91

[52] Matthias Döpfner: Warum wir Google fürchten: Offener Brief an Eric Schmidt, in: Frankfurter Allgemeine Zeitung, 16.4.2014, http://www.faz.net/aktuell/feuilleton/medien/mathias-doepfner-warum-wir-google-fuerchten-12897463.html?printPagedArticle=true#pageIndex_2

[53] Edwin P. Hollander: Conformity, Status, and Idiosyncrasy Credit, in: Psychological Review 65 (1958), S. 117-127

[54] Ellen J. Langer: Mindfulness: Das Prinzip Achtsamkeit, München 2015

[55] Tina Seelig: InsightOut: Get Ideas Out of Your Head and Into the World, New York 2015

[56] Dov Eden, Abraham B. Shani: Pygmalion goes to boot camp: Expectancy, leadership, and trainee performance, in: Journal of Applied Psychology, Bd. 67(2) (04/1982), S. 194-199

[57] Matthias Döpfner: Warum wir Google fürchten, in: Frankfurter Allgemeine Zeitung, 16.4.2014, http://www.faz.net/aktuell/feuilleton/medien/mathias-doepfner-warum-wir-google-fuerchten-12897463.html?printPagedArticle=true#pageIndex_2

[58] Ellen J. Langer: Mindfulness, Reading/Mass. u.a. 1989

[59] Martin Seligman: On Depression, Development and Death, San Francisco 1975

[60] o. Verf.: Zukunftstechnik: Porsche-Chef bezeichnet selbstfahrende Autos als „Hype", in: www.spiegel.de, 13.9.2015, http://www.spiegel.de/auto/aktuell/porsche-chef-matthias-mueller-bezeichnet-autonomes-fahren-als-hype-a-1052688.html

[61] U.S. Department of Transportation: Critical Reasons for Crashes Investigated in the National Motor Vehicle Crash Causation Survey (02/2015), http://www-nrd.nhtsa.dot.gov/pubs/812115.pdf

[62] John Battelle: The 70 Percent Solution: Google CEO Eric Schmidt gives us his golden rules for managing innovation, in: money.cnn.com, 1.12.2005, http://money.cnn.com/magazines/business2/business2_archive/2005/12/01/8364616/index.htm

[63] PwC's Strategy&: The top innovators and spenders: 2014: Top 20 R&D spenders, http://www.strategyand.pwc.com/global/home/what-we-think/innovation1000/top-innovators-spenders#/tab-2014

[64] Jeff Dyer, Hal Gregersen, Clayton Christensen, The Innovator's DNA, Boston 2011

[65] Jeff Dyer, Hal Gregersen: How We Rank The World's Most Innovative Companies 2015, in: Forbes.com, 19.8.2015, http://www.forbes.com/sites/innovatorsdna/2015/08/19/how-we-rank-the-worlds-most-innovative-companies-2015/

[66] Carol Dweck: Mindset: The New Psychology of Success, New York 2007

[67] Austin Walsh: Design Tech High School moves toward Oracle, in: TheDailyJournal.com, 11.6.2015, http://www.smdailyjournal.com/articles/lnews/2015-06-11/design-tech-high-school-moves-toward-oracle/1776425144892.html

[68] Bernd Kramer: Wirtschaft im Unterricht, in: Spiegel online, 14.10.2015, http://www.spiegel.de/schulspiegel/baden-wuerttemberg-fuehrt-wirtschaft-als-pflichtfach-ein-a-1049028.html

[69] Lu Hon, Scott E. Page: Groups of diverse problem solvers can outperform groups of high-ability problem solvers, in: PNAS 101 (25.5.2004), http://www.pnas.org/content/101/46/16385.full

[70] Jenna Bednar: The Robust Federation: Principles of Design; Cambridge u. a. 2009

[71] Jared Diamond: Collapse: How Societies Choose to Fail or Succeed, New York 2005

[72] Daniel Gigone, Reid Hastie: The Common Knowledge Effect: Information Sharing and Group Judgment, in: Journal of Personality and Social Psychology 65 (1993), S. 959-974

[73] Tatsuya Kameda, Yohsuke Ohtsubo, Masanori Takezawa: Centrality in Sociocognitive Networks and Social Influence: An Illustration in a Group Decision-Making Context, in: Journal of Personality and Social Psychology 73 (1997), S. 296-309

[74] Mirre Stallen u. a.: The Influence of Group Membership on Advice Taking; Poster prented at the 2010 Social and Affective Neurscience Conference, Chicago, Il, 13.-29.10.2010, http://socialaffectiveneuro.org/

[75] Katie Rotella u. a.: Neural Bases of Trust for Ingroup and Outgroup Members; Poster preented at the 2010 Social and Affective Neurscience Conference, Chicago, Il, 13.-29.10.2010, http://socialaffectiveneuro.org/

[76] https://hackforbigchoices.org/

[77] Pat Wechsler: Women-led companies perform three times better than the S&P 500, in: Fortune.com, 3.3.2015, http://fortune.com/2015/03/03/women-led-companies-perform-three-times-better-than-the-sp-500/

[78] Hans Schulz: Why I say no to all-male panels, in: WashingtonPost.com, 13.10.2015, https://www.washingtonpost.com/posteverything/wp/2015/10/13/why-i-say-no-to-all-male-panels/

[79] http://geekgirlcon.com/code-of-conduct/

[80] Cass R. Sunstein, Reid Hastie: Wiser: Getting Beyond Groupthink to Make Groups Smarter, Boston 2015

[81] http://www.ifwe.co/

[82] http://www.strategyand.pwc.com/innovation1000

[83] Mary Tripsas, Giovanni Gavetti: Capabilities, Cognition, and Inertia: Evidence from Digital Imaging, in: Strategic Management Journal, Bd. 21 (2000), S. 1147-1161

[84] Scott Austin, Chris Canipe, Sarah Slobin: The Billion Dollar Startup Club, in: WallStreet-Journal.com, 18.2.2015, http://graphics.wsj.com/billion-dollar-club/

[85] Nicholas Lemann: The Network Man: Reid Hoffman's big idea, in: The New Yorker, 12.8.2015, http://www.newyorker.com/magazine/2015/10/12/the-network-man

[86] https://de.wikipedia.org/wiki/FabLab

[87] https://karriere.deutschebahn.com/de/de/jobs/berufserfahrene/berufserfahrene-it-berufe/it-projekte/Neuer_Inhalt/

[88] OECD: Entrepreneurship at a Glance 2015, Paris 2015

[89] Gallup: Engagement Index Deutschland, http://www.gallup.com/de-de/181871/engagement-index-deutschland.aspx

[90] o. Verf.: In praise of misfits: Why business needs people with Asperger's syndrome, attention-deficit disorder and dyslexia, in: TheEconomist.com, 2.6.2012, http://www.economist.com/node/21556230

[91] Silicon Valley Inspiration Tours, http://www.siliconvalleyinspirationtours.com/

[92] Steve Blank: A Visitors Guide to Silicon Valley, in: SteveBlank.com, 22.2.2011, http://steveblank.com/2011/02/22/a-visitors-guide-to-silicon-valley/

[93] o. Verf.: Die Tücken von Apples SIM-Karte, in: help.orf.at, 17.10.2014, http://help.orf.at/stories/1747940

[94] Darrell Etherington: The Current State Of The Apple SIM, And Its Possible Future, in: TechCrunch.com, 16.10.2014, http://techcrunch.com/2014/10/16/apple-sim-details-and-potential/

[95] Matthias Kremp: Light L16: 16 Objektive in einer einzigen Kamera, in: Spiegel.de, 9.10.2015, http://www.spiegel.de/netzwelt/gadgets/light-l16-kamera-mit-16-objektiven-a-1056865.html

[96] o. Verf.: „Neue Spielregeln" und offene Fragen, in: orf.at, http://orf.at/stories/2298842/

[97] Teresa M. Amabile: Brilliant but cruel: Perceptions of negative evaluators, in: Journal of Experimental Social Psychology (03/1983)

[98] Jack Linshi: Peter Thiel: Uber Is the 'Most Ethically-Challenged Company in Silicon Valley', in: Time.com, 19.11.2014, http://time.com/3593701/peter-thiel-uber/

[99] United States Supreme Court; FEIST PUBLICATIONS, INC. v. RURAL TEL. SERVICE CO., (1991)No. 89-1909 http://caselaw.findlaw.com/us-supreme-court/499/340.html

[100] Commission of the European Communities: DG Internal Market and Services Working Paper: First evaluation of Directive 96/9/EC on the legal protection of databases, 12.12.20 05, http://ec.europa.eu/internal_market/copyright/docs/databases/evaluation_report_en.pdf

[101] Patrick Beuth: Netzneutralität: Das eskaliert ja schnell, in: Zeit.de, 29.10.2015, http://www.zeit.de/digital/internet/2015-10/netzneutralitaet-telekom-hoettges-startups-spezialdienste

[102] o. Verf.: Silicon Valley, S.F. patents climbing fast, in: Jointventure.org, 28.10.2015, http://www.jointventure.org/news-and-media/news-releases/1331-silicon-valley-sf-patents-climbing-fast

[103] Michele Boldrin, Davin K. Levine: The Case Against Patents, in: Journal of Economic Perspectives 27, Nr. 1 (Winter 2013), S. 3–22

[104] Podiumsdiskussion – Vision Talk http://www.tele-task.de/archive/video/flash/26772/

[105] http://www.enterprise-gamification.com/mediawiki/index.php?title=Category:Creativity_Techniques

[106] Nils-Viktor Sorge: Stromversorger bremsen BMW i3: „Die Ladesäule, an der Sie stehen, gibt es gar nicht", in: Manager Magazin, 26.2.2014, http://www.manager-magazin.de/unternehmen/autoindustrie/fahrbericht-bmw-i3-rwe-eon-vattenfall-etc-verschlafen-e-mobilitaet-a-955489.html

[107] Hunter Hastings, Jeff Saperstein: Service Thinking: The Seven Principles to Discover Innovative Opportunities, New York 2014

[108] Lunar X Prize: FAQ, http://lunar.xprize.org/about/faq

[109] Cass R. Sunstein, Reid Hastie: Wiser: Getting Beyond Groupthink to Make Groups Smarter, Boston 2015

[110] San Francisco Create-A-Thon, http://universalinc.webfactional.com/

[111] Sonja Lyubomirsky, Kennon Sheldon, David Schkade: Pursuing Happiness: The Architecture of Sustainable Change, in: Review of General Psychology 9 (2005), S. 111–131

[112] Stanford University: Office of Science Outreach, http://oso.stanford.edu/programs/audiences/5-high-school-students/categories/6-science-competitions

[113] Google Science Fair, https://www.googlesciencefair.com/en/

[114] StartupWeekend, https://startupweekend.org/

[115] Po Bronson, Ashley Merryman: Top Dog: The Science of Winning and Losing, New York 2013

[116] Cass R. Sunstein, Reid Hastie: Wiser: Getting Beyond Groupthink to Make Groups Smarter, Boston 2015

[117] Kevin J. Boudreau, Nicola Lacetera, Karim R. Lakhani: Incentives and Problem Uncertainty in Innovation Contests: An Empirical Analysis, in: Management Science 57 (2011), S. 843–863

[118] Christian Terwiesch, Yi Xu: Innovation Contests, Open Innovation, and Multiagent Problem Solving, in: Management Science 54 (2008), S. 1529–1543

[119] What's the dark side of Silicon Valley?, https://www.quora.com/Whats-the-dark-side-of-Silicon-Valley-1

[120] Zumper National Rent Report: October 2015, https://www.zumper.com/blog/2015/10/zumper-national-rent-report-october-2015/

[121] Palo Alto Home Prices & Values, http://www.zillow.com/palo-alto-ca/home-values/

[122] Michelle Quinn: Quinn: The shuttle effect, and the commute that divides us, in: MercuryNews.com, 12.5.2014, http://www.mercurynews.com/michelle-quinn/ci_27078188/quinn-commute-that-divides-us

[123] Joint Venture Silicon Valley: 2014 Silicon Valley Index, http://www.siliconvalleycf.org/sites/default/files/publications/2014-silicon-valley-index.pdf

[124] Mark Gomez: Palo Alto: Caltrain hits, kills 15-year-old high school student in apparent suicide, in: MercuryNews.com, 9.3.2015, http://www.mercurynews.com/bay-area-news/ci_27675076/person-hit-killed-by-caltrain-palo-alto

[125] Karen Nikos-Rose: More women CEOs but top corporate leadership still male dominated, UC Davis study finds, in: UCDavis.edu, 17.11.2015, https://www.ucdavis.edu/news/more-women-ceos-top-corporate-leadership-still-male-dominated-uc-davis-study-finds

[126] Vauhini Vara: Inside Pinterest's Plans To Fix Its Diversity Problem, in: FastCompany.com, 12.10.2015, http://www.fastcompany.com/3051659/inside-pinterests-plans-to-fix-its-diversity-problem

[127] Cat Zakrzewski: Chelsea Clinton And Sheryl Sandberg Address Silicon Valley's Gender Gap 'Crisis', in: TechCrunch.com, 6.10.2015, http://techcrunch.com/2015/10/06/chelsea-clinton-sheryl-sandberg/

[128] Joint Venture Silicon Valley: 2014 Silicon Valley Index, http://www.siliconvalleycf.org/sites/default/files/publications/2014-silicon-valley-index.pdf

[129] Bourree Lam: One Tech Company Just Erased Its Gender Pay Gap, in: TheAtlantic.com, 10.11.2015, http://www.theatlantic.com/business/archive/2015/11/salesforce-equal-pay-gender-gap/415050/

[130] https://en.wikipedia.org/wiki/Ellen_Pao

[131] Heather Clancy: How LinkedIn embeds diversity goals into day-to-day management, in: Fortune.com, 20.10.2015, http://fortune.com/2015/10/20/linkedin-compensation-diversity

5

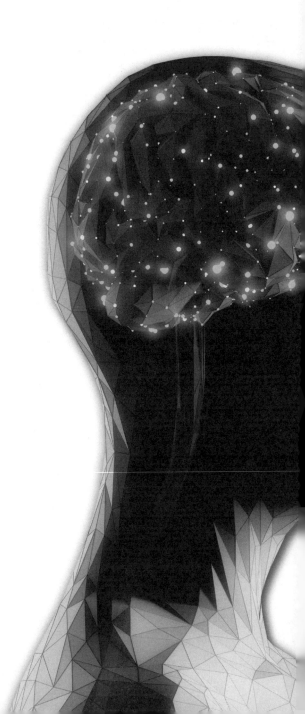

Ausgewählte Trends

5

achdem wir in den vorhergehenden Kapiteln die Vergangenheit und die Gegenwart des Silicon Valley betrachtet haben, wagen wir einen Blick in die Zukunft und die Trends, die am Brodeln sind. Ich gehe nur auf einige handverlesene Bereiche ein, weil das ansonsten den Umfang des Buchs sprengen würde. Etwas detaillierter sollten wir uns den Automobilsektor ansehen, nicht nur weil der eine wichtige Industrie in Europa ist, sondern auch weil die momentanen Disruptionen in diesem Bereich Auswirkungen auf zahlreiche andere Bereiche haben werden.

Automobilindustrie

> Wien um 1900. Zwei Herren stehen am Straßenrand. Eines der neumodischen Automobile fährt vorbei. Beide Herren schauen ihm nach. Wendet sich der eine an den anderen und sagt abschätzig: „Na, davon werden sie schnell wieder abkommen."

Die Art, wie wir uns fortbewegen, generiert heute offenbar mehr Probleme, als sie zu lösen scheint. Automobile am Anfang des 21. Jahrhunderts sind zwar gut, aber es gibt zu viele davon. Jedes produzierte und verkaufte Fahrzeug schafft oder verschärft sowohl bei der Produktion als auch beim Betrieb die Probleme. Vom ökologischen Fußabdruck über den Platzbedarf für Straßen und Parken, Unfallschäden, Wartungsaufwand, menschliches Fehlverhalten im Straßenverkehr bis hin zur Produktion der erforderlichen Rohstoffe hat diese Form des Transports weitreichende Folgen.

Automobilhersteller und Transportdienstleister sehen sich seit geraumer Zeit von Silicon-Valley-Firmen unter Druck gesetzt. Firmen wie Tesla Motors, Google, Apple oder das mittlerweile dichtgemachte Better Place bringen disruptive Technologien auf den Markt. Uber, Lyft und andere Ridesharing-Plattformen ändern die Art, wie wir Transportdienstleistungen erleben. Was diese Firmen von traditionellen Automobilbauern unterscheidet, sind die Hintergründe der Firmengründer. Sie kommen alle aus dem Softwaresektor und betrachten die Probleme als Softwareproblem. Die Wertschöpfung liegt nicht mehr so sehr im ‚Verbiegen von Blech', sondern im Programmieren von Softwarecode.

BMW übersieht mit seinem Wahlspruch „Freude am Fahren" , dass bei Weitem nicht so viele Leute Autofahren als Leidenschaft ansehen, wie angenommen wird. Das ist sicherlich bedingt durch den Selbstselektionsprozess bei der Einstellung neuer Mitarbeiter. Wer bewirbt sich bei BMW/Daimler/VW/Audi? Leute, die selber gern Auto fahren. Ich betrachte Autofahren als Zeitverschwendung. Ich mache nichts lieber als während der Fahrt etwas zu lesen oder zu arbeiten. Was von den Automobilherstellern vergessen wird, ist ihre eigentliche Mission. Und die ist nicht, Freude am Fahren zu ermöglichen. Die besteht auch nicht darin, ein Transport- oder Mobilitätsproblem zu lösen. Ein Auto soll zwischenmenschliche Verbindungen in der physischen Welt ermöglichen. Das Auto ist ein ‚Connector'. Ich fahre nicht in die Stadt, weil ich Freude am Fahren habe, sondern weil ich mich mit Freunden treffe. Ich fahre nicht in die Arbeit aus purer Lust am Fahren, sondern weil ich mich mit meinen Kunden und Mitarbeitern treffe, um gemeinsam etwas zu schaffen.

Immer häufiger übernehmen mobile Geräte diese Verbindungsaufgabe. Ein iPhone ist ein virtueller Connector zwischen Menschen. Wenn ich mit dem Auto fahren muss, kann ich mich in diesem Moment nicht mit ihnen verbinden, weil ich auf den Verkehr achten muss. Dass viele Menschen trotzdem ihre Smartphone während der Fahrt bedienen und sich und andere dabei gefährden, zeigt, wie stark das Verlangen nach Verbindung ist.

Wir erleben einen Rückgang am Anteil der Führerscheininhaber. *Spiegel Online* brachte dazu vor einiger Zeit Porträts von deutschen Jugendlichen, die sich als Autoverweigerer präsentieren und erläutern, warum ein Führerschein für sie nicht infrage komme.[1] Dieser gesellschaftliche Wandel wird in der Bedeutung gerne verkannt und nur langsam reagiert man darauf. Es ist nicht verwunderlich, dass eine Softwarefirma den deutschen Autobauern mit ihrem selbstfahrenden Auto vor der Nase herumfährt und keiner eine wirkliche Lösung hat oder dieser auch nur nahekommt. Google hat dieses Bedürfnis erkannt – nicht zuletzt, weil dort selbst viele aus dieser autoverweigernden Generation beschäftigt sind und weil Google ganz bewusst Probleme anpackt, die schwer zu lösen sind, aber dramatischen Einfluss auf die Gesellschaft haben können.

So sind laut dem amerikanischen Verkehrsministerium 94 Prozent aller Unfälle durch menschliche Fehler verursacht. Insgesamt sterben alleine in den USA pro Jahr 32.000 Menschen bei Verkehrsunfällen, daneben gibt es jährlich 2,31 Millionen Verletzte. Der dabei verursachte Schaden wird auf 1.000 Milliarden Dollar geschätzt.[2]

Man kann das auch anders ausdrücken: Wenn deutsche Automobilhersteller sich nicht nur auf schickere Designs oder tiefergelegte Chassis mit höheren PS-Zahlen kaprizieren würden, weil das Dinge sind, die sie können, sondern mal diese wirklich schwierigen, aber wichtigen Probleme anpacken würden, dann würde die Welt vielleicht heute besser dastehen.

Stattdessen konzentrieren sie ihre Lobbyarbeit auf möglichst harmlose Emissionslimits, weil ihre Benziner- und Dieselmotoren das nur unter großem Aufwand schaffen würden (oder gar nicht, wie wir lernen mussten). Und dann kommt Tesla und baut nicht nur ein

Elektrofahrzeug, das umweltfreundlicher ist, sondern die deutschen Fahrzeuge auch bei vielen anderen Eckdaten alt aussehen lässt. Das amerikanische *Consumer Report Magazin* vom Oktober 2015 sah sich gezwungen, seine Bewertungsskala zu ändern, als ein Tesla Model S mit 103 Punkten das eigentlich auf 100 Punkte begrenzte Bewertungssystem sprengte.

BMW lässt sich hingegen im *Manager Magazin* als das deutsche Apple feiern. Dabei wird man das Gefühl nicht los, die i-Serie wurde von einer dazu gezwungenen Abteilung gemacht, die viel lieber an traditionellen Autos gearbeitet hätte.[3] Man beachte auch die Sprache, wie das Fahrzeug intern und gegenüber Partnern vermittelt wurde. Das lässt Rückschlüsse auf die Bedeutung oder vielmehr Bedeutungslosigkeit zu. Wenn etwas als ‚Imagepflege' angepriesen wird, kann man das als reine Kosmetik sehen, aber nicht als ernsthaft zu verfolgendes Projekt. So sehen die Fahrzeuge auch aus und so fühlen sich deren Leistungskennzahlen an. Man hat eine Kategorie auf der Liste abgehakt und seine Pflicht erfüllt.

Welchen Einfluss haben nun die Silicon-Valley-Unternehmen auf das gesamte Ökosystem und was können wir erwarten? Sehen wir uns dazu die einzelnen Technologien an und was sie bedeuten.

Elektrofahrzeuge

Seit über 100 Jahren setzen die Automobilbauer auf Verbrennungsmotoren. Aus den Motoren wurde immer mehr Leistung gepresst bei gleichzeitiger Verringerung der Emissionswerte. Dabei stößt man an die Grenzen des technisch Möglichen und wirtschaftlich Sinnvollen. Der VW-Skandal hat aufgezeigt, dass man alles ausgereizt hat und deshalb offenbar glaubte, zu diesen Mitteln greifen zu müssen. Und es handelt sich überhaupt nicht um eine Verschwörungstheorie. Die amerikanischen Behörden sind sehr strikt, wie schon Toyota mit den Gaspedalproblemen oder GM mit den defekten Zündschlössern erleben mussten. Nur weil amerikanische Hersteller Benzinfresser anbieten, bedeutet das nicht, dass VW Schummelsoftware einbauen darf. Nur weil der Nachbar illegale Drogen anbaut, heißt das nicht, dass man seine Oma berauben darf. Und von dieser Praxis wusste sicherlich auch die Konzernleitung. In solchem Umfang kann keine einzelne Abteilung Millionen von Fahrzeugen mit Schummelsoftware versorgen, ohne dass es auffiele. Das würde ja bedeuten, dass die besten Ingenieure der Welt jahrelang nicht bemerken, dass die Fahrzeuge im Normalbetrieb Dreck rauspusten.

Wie es anders geht, zeigt das 2003 in San Carlos gegründete Tesla Motors, das mit dem Roadster, Model S und Model X serienreife und über große Reichweite verfügbare Elektrofahrzeuge herstellt. Es ist das erste erfolgreiche Automobil-Start-up in den USA seit über 80 Jahren.

Mit Batterien, die über 500 Kilometer Reichweite verfügen, bevor sie wiederaufgeladen werden müssen, und dem vorangetriebenen Ausbau eines Netzwerks an Ladeeinrichtungen nimmt Tesla zugleich auch die Angst der Autofahrer vor dem Liegenbleiben in Angriff.

Elektrische Energie kann wiederum durch umweltfreundliche Methoden erzeugt werden, beispielsweise durch die Solarzellentechnik, die Tesla-CEO Elon Musk in seiner Firma Solar City erzeugt. Das ist aber nicht der einzige Vorteil, den ein Elektrofahrzeug bietet. Es benötigt keinen Motor und damit steht der Motorraum als zusätzlicher Stauraum zur Verfügung. Da der Antrieb direkt an den Rädern sitzt, wird auch kein Raum für Getriebe benötigt und das wiederum vergrößert den Platz im Fahrzeug für die Passagiere. Und weil die Antriebe direkt an den Rädern sitzen, ermöglicht das dem Fahrzeug eine unerhörte Beschleunigung, die normalerweise nur wesentlich höherpreisigen Sportwagen gelingen. Sowohl das Tesla Model S als auch X beschleunigen von null auf 100 schneller als beispielsweise die Fahrzeuge von Porsche oder Aston Martin.

Mit den Ladestationen werden möglicherweise nicht nur einfach Tankstellenkonzepte von Benzin und Diesel auf Stromtankstellen umgerüstet, sondern diese werden vielleicht im Stadtgebiet gänzlich hinfällig. Privathäuser und Geschäftslokale könnten eine Art Airbnb für Ladestationen anbieten. Man lädt, wo man parkt. Das haben Energieversorger bisher nicht verstanden, wie ein Bericht im *Manager Magazin* zeigt.[4]

Wie erfolgreich Tesla ist, sieht man an Verkaufszahlen in der Schweiz. Dort wurden im Herbst 2015 mehr Model S verkauft als die Mercedes S-Klasse, Audi A7 und die BMW-6er-Serie zusammen.[5]

Selbstfahrende Fahrzeuge

Als die *New York Times* 2010 das erste Mal von Googles selbstfahrenden Fahrzeugen berichtete, schlug das in der Öffentlichkeit wie eine Bombe ein.[6] Weder erwartete man, dass Google daran arbeitete, noch dass die Technologie bereits derart fortgeschritten war, dass Googles Fahrzeug bereits über 200.000 Kilometer abgespult hatte.

Nach dem von der DARPA ausgeschriebenen Wettbewerb zu autonomen Vehikeln, den im zweiten Anlauf ein Stanford-Team um den Deutschen Sebastian Thrun mit einem Volkswagen gewonnen hatte, hatte Google kurzerhand das Siegerteam eingestellt und von den Mitbewerbern die besten Leute herausgepickt. Der Einstieg des Suchmaschinen-Giganten in den Automobilsektor zwang traditionelle Automobilhersteller, ihre Anstrengungen zu intensivieren. Heute arbeiten unter anderem Audi, Toyota und Daimler an der Verwirklichung des Traums vom autonomen Fahren. Keiner kommt aber auch nur annähernd an Google ran, das Mitte 2015 fast drei Millionen Kilometer auf öffentlichen Straßen mit seinen zwei Dutzend Fahrzeugen gefahren ist. Jede Woche kommen momentan 16.000 Kilometer hinzu.

Ein Beleg, wie wenig die Leute daran interessiert sind, selber Auto zu fahren, sieht man an den Shuttlebussen, die Facebook, Google und andere Unternehmen betreiben. Tagtäglich fahren Hunderte der zumeist weißen und unmarkierten Doppeldeckerbusse entlang des Highway 101 und bringen Mitarbeiter zu ihren Arbeitsplätzen und nach Hause. An Bord befindet sich WLAN und die Mitarbeiter können ihre Arbeiten bereits im Bus erledigen.

Aber Google ist nicht der einzige Hersteller, der mit selbstfahrenden Fahrzeugen experimentiert. Zehn Unternehmen haben von den kalifornischen Zulassungsbehörden die Erlaubnis erhalten, Testfahrzeuge auf den öffentlichen Straßen einzusetzen. Und nicht weit von der Bay Area befindet sich das einzigartige Testgelände GoMentum Station, das Teil der früheren Concord-Militärbasis ist. Auf dem Gelände, das nach wie vor als militärisches Sperrgebiet deklariert ist, befinden sich 30 Kilometer an Straßen, die sogar Autobahnstücke beinhalten und von allen Herstellern für Fahrzeugtests in Betracht gezogen wurden.

Fahrdienstleistungsvermittler
Überall, wo Uber auftritt, kann das Unternehmen mit Angriffen von Taxidiensten und Verboten von regionalen Verwaltungsbehörden rechnen. Mit der Vermittlung von Fahrdienstleistungen verfügt Uber selbst über kein einziges Fahrzeug. Es koordiniert aber den Bedarf von Millionen von Kunden mit zehntausenden Privatfahrzeugen. Auch hier handelt es sich um Software, die ein Transport- und ein Informationsproblem löst. Ein Transportproblem, weil der Fahrer mich zu meinem gewünschten Zielort bringt. Ein Informationsproblem, weil ich im Vorhinein weiß, wie viel mich die Fahrt kosten wird, ob der Fahrer den richtigen Weg nimmt und ob ich ein Passagier bin, den der Fahrer gerne wieder mitnimmt.

Im Uber-Gefolge sind mit Lyft und Sidecar viele weitere Dienstleister auf den Plan getreten. Einige haben ähnliche Geschäftsmodelle, andere wie mytaxi arbeiten mit existierenden Taxidiensten zusammen.

Wie Uber bereits heute anders als Taxis verwendet wird, führen mir Bekannte vor Augen. Diese nutzen Uber, um ihre Kinder von der Schule abholen zu lassen, wenn sie es selber einmal nicht rechtzeitig schaffen. Daimler testet sogar ein solches Modell mit einem Pilotprogramm namens Boost.[7]

In Kombination mit autonomen Fahrzeugen werden die Berufsgruppen der Taxifahrer, Chauffeure und Lkw-Fahrer überflüssig. Der Besitz eines eigenen Fahrzeugs wird damit erst recht infrage gestellt, steht doch ein Auto im Durchschnitt 23 Stunden still. Und damit wird auch das seit 100 Jahren unveränderte Geschäftsmodell der Automobilhersteller hinterfragt. Macht es noch Sinn, Autos zu verkaufen – sollte man nicht besser eine Transportleistung verkaufen?

Straßen- und Städteplanung
Wer benötigt noch Ampeln und Verkehrsschilder, wenn autonome Fahrzeuge selbst besser erkennen, verhandeln und entscheiden können, wie sie zu fahren haben? Signale und Straßenschilder sind primär für Menschen gedacht. Autonome Fahrzeuge können diese Informationen durch entsprechend erweiterte Landkarten erhalten und ihr Fahrverhalten an aktuelle Wetter- und Straßenbedingungen anpassen.

Selbstfahrende Fahrzeuge können im Verbund mit Fahrdienstleistungsmodellen auch die Zahl der Fahrzeuge auf den Straßen reduzieren. Damit werden Flächen, auf denen sich heute Straßen und Garagen befinden, für andere Zwecke nutzbar. Eine OECD-Studie, die sich Pendlerdaten von Lissabon ansah, kam zu dem Schluss, dass derselbe Mobilitätsgrad mit einem Zehntel von Fahrzeugen erreicht werden kann.[8] Eine andere Untersuchung schätzt den Anteil an zusätzlich freiwerdendem Raum in San Francisco auf 25 Prozent.[9]

Fahrzeuge, die sich an Geschwindigkeitsbegrenzungen halten und weniger Verkehrsdelikte begehen, bedeuten jedoch auch weniger Strafgelder für die Gemeinde- und Stadtkassen.

Nachteilig könnte sich der Komfort autonomer Fahrzeuge zudem auf die Zersiedelung auswirken. Weil man nun nicht mehr selbst am Steuer sitzt und Zeit mit Fahren verschwendet, könnten Städte stärker in den Umkreis hinauswuchern. Die Frage ist, wie sich das auf öffentliche Verkehrsmittel auswirkt und ob diese Fahrgäste verlieren oder sogar ganz eingestellt werden.

Versicherungen

Noch haben Versicherungen keine Angebote für selbstfahrende Fahrzeuge, doch sieht man sich die Unfallstatistiken und deren Verursacher an, ist mit einer bis zu 90-prozentigen Reduktion an Verkehrsunfällen zu rechnen, sobald der Mensch als Fehlerfaktor eliminiert ist. Da Versicherungen mit weniger Schadensforderungen zu rechnen haben werden, werden sich auch die Versicherungsraten nach unten anpassen müssen. Und das bedeutet, dass die heute in den USA bei ungefähr 200 Milliarden Dollar pro Jahr liegenden Autoversicherungserlöse drastisch schrumpfen werden, was sich in den Unternehmensbilanzen nicht gut machen wird.

Roboter

> *Ein Roboter wird erst dann wirklich autonom sein, wenn du ihm befiehlst, zur Arbeit zu gehen, und er sich entscheidet, lieber an den Strand zu gehen."*
>
> **Brad Templeton, Software-Entwickler**

Als Kind der 1970er-Jahre waren für mich und meine Freunde Computer, Videospiele und Science-Fiction-Serien inklusive Knight Rider mit dem sprechenden und selbstfahrenden Computerauto KITT das Größte. Der Commodore 64, den mein Bruder und ich uns teilten, diente uns zum Programmieren, Spielen und zum Entdecken der Möglichkeiten des Computers. Während mein Bruder seine Computerzeit vor allem dazu nutzte, stundenlang Flugsimulatoren zu testen, sammelte ich Spiele und tippte Computerlistings ab. (Damals konnte man noch nicht so einfach Software runterladen; mehrseitige Programmcodes wurden in Zeitschriften wie *Happy Computer* und *64'er* abgedruckt.)

Technologie, die damals in unseren Kinderzimmern noch in den Kinderschuhen steckte, wurde von unserer Generation erstmals getestet. Heute beherrscht Computertechnologie unser ganzes Leben. Ohne Computer könnten wir uns unsere moderne Welt nicht mehr vorstellen. Betrachtet man die Technologien, die in heutigen Kinderzimmern stehen, dann wird einem sofort klar, welche Technologien in 20 Jahren unser Leben dominieren werden: Roboter und autonome Systeme. Mein achtjähriger Sohn hat in seinem Alter schon zehnmal mehr Roboter und ferngesteuerte Objekte kaputt gemacht, als ich je in meiner Kindheit hatte.

Toyota kündigte Ende 2015 an, eine Milliarde Dollar in einen Outpost in der Nähe von Stanford zu investieren, um mit 200 Mitarbeitern die Forschung zu künstlicher Intelligenz und Robotics voranzutreiben.[10]

Sensortechnologien

Bereits heute sind moderne Fahrzeuge mit hunderten Sensoren ausgestattet, die vom Reifendruck bis zur Außentemperatur alles nur Erdenkliche messen. Selbstfahrende Fahrzeuge fügen eine ganze Palette neuer Sensoren hinzu. Das LIDAR-System, das eine Art rotierendes Laserabstandsmessgerät ist und Objekte um das Fahrzeug herum erkennen kann, ist das vermutlich aufwendigste.

Tesla Motors deutete bei der Vorstellung des Model X neue Einsatzgebiete von Sensoren an, die einigen Bloggern zufolge nichts anderes als die Vorbereitung auf die Verknüpfung von selbstfahrenden Elektrofahrzeugen als Fahrdienstleister sind.[11] Ein Sensor in der Fahrzeugtür erkennt den Fahrgast, öffnet automatisch die Tür und stellt die Sitze nach dessen Bedürfnissen ein. Unter den Sitzen befindet sich Stauraum für eine Hand- oder Computertasche. Das erinnert an den Stauraum unter Flugzeugsitzen für die Passagiere. Mit einem Over-the-air-Update wurden 10.000 Teslas über Nacht in semi-autonome Fahrzeuge verwandelt, ohne eine Werkstatt aufsuchen zu müssen.[12] Und nicht nur das. Jedes dieser Tesla-Fahrzeuge zeichnet Fahrerlebnisse und Kartendaten auf und erlaubt es damit der ganzen Flotte zu lernen und besser zu werden.

Fintech

Wie heiß Fintech ist, zeigt sich alleine bei Start-ups wie LendingClub, Social Finance, Avant oder On Deck Capital, die sich mit neuen Kreditvergabemodellen beschäftigen. Alleine in den ersten neun Monaten des Jahres 2015 wurden 2,3 Milliarden Dollar an VC-Investitionen aufgestellt, was mehr als den doppelten Betrag des Vorjahres ausmacht.[13]

Eine Reihe neuer Konzepte ist im Entstehen. Crowdfunding-Plattformen wie Kickstarter und Indiegogo, Peer-to-Peer und Crowdlending über LendingClub, Microloan-Plattformen wie Kiva, Equity-Crowdfunding, das Indiegogo vorbereitet – allein der Bereich, der sich mit der Beschaffung von Geldmitteln befasst, ist bereits unüberschaubar.[14] Bezahlsysteme wie Stripe und Square oder kostengünstige Überweisungen von einem Land ins andere, wie Transferwise sie anbieten, graben Banken das Wasser ab.

Dazu kommt der unüberschaubare Bereich der Kryptowährungen. Bitcoin und Dogecoin sind nur zwei von mehreren Tausend, zählt man die anderen Währungen digitaler Plattformen hinzu. Zum Vergleich: Es gibt an die 200 staatliche Währungen.

Geht man im Sommer durchs Londoner Bankenviertel, erkennt man auch sofort, warum dort niemand auf innovative Ideen kommt. Die Banker, die in der Mittagspause auf den Straßen auf ihr Essen warten, sind uniform gekleidet. Weißes Hemd, dunkle Hose – von Diversität keine Spur. Und seit der Finanzkrise 2008 leidet die ganze Branche am Vertrauensverlust und hat Schwierigkeiten, Talente anzustellen. Diese bevorzugen Silicon-Valley-Unternehmen, deren Mission eine andere ist als Gier.

Internet of Things

Auch kleine Ideen können große Verbesserungen mit sich bringen. Ein elektronischer Anhänger, der über Bluetooth mit dem Smartphone verbunden wird, kann helfen, Dinge, die man gerne verlegt oder verliert (zum Beispiel Schlüssel oder Brieftaschen), wiederzufinden. Gerade mal drei Jahre alt, hat das in San Mateo beheimatete Start-up namens Tile bereits über 18 Millionen Dollar an VC-Geldern aufgestellt.

Das Internet of Things, das Elektronik in alle Bereiche des menschlichen Lebens bringen wird, ist die am stärksten disruptive Disziplin, gerade weil sie so viele Bereiche betreffen wird. Man stelle sich nur Sensoren vor, die auf Feldern zu Tausenden im Einsatz sein werden und anzeigen, ob an dieser Stelle Bewässerung notwendig ist. Oder man denke an Elektronik, die in unsere Kleidung integriert ist und unsere medizinischen Daten, den Hygienezustand oder äußere Bedrohungssituationen aufzeichnet. Die niederländische Designerin Anouk Wipprecht stellte Kleidung vor, die an den Schultern spinnenförmige Greifer hat, die erkennen, wie schnell sich jemand annähert und wie nah die Person kommt. Die Greifer reagieren auf Bedrohung, indem sie sich aufstellen oder ein schrilles Pfeifgeräusch von sich geben.

Amazons Lab 126 in Cupertino, das hinter der Entwicklung des Kindle und der Sprachsteuerung Amazon Echo steckt, versorgt den Online-Retailer und Cloudservice-Anbieter mit Ideen zum Internet of Things. Im Coupa Cafe in Palo Alto stehen auf den Tischen kleine

Würfel mit elektronischen Chips, die bei der Bestellung mit einer Smartphone-App dem Kellner die notwendigen Bestelldaten inklusive automatisch ergänzter Tischnummer übermitteln.

Eng mit dem Internet of Things verbunden sind Maker. Zugang zu 3D-Druckern, Lasercuttern, CNC-Fräsen und anderen Fertigungswerkzeugen und Maschinen machen breite Bevölkerungsschichten zu Makern und Mitgestaltern des IoT. Eine Renaissance des Handwerks und Hobbywesens steht uns also bevor.

Raumfahrt

Spire ist nur eines von einem halben Dutzend Raumfahrt-Start-ups in der Bay Area. Planet Labs, NanoRacks, SkyBox Imaging, Elysium Space, SpaceVR und Made In Space haben unterschiedliche Ziele. Von kleinen würfelförmigen Satelliten, die Schiffe tracken oder Bilder aufnehmen können, bis hin zu Technologien, die in der oberen Erdatmosphäre Gegenstände mit 3D-Druckern fertigen wollen, reicht die Palette.

Virgin Galactic versucht, Reisen ins All zu demokratisieren und den ‚Massen' zugänglich zu machen. SpaceX beliefert bereits heute die International Space Station. Masten Space System zielt darauf ab, Weltallflüge in rascher Abfolge zu ermöglichen. OneWeb möchte den Erdball mit Internetverbindungen über das All versorgen.[15]

Da trifft es sich gut, dass eine neue Star-Trek-Serie für 2017 angekündigt wurde.

Bildung und Ausbildung

Dass der Mathematiker Salman Khan sich überhaupt des Ausbildungsthemas annahm, hat er seiner Cousine Nadia zu verdanken. Diese brauchte Nachhilfe, und weil sie in New Orleans und er in Boston lebte, begann er, ihr zuerst mittels Online-Werkzeugen und dann mit Videos den Unterrichtsstoff zu erklären. Aus einer Handvoll Videos wurden Tausende und bald lernte nicht nur Nadia, sondern Millionen von Schülern von seinen Videos. Die Khan Academy war geboren.

Mit den Videos konnten die Schüler das Lerntempo selber bestimmen und so oft durch eine Erklärung gehen, wie sie wollten. Lehrer nahmen davon Notiz und integrierten die Videolektionen in ihren

Unterricht. Nicht mehr der Lehrer, sondern das Video präsentiert den Unterrichtsstoff, der dadurch individuell an die Geschwindigkeit jedes Schülers angepasst werden kann. Damit ändert sich die Aufgabe des Lehrers: Er wird vom Lehrenden zum Coach. Die Schüler begannen, die Videos zu Hause zu betrachten und die Hausaufgaben in der Schule zu machen. Das wurde als ‚flipped classroom', also wörtlich als ein ‚auf den Kopf gestelltes Klassenzimmer' bekannt.

Nachdem Khan Investitionen von Bill Gates und anderen Institutionen zum Ausbau der Khan Academy erhalten hatte und nach Mountain View gezogen war, verfasste er ein Buch mit dem Titel „The One World Schoolhouse", worin er seine Bildungsideen weiter ausführte. Rechtzeitig zum Schulstart 2014 und mit tatkräftiger Unterstützung von Google, einigen Investoren und einem unbürokratischen Entgegenkommen der Stadtverwaltung eröffnete er seine Lab School, in der Experimentieren ein zentrales Element des Unterrichts- und Schulkonzepts ist.

Khans Schulmodell ist nur ein Beispiel, bei dem die traditionelle Institution Schule radikalen Neuerungen unterworfen wird. Auch Julia Wendel berichtete von praktischen Ansätzen in ihrer Middle- und Highschool, wo Schüler die Theorie gleich in die Praxis umsetzen.

Online-Lernplattformen wie Coursera, Udacity und Udemy räumen mit der klassischen Universitätsausbildung und der firmeninternen Weiterbildung auf, indem Kurse online verfügbar gemacht werden. Ein Coursera-Kurs von Wharton-Business-School-Professor Kevin Werbach über Gamification hatte die ersten drei Mal über 100.000 registrierte Teilnehmer, von denen fast ein Zehntel den Kurs mit einem Zertifikat abschloss. Zum Vergleich: Die Wharton Business School hatte in ihrem 140-jährigen Bestehen insgesamt 90.000 Studenten.

Gerade weil das amerikanische Schulsystem einen Schwerpunkt auf Tests legt, führt das zu einem prüfungszentrierten Unterricht, bei dem der Fokus auf dem Bestehen des Tests und weniger auf dem Verstehen und Nachvollziehen des Unterrichtsstoffes liegt. Das entspricht nicht den Anforderungen einer modernen Welt, in der Kreativität und Innovation immer wichtiger werden. Das klassische Modell, wonach die Menschen für Fabrikarbeit ausgebildet werden, ist heute nicht mehr gültig. Auch im Silicon Valley geht der Trend zu privaten Schulen mit alternativen

Unterrichtsmethoden und zum Home Schooling, bei dem die Kinder zu Hause unterrichtet werden. Dabei schließen sich mehrere Eltern zusammen und der von den Eltern abwechselnd gestaltete Unterricht findet in den eigenen vier Wänden statt.

Peter Thiels Idee, der mit seinem radikalen Ansatz der Thiel Fellowship gleich ganz vom Studium und mehr zum praktischen Ansatz der Unternehmensgründung verleiten möchte, ist da nicht mehr ganz so abwegig. Und was die Thiel Fellows in der Praxis nicht lernen, kann durch MOOCs ergänzt werden. Mikroabschlüsse, bei denen man kein ganzes Studium macht, sondern nur einzelne Kurse belegt, gewinnen an Popularität. Traditionelle Studienzweige sind oft zu starr und unflexibel angesichts der Notwendigkeit, Studenten auf die kreativen und innovativen Berufsbilder vorzubereiten und durch entsprechende Weiterbildung auch Berufstätigen dauerhafte Karrierewechsel zu ermöglichen.

Interfaces

Wie wir mit unseren Technologien umgehen, ist ständigem Wandel unterworfen. Im vierten „Star Trek"-Film „Zurück in die Gegenwart", der im Jahr 1986 spielt, versucht Scotty, mit einem Computer zu kommunizieren. Mit dem Ausruf „Computer!" versucht er, die Aufmerksamkeit des Rechners zu erlangen. Als er gebeten wird, die Computermaus zu benutzen, hält er diese für ein Mikrophon und wiederholt seinen Ausruf, indem er in die Maus reinspricht. Als dies auch nicht funktioniert, zuckt er mit den Schultern und tippt mit atemberaubender Geschwindigkeit seine Befehle in die Tastatur. Eigentlich erstaunlich für jemanden, in dessen Zeitalter Tastaturen gar nicht mehr gebräuchlich sein sollten.

Mit Apples Siri auf dem iPhone und Apple TV haben wir zum ersten Mal einen für die Massen verfügbaren Zugang zu einer Sprachsteuerung erhalten. Existierte sie vorher nur in speziellen Anwendungen wie Automobilen oder dem telefonischem Kundensupport, ist sie plötzlich in den Hosentaschen von Millionen Smartphone-Besitzern ständig verfügbar – und nicht nur für einfache Befehle oder Sätze. Weil diese Lösung cloudbasiert ist, kann die Funktionalität ständig ausgebaut und angepasst werden. Als mein damals fünfjähriger Sohn auf Siri stieß, schüttelten wir uns vor Lachen, als er begann, Siri Fragen zu stellen wie

„Wie viele Tage noch bis Weihnachten?" oder „Wann ist Halloween?". Er gab nicht auf, obwohl Siri ihm damals keine hilfreichen Antworten geben konnte. Zum Schluss fragte er sie: „Warum bist du so dumm?" Während er damit aufwächst und es für ihn völlig normal ist, haben wir selbst noch Respekt vor diesen Technologien. Apple ist aber nicht die einzige Firma, die eine Sprachsteuerung in die Haushalte bringt.

Der Spielzeughersteller Mattel integrierte in seine Hello-Barbie den Hersteller ToyTalk, der es Kindern über eine Internetverbindung ermöglicht, mit der Puppe zu kommunizieren. ToyTalk in San Francisco wurde von ehemaligen Pixar-Mitarbeitern gegründet und sendet die Sätze, die die Kinder sagen, an einen cloudbasierten Service, der sie analysiert und eine Antwort zurückschickt, die die Barbiepuppe dann von sich geben kann.

Auch Amazon hat mit Alexa eine Sprachsteuerung in Amazons Echo integriert. Wie wir mit unseren elektronischen Geräten kommunizieren, ist ein sich ständig optimierender Prozess. Wie sie auf uns reagieren und sich verhalten, fordert die Verhaltensforschung heraus. Interaktion geschieht durch Sprachsteuerung, durch Steuerung mittels Gesten und Körperbewegungen wie in Microsoft Kinect, durch tragbare Elektronik in Kleidung oder durch die Augenbewegungs- und Zwinkererkennung in Google Glass. Bei Google Glass konnte man durch Zwinkern automatisch ein Bild aufnehmen, was vor allem dann zu unabsichtlich humoristischen Momenten führt, wenn man niest und dabei unbeabsichtigt ein Foto aufnimmt. Aus eigener Erfahrung weiß ich, dass das nicht unbedingt die besten Schnappschüsse sind.

Bausektor

Auch konservative Geschäftsbereiche stehen vor dem Umbruch. Werden 3D-Drucker für Gebäude noch als Gag abgetan, so sind Crowdfunding- und Crowdlending-Plattformen für Bauprojekte und Immobilien inzwischen bereits Realität. Fundrise, Realty Mogul und RealtyShares sind nur zwei von einem guten Dutzend Agenturen, wo Investoren sich an Bauprojekten beteiligen können.[16] Auch Handwerker und Baufirmen können über BuildingConnected bei Bauprojekten online koordiniert werden.[17]

Das Internet of Things hält auch hier Einzug. Noch viel stärker als jetzt werden Sensoren und Steuergeräte in Gebäuden eingebaut werden. Während moderne Fahrzeuge bereits Hunderte Sensoren eingebaut haben, sind Gebäude damit bislang noch recht unterversorgt.

Transport

Abgesehen von elektrischen und autonomen Fahrzeugen oder Transportdienstleistern wie Uber und Lyft drängen auch völlig neue Transportsysteme auf den Markt. Der von Elon Musk skizzierte Hyperloop hat nur zwei Jahre nach dem Vorschlag gleich zwei Start-ups, die daran arbeiten, und hat fast 100 Millionen Dollar an Venture-Kapital aufstellen können.[18]

Fußnoten

[1] Christian Engel: Jugendliche Automuffel: „Führerschein? Unnötig!", in: Spiegel Online, 21.7.2015, http://www.spiegel.de/schulspiegel/leben/auto-verweigerer-keine-lust-auf-fuehrerschein-a-1040493.html

[2] National Highway Traffic Safety Administration: Critical Reasons for Crashes Investigated in the National Motor Vehicle Crash Causation Survey (02/2015), http://www-nrd.nhtsa.dot.gov/pubs/812115.pdf

[3] Michael Freitag: BMW-Chef Harald Krüger greift an: BMW - das deutsche Apple, in: Manager Magazin, 11.9.2015, http://www.manager-magazin.de/magazin/artikel/bmw-soll-unter-chef-harald-krueger-das-deutsche-apple-werden-a-1052278.html

[4] Nils-Viktor Sorge: Stromversorger bremsen BMW i3: „Die Ladesäule, an der Sie stehen, gibt es gar nicht", in: Manager Magazin, 26.2.2014, http://www.manager-magazin.de/unternehmen/autoindustrie/fahrbericht-bmw-i3-rwe-eon-vattenfall-etc-verschlafen-e-mobilitaet-a-955489.html

[5] Frederic Lambert: Tesla sold more Model S's in Switzerland so far in 2015 than Mercedes S-Class, BMW 6 series and Audi A7 ... combined, in: elektrec.co, 14.10.2015, http://electrek.co/2015/10/14/tesla-sold-more-model-ss-in-switzerland-so-far-in-2015-than-the-combined-sales-of-the-mercedes-s-class-the-bmw-6-series-and-the-audi-a7/

[6] John Markoff: Google Cars Drive Themselves, in Traffic, in: New York Times, 9.10.2010, http://www.nytimes.com/2010/10/10/science/10google.html

[7] https://boostbybenz.com/aboutus

[8] International Transport Forum: Urban Mobility System Upgrade: How shared self-driving cars could change city traffic, 04/2015, http://www.internationaltransportforum.org/Pub/pdf/15CPB_Self-drivingcars.pdf

[9] Aaron Bialick: Personal Garages Become Cafes in the Castro, Thanks to Smarter Zonin, in: Streetsblock.org, 21.8.2014, http://sf.streetsblog.org/2014/08/21/personal-garages-become-cafes-in-the-castro-thanks-to-smarter-zoning/

[10] John Markoff: Toyota Invests $1 Billion in Artificial Intelligence in U.S., in: New York Times, 6.11.2015, http://www.nytimes.com/2015/11/06/technology/toyota-silicon-valley-artificial-intelligence-research-center.html

[11] Gavin Sheridan: Elon Musk's sleight of hand, in: Medium.com, 2.10.2015, https://medium.com/@gavinsblog/elon-musk-s-sleight-of-hand-ea2b078ed8e6

[12] Molly McHugh: Tesla's Cars Now Drive Themselves, Kinda, in: Wired.com, 14.10.2015, http://www.wired.com/2015/10/tesla-self-driving-over-air-update-live/

[13] Yuliya Chernova: Venture Activity in Lending Start-ups Boils in the Third Quarter, in: wsj.com, 26.10.2015, http://blogs.wsj.com/venturecapital/2015/10/26/venture-activity-in-lending-startups-boils-in-the-third-quarter/

[14] Harry McCracken: Indiegogo Is Getting Ready for Equity Crowdfunding, in: FastCompany.com, 14.9,2015, http://www.fastcompany.com/3050200/the-big-idea/indiegogo-is-getting-ready-for-equity-crowdfunding

[15] Tim Reyes: Startups Rocket To The Front Of The Space Race, in: TechCrunch.com, 2.8.2015, http://techcrunch.com/2015/08/02/Start-ups-rocket-to-the-front-of-the-space-race/

[16] Salvador Briggman: Top 10 Real Estate Crowdfunding Websites, http://www.crowdcrux.com/top-real-estate-crowdfunding-websites/

[17] Sarah Buhr: Bid Management Platform For Building Contractors BuildingConnected Raises $8.5 Million In Series A, in: TechCrunch.com, 5.11.2015, http://techcrunch.com/2015/11/05/bid-management-platform-for-building-contractors-buildingconnected-raises-8-5-million-in-series-a

[18] Leena Rao: Hyperloop Just Raised $26 Million From Khosla Ventures, in: Fortune.com, 5.11.2015, http://fortune.com/2015/11/05/hyperloop-funding/

6

Die Rolle Europas

6

Verfolgt man die Schlagzeilen in deutschsprachigen Medien, erhält man den Eindruck, der Weltuntergang stünde bevor. Die Risiken von Apple Pay bedrohen Konsumenten, die Klagen gegen Facebook wegen Datenschutzabkommen und Gesichtserkennung, Google, das es sich mit Street View erlaubt, Straßenzüge zu fotografieren und ins Internet zu stellen, Bücher, die eingescannt und gratis zugänglich gemacht werden, Zeitungsüberschriften, die in Suchergebnissen auftauchen und Verlagen die Butter vom Brot stehlen, Taxifahrer, die plötzlich angeblich vor dem Nichts stehen, weil andere Fahrdienstleister einen billigeren und besseren Service bieten – und überhaupt brauchen wir eine eigene europäische Suchmaschine! All das sind Schlagzeilen und Themen, die in europäische Medien dominieren.

Die Europäer erscheinen als die heutigen Technologie-Sowjets, die auf alles mit einem klaren und eindeutigen Njet reagieren. Statt des Schuhs, mit dem man auf den Tisch klopft wie angeblich einst Chruschtschow vor der UNO, klopft man mit dem Datenschutz herum.

> *A crisis is a terrible thing to waste.*
> **Paul Romer**

Europäer sehen Gefahren, die rational nicht erklärbar sind, statt dass sie sich um eine ausgewogenere Sichtweise bemühen würden.

Dankenswerterweise erkennt man die Notwendigkeit einer differenzierteren Betrachtungsweise. Eine Reihe von Ländern und Unternehmen haben Niederlassungen im Silicon Valley, die über die üblichen diplomatischen Vertretungen hinausgehen. Neben Unternehmen, die sogenannte Innovation Outposts eröffnet haben, um näher am Puls der Zeit zu sein, wurden von etlichen Staaten Brückenorganisationen eingerichtet, die den eigenen Start-ups und Unternehmen einen Zugang zum Silicon-Valley-Ökosystem erlauben sollen. Lokale Organisationen, die von Europäern gegründet und oft privat betrieben werden, dienen der Vernetzung und dem Erfahrungsaustausch. Ich gehe im Folgenden näher auf diese ein.

Einige Mentalitätsunterschiede habe ich bereits erwähnt. Europäer glauben viel mehr als Amerikaner, dass der Erfolg im Leben von Einflüssen bestimmt wird, die außerhalb unserer Kontrolle liegen. Während nur 36 Prozent der Amerikaner dieser These zustimmten, glaubten gleich 72 Prozent der Deutschen daran.[1]

Obwohl das erklärte Ziel der EU ist, Firmengründungen zu erleichtern, gibt es immer weniger Firmengründungen in Europa und das Interesse der EU-Bürger daran sinkt zunehmend. Konnten 2010 noch 45 Prozent der Europäer sich vorstellen, selbstständig zu arbeiten, liegt der Anteil heute nur mehr bei 37 Prozent.[2] Auch wachsen neue Unternehmen in der EU weniger dynamisch als in den USA.

Abseits vom Silicon Valley ist Berlin einer der dynamischsten Standorte für Start-ups. Obwohl die deutsche Hauptstadt im Vergleich zu anderen deutschen Metropolen arm ist, konnten sich (wohl aufgrund von Berlins Status einer ehemals geteilten Stadt) hier Milieus in Graubereichen entwickeln, die der Kreativität, alternativen Ideen und dem Unternehmertum förderlich sind, ähnlich wie es die Hippie-Bewegung in Kalifornien Ende der 1960er war.[3]

Als Wachstumstreiber für die USA erweist sich nach wie vor Immigration. Europa selbst sieht sich nicht als Einwanderungskontinent, ist es de facto aber und war es auch immer. Die Aufnahme von Flüchtlingen, wie sie 2015 ganz massiv und für viele Europäer recht überraschend stattgefunden hat, ist eine Chance, Europa mit jungen und dynamischen Immigranten zu verjüngen und aus der Lethargie zu reißen.

Trotz aller Schwierigkeiten ist Finnland ein europäisches Land, von dem wir lernen können. Nach dem Wegfall der Eisernen Mauer Anfang der 1990er-Jahre befand sich Finnland in einer Krise, weil der sowjetische Handelspartner wegbrach. In den Schulen wurde seit damals deshalb der größte Wert darauf gelegt, unternehmerisches Denken und auf Eigeninitiative basiertes Handeln zu unterrichten und zu fördern.[4] Das kommt heute nach dem Ausverkauf von Nokia, das für vier Prozent der finnischen Wirtschaftsleistung aufkam, dem Land zugute. Aus dem Nokia-Umfeld entstanden viele kleine Start-ups mit erfahrenen und gut ausgebildeten Gründern.

Insofern könnte sich der VW-Skandal noch als Wohltat für Deutschland erweisen. Nach dem Zusammenbruch der Autoindustrie könnten viele gut ausgebildete ehemalige Angestellte neue Start-ups gründen, die breiter gefächert sind und sich beispielsweise mit Robotik, alternativen Transport- und Energieerzeugungssystemen, Drohnen und wer weiß mit was sonst noch befassen und dem deutschen Mittelstand zu einer neuen Blüte verhelfen. Doch wo steht Europa heute mit Innovation?

Innovationszivilisation

Vor einigen Monaten erregte eine Nachricht über merkwürdige Effekte in einem 1.480 Lichtjahre von der Erde entfernten Sonnensystem das öffentliche Interesse. Der Stern KIC 8462852 zeigte unregelmäßige und starke Lichtschwankungen, sodass manche Astronomen über eine von einer außerirdischen Zivilisation errichtete Dyson-Sphäre spekulierten.[5] Eine Dyson-Sphäre ist vergleichbar mit Solarzellen, die die Nutzung der Energie des Sterns im eigenen Solarsystem ermöglicht. Aber nicht im beschränkten Ausmaß, wie wir das kennen, sondern indem diese Solarzellen um den Stern herum aufgerichtet werden. Mit seinen bis zu 20 Prozent Schwankungen in der Lichtintensität bei besagtem Stern gibt es Spekulationen, dass es sich um eine Zivilisation des zweiten Typus gemäß der Kardaschow-Skala handeln könnte.[6]

Der russische Astronom Kardaschow schlug eine Kategorisierung von Zivilisationen gemäß ihrer Fähigkeit, Energie zu produzieren, vor.

Eine Zivilisation von Typ I kann die gesamte Energie des Heimatplaneten nutzen, Typ II die Energie des eigenen Zentralsterns und Typ III die Gesamtenergie der eigenen Galaxie. Wir selbst sind auf dem besten Weg, von einer Typ-0- zu einer Typ-I-Zivilisation zu werden und die gesamte Energieleistung der Erde zu nutzen.

Mit Innovation können wir eine ähnliche Klassifizierung von Innovationsleistung erstellen.

Die Entwicklungsstufe verschiedener Innovationszivilisationen lässt sich mit den Entwicklungsstufen von Industrienationen vergleichen. Das Klonen von Ideen, wie sie in Deutschland von den Samwer-Brüdern vorexerziert wird, erinnert an das Ausspionieren und Kopieren von Technologien in der Vergangenheit, und das geht Hunderte, wenn nicht Tausende Jahre zurück. Das Geheimnis der Seidenherstellung zu verraten war in China jahrhundertelang verboten und wurde mit der Todesstrafe geahndet, aber irgendwann um 550 nach Christus begann die Seidenherstellung durch aus China herausgeschmuggelte Seidenraupen auch im Byzantinischen Reich. Im 17. und 18. Jahrhundert heuerte der schottische Nationalökonom und Bankier John Law talentierte Handwerker aus England für den Aufbau der französischen Wirtschaft an. Das englische Königreich verabschiedete daraufhin im Jahr 1719 ein Gesetz, das genau dies verbot. Englische Bürger, die nicht innerhalb von sechs Monaten wieder nach England zurückkehrten, mussten mit dem Entzug des Eigentums und der Staatsbürgerschaft rechnen.[7] Das wurde noch um ein Exportverbot für Maschinen ergänzt.[8]

Diese Liste lässt sich beliebig bis in die Gegenwart fortsetzen, mit Deutschland, das Technologie aus England schmuggelte, dem russischen Zaren Peter dem Großen, der deutsche und niederländische Handwerker und italienische Architekten ins Zarenreich holte, um die Stadt Sankt Petersburg aus dem Boden zu stampfen, den Japanern, die nach dem Ende des Zweiten Weltkriegs westliche Kameras und Radios kopierten, Amerikanern und Sowjets, die sich um deutsche Raketenforscher balgten, sowjetischen Überschallflugzeugen, die der Concorde verblüffend ähnlich sahen, und heutzutage mit chinesischen Herstellern, die deutsche Automobildesigns kopieren.[9] Die

Samwer-Brüder, die Silicon-Valley-Start-ups klonen, sind dabei nur eine der letzten Ausprägungen. Tatsächlich ermöglicht das Imitieren und Kopieren der Ideen und Technologien anderer Innovation.[10] Wer dabei von wem kopiert, das zeigt die Entwicklungsstufe an. Und da ist – wie man an den Aktivitäten der Samwer-Brüder sieht – Europa momentan abgehängt. Dass dabei mit dem Konzept von Start-up-Studios und einer möglichen effizienteren Weise, Start-ups zu launchen, auch Innovation betrieben wird, bestätigt nur vergangene historische Entwicklungen.

Europäer im Silicon Valley

Die Zahl der Deutschen im Silicon Valley wird auf 50.000 bis 60.000 geschätzt. Viele Europäer sind in wichtigen Positionen bei Silicon-Valley-Unternehmen oder selbst Gründer. Sie liefern wichtige Impulse für das lokale Ökosystem. Umgekehrt haben sie einen Erfahrungsschatz, der für ihre Heimatländer von unschätzbarem Wert sein kann, wenn man ihn richtig einsetzt. In den Porträts haben wir die oft sehr interessanten Werdegänge und Erfahrungen von Deutschen, Österreichern und Schweizern kennengelernt. Wie können jeweils beide Regionen nun optimal von diesem Erfahrungsschatz profitieren?

Einige Ansätze beinhalten offizielle Niederlassungen, Unterstützung beim Aufbau von Netzwerken, gemeinsame Aktivitäten und Veranstaltungen, aber auch bestimmte rechtliche Rahmenbedingungen, die den Austausch zwischen den Regionen fördern.

Wir können uns dabei auch einiges von Ungarn abschauen. Ungarn verabschiedete vor einigen Jahren ein Gesetz, das es den geschätzten drei Millionen ungarischstämmigen Auswanderern erlaubte, die ungarische Staatsbürgerschaft zu erhalten. Seit dem Inkrafttreten dieses Gesetzes gibt es mehr als 500.000 neue ungarische Staatsbürger. Diese Doppelstaatsbürger könnten sich als ungemein wertvolle Ressource für Ungarn erweisen. Ungarn hat mit einem Schlag Zugang zu einem Netzwerk an Leuten in ihren Heimatländern. Viel können wir auch von Israel lernen. Das werden wir uns später ebenfalls detaillierter anschauen.

Allgemein

Bevor wir in die Tiefe gehen, sollten wir eine Übersicht aller Aktivitäten der DACH-Region-Länder gegenüberstellen. Welche dieser Länder unternehmen die größten Anstrengungen und meinen es ernst? Wie sieht die Infrastruktur aus, wer profitiert davon? Wer steckt dahinter und wie bedeutsam und erfolgreich sind die Bemühungen?

Tabelle 1: Organisationen und Programme der DACH-Länder

	Deutschland	Österreich	Schweiz
Offizielle Vertretung	Konsulat		
Brückenorganisation	German Accelerator		Swissnex SF
Start-up-Programm	German Accelerator	Go Silicon Valley	Swissnex SF
Lokale Vollzeitmitarbeiter	3–4	0	circa 15
Innovator-Programm	German Innovators GABA		Swissnex SF
Innovation Outposts	Airbus Allianz BASF BMW Bosch Continental AG Daimler Deutsche Telekom Mercedes Benz R & D ProSieben Sat1 RWE SAP TechniSat Sennheiser Technology & Innovation Siemens Global Innovation Center Berkeley T-Mobile VW/Audi		PMI Roche Diagnostics Swisscom
Private Netzwerke	GABA	Austrian Innovation Center SV ASciNA Bay Area Chapter	
Anzahl Staatsbürger im SV (offizielle Zahlen)	circa 60.000	circa 1.400	circa 5.300

Wenig überraschend hat Deutschland als größter der drei Staaten auch die meisten Aktivitäten und Programme am Laufen. Die Schweiz folgt mit Schwerpunktaktionen, die dann aber auch massiv umgesetzt werden. Swissnex SF ist die bei Weitem größte Repräsentanz aller Brückenorganisationen im Silicon Valley. Weit abgeschlagen ist Österreich, das nur minimalen Einsatz zeigt.

Brückenorganisationen
Brückenorganisationen stellen eine Verbindung zwischen dem Silicon Valley und dem Heimatland her. Sie werden von öffentlichen Stellen finanziert und dienen dazu, Individuen, Unternehmen, Start-ups und anderen Organisationen zu helfen, schneller in Kontakt mit dem Silicon Valley zu treten. Eine ganze Reihe europäischer und anderer Länder hat solche Vertretungen. Manche sind Teil von Konsulaten oder Botschaften, andere werden halbprivat geführt.[11]

Auch eine Reihe regierungsunabhängiger Organisationen stellen sich dieser Aufgabe. Die German American Business Association (GABA), die Neumann Society (Ungarn), die Silicon Vikings (nordische Länder), Brazil House oder das Austrian Innovation Center Silicon Valley (Österreich) zählen dazu.

Interessant ist, wie anders diese Brückenorganisationen im Vergleich zu Handelskammern oder diplomatischen Vertretungen agieren. Sie wurden zumeist von Auswanderern konzipiert und auf die Beine gestellt, die die Notwendigkeit und den Wert für das Heimatland erkannten. Die vorhandenen Netzwerke unterscheiden sich von Handelskammern und diplomatischen Vertretungen dadurch, dass direkter Kontakt mit lokalen Unternehmen, privaten Organisationen und Personen gepflegt wird und lokale politische Netzwerke weniger wichtig sind. Auch haben die erfolgreichen Gründer von Brückenorganisationen zumeist selbst einen Hintergrund im Bereich Unternehmensgründung. Das ist anders in Wirtschaftsvertretungen oder Konsulaten, wo Funktionäre und Diplomaten dominieren, die nur beschränkte Zeit im Silicon Valley verbringen. Die Leiter von Brückenorganisationen sind somit Vermittler zwischen beiden Regionen, denen auch beide am Herzen liegen.

Tabelle 2: Europäische Brückenorganisationen

Land	Offizielle Repräsentanz	Brückenorganisation
Belgien	Generalkonsulat in Los Angeles	k. A.
Bulgarien	k. A.	k. A.
Dänemark	k. A.	Innovation Centre Denmark
Deutschland	Generalkonsulat in San Francisco	German Accelerator
Estland	k. A.	Enterprise Estonia, Silicon Valley
Finnland	Generalkonsulat in Los Angeles	Team Finland – Tekes, Finpro
Frankreich	Generalkonsulat in San Francisco	French Tech Hub
Griechenland	Generalkonsulat in San Francisco	k. A.
Irland	Generalkonsulat in San Francisco	Enterprise Ireland
Italien	Generalkonsulat in San Francisco	Mind the Bridge
Kroatien	k. A.	k. A.
Lettland	k. A.	k. A.
Litauen	k. A.	k. A.
Luxemburg	Generalkonsulat in San Francisco	k. A.
Malta	k. A.	k. A.
Niederlande	Generalkonsulat in San Francisco	Holland in the Valley
Norwegen	Generalkonsulat in San Francisco	Innovation Norway
Österreich	Generalkonsulat in Los Angeles	k. A.
Polen	Generalkonsulat in Los Angeles	Silicon Valley Acceleration Center
Portugal	Generalkonsulat in San Francisco	k. A.
Rumänien	Generalkonsulat in Los Angeles	k. A.
Schweden	Generalkonsulat in San Francisco	Vinnova
Schweiz	Generalkonsulat in San Francisco	swissnex SF
Slowakei	Generalkonsulat in Los Angeles	k. A.
Slowenien	k. A.	k. A.
Spanien	Generalkonsulat in San Francisco	Spain Tech Center
Tschechische Republik	Generalkonsulat in Los Angeles	Czech Invest / Czech Accelerator
Ungarn	Generalkonsulat in Los Angeles	k. A.
Vereinigtes Königreich	Generalkonsulat in San Francisco	UK Trade and Invest
Zypern	k. A.	k. A.

Outposts

Khalid Fellahi, Chef von Western Union Digital Ventures, rekapitulierte in seiner Keynote am ersten österreichischen Innovation Day im März 2013 in Palo Alto, wie es dazu kam, dass Western Union einen Innovation Outpost in San Francisco eröffnete. Western-Union-CEO Hikmet Ersek, ein gebürtiger Österreicher, beauftragte Khalid, die Firma ins Internetzeitalter zu bringen und ein Innovationlab zu eröffnen. „Ich könne es überall eröffnen, solange es in San Francisco ist", schilderte Khalid amüsiert. Und das tat er dann auch. Mit zwei Koffern und einem halben Dutzend seiner besten Leute wohnten und arbeiteten sie mehrere Monate lang vom Hotelzimmer aus, sahen sich nach Büroräumlichkeiten um, rekrutierten die ersten Mitarbeiter aus dem Silicon Valley und brachten Western Unions Transferzahlungssytem ins Internetzeitalter.

Betritt man die mittlerweile auf mehr als 200 Mitarbeiter angewachsene Western-Union-Niederlassung in San Francisco (nahe beim AT&T Park Stadion für die Baseballer der San Francisco Giants), fallen einem sofort die in der Wand steckenden Pfeile auf. Dazu muss man wissen, dass in Westernfilmen der von Indianern verfolgte und mit Pfeilen beschossene Pony-Express-Postbote ein Western-Union-Mitarbeiter ist.

Western Union hat eine lange Historie, was Innovation angeht. So werden der Telegraf und das Fax von Western Union gerne als hauseigene Innovationsbeispiele genannt. In den letzten Jahren steht das Unternehmen aber unter Druck, weil immer mehr Geldtransfers online abgewickelt werden und Western Union der aktuellen Entwicklung nachhinkte. Obwohl nach wie vor das digitale Business bei Western Union nur um die fünf Prozent ausmacht, beobachten die Aktionäre und Analysten die Anstrengungen in diesem Bereich auf das Genaueste.

Khalid erklärt mir die Gründe für die Etablierung einer Niederlassung vor Ort. Nicht nur ändere sich so viel im Finanztechnologiebereich aufgrund der zahlreichen hier ansässigen Start-ups, die einen unvoreingenommenen Blick auf das Banken- und Finanzsystem werfen, auch entwickelten sich hier Dinge viel rascher als anderswo. Die Geschwindigkeit, mit der Square von einem Zweimannunternehmen zu einem milliardenschweren Zahlungsdienstleister wurde, sei atemberaubend. Und dann sei einfach das hier vorhandene Talent und die hier vorherrschende Denk- und Vorgehensweise so anders, dass Western Union nicht länger von außen zusehen konnte.

Neben Western Union haben Dutzende andere Unternehmen einen Outpost im Silicon Valley eröffnet. Eilif Trondsen legte eine Tabelle mit Outposts an, die er nun gemeinsam mit mir und einigen anderen Zuarbeitern ständig aktualisiert. Momentan haben wir 170 Innovation Outposts identifiziert und die Liste wird täglich länger. Airbus, BMW, Bosch, Daimler, VW/Audi, SAP, Vodafone, France Télécom, Lego, Telecom Italia, Sephora, Siemens oder Allianz sind nur ein paar der europäischen Unternehmen, die hier vertreten sind. Manchmal besteht der Outpost aus nicht mehr als einem Mitarbeiter mit Büro, im Fall von SAP wiederum aus bereits vollständig integrierten Silicon-Valley-Playern mit Dutzenden Standorten und über 5.000 Angestellten vor Ort.

EILIF TRONDSEN

Woran erkennt man einen introvertierten Norweger? Er schaut beim Gespräch auf seine Füße. Und woran erkennt man einen extrovertierten Norweger? Er schaut auf die Füße seines Gesprächspartners.

Mit diesem Witz beschreibt Eilif Trondsen die Mentalität seiner Landsleute. Als der gebürtige Lilleströmer 1966 als Student nach Kalifornien kam, konnte er nicht wissen, dass er nur mehr für ein Jahr in seine Heimat zurückgehen würde. Seine Frau, die er beim Studium in Kalifornien kennengelernt hatte, hatte es in diesem einen Jahr in Norwegen sehr schwer gehabt, mit den Einheimischen in Kontakt zu kommen. Und da Eilif ohnehin von den Möglichkeiten und der Aufgeschlossenheit der Menschen im Silicon Valley angetan war, zogen sie kurz darauf endgültig dorthin.

Während die Norweger sehr verschlossen sind – was vielleicht auch an den langen Wintern liegt –, blühte Eilif an der Westküste auf. Und das hat nicht nur mit der kalifornischen Sonne zu tun, sondern mit dem Arbeitsumfeld, in dem er sich befand.

Er begann als Wirtschaftsanalyst beim Forschungsunternehmen SRI International in Menlo Park. Das Stanford Research Institute wurde mit dem Ziel gegründet, praktische Anwendungen für Forschungsthemen zu finden und Unternehmen zu gründen. So zählen zu der Liste an SRI-Erfindungen die Computermaus von Douglas Engelbart oder Videokonferenzsysteme. Bis dato wurden bereits mehr als 60 Unternehmen aus SRI ausgegliedert und gegründet. Eines davon war Strategic Business Insights (SBI), bei dem Eilif mit dabei war und das sich mit Trenderkennung beschäftigt.

Aufgrund seiner Arbeit und seiner europäischen Herkunft begann er, sich auch früh für Innovation und ihre Bedeutung für Europa zu interessieren. So engagiert er sich im skandinavischen privaten Netzwerk Silicon Vikings, das als Veranstalter für die Gemeinschaft skandinavischer Organisationen und Personen auftritt. Bei den regelmäßigen Veranstaltungen erkennt man Eilif rasch am von seiner Frau gestrickten Wikingerhelm, den er mit Stolz und Humor trägt und damit die Veranstaltungen lockerer gestaltet. Ganz das Gegenteil von dem, was man den Norwegern sonst so nachsagt.

In den letzten Jahren verfasste Eilif mehrere Studien zu Brückenorganisationen und Silicon Valley Outposts. Wenn er Europa im Allgemeinen und die skandinavischen Länder und Norwegen im Speziellen mit dem Silicon Valley vergleicht, dann sind für ihn einige Elemente besonders hervorzuheben. Eines ist die Meet-up-Kultur. Alleine zum Thema Software zählte er über 300 Meet-up-Gruppen, die in der Bay Area besucht werden können. Diese Dichte beschleunigt Trends und Projekte gewaltig. Auch ermöglichen Meet-ups und Veranstaltungen (an denen Eilif sich fleißig beteiligt), dass sehr viel rascher Lösungen und Jobs gefunden werden können. Die Leute hier würden nicht interessante Unternehmen suchen, sondern interessante Projekte. „Meet-ups sind die Schmiere im Getriebe", wie Eilif sagt.

Neben den Veranstaltungen und Meet-ups ist Eilif zufolge auch die Dichte an Expertise zu verschiedensten Themen nicht mit Europa vergleichbar. Expertenwissen, wie man ein Unternehmen gründet und führt, die dazu nötigen Technologien und Infrastrukturen, Universitäten und Kapital auf engstem Raum – all das mache vieles rascher möglich als in Europa.

Dann spricht er über den Einfluss, den das Nordic Innovation House in Palo Alto hat. Dieser Zusammenschluss zwischen den skandinavischen Brückenorganisationen trage bereits Früchte. Das Ansehen von Start-up-Gründern in Norwegen sei in den letzten Jahren gestiegen, es gebe mehr Mittel für Unternehmensgründer und das Wissen aus dem Silicon Valley helfe dem norwegischen Start-up-Ökosystem.

Norwegen habe diese Entwicklung nötig. Mit seinem Ölreichtum sei es momentan finanziell auf der sicheren Seite, aber das werde nicht ewig so bleiben. Eilif vergleicht die norwegische Situation mit Finnland, das sich in den Nachwehen des Nokia-Untergangs befindet und seine eigene Start-up-Szene zu fördern versucht. In zehn bis 20 Jahren werde Norwegen vor derselben Situation stehen, wenn es mit dem Ölreichtum zu Ende geht. Und bis dahin will man die heimische Unternehmensszene so weit auf Vordermann gebracht haben, dass man damit die wegfallenden Öljobs auffangen kann. Momentan kämpfe Norwegen damit, dass viele talentierte Absolventen gut bezahlte Öljobs annehmen und die Start-up-Szene da nicht mithalten könne.

> Dabei könnten Unternehmensgründer durchaus mehr Risiken eingehen. Norwegen habe schließlich ein sehr dichtes soziales Sicherheitsnetz. Niemand müsse hungern oder obdachlos sein, wenn er mit einem Unternehmen scheitert. In der norwegischen Gesellschaft werde ein Job bei einem großen Unternehmen jedoch nach wie vor als prestigeträchtiger angesehen.

Der Altimeter-Group-Analyst Brian Solis untersuchte die Schwerpunkte der Outposts. Zu den Topthemen zählten mobile Technologien, Big Data und Internet of Things. Die Outposts werden dabei zu 58 Prozent von Unternehmen aus der Fertigungsbranche, zu 43 Prozent aus der Telekommunikationsbranche und zu jeweils 30 Prozent aus dem Automobilbau und Retail betrieben.[12]

Solche Outposts erfüllen mehrere Aufgaben. Neben der Trenderkennung dienen sie dazu, die eigene Forschungsarbeit voranzutreiben und im lokalen Ökosystem zu testen. Ein zusätzlicher Corporate Fund dient der Investition in Start-up-Technologien, die für das Unternehmen interessant erscheinen. Damit verbunden ist auch das Auskundschaften neuer Technologien und die eventuelle Akquisition von Unternehmen. Einige der Outposts gehen sogar so weit, Start-ups und firmeninternen Teams Inkubatorplätze anzubieten. Die ATT Foundry oder der Auftragsfertiger Flextronics betreiben eigene Inkubatoren. Auch dienen Outposts dazu, Kooperationen und Partnerschaften mit Start-ups und lokalen Marktteilnehmern einzugehen. Outposts werden nicht nur von Unternehmen gegründet. Auch Regierungsbehörden eröffnen Outposts, beispielsweise, um sich mit tragbarer Technologie und Bekleidung für US-Einsatzkräfte zu beschäftigen.[13]

Wie geht man nun am besten vor, um einen Outpost zu etablieren? In einer ersten Phase sollte eine Vorhut von einem bis einigen wenigen Mitarbeitern die Zeit nutzen, das Silicon-Valley-Ökosystem kennenzulernen und den Wert für das eigene Unternehmen zu erkennen. In der zweiten Phase sollten die ersten Aufgaben und Ziele des

Outposts definiert werden. In der dritten Phase ist dann der Outpost zu eröffnen. Von einem kleinen Outpost mit einer überschaubaren Anzahl klar definierter Ziele angefangen, sollten dann periodisch die Ergebnisse analysiert werden. Sind diese eindeutig positiv, sollte über eine Erweiterung der Ziele und der Ressourcen nachgedacht werden.[14]

Bei der Etablierung sollte man unbedingt auch lokale Mitarbeiter einstellen, die die lokale Szene und ihre Netzwerke kennen. Das beschleunigt die Vernetzung und die Wirkung, die der Outpost haben kann. Auch sollte ein reger Mitarbeiteraustausch zwischen verschiedenen Niederlassungen und dem Outpost stattfinden, das von einem Immersionsprogramm begleitet wird. Damit wird sichergestellt, dass die Aufgaben des Outposts und ein Einblick in die Silicon-Valley-Kultur innerhalb des Unternehmens weiterverbreitet wird und beides auf mehr Verständnis stößt.

So löblich Innovation Outposts sind, sie haben keine leichte Aufgabe. Es ist sehr schwer, als Europäer im Silicon Valley die Änderungen und Trends innerhalb des eigenen Unternehmens zu promoten. Das Outpost-Team kann noch so motiviert sein, als Prophet im eigenen Land wird man leicht überhört. Das weiß ich aus eigener Erfahrung, befand ich mich doch selbst in einer solchen Rolle.

Große Firmenzentralen sind oft so sehr mit sich selbst beschäftigt, dass Input von außen leicht übersehen wird oder als vom Mainstream abweichende Information weniger Gewicht erhält. Das wurde bereits angesprochen, als wir uns mit dem Jury-Theorem von Concordet befasst haben. Nicht unerheblich bei der Frage, wie ein Outpost von den Kollegen in der Zentrale gesehen wird und wie ernst es genommen wird, ist Neid. Der Outpost hat ‚all den Spaß' mit neuen Technologien, während in der Zentrale die wahre Arbeit geleistet wird. Die Outposts wiederum gefallen sich manchmal in ihrer Rolle als Warner und Rufer so sehr, dass sie selbst zum Schäfer werden, der dauernd „Wolf!" schreit.

Was SAPs Outpost so erfolgreich machte, war unter anderem die Tatsache, dass sich ein Vorstandsmitglied in Palo Alto selbst befand. Sowohl Shai Agassi als auch sein Nachfolger Vishal Sikka lebten und arbeiteten in ihrer Rolle als CTOs im Silicon Valley. Ebenfalls von Vorteil war, dass der SAP-Gründer Hasso Plattner hier auch einen Wohnsitz hat. Das verschiebt automatisch das Kräftegleichgewicht und sollte ernsthaft in Betracht gezogen werden, wenn ein Innovation Outpost erfolgreich sein soll.

Mehrere der bereits erwähnten Brückenorganisationen und privaten Initiativen haben als einen ihrer Aufgabenbereiche, Unternehmen aus ihren Heimatländern bei der Etablierung eines Outposts zu helfen. Die GABA, die German Innovators für Deutschland und in gewisser Weise auch swissnex SF für Schweizer Unternehmen bieten Hilfe an. Auch meine Organisation Enterprise Garage Consultancy hilft dabei.

Akzeleratoren und Inkubatoren

Eine Reihe von Ländern betreibt Akzeleratoren für Start-ups im Silicon Valley. Wir haben bereits vom German Accelerator und swissnex SF gehört. Diese beiden sind aus öffentlicher Hand finanziert. Frankreich betreibt den French Tech Hub in San Francisco, Israel den privaten UpWest Labs Akzelerator. Im Nordic Innovation House in Palo Alto teilen sich die skandinavischen und baltischen Länder einen gemeinsamen Workspace für ihre Start-ups.

Das Plug and Play Tech Center in Sunnyvale ist ein Auffangbecken für viele Start-ups, die über offizielle Programme von ihren Ländern oder US-Bundesstaaten entsandt werden. So sind beispielsweise die österreichischen Start-ups, die am offiziellen Go-Silicon-Valley-Programm teilnehmen, dort untergebracht.

Ob man selbst einen Accelerator aufmacht oder sich irgendwo einmietet, hängt vom Budget und den eigenen Ambitionen ab. Um einen eigenen Akzelerator mit entsprechender Infrastruktur, Mentoren und einem Netzwerk für ein bis zwei Dutzend Start-ups jährlich aufzustellen, muss man mit mindestens einer Million Euro pro Jahr rechnen. Um sich in das Plug and Play Tech Center einzumieten, genügen deutlich weniger als eine Viertelmillion.

Allerdings erlauben eigene Akzeleratoren ein intensiveres Coaching und ein Netzwerken mit einem dedizierten Team. Was das ausmacht, zeigt sich in den Erfolgen der Deutschen und Israelis. Nach nur drei Jahren wurde bereits ein halbes Dutzend israelischer Start-ups akquiriert und die teilnehmenden Start-ups haben über 100 Millionen Dollar an

Risikokapital aufgestellt. Und sowohl Deutschland als auch die Schweiz konnten aufgrund ihrer Erfahrungen mit Silicon-Valley-Niederlassungen Akzeleratoren an anderen Innovationsstandorten eröffnen.

Konsulate und Handelskammern
Die meisten großen europäischen Länder haben eine Konsulat oder Handelsvertretung im Silicon Valley. Während Deutschland ein Konsulat direkt in San Francisco hat, befinden sich die Generalkonsulate der Schweiz und Österreich in Los Angeles. Was bei der Etablierung historisch sinnvoll war, ist angesichts der zunehmenden Bedeutung des Silicon Valley fragwürdig geworden. Während die Schweiz mit swissnex SF dieser Tatsache Rechnung trägt, hinkt Österreich dem Trend hinterher.

Man muss hier aber klarstellen, dass Konsulate oder Handelskammern keine ideale Art einer Silicon-Valley-Vertretung sind. Mit nur für einen begrenzten Zeitraum vor Ort abgesandten Vertretern gelingt keine Vernetzung in das Ökosystem. Konsulate und Handelskammern leisten in politischen Zirkeln und beim Zusammenschluss mit anderen traditionellen Organisationen einen wichtigen Beitrag. Die Vernetzung in das weniger traditionelle lokale Innovationsökosystem ist für sie aber nur schwer zu leisten. Deswegen ist eine Kombination aus öffentlichen und privaten Einrichtungen der Königsweg. Deutschland exerziert das vor mit dem Konsulat in San Francisco, dem German Accelerator, den German Innovators, der GABA und den Outposts deutscher Unternehmen.

Ansonsten sind Handelskammern im Silicon Valley in gewisser Weise zu sehr ihren traditionellen Modellen verhaftet. Wie Georg Tilesch von der Neumann Society bereits so prägnant formulierte, sind Wein-Soirees nicht besonders geeignet, die innovative Silicon-Valley-Szene anzuziehen.

Deutschland
Selbst SAP-Gründer Hasso Plattner denkt laut darüber nach, die Zentrale in Deutschland zu verkleinern. Mit zigtausend Mitarbeitern am Standort Walldorf dominiert SAP das Leben in der Region so nachhaltig, dass globale Einflüsse nur schwer bis ins Unternehmen vordringen. Man hat ausreichend Gelegenheit, mit sich selbst zu spielen, ohne die Notwendigkeit zu spüren, hinauszuschauen. Das ist auf lange Sicht

innovationshemmend. Die SAP Labs, von denen es inzwischen mehr als zehn weltweit gibt, sollen andere Sichtweisen ins Unternehmen bringen. Dennoch können SAP-Labs-Innovationsideen sich oft nicht in der Firmenzentrale durchsetzen.

Als Beispiel sei hier die Bestrebung angeführt, SAP Hana (eine neue, schnelle In-memory-Datenbank) zum neuen SAP-Zugpferd zu machen. Die Entwicklungswerkzeuge für die Anwender wurden dabei vorrangig für Windows programmiert. Als großer Hoffnungsträger galt die Start-up-Szene, um die sich SAP mit vielen Initiativen bemühte. Gerade dort stieß die neue Datenbank jedoch auf wenig Gegenliebe. Nicht nur waren Open-Source-Lösungen günstiger und einfacher zu bedienen, die meisten Start-ups verwenden zudem Apple MacBooks und auf denen liefen die Entwicklungswerkzeuge nur mittels virtueller Maschine, was sich keiner freiwillig antun wollte. Den SAP-Labs-Kollegen in Palo Alto war das von vornherein klar. Wenn bei Start-up-Events neun von zehn anwesenden Programmierern ihre MacBooks aufklappen, dann wissen die SAP-Mitarbeiter, die Hana promoten wollen, dass sie verloren haben.

Input von SAP Labs wird in der Zentrale oftmals als wenig relevant gesehen. Schließlich wird in der Zentrale das echte Produkt designt und entwickelt, während die Palo-Alto-Location sich eher mit durchgeknallten und wenig markttauglichen Spielereien beschäftigt.

In einer ähnlichen Situation befinden sich viele andere deutsche Unternehmen. Zwar haben Daimler, BMW oder Volkswagen/Audi ihre Forschungslabors im Silicon Valley, aber in Sindelfingen, Wolfsburg oder Dingolfing glaubt man doch besser zu wissen, wie es gemacht werden soll und was der Markt will: dasselbe wie immer, nur eben ein bisschen besser. Vergleicht man, was von den jeweiligen Vorständen kommuniziert wird und was letztendlich umgesetzt wird, dann zeigt sich, dass viele Outposts im Silicon Valley lediglich der Imagepflege dienen.

Deshalb schaffen es Firmen wie Salesforce, Tesla oder Google, die Platzhirsche mit disruptiver Technologie und neuen Geschäftsmodellen zu überrumpeln. SAP kommt mit dem Software-as-a-Service-Modell, wie Salesforce es vorexerziert, nach wie vor nur schwer zurecht. Das

Geschäftsmodell ist organisatorisch und produkttechnisch zu sehr auf das alte Lizenzmodell mit aufwendigen Softwareinstallationen ausgerichtet. Das beschert zwar gute Einkünfte, doch die aus langfristigen Wartungsverträgen erwirtschafteten Support-Gebühren schirmen vor Marktänderungen ab, die umso dramatischer ausfallen werden, sobald die Kunden umzusteigen beginnen.[15]

Dabei leben und arbeiten an die 50.000 Deutsche im Silicon Valley, von denen wir einige in den Porträts bereits kennenlernten und fragten, was sie befähigt, hier anders (manche sagen sogar, besser) zu arbeiten als in ihrem Heimatland.[16]

DIRK KANNGIESSER

Dirk sieht wirklich müde aus bei unserem Skype-Gespräch. Kein Wunder, er ist in Deutschland und dort ist es fast Mitternacht, als ich ihn nach einem Tag voller Behördentermine, Familienangelegenheiten und einem verspäteten Flug endlich erreiche. Der gebürtige Dortmunder aus einer Kleinunternehmerfamilie hat als Gründer und Geschäftsführer des German Accelerator einiges zu tun.

Nach dem Gymnasium studierte er zuerst Elektrotechnik und arbeitete bei Siemens in München mit dem Ziel, Berufserfahrung für den späteren Einstieg ins Familienunternehmen zu sammeln. Davon kam er aber schnell ab. Er bewarb sich an der University of Michigan in Ann Harbor zu einem MBA-Studium, das Deutschen offenstand. Als Ingenieur fand er all die Praxisanwendungen, wie sie in MBA-Programmen gang und gäbe sind, faszinierend.

Sein Praktikum bei Procter & Gamble lehrte ihn die hochanalytische Herangehensweise bei Marketingkampagnen. Er blieb und begann Vollzeit in Deutschland, bis er einen Anruf von der

Barings Bank erhielt, die ihn als Investmentmanager einstellte und für die er das Venture-Kapital-Geschäft in Deutschland aufbauen sollte. So kam er ins Silicon Valley und seine ersten Projekte dazu führten ihn – ein Wink des Schicksals – sogleich zurück nach Dortmund. Seine Heimatstadt hatte damals den größten Technologiepark und er sollte den dortigen Regionalfonds leiten. Er investierte vor allen in deutsche Hardware-Start-ups, die aus den Fraunhofer-Instituten entstanden waren.

1995 ging die altehrwürdige Barings Bank aufgrund von Spekulationsverlusten bankrott. Er blieb noch zwei Jahre in der neuen Bankgesellschaft der holländischen ING, gründete dann aber 1999 seine eigene VC-Gesellschaft im amerikanischen Stil. Dabei gelang es ihm, 200 Millionen Dollar von hauptsächlich amerikanischen Investoren aufzustellen, bis der Neue Markt mit dem Platzen der Dotcom-Blase zusammenbrach. Die Deutsche Börse schloss den Neuen Markt, was Dirk als verhängnisvollen Fehler ansieht, weil sich dies in der mangelnden Liquidität und den vergleichsweise geringen Investitionen in deutsche Start-ups bemerkbar mache.

Dieser Zusammenbruch zwang ihn, selbst einen Pivot durchzuführen. Fortan konzentrierte Dirk sich mit seiner Münchner PolyTechnos Venture-Partners auf Industriepartner. Dabei stellte er fest: Die größten Erfolge hatte er, wenn die deutschen Unternehmen, in die er investiert hatte, die Forschungs- und Entwicklungsabteilung in Deutschland beließen und Verkauf und Business Development vom Silicon Valley aus in Angriff nahmen. Das brachte ihn 2008 wieder zurück ins Silicon Valley. Er hatte erkannt, dass es nicht genügt, von Deutschland aus ein paar Termine zu koordinieren, einzufliegen und nach einer Woche wieder nach Deutschland zurückzukommen und zu erwarten, dass nun alles klappen würde. Man müsse vor Ort und Teil des Netzwerks sein, seine Erfahrung mit anderen teilen und Wert schaffen, erst dann bekomme man selbst etwas zurück. Hinzu kam, dass er neue Herausforderungen suchte, weil er nicht mehr das Gefühl hatte, in seiner momentanen Position viel dazuzulernen.

Der Umzug war ernüchternd. Niemand wartete auf Dirk Kanngiesser im Silicon Valley. Zwar wurde er herzlich aufgenommen, aber was hatte er anderen zu bieten? Es dauerte ein Jahr, sich zurechtzufinden. In dieser Zeit lernte er den Deutschen Holger Assenmacher kennen. Mit ihm und ein paar anderen gründete er die Softwarefirma AppCentral. Sie probierten sehr viel aus und hatten intensiven Kundenkontakt. Das war eine ganz andere Herangehensweise als in Deutschland, wo zuerst das Produkt gebaut wird, bevor man nach langer Entwicklung endlich den Kunden ranlässt. Das deutsche Mantra lautet ja: Je tiefer man in eine Materie eintaucht und je länger die Entwicklungsphase dauert, desto besser wird das Produkt. Das stimmt so aber nicht, weil kritisches Feedback vom Kunden nicht oder erst zu spät in den Entwicklungsprozess einfließt.

AppCentral wurde 2012 dann erfolgreich verkauft. Auf einer Veranstaltung lernte Dirk Dietmar Harhoff kennenlernte, der gerade eine Gastprofessur in Stanford hatte. Bei gemeinsamen Besuchen waren sie auch im Plug and Play Tech Center in Sunnyvale, wo sie eine österreichische Fahne sahen, die den Platz für österreichische Start-ups markierte, die durch das Programm der Advantage Austria einige Monate im Silicon Valley verbrachten. Das nahmen sie als Anstoß, um in den deutschen Ministerien ihre Idee eines deutschen Akzelerators voranzutreiben. Gemeinsam mit dem ebenfalls in der Bay Area lebenden Oliver Hanisch, der eine ähnliche Idee hatte, gründeten sie 2012 den German Accelerator.

Anfänglich war die politische Elite der Meinung, dass der German Accelerator ein Ausverkauf deutscher Innovation an die Amerikaner ist. Deutsche Jungunternehmer auf Staatskosten ins Silicon Valley zu schicken, schien ihnen eine eklatante Fehlentscheidung, obwohl man durchaus erkannte, dass dort andere Werte in Bezug auf Innovation gelebt wurden als in Deutschland. Die Stimmung hat sich seither aber gewandelt. Das Modell wird als äußerst erfolgreich betrachtet, was sich in Zweigstellen des German Accelerators in New York City und Boston manifestiert. Weitere Zweigstellen speziell in Asien sind im Gespräch. Pro Jahr durchlaufen nun bis zu 36 deutsche Start-ups für einen Zeitraum von drei bis sechs Monaten das Programm.

Dirks Ansporn ist, sich für sein Geburtsland zu engagieren. Seine Arbeit soll nicht nur die Start-up-Szene und die deutsche Wirtschaft beleben, sondern auf internationaler Ebene beweisen, dass Deutschland neben SAP noch andere innovative Vorzeigeunternehmen hervorbringen kann. Um global erfolgreich zu sein, muss man sich als deutsches Unternehmen sehr früh mit dem amerikanischen Markt auseinandersetzen.

Er hatte zwar nicht vor, sich in einem Start-up selbst als Executive zu betätigen, doch erstens kommt es anders und zweitens als man denkt. Ein Start-up aus dem Augmented-Reality-Bereich hat es ihm persönlich angetan und seit vergangenem Jahr ist er der Geschäftsführer von Seebright.

Der German Accelerator wurde nach drei Jahren um eine weitere Dreijahresperiode verlängert und expandiert, wie schon erwähnt. Mit dem Bostoner lifescience-orientierten Accelerator stellen sich neue Herausforderungen, weil es eine riesige Bandbreite an Geschäftsmodellen und Mentoren gibt. Zusätzlich wurde die Organisation German Innovators gegründet, die sich aus demselben Ansatz nicht an Start-ups, sondern an deutsche

> Klein- und Mittelstandsbetriebe richtet und einen Brückenschlag zu den USA bietet. Deutsche Unternehmen verstehen heute Innovation zu eng, nur im Bezug auf Produktinnovation, und müssen lernen, dass es mehrere Arten disruptiver Innovation gibt.

Auch die GABA erhofft sich, dass mehr deutsche Unternehmen im Silicon Valley ein Innovationsbüro aufbauen. Es gibt hier so viel zu lernen und so viele wirtschaftliche Möglichkeiten, dass man sich wundert, warum nicht schon mehr passiert ist. Die unterschwellige Angst ist immer, dass in Deutschland Arbeitsplätze verloren gehen, wie auch Dirk Kanngiesser schon erwähnt hat. Doch deutsche Unternehmen, die hier erfolgreich sind, schaffen auch in Deutschland neue Arbeitsplätze. Es wäre dumm, den Standort in Deutschland aufzugeben. Angesichts der geringeren Kosten und der großartigen deutschen Ingenieure wäre das ein schwerer Fehler.

Der German Accelerator zählt zu den deutschen Erfolgsmodellen und führt musterhaft vor, wie mit politischem Willen und Professionalität ein Eliteprogramm für Unternehmensgründer verwirklicht werden kann. Das Programm muss nun ausgebaut und repliziert werden. Insgesamt gibt es bis dato 400 Anträge und 66 Teilnehmer des Silicon-Valley-Programms sowie 14 Teilnehmer in der Zweigstelle New York. Der German Accelerator in Boston nimmt seinen offiziellen Betrieb 2016 auf. Von den deutschen Start-ups, die das German-Accelerator-Programm durchliefen, haben 43 Prozent eine Repräsentanz in den USA, 18 Prozent haben eine eigene Niederlassung eröffnet und drei Prozent verlegten sogar ihre Firmenzentrale hierher.[17]

INTERVIEW

Welche Hauptunterschiede sieht der Geschäftsführer des German Accelerators hinsichtlich der Erwartungen und der Mentalität zwischen deutschen Unternehmen und dem Silicon Valley? Im Folgenden äußert sich Dirk Kanngiesser über Start-ups, den Mittelstand und die zukünftige Entwicklung.

Start-ups

Start-up-Gründer haben nach Dirks Meinung in Deutschland zu wenig Möglichkeiten, sich mit Sparringpartner zu profilieren und entsprechende Benchmarks zu entwickeln. Im Silicon Valley seien Gründer so stark selbst ein Teil des Ökosystems, dass sie hier das erste Mal in die Lage versetzt werden, den eigenen Markt so richtig tief zu durchdringen. Es reiche nicht, eine Fünf-Millionen-Firma in fünf Jahren aus dem Boden zu stampfen und sich mit einem Marktanteil von einem halben Prozentpunkt zufriedenzugeben. Hier werde man gezwungen, größer und schneller zu denken und mehr zu wagen. Eine sinnvolle Marktdefinition lerne man das erste Mal hier und nicht in Deutschland, wo man eher in seinen Markt und die ersten Kunden reinstolpert. Auch stellten Gründer schnell fest, dass sich hier schon andere Marktteilnehmer und ähnliche Start-ups um dasselbe Thema kümmern. In Deutschland haben viele Start-ups gute Idee, aber sie denken, dass sie damit ganz alleine sind. Dann überzeugen sie ihr Ökosystem von der Einzigartigkeit der Idee. Ganz im Gegensatz zum Silicon Valley, wo man nicht an Einzigartigkeit glaube, dafür aber an den großen Markt und das Denken im großen Maßstab und dass man möglichst schnell den Markt besetzen muss.

Deutsche Unternehmen seien oft zu technologieverliebt. Die Überzeugung, dass die bessere Technologie automatisch zum Markterfolg führt, stecke tief in deutschen Knochen. Man rate sogar von einem frühen Markteintritt ab, um das Produkt noch besser zu machen. Das sei aber Blödsinn. Das sei so, als ob ich am Formel-1-Wagen herumschraube, um ihn noch zu verbessern, während die anderen längst ins Rennen gestartet sind. So ein Rennen kann man nicht gewinnen.

Im Silicon Valley sind Start-ups relativ schnell in der Lage, konkretes Feedback von künftigen Kunden zu erhalten, während in Deutschland der Zugang zum Kunden relativ stark reglementiert sei. Hier laufe alles sehr kollegial ab, bei einem Kaffee kann man sich unkompliziert Feedback holen. Es gebe weniger psychologische Barrieren und die Kunden geben bereitwillig Rückmeldungen.

Hier glaube man an das Schneeballsystem, an das fundamentale Prinzip, dass eine steigende Flut sämtlichen Booten Auftrieb verleihen wird. Ein Zurückhalten von Information hält man für schädlich. Das heißt nicht, dass alle Details verraten werden müssen, aber man tausche sich freizügig über Cash-Burn-Rate, Fundraising, Gründer und Rechtsanwälte aus, was jedem zugutekommt. Die ersten Gespräche mit anderen sind bereits von Offenheit geprägt und das führe dazu, dass kontinuierlich Benchmarking betrieben wird, sodass man stets weiß, wo man im Vergleich zur Konkurrenz steht. In Deutschland passiere das nicht in diesem Ausmaß, man befinde sich in einem Vakuum und habe eigentlich keine Ahnung, wie gut man aufgestellt ist.

In Deutschland sind wir laut Dirk in einem Stadium, wo es fast keine Serial Entrepreneurs (Leute, die mehrere Unternehmen gegründet haben und damit erfolgreich waren) gibt. Dasselbe trifft auf Angel-Investoren zu. Das kollektive Wissen dort basiert auf singulären Ereignissen. Trotzdem werden fast schon missionarisch ‚Erfolgsrezepte' kolportiert. Das ist im Silicon Valley anders, weil es hier eine Unmenge an Serial Entrepreneurs gibt, die verstanden haben, dass erfolgreiche Unternehmensgründungen nicht auf einem bestimmten Erfolgsrezept basieren. Dadurch gibt es weniger missionarisch verbreitetete Wahrheiten und Mentoren sagen einem weniger, wie etwas zu tun ist, sondern fragen eher nach, was bereits ausprobiert wurde.

Auch unter den VCs und Angels befinden sich etliche, deren Erfolge und Verluste nicht bloß auf ein Venture beschränkt sind. Nicht nur betreiben sie selbst kontinuierliches Benchmarking, was sie immer besser werden lässt. Man findet darunter auch welche, die mit Unicorns vertraut sind oder selbst welche geschaffen haben. Damit haben sie Erfahrung mit Hyperwachstum und das ist in Deutschland sehr selten. Was gute Angels und VCs so einzigartig macht, ist, dass die meisten von ihnen selber Ingenieure sind, die ihren Erfahrungsschatz gern teilen.

Eine große Stärke sei auch das Know-how im Silicon Valley, das tief in die Wertschöpfungskette bis nach Asien hineinreicht. Die Breite und Tiefe des Wissens, das das Silicon Valley anzubieten hat, ist erstaunlich und erfordert unaufhörliches Benchmarking, und das seit mehr als 40 Jahren.

Hier gibt es keinen Platz für Blender und Schwätzer. Das Silicon Valley versteht es auf elegante Art und Weise, diese auszusieben. Wenn es nicht läuft, bekommt man schnell zu spüren, dass die Bay Area ein ziemlich teures Pflaster ist, und zieht dann weg.

Mittelstand und Großunternehmen
Die deutschen Unternehmen, die einen Outpost hier haben, sind mit wenigen Ausnahmen vor allem aus der Technologiebranche. Und von denen sind wiederum die erfolgreich, die unter Innovation nicht nur Technologie-Innovation verstehen,

sondern Innovation auch in anderen Bereichen vornehmen. Man dürfe nicht unterschätzen, dass ein Innovation Outpost im Silicon Valley auch Marketing für das Unternehmen ist und damit für Topleute besonders attraktiv wird. Samsung exerziert das vor, GE weniger, weil die mit dem Outpost in San Ramon in der East Bay schon fast zu weit vom Schuss sind.

SAP ist das interessanteste Beispiel, weil sie mit SAP Labs nicht nur einen Outpost geschaffen haben, sondern auch das SAP Center in San José sponsern, mit der Sapphire und SAP TechEd jährlich zwei große Konferenzen in den USA abhalten und zudem der CEO in den USA lebt und in den vergangenen Jahren mit Shai Agassi und Vishal Sikka zwei Produktentwicklungschefs im Silicon Valley lebten. Das macht SAP mit beinahe 5.000 Mitarbeitern in der Bay Area schon fast zu einem amerikanischen Unternehmen mit starker Verwurzelung im Silicon Valley.

Zukunft
Die Welt wird immer komplexer und Europäer sind eigentlich Meister im Organisieren komplexer Systeme. Das bietet deutschen Start-ups mit mathematischen und analytischen Systemfähigkeiten global gute Chancen, konkurrenzstarke Lösungen anzubieten. Die Start-ups müssen nicht immer zu Unicorns werden, aber im Laufe die Zeit ermöglichen kleinere Erfolgsgeschichten einen sich selbst verstärkenden Zyklus an Gründungen, Wachstum, Verkäufen und Neugründungen durch eine Reinvestition ins System. Die Unicorns werden Ausreißer bleiben – was man braucht, so Dirk, ist das Rückgrat vieler kleiner erfolgreicher Start-ups.

Was Deutschland vernachlässige, wo es jedoch Chancen für Start-ups gebe, ist im Bereich der Digitalisierung der Industrie. Industrie 4.0 werde eine leere Versprechung bleiben, weil die

Industrien so verwöhnt und selbstverliebt sind, dass sie das nicht hinkriegen werden. Das öffne deutschen Start-ups die Tür.

Ebenso sei Global Leadership etwas, das den Leuten in Deutschland nur schwer über die Lippen gehe, sicherlich auch aus historischen Gründen. Betrachte man Deutschlands Führungsposition und Soft Power in der Weltpolitik und wie sehr Menschen aus anderen Teilen der Welt auf Deutschland schauen – und das im positiven Sinne –, sei es mehr als angebracht, dass auch deutsche Unternehmen sich dieser Global Leadership nicht länger verschließen. Deutschland könne – in aller Bescheidenheit – der Welt viel beibringen und Vorbild sein.

In Deutschland sähe man Schumpeters Theorie der Selbstzerstörung des Kapitalismus gerne bestätigt – dieses Denken ist historisch verankert –, doch dann möchte man diesen Prozess lieber doch nicht befördern. Deswegen werde mehr über Befürchtungen als über Chancen diskutiert. Eigentlich, so ist Dirk überzeugt, will Deutschland keine Veränderung, das seien alles nur Lippenbekenntnisse. Offensichtlich werde das in der Hochmut und Arroganz, die auf dem Glauben an die technische Überlegenheit deutscher Technik basiert.

Diese Überlegung bringe beispielsweise die Ingenieure der Automobilhersteller dazu, eine Grundhaltung an den Tag zu legen, die neue Antriebstechniken ablehnt. Das führt zu der technologischen Überheblichkeit, die die Ereignisse um den Dieselskandal erst erklären. Dieser Skandal ist ein Ausreißer. Dass ein deutsches Unternehmen so etwas macht, schien völlig unvorstellbar. Das lege eine ultimative grenzenlose Arroganz offen, die deutsche Ingenieure den Amerikanern und dem Rest der Welt offenbar entgegenbringen, nach dem Motto: „Ihr Amerikaner habt nicht kapiert, was die ultimativ richtige Lösung ist: der Dieselmotor. Deshalb werden wir uns mit allen Mitteln in den Markt drängen,

> weil wir wissen, dass das auf lange Sicht der richtige Weg ist. Ihr mit euren Benzinschlürfern braucht euch da nicht wichtig machen."

Daraus ergab sich, so meint Dirk, eine Verkettung notwendiger Verschleierungen, die sie immer tiefer in den Schlamassel geritten haben, und dies beruhe eben auf besagter technologischer Überheblichkeit.

Österreich

> „Erstens sind Österreicher sehr freundlich und zweitens meinen sie es nicht so."
> Christoph Waltz

Angesichts der Tatsache, dass die Österreicher gegenüber der Schweiz und Deutschland einiges aufzuholen haben und drei Österreicher im German Accelerator (Michael Meirer und ich in Palo Alto sowie Christoph Lengauer in Boston) und eineinhalb Österreicher bei swissnex SF tätig sind (Birgit Coleman und Christian Simm), ist es erstaunlich, wie wenig das offizielle Österreich Innovation als Kerntugend und Notwendigkeit ansehen möchte. Während Deutschland und die Schweiz globale Netzwerke an Innovationshubs aufbauen, hat Österreich ein Start-up-Programm, das zu viel zum Sterben und zu wenig zum Leben bietet.

Seit Jahren kommen Delegationen von C-Level Executives oder Ministern mit ihren Mitarbeitern zu Besuch, aber es tut sich nichts. Ein Besuchsplan von Anfang November 2015 zeugt davon beispielhaft. Der Bundesminister für Verkehr, Innovation und Technologie besuchte vormittags Professor Prinz in Stanford, nachmittags Google, jeweils begleitet von Campus-Erkundungen. Am zweiten Tag folgte ein Treffen mit Peter Platzer, demselben Start-up-Gründer aus Wien, den man damals bei der Gründung seiner europäischen Niederlassung in Österreich nicht unterstützen konnte (oder wollte), gefolgt von einem Besuch bei Tesla. Eine Spazierfahrt durch San Francisco beschloss den zweiten Tag. Am dritten Tag fand eine ganztägige Innovationskonferenz statt, zu der die Delegation nur zur Eröffnung anwesend sein konnte, weil schon der Rückflug anstand. Diese Reise und die Konferenz waren im Endeffekt genauso ergebnislos wie allen anderen zuvor.

Nicht nur sind die besuchten Unternehmen immer dieselben, diese repräsentieren auch nicht das Silicon Valley. Sie werden einzig und alleine wegen der Imagepflege und der Fotos des Ministers oder sonstiger Würdenträger vor den berühmten Firmenlogos gemacht, die dann in den heimischen Medien zu sehen sind. Gäbe es wirkliches Interesse daran, Österreich als Innovationsstandort zu verbessern und auf die Landkarte zu bringen, wären hier bereits analog zu Deutschland und der Schweiz eine offizielle Repräsentanz und Outposts heimischer Unternehmen zu finden. Aber Österreich steht da ziemlich nackt da. Das gerne heruntergeleierte Mantra von Österreich mit seinen vielen Hidden Champions scheint Wunschdenken zu sein.

Die Medien sind an dieser Misere nicht ganz unschuldig. Angesichts der erschreckend visions- und ahnungslosen Aussagen des Wirtschaftskammerpräsidenten bei seinem Besuch im Jahr 2014 erschien keine einzige kritische Anmerkung in den Zeitungen, obwohl die wichtigsten Medien alle Teil der Delegation waren. Warum sollte man das auch tun? Wurden einem doch Reisekosten bezahlt und die Hand, die einen füttert, beißt man nicht. Dieser Kuschelkurs, der hier gefahren wird, erklärt sich mit dem Versagen sowohl der heimischen Politik, die Schönwetterpolitiker erzeugt, als auch der Medienvertreter, die sich selbst durch die technologischen Innovationen aus dem Silicon Valley bedroht fühlen. Weil man diese Entwicklungen nicht versteht, kann man darüber weder schreiben noch eigene Ideen entwickeln und durchführen.

Dabei bietet Österreich die besten Voraussetzungen. Das Land ist schön, wohlhabend, sicher, die Infrastruktur ist exzellent, es liegt im Zentrum Europas und ist ein Verkehrsknotenpunkt. Die Ausbildung ist hervorragend und Kreativität ist ein hiesiges Markenzeichen, das sich in

Literatur, Kunst und Kultur manifestiert und im deutschen Sprachraum tonangebend ist.

Es gibt eine lebendige Start-up-Szene, wo noch vor dem Boom mit Jajah und 3United zwei Unternehmen im Telekommunikationsbereich erfolgreiche Exits hatten und kürzlich mit dem Fitness-App-Hersteller Runtastic der dringend benötigte und lang auf sich warten lassende nächste Exit geschah. Auch Whatchado, die vom gebürtigen Perser Ali Mahlodji gegründete Berufsorientierungsplattform, schlägt derzeit Wellen. Die Austrian Angel Investor Association bemüht sich intensiv, Start-ups zu fördern und traditionelle Investoren mit ins Boot zu holen. Austrian Start-ups vertritt als Interessengemeinschaft die österreichischen Start-up-Gründer. Start-up-Programme wie das vom AWS Gründerfonds sollen Gründern helfen, Kapital für Ideen und Innovationen aufzustellen.

So hilfreich und wichtig diese Aktivitäten sind, werden sie durch andere Aktivitäten torpediert. Das Hin und Her bei der GmbH Light, das geringere Kapitalerfordernisse versprach und Start-ups zugutekommen sollte und, kaum eingeführt, wieder abgeschafft wurde, ist so ein Beispiel. Das Verhalten und die Aussagen von Vertretern der Wirtschaftskammer, beim Wirtschaftskammerpräsidenten angefangen, ist ein Zeugnis dafür, wie unwichtig Start-ups oder generell kleinere Unternehmen diesen sind. Bei einer ganztägigen Veranstaltung in Wien zum Thema Gamification wurden erst auf Nachfragen zwei der zahlreichen österreichischen Gamification-Start-ups zum Vortragen eingeladen.[18] Aber was will man auch erwarten, wenn alle Unternehmen einen Zwangsbeitrag an die Wirtschaftskammer zahlen müssen, egal wie gut die Services der Wirtschaftskammer den Mitgliedern dienen?

Neben Förderungen sollten sich Behörden auch überlegen, wie sie sich in der Rolle des Kunden sehen können, um so den Start-ups zu ersten Umsätzen und dem so wichtigen Feedback zu verhelfen. Österreichische Unternehmen sollten die Initiative ergreifen und Outposts in anderen Innovationsstandorten errichten. In meinen 14 Jahren im Silicon Valley habe ich den Wandel miterlebt. Kamen anfänglich vor allem Österreicher aus großen Unternehmen und der akademischen Forschung zu den Österreich-Abenden und -Stammtischen, so sind es nun bestimmt drei- bis viermal so viele, darunter viele Start-up-

Gründer und -mitarbeiter. Die Dynamik ist nicht zu übersehen. Sie sind viel umtriebiger, das zeigt sich schon allein an der Zahl der Treffen und Veranstaltungen. Damit ist bereits ein Netzwerk vorhanden, auf das wagemutige andere Österreicher zurückgreifen können. In meiner E-Mail-Verteilerliste habe ich 600 Österreicher in der Bay Area gelistet.

Stanford-Professor Burton Lee verweist auch darauf, dass österreichische Universitäten viel stärker zu Firmenausgründungen ermuntern sollten. Dazu ist eine politische Kommerzialisierungsreform der Universitäten nötig. Momentan gibt es ganze 15 Firmenausgründungen pro Jahr. Burton schlägt als Zielvorgabe eine realistische Zahl von 50 vor.[19]

Umgekehrt hat Österreich in den vergangenen Jahren Initiativen ins Leben gerufen, die unter dem Motto ‚Österreichische Wissenschaftler zurück nach Österreich' liefen. Man wollte zu Hause Bedingungen schaffen, dass Forscher und Wissenschaftler an die heimischen Universitäten und Forschungseinrichtungen zurückkehren. Abgesehen davon, dass die Univertreter inklusive Rektoren, die dem Silicon Valley ihre Aufwartung machten, nicht hören wollten, was ihnen die ausgewanderten Österreicher zu sagen hatten, wurde einfach ignoriert, dass Österreich viel zu klein ist, um in jeder Disziplin Forschung auf Weltklasseniveau zu betreiben. Stattdessen wäre es zielführender gewesen, Input von den Forschern im Ausland zu erfragen und zu überlegen, welche guten Ansätze man für das heimische Universitätssystem übernehmen könnte. Die 2001 gegründete AScINA – eine lose Vereinigung österreichischer Wissenschaftler in Nordamerika – widmet sich dieser Aufgabe.

Warum gehe ich mit meinem Heimatland so kritisch um? Nicht nur weil ich sehe, wie andere Länder es besser vormachen und dass das kein Geheimnis ist, sondern auch weil ich will, dass es den Leuten in meinem Heimatland auch in Zukunft gut gehen wird und sie Entwicklungschancen haben. Immerhin lebt dort noch der Großteil meiner Familie. Manchmal reicht es nicht, taktvoll auf etwas hinzuweisen, manchmal muss man sich den allgemeinen Groll zuziehen, indem man etwas Unangenehmes ausspricht. Einer muss das tun und das will und kann ich, weil meine Karriere von niemanden in Österreich abhängt. Das ist mein Beitrag, mich meinem Heimatland erkenntlich zu zeigen und es besser zu machen.

Schweiz

> „In den 30 Jahren unter den Borgias hat es in Italien nur Krieg gegeben, Terror, Mord und Blutvergießen, aber dafür gab es Michelangelo, Leonardo da Vinci und die Renaissance. In der Schweiz herrschte brüderliche Liebe, 500 Jahre Demokratie und Frieden. Und was haben wir davon? Die Kuckucksuhr!"
>
> *Harry Lime in „Der dritte Mann"*

Harry Lime, gespielt vom großartigen Orson Welles, ist ein Schlitzohr und tut der Schweiz unrecht. Vor allem, weil die Kuckucksuhr eigentlich aus dem Schwarzwald stammt. Ebenso liegt der Film schon über 60 Jahre zurück und die Welt hat sich geändert. Die Schweiz hat mit 24,3 Prozent einen der höchsten Ausländeranteile in Europa.[20] Viele internationale Organisationen und global tätige Unternehmen haben ihren Sitz in der Schweiz, darunter sehr viele amerikanische Unternehmen. Swisscom, PMI und Roche betreiben Outposts im Silicon Valley. Das zu Roche gehörige Genentech und andere Schweizer Unternehmen haben dort Niederlassungen. Diese Diversität hat sicher dazu beigetragen, dass Schweizer Unternehmen zu den besten der Welt gehören.

Unter den Banken ist die UBS dank CIO Oliver Bussmann in der Fintech-Start-up-Szene sehr aktiv. So wurde 2015 in London ein eigenes Fintech Innovation Lab aufgemacht, um mit Start-ups enger zusammenzuarbeiten.

Zwar hat die Schweiz bekannte Verbrauchermarken, Banken, Uhrenmanufakturen, Nahrungsmittelhersteller und Pharmaunternehmen, es gibt dort aber auch etliche Firmen, die bei Endverbrauchern weniger bekannt sind, weil sie vor allem andere Unternehmen bedienen und in ihrem Bereich Weltmarktführer sind. Mit der ETH Zürich und anderen hat die Schweiz zudem Unis von Weltrang.

Mit swissnex haben das Staatssekretariat für Bildung, Forschung und Innovation (SBFI) und das Eidgenössische Departement für auswärtige Angelegenheiten ein Wissenschafts- und Technologienetzwerk geschaffen, das sich um alle Aspekte zwischen Idee und Produkt in Zusammenarbeit mit Schweizer Unternehmen und Organisationen kümmern soll. An sechs Standorten weltweit ist die Schweiz mit swissnex vertreten. Swissnex-SF-Leiter Christian Simm zählt die folgenden Aufgaben für die Repräsentanz auf:

1. Mithören und näher an dem dran sein, was hier analysiert, erforscht und überdacht wird;
2. Kontakte und Netzwerke um dieses Thema erweitern, um die Kunden kompetenter dazu betreuen zu können;
3. die Anbahnung von Gesprächen zwischen Amerikanern und Schweizern;
4. der akademischen Welt, der Forschung, den Hochschulen und Labors Unterstützung anzubieten;
5. Start-ups in einem frühen Stadium bei der Validierung und der Frage, wie sie in den USA aktiv werden können, zu unterstützen sowie
6. Unternehmen beim Technologie- und Trendscouting zu helfen.

Im Rahmen dieser Aufgaben organisiert swissnex SF jährlich über 100 öffentliche und 40 nicht-öffentliche Workshops und Veranstaltungen. Mit ungefähr 15 Mitarbeitern ist swissnex SF auch die größte offizielle Brückenorganisation im Silicon Valley.

Mittlerweile gibt es ein Netzwerk von fünf swissnex-Organisationen in San Francisco, Boston, Schanghai, Bangalore und Rio de Janeiro. Das swissnex Singapur wurde gerade geschlossen, da die Schweizer Hochschulen und Organisationen dort bereits selbst so stark vertreten sind, dass diese Gelder besser einem neuen Innovationsstandort zugutekommen sollen.

CHRISTIAN SIMM

Quirlig und umtriebig sind Adjektive, die Christian Simm am besten beschreiben. Einen Mann mit diesen Eigenschaften braucht der von ihm selbst vor über einem Jahrzehnt aufgebaute Innovationshub swissnex San Francisco. In der französischen Schweiz geboren, machte er sich nach seinem Physikstudium und Doktorat an der Eidgenössischen Technischen Hochschule Lausanne (EPFL) für einige Jahre nach Montréal zum Studium auf. Dann arbeitete er in Lausanne in der Industriekontaktstelle der EPFL und übernahm dessen Leitung. 1997 kam er ins Silicon Valley, um hier einen Beobachterposten aufzubauen. Das Internetzeitalter brach gerade an und es war eine verrückte Zeit, die man in der Schweiz hautnah mitverfolgen wollte.

Christian merkte allerdings bald, dass in dieser unglaublichen Euphorie, die damals herrschte, eine Beobachterrolle nicht ausreiche und man sich aktiver einbringen und netzwerken musste. Er schlug deshalb seinen Vorgesetzten vor, eine offizielle Repräsentanz aufzumachen. Daraus sollte dann 2002/03 swissnex San Francisco hervorgehen mit dem Ziel, besser auf aktuelle Entwicklungen Einfluss nehmen zu können und den Schweizer Bemühungen mehr Öffentlichkeit zu verschaffen. Man wollte den Austausch zwischen Schweizer und amerikanischen Firmen, Hochschulen, Forschungslabors, Start-ups oder Designern erleichtern und aus Ideen Produkte werden lassen. Was mit einer Anstoßfinanzierung aus privaten Geldern begann, wurde sehr rasch Teil der Schweizer Außenpolitik.

Am Silicon Valley schätzt Christian diesen Ausbund an Energie, Risikofreude, Experimentierfreudigkeit und Verrücktheit. In der Schweiz gibt es das nicht in diesem Ausmaß. Schweizer Besucher reisten oft voller Energie wieder ab und bekämen den Eindruck, hier sei alles möglich sei. Sie entdecken Denkweisen, die sie von zu Hause nicht kennen. In der Schweiz hinterfrage man Ideen viel mehr. „Ja, geht das überhaupt?" „Haben wir überhaupt die Ressourcen?" Hier hingegen stelle man sich diese Fragen erst später.

Auffallend sei, wie jung die Leute hier im Durchschnitt sind. Und weil alle von woanders herkommen, sei es auch nicht so schlimm, wenn man stolpert, weil das eh niemanden interessiere. Scheitern habe keinerlei Konsequenzen für den eigenen Ruf. Hier kann jemand aus der Computerindustrie kommen wie Elon Musk und darangehen, Autos zu bauen oder Raketen ins All zu schießen. In der Schweiz würde man zuerst fragen, ob er das denn überhaupt könne.

Diese unglaubliche Dichte an qualifizierten Leuten bringe sowohl Vor- als auch Nachteile mit sich. Innerhalb von 80 Kilometern finde man hier alles, was man für die Unternehmungen hier brauche, aber Christian sieht das als eine Monokultur. Es gebe hier vor allem den ‚Entrepreneur'. Von dieser nicht-ethnischen Warte aus betrachtet sei Europa multikultureller. Auch seien Lösungen oft zu oberflächlich konzipiert. Nicht alle Probleme können durch eine App gelöst werden.

Während die Amerikaner laut Christian sehr gut im Marketing sind, sind sie Europa beim Engineering unterlegen. Vor allem die Schweizer sind für ihre superpräzisen, langlebigen und gut durchdachten Technologien bekannt. Banking, Nanotechnologie und Präzisionsfertigung sind Bereiche, wo die Schweiz viel anzubieten hat. Die Gefahr sei dabei immer der Hang zu Perfektionismus und Overengineering.

Ernüchternd für ihn ist auch, wie wenig Europa und vor allem die Schweiz im Radar des Silicon Valley sind. Der kalifornische Blick richte sich geografisch bedingt viel stärker auf Asien.

Doch auch die Schweiz kann sich nicht auf ihren Erfolgen ausruhen. Sowohl Birgit Coleman als auch Christian Simm kritisierten, dass in der Schweiz die Dinge zu langsam vorangehen. In einer Welt des ständigen, immer rasanteren Wandels muss sich auch die Schweiz diesem Tempo anpassen. Etlichen Sparten steht eine Disruption bevor. Apples Angriff auf die Schweizer Uhrenindustrie ist nur ein Vorbote davon. Umwälzungen im Bankenbereich durch einen dynamischen Fintech-Sektor bedrohen tragende Säulen der Schweizer Wirtschaft. Der FIFA-Skandal ist ein weiteres Zeichen, dass gewisse Gepflogenheiten nicht mehr toleriert werden und andere das Heft in die Hand nehmen.

Die vornehme Zurückhaltung der Schweiz in internationalen Organisationen führt dazu, dass immer mehr Regulierungen von außen übernommen werden müssen, ohne dass man selbst mitbestimmen könnte. Dabei hat die Welt von der Schweiz viel zu lernen und deswegen sollte sie auch eine aktivere Rolle als Lehrmeisterin übernehmen.

Israel

Ein Phänomen, das in Europa für Verwunderung sorgt, ist, wie es das kleine Israel mit seinen ganz spezifischen politischen und regionalen Herausforderungen schafft, eine so vibrierende Start-up-Szene zu generieren. Den Erfolg der Israelis einfach mit der wirtschaftlichen und militärischen Unterstützung durch die Amerikaner abzutun, wäre zu einfach gedacht. Dan Senor und Saul Singer haben in ihrem Buch „Start-up Nation Israel: Was wir vom innovativsten Land der Welt lernen können" eine ausführliche Beschreibung der erfolgversprechenden Elemente geliefert. Das Buch schildert eingangs eine Begegnung von Israels früherem Präsidenten Schimon Peres mit Shai Agassi. Schimon Peres fragt ihn, wie er ihm helfen kann, nach für Israel überlebenswichtigen Alternativen zu Benzinfahrzeugen zu suchen.

Shai Agassi ist ein Absolvent der angesehenen Technion-Universität, ein Serienunternehmer und ehemaliges SAP-Vorstandsmitglied. Mit der Akquise seiner Internetportal-Firma Top Tier durch SAP im Jahr 2001 wurde Shai in der Folge Vorstand für den Produkt- und Technologiebereich und war mein unmittelbarer Vorstand. Somit bekam ich aus erster Hand die Unterschiede im Führungsstil zwischen deutschen und israelischen Managern mit – oder, genauer gesagt, zwischen Managern und Unternehmern. Das ist ein signifikanter Unterschied. Manager sind Meister der Optimierung und Durchführung planbarer Prozesse, die skaliert werden müssen. Unternehmer hingegen müssen Flexibilität und Überzeugungskraft demonstrieren und unvorhersehbare Gelegenheiten ergreifen. Das zeigte sich in den unterschiedlichen Herangehensweisen an Aufgabenstellungen. Während Shai immer wieder Druck ausübte und gegenüber den Mitarbeitern voreilige Ankündigungen machte, versuchte das Management zu bremsen und erst dann nach außen zu kommunizieren, wenn das Produkt fertig war. Was aus deutscher Sicht als rücksichtsloses Vorgehen gesehen wurde, betrachtete Shai als Zögern und Zaudern. Die Wahrheit liegt vermutlich irgendwo dazwischen.

In Israel, das durch seine geopolitische Lage und Geschichte in dieser Weltregion isoliert ist, müssen Start-ups von Anfang an globaler denken. Der israelische Markt ist nicht groß genug und das Hinterland im Nahen Osten ist ihnen nicht zugänglich. Auch weil Israel als Staat noch relativ jung ist, herrscht nach wie vor eine Pioniermentalität, die beinahe mit Händen zu greifen ist. Die Chance zu gewinnen ist größer, weil man weniger zu verlieren hat. Im saturierten Europa ist es genau umgekehrt.

Israelis wachsen mit der ständigen Bedrohung auf. Kaum ein Jahr vergeht, in dem nicht ein Militäreinsatz stattfindet, Israelis attackiert werden oder die Bevölkerung sich vor Raketenbeschuss in Luftschutzkeller flüchtet. Auch wenn ich bei meinen unzähligen Israel-Besuchen das selbst nicht miterlebte, bekomme ich durch meine israelischen Freunde diese Ereignisse unmittelbar mit. Einem Risiko ausgesetzt zu sein ist etwas, was Israelis ständig erleben, und deshalb finden sie es nicht abwegig, sich auch mit einem Start-up was zu trauen. Auch ist die Unmittelbarkeit und Geschwindigkeit geschäftlicher Entwicklungen verblüffend. Zwar werden Dinge oft sehr lautstark und hitzig diskutiert, dann aber auch sehr rasch umgesetzt. Eine Anekdote aus dem Dating-Leben der Israelis illustriert das. Wenn ein Israeli mit einem Mädchen ausgehen will, lädt er sie für denselben Tag ein. Eine Single-Freundin erhielt um 23:00 Uhr einen Anruf, als sie mit uns zum Abendessen aus war. Am anderen Ende war ein junger Mann, der ihre Kontaktdaten von einer Dating-Website hatte und sie zu einem Drink einlud – um ein Uhr nachts.

Israelische Freunde erklärten mir auch ihr Verhältnis zu Regeln. Wann immer sie eine Warteschlange sehen – was auch immer Israelis unter einer ‚Warteschlange' verstehen – werden sie sich nicht einfach hinten anstellen und warten, bis sie an die Reihe kommen. Nein, sie werden zuerst an der Schlange vorbeispazieren und gleich mal vorne nachfragen, auch wenn sie wissen, dass die Wahrscheinlichkeit, zum Zug zu kommen, eher gering ist. Diese Chuzpe und der geringe Respekt vor Regeln macht israelische Start-ups so erfolgreich.

Der verpflichtende zwei- bis dreijährige Militärdienst, den alle Israelis durchlaufen müssen, ist die Keimzelle für die Start-up-Szene. Die erstaunliche flache Militärhierarchie und die Aufforderung zur Eigeninitiative macht die IDF zu einer der besten Armeen der Welt. In Diskussionen fand ich immer erfrischend, wie wenig sich Israelis von Titeln und Rang abhalten lassen, kritische Fragen zu stellen. Als auf der IDF-Website 2011 und 2012 Spielelemente auftauchten, um die eigene Propaganda zu verbreiten, war der Mastermind dahinter ein 19-jähriger Rekrut namens Ido Tal. Seine Idee, die Website zu gamifizieren, wurde von seinen Vorgesetzten ohne viel Aufhebens abgenickt.

Die berühmte und geheimnisumwitterte Unit 8200 des Israelischen Geheimdienstes im Speziellen ist die Elitetruppe, aus der viele erfolgreiche Start-ups wie Check Point, Nice oder Metacafe hervorgingen. Manche Stellenausschreibungen fragen gezielt nach ehemaligen Mitgliedern dieser Einheit. Israelische Firmen, die Sicherheitssoftware und -services anbieten, haben schon alleine deshalb einen Startvorteil.

Israel hat seit 2013 in der Bay Area auch einen sehr umtriebigen Wirtschaftskonsul, der von einer Handvoll Israelis und lokalen Mitarbeitern unterstützt wird. Ein Besuch bei ihm führt durch Sicherheitsschleusen wie auf dem Flughafen. Die Aufgabe des Wirtschaftskonsuls ist es, amerikanische Unternehmen und Wirtschaftstreibende mit israelischen Unternehmen in Kontakt zu bringen. Für den Mobile World Congress in Spanien wird eine ganze Delegation von Gästen aus den USA eingeladen und nach Spanien eingeflogen, um sie dort mit den Start-ups im israelischen Pavillon zusammenzubringen. Die große jüdische Diaspora in den USA ist dabei sehr hilfreich mit Kontakten. Viele Israelis haben auch die amerikanische Staatsbürgerschaft, was den Umzug zwischen den beiden Ländern und das Geschäftsleben erleichtert.

Das israelische Akzeleratorprogramm UpWest Labs haben wir bereits von zwei Seiten kennengelernt: durch Gil Ben-Artzy, der es mit seinen Mitgründern initiiert hat, und durch Vova Feldman, der es mit seinem Start-up durchlief.

Der Erfolg gibt den Israelis recht. 2014 war mit der Akquisition von israelischen Start-ups durch US- und UK-Firmen, die insgesamt 15 Milliarden Dollar brachten, das bisher erfolgreichste Jahr.[21] Diese Unternehmen fügten sich nahtlos ein in die Liste von über 80 israelischen Firmen, die 2015 an der NASDAQ gelistet waren.[22] Die Start-up-Szene in Tel Aviv ist nicht nur hinsichtlich der Dynamik, sondern auch im Hinblick darauf, wie spartanisch deren Mittel sind, ungewöhnlich. Arbeitsschutzbeauftragte würden beim Anblick vieler israelischer Start-up-Büros die Hände über dem Kopf zusammenschlagen. Eng zusammengestellte Tische mit drei Entwicklern pro Raum (wo in Deutschland nicht mal ein Mitarbeiter sitzen dürfte) in heruntergekommenen Bauten geben den Start-ups ausreichend Motivation, ihre Situation zu verbessern. Wie schon beim MIT-Building 20 erlauben die Räumlichkeiten, schnell mal ein Loch hier zu bohren oder eine Halterung da anzubringen, ohne dass man die Beschädigung eines durchgestylten Coworking Space bedauern oder sich eine offizielle Erlaubnis dafür einholen muss.

Politik und Gesellschaft

Angesichts der politischen Krisen, angefangen von Griechenland bis zu der humanitären Katastrophe der Flüchtlinge aus Libyen und Syrien, die sich 2015 zuspitzte, komme ich nicht umhin, auch die Politik anzusprechen und mit dem Silicon Valley in Verbindung zu setzen.

US-Präsident Barack Obama hat nach den massiven Startproblemen, die die Krankenversicherungs-Website Healthcare.gov erlitt, erkannt, dass IT-, Software- und Programmdesign kreative Prozesse sind, die anders zu behandeln sind als die Beschaffung von Kugelschreibern.[23] Nachdem geschätzte 800 Millionen Dollar für diesen Service aufgewandt wurden und die Website unter dem Andrang zahlreicher

Versicherungswilliger zusammenbrach und nicht mehr erreichbar war, ließ er innerhalb weniger Tage Dutzende Entwicklungsleiter und Programmierer von Silicon-Valley-Firmen anheuern. In weniger als drei Monaten schafften diese es, die Healthcare.gov-Website verkehrssicher und funktionstüchtig zu machen.

„Es kann nicht sein", meinte Obama, „dass wir in den USA das Silicon Valley haben, aber unsere eigene Regierung minderwertige Internetdienstleistungen anbietet." Das hat ihn davon überzeugt, ein kleines, aber schlagkräftiges und innovatives Start-up innerhalb der Regierung einzurichten, das mit Bundes- und Bundesstaatsbehörden zusammenarbeiten soll. Neue Methodologien und Ansätze, wie sie das Silicon Valley vorexerziert, sollen von den Behörden übernommen und angepasst werden.

Eine Antwort auf das Zögern, mit dem sehenden Auges Krisen begegnet wird und das solche Krisen verschärft, sind vermutlich die im Buch vorgestellten Konzepte. Moderne Verwaltungen müssen moderne Technologien und Konzepte adaptieren. Kriege, Flüchtlinge und Bürger halten sich nicht mit veralteten Konzepten auf, sondern bedienen sich genauso dieser modernen Methoden.

Und Regierungsbehörden können und sollen auch die Start-up-Wirtschaft ankurbeln, indem sie selber zu Kunden werden und den Start-ups gegenüber aufgeschlossen sind. Das verlangt aber raschere Beschaffungsprozesse, um Start-ups nicht auszuhungern. Ein Beschaffungsprozess, der sechs oder zwölf Monate benötigt, mag für eine Behörde zwar unwahrscheinlich schnell sein, für ein Start-up, das sich von Monat zu Monat durchhangelt, ist es das aber nicht.

Fußnoten

[1] Andrew Kohut u. a.: The American-Western European Values Gap, in: PewGlobal.org, 17.11.2011, http://www.pewglobal.org/files/2011/11/Pew-Global-Attitudes-Values-Report-FINAL-November-17-2011-10AM-EST.pdf

[2] Europäische Kommission (Hg.): Flash Eurobarometer 354; Unternehmertum in der EU und darüber hinaus, Brüssel 2012

[3] Thomas Funke, Axel W. Zehrfeld (Hg.): Abseits von Silicon Valley: Beispiele erfolgreicher Gründungsstandorte; Frankfurter a. M. 2014

[4] OECD (Hg.): Entrepreneurship at a Glance, Paris 2013, http://www.seecel.hr/UserDocsImages/Entrepreneurship%20at%20a%20Glance%202013.pdf

[5] Ross Andersen: The Most Mysterious Star in Our Galaxy, in: TheAtlantic.com, 13.10.2015, http://www.theatlantic.com/science/archive/2015/10/the-most-interesting-star-in-our-galaxy/410023/

[6] https://de.wikipedia.org/wiki/Kardaschow-Skala

[7] David J. Jeremy: Damming the Flood: British Government Efforts to Check the Outflow of Technicians and Machinery, 1780–1843, in: Business History Review, Bd. LI, Nr. 1 (1977)

[8] John R. Harris: Industrial Espionage and Technology Transfer – Britain and France in the Eigteenth Century, Aldershot u. a. 1998

[9] Ha-Joon Chang: Bad Samaritans: The Myth of Free Trade and the Secret History of Capitalism, New York 2008

[10] Kal Raustiala, Christopher John Sprigman: The Knockoff Economy: How Imitation Spurs Innovation, Oxford 2012

[11] Pawel Pietrasienski, Katarzyna Bitka: European Bridge Organizations in Silicon Valley – organizational structures, activity profiles, best practices, in: Researchgate.net, 26.2.2015, http://www.researchgate.net/publication/272792188_European_Bridge_Organizations_in_Silicon_Valley__organizational_structures_activity_profiles_best_practices

[12] Brian Solis: Why Businesses Back Innovation Centers, in: TechCrunch.com, 5.10.2015, http://techcrunch.com/2015/10/05/why-businesses-back-innovation-centers/

[13] Hallie Golden: The Rise of Agency Innovation Labs, in: Nextgov.com, 22.10.2015, http://www.nextgov.com/cio-briefing/2015/10/rise-agency-innovation-lab/123041/

[14] Evangelos Simoudis: Establishing and Expanding Corporate Innovation Outposts, in: EnterpriseIrregulars.com, 13.10.2015, https://www.enterpriseirregulars.com/102638/establishing-expanding-corporate-innovation-outposts/

[15] SAP at a Glance, Juli 2015, http://global.sap.com/corporate-en/investors/pdf/SAP-Fact-Sheet-EN.pdf

[16] o. Verf.: European entrepreneurs: Les misérables, in: TheEconomist.com, 26.7.2012, http://www.economist.com/node/21559618

[17] German-Accelerator-Daten 2015

[18] https://www.wko.at/Content.Node/kampagnen/E-Day/E-Day_15-Programm.html

[19] Interview mit Burton Lee: „Verständnis für disruptiven Wandel fehlt", in: Trend, 10/2015

[20] http://www.bfs.admin.ch/bfs/portal/de/index/themen/01/07/blank/key/01/01.html

[21] http://www.forbes.com/sites/gilpress/2015/01/31/2014-was-best-ever-year-for-israeli-Start-ups/

[22] http://www.nasdaq.com/screening/companies-by-region.aspx?region=Middle+East&country=Israel

[23] Jon Gertner: Inside Obama's Stealth Startup, in: Fastcompany.com, 15.6.2015, http://www.fastcompany.com/3046756/obama-and-his-geeks

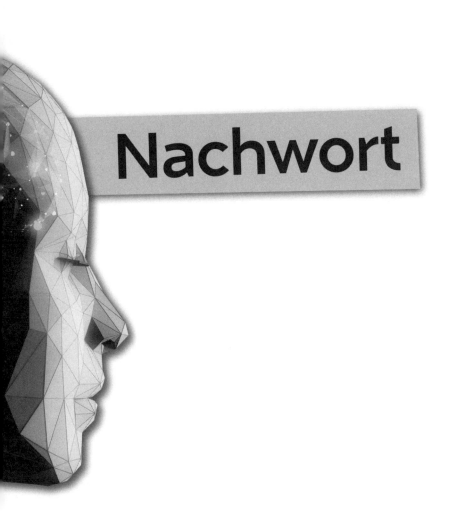

Nachwort

In gewisser Hinsicht ist die Geschichte, die das vorliegende Buch erzählt, auch eine persönliche – darüber, wie ich glaubte, gerüstet zu sein für das Silicon Valley, und doch Demut lernen musste. Und wie ich über die Jahre immer deutlicher die Unterschiede in der Einstellung und des Mindsets der Menschen hier und in Europa sah, nicht nur, weil ich älter wurde, sondern auch, weil ich selbst mich verändert hatte. Und das hatte nichts mit Dingen zu tun, die man sehen und anfassen konnte.

Es ist relativ einfach, ein physisches Ökosystem zu schaffen und Gebäude, Maschinen und Geld aufzustellen. Doch wir vergessen leicht, dass schlussendlich nur die Menschen zählen. Wir haben dieselben Computer, dieselbe Internetverbindung, dieselben Werkzeuge wie die Start-ups im Silicon Valley. Wir haben eine ebenbürtige, in vielen Bereichen sogar bessere Ausbildung. Wir leben in Sicherheit und Komfort. Alle Grundlagen sind da. Und doch sind nicht sie das Ausschlaggebende. Der Erfindungsreichtum von Menschen, die Motivation, der Drang, etwas zu schaffen, egal wie viele oder wenige Ressourcen man zur Verfügung hat, das ist es, was die Menschheit antreibt und weiterbringt.

Die Verhaltensweisen und Beweggründe von Menschen zu verstehen und ihnen zu helfen, ihre Ressourcen so einzusetzen, dass sie Gutes für unsere Gesellschaften und die Menschheit tun können, das sind die wirklichen Hard Skills des 21. Jahrhunderts. Maschinen, Gebäude und Geld sind austauschbare Güter. Sie unterstützen die Kreativität und Innovationskraft des Menschen, ersetzen diese jedoch keineswegs. Wir haben alle dieses Potenzial in uns. Der größte Feind, der uns davon abhält, etwas zu schaffen, sind wir selbst.

Mit meiner Beschreibung des Mindsets der Menschen im Silicon Valley habe ich versucht, dir, lieber Leser, eine kleine Hilfestellung zu geben, wie diese modernen Hard Skills aussehen und was du und jeder Einzelne tun kann, um sie mit unseren Stärken zu kombinieren. Diese Verhaltensweisen müssen zur Gewohnheit werden. Wir müssen sie regelmäßig praktizieren, bis wir sie als typisch europäische Mentalität begreifen. Zu behaupten, das seien nun mal keine europäischen Tugenden und sie könnten es auch nie werden, ist falsch. Schließlich hört man heute auch kaum mehr etwas vom schläfrigen deutschen Michel, dem zackigen Preußen, dem schlampigen Österreicher oder dem langsamen Schweizer. Und doch waren das Bilder, die andere von uns zeichneten – zuweilen nicht ganz zu Unrecht. Aber wir haben uns zum Positiven geändert, weil wir wollten oder weil wir mussten. Und wir können das weiterhin. Die neue Generation europäischer Start-up-Gründer und engagierter Mitarbeiter in Unternehmen, denen ich hier und in Europa begegne, zeigt mit ihrer erfrischenden Dynamik deutlich, was wir alles können, wenn wir nur wollen.

Wir brauchen den Änderungen nicht hilflos gegenüberstehen, haben wir doch selbst alle Mittel in der Hand, die Zukunft mitzubestimmen und das nicht anderen zu überlassen. Manchmal braucht es eine Ohrfeige, manchmal einfach nur unseren eigenen Willen.

Steve Jobs sagte, dass das Wissen, dass er bald tot sein wird, ihm geholfen hat, große Entscheidungen für sich zu treffen. Science-Fiction-Autor Isaac Asimov, der über 500 Bücher geschrieben hat, antwortete auf die Frage, was er tun würde, wenn er wüsste, dass er bald sterben würde: „Schneller tippen." Wir werden nicht irgendwann auf unser Leben zurückblicken und stolz darauf sein, was wir verhindert haben oder wovor wir uns gefürchtet haben, sondern darauf, welche Projekte wir angepackt haben und mit wem wir dies taten. Jede der Personen, die wir im Buch kennenlernten, stand irgendwann vor einem Moment, wo sie eine der wichtigsten Entscheidung ihres Lebens traf und ins

Silicon Valley kam. Sie alle gaben sich einen Ruck und haben für sich beschlossen, dass sie über sich hinauswachsen und mehr lernen wollen. An meinem 40. Geburtstag wurde mir klar, dass ich maximal noch weitere 40 Jahre zu leben habe. Und die wollte ich nicht mit Dingen vergeuden, die keinen Spaß machen, und auch nicht mit Menschen verbringen, die mir durch ihre Negativität wertvolle Energie rauben. Ich wollte mich mit Leuten umgeben, die Ideen zum Wohle der Menschheit haben und diese Ideen auch umsetzen, die eine positive Einstellung zum Leben haben und Energie ausstrahlen.

Ein Freund, der mit 26 Jahren nach neunjähriger Agonie an Knochenkrebs verstarb, hatte diese Chance nicht. All meine Probleme, Ängste und Sorgen sind lösbar. Dafür bin ich selbst verantwortlich. Seine Frage „Warum trifft es mich so hart?" ersetze ich für mich durch die Frage „Warum habe ich so viele Möglichkeiten?". Meine Chance nicht zu nutzen, würde mich in seinen Augen beschämen. Ich nehme meine Chance wahr, auch, weil er es damals nicht mehr vermochte.

Man muss dazu nicht ins Silicon Valley ziehen. Es ist in jedem Fall einen Besuch wert, aber das Silicon-Valley-Denken ist kein Mindset, das nur in diesem geografisch beschränkten Raum anzutreffen wäre. Du kannst dir diese Denkart gemeinsam mit anderen auch bei dir zu eigen machen und sich bietende Chancen ergreifen. Du hast es in der Hand.

Du kannst das. Du wirst es schaffen. Aufgeben tun wir nur einen Brief. Wenn genügend Menschen so denken, kann uns nichts davon abhalten, eine Delle ins Universum zu schlagen. Worauf wartest du noch?

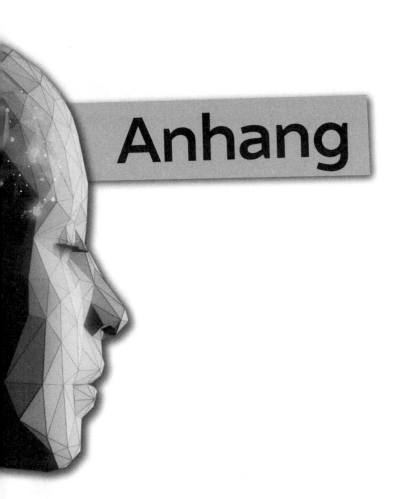

Anhang

Liste der Interviewten

Tabelle 1: Geführte Interviews

Vorname	Nachname	Unternehmen	Herkunftsland
Gil	Ben-Artzy	UpWest Labs	Israel
Randy	Brawley	FEMA	USA
Tommaso	Di Bartolo	What it Takes	Italien
Aurora	Chisté	Hack for Big Choices	Italien
Birgit	Coleman	swissnex SF	Österreich
Thomas	Enders	Google Fiber	Deutschland
Vova	Feldman	Freemius	Israel
Alexander	Jorias	Club Cooee	Deutschland
Dirk	Kanngiesser	German Accelerator	Deutschland
Burton	Lee	Stanford University	USA
Andrea	Lo	Piggybackr	USA
Dirk	Lüth	OnCircle	Deutschland
Damian	Madray	The Glint	Südamerika
Michael	Meirer	Independent Venture Advisor	Österreich
Alfonso	de la Nuez	UserZoom	Spanien
Caroline	Raynaud	GABA	Deutschland
Christian	Simm	swissnex SF	Schweiz
Vivien	Sin	if(we)	China
Eilif	Trondsen	Silicon Vikings	Norwegen
Andreas	Wendel	Google X Self-Driving Car	Österreich
Julia	Wendel	BASIS Independent School	Österreich
Gernot	Zacke	Atomico	Österreich

Bild 1: Googles selbstfahrendes Fahrzeug auf der Kreuzung San Antonio Road und Middlefield Road in Mountain View am 29. Juli 2015.

Bild 2: Google Streetview Car bei einer Vorführung in Palo Alto.

Bild 3: Randy Brawley, ehemaliger B2-Pilot und nunmehriger FEMA-Spezialist, demonstriert den Prototyp seines Katastrophenszenario-Trainingsspiels in einem Kaffeehaus in San José.

Bild 4: Hangar One auf dem Moffett Federal Airfield. Die Außenverkleidung des denkmalgeschützten früheren Zeppelinhangars und Heims der USS Macon wurde entfernt, weil sie Asbest enthalten hatte.

Bild 5: Teilnehmer des zweitägigen Start-up-Weekends im Sommer 2013 bei SAP Labs in Palo Alto.

Bild 6: Beliebtes Ziel von Silicon-Valley-Besuchern ist das ‚Gefällt mir'-Symbol am 1 Hacker Way, der Zentrale von Facebook.

Bild 7: Gedenktafel zum Pony-Express an dessen Startpunkt in Sacramento.

Bild 8: Zu Besuch im German Accelerator an der Kreuzung Middlefield Road und University Avenue in Palo Alto.

Bild 9: Start-up-Accelerator und Coworking Space Hero City in San Mateo.

Bild 10: Start-up-Gründer stellen sich zum Pitch an. In der ersten Runde hat jeder Teilnehmer 30 Sekunden Zeit für seinen Pitch. Vorne am Tisch sitzen drei Angel-Investoren, in der Mitte Ron Weissman von der Band of Angels.

Bild 11: Eine waschechte Skihütte dient in der Twitter-Zentrale auf der Market Street in San Francisco als Besprechungszimmer.

Bild 12: Prototypen eines Lernroboters für autistische Kinder, die das Start-up Origami Robotics in Berkeley für eine Kickstarter-Kampagne vorbereitete.